责任编辑：贾　真
责任校对：孙　蕊
责任印制：程　颖

图书在版编目（CIP）数据

中国信托业年鉴．2020—2021：上下卷/中国信托业协会编．—北京：中国金融出版社，2021.12

ISBN 978-7-5220-1364-0

Ⅰ.①中…　Ⅱ.①中…　Ⅲ.①信托业—中国—2020-2021—年鉴　Ⅳ.①F832.49-54

中国版本图书馆 CIP 数据核字（2021）第 215238 号

中国信托业年鉴．2020—2021
ZHONGGUO XINTUOYE NIANJIAN. 2020—2021

出版
发行　中国金融出版社

社址　北京市丰台区益泽路 2 号
市场开发部　（010）66024766，63805472，63439533（传真）
网 上 书 店　www.cfph.cn
　　　　　　（010）66024766，63372837（传真）
读者服务部　（010）66070833，62568380
邮编　100071
印刷　河北松源印刷有限公司
尺寸　210 毫米×285 毫米
插页　36
印张　109.5
字数　4235 千
版次　2021 年 12 月第 1 版
印次　2021 年 12 月第 1 次印刷
定价　780.00 元（上下卷）
ISBN 978-7-5220-1364-0
如出现印装错误本社负责调换　联系电话（010）63263947

2020年1月11日，江西省委常委、常务副省长殷美根一行莅临中航信托调研。

2020年8月13日，时任河南省委常委、省纪委书记、省监委主任任正晓莅临中原信托调研。

2020年1月7日，贵州省副省长谭炯莅临华能信托调研。

2020年5月15日，内蒙古自治区副主席黄志强同志莅临华宸信托调研。

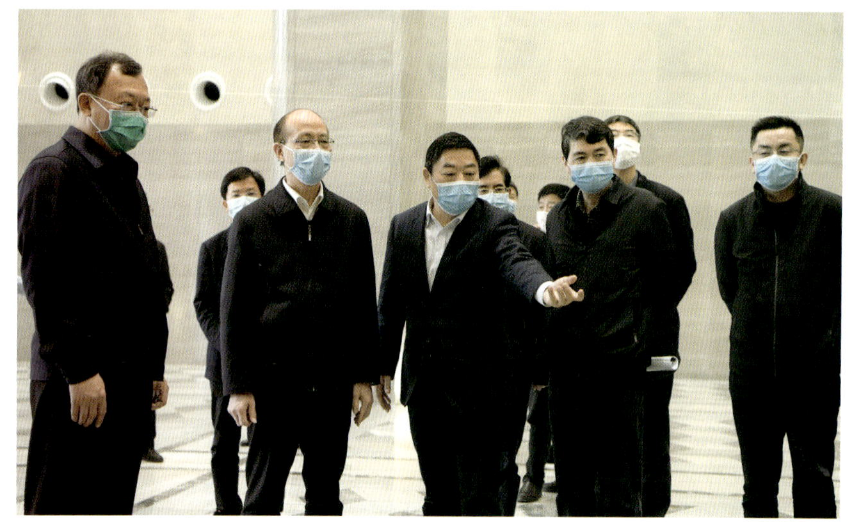

2020年4月4日，江西省委常委、南昌市委书记吴晓军一行莅临中航信托调研。

2020年8月17日，江苏省委常委、苏州市委书记蓝绍敏一行莅临苏州信托调研。

2020年10月20日，广东银保监局局长裴光一行莅临粤财信托调研。

2020年9月11日，北京银保监局副局长（正局长级）郭左践一行莅临北京信托调研。

2020年7月29日，厦门银保监局局长曾晖一行莅临厦门国际信托调研。

2020年8月7日，广东银保监局一级巡视员文振新一行莅临粤财信托调研。

2020年3月12日，天津市金融工作局党委书记、局长聂伟迅莅临北方信托调研。

2020年3月19日，上海市黄浦区委副书记、区长巢克俭莅临中海信托调研。

2020年10月22日，北京市东城区人大常委会主任吴松元莅临英大信托调研。

2020年7月1日，北京市朝阳区政协主席陈涛一行莅临北京信托调研。

2020年10月29日，天津银保监局副局长徐翀一行莅临天津信托调研。

2020年4月22日，北京市金融监管局副局长李妍一行莅临华融信托调研。

2020年3月20日，北京市东城区副区长（常务）邹劲松莅临国民信托调研。

2020年12月15日，北京市东城区副区长赵海东一行莅临中国民生信托调研。

2020年2月20日，深圳市福田区委副书记、区长黄伟一行莅临华润信托调研。

2020年4月2日，北京市西城区人大常委会副主任田巨德一行莅临华鑫信托调研。

2020年9月4日，北京市西城区委常委、区纪委书记虞宝才莅临金谷信托调研。

2020年8月31日，东莞市委常委、常务副市长喻丽山一行莅临东莞信托调研。

2020年10月20日，北京市东城区人大常委会副主任王中华莅临国民信托调研。

2020年9月10日，四川银保监局宣传部部长、金融团工委书记刘泽斌莅临中铁信托调研。

2020年9月4日，中国人民银行杭州中心支行金融消费权益保护处处长龚奇志莅临万向信托开展金融消费者权益保护专题讲座及案例警示教育培训。

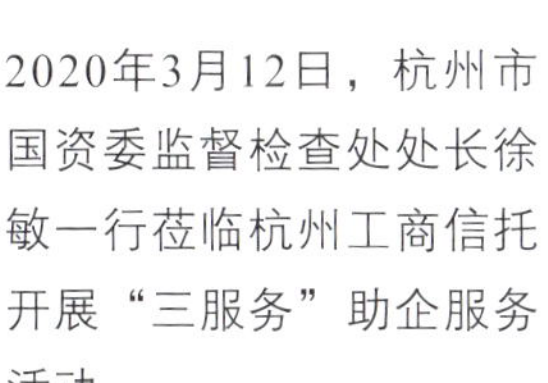

2020年3月12日，杭州市国资委监督检查处处长徐敏一行莅临杭州工商信托开展“三服务”助企服务活动。

2020年2月12日，北京市朝阳区商务中心管委会副主任张志咏莅临中融信托调研。

2020年11月24日，山西省直团工委书记张华欣一行莅临山西信托调研。

2020年9月2日，中国人民银行厦门中心支行货币信贷处副处长潘望春一行莅临厦门国际信托调研。

2020年6月8日至10日，中国信托业协会赴内蒙古察右中旗、察右后旗开展定点扶贫工作调研。

2020年6月11日，中国信托业协会现场召开第四届会员大会第四次会议暨“从今年两会看中国信托业的机遇”专题讲座。

2020年6月12日，中国信托业协会举办《绿色信托指引》培训会。

2020年8月25日至27日，中国信托业协会赴甘肃和政县、临洮县开展定点扶贫工作调研。

2020年9月17日和23日，中国信托业协会“信托知识进万家”线上投教活动成功举办。

2020年9月21日，“信托知识百问百答”上线中央人民广播电台经济之声。

2020年10月，《中国信托业发展报告（2019—2020）》正式出版发行。

2020年10月16日，中国信托业协会在青海省西宁市举办主题为“诚信为本 稳健为基”的中国信托业2020投资者教育现场活动。

2020年11月29日，中国信托业协会在北京举办2020年信托业全员培训专场考试。

2020年12月7日，由中国信托业协会和《中国银行保险报》联合组织的“中国信托业2020年信托知识竞赛”决赛在北京成功举办。

2020年12月8日至9日，2020年中国信托业年会以“新起点 新征程 新目标——夯实受托人定位根基”为主题，在北京召开。

2020年1月4日，中诚信托书法家协会走进三湘大地，延续“送万福 进万家”公益活动。

2020年1月9日，重庆信托走进渝北区永庆小学，开展“爱暖童心·携手未来”公益活动。

2020年1月9日，中信信托开展“信托文化中国行”广州站活动。

2020年1月16日，上海信托倾情呈现的法国经典音乐剧《巴黎圣母院》登陆上海·上汽文化广场。

2020年1月19日，中铁信托召开品牌发布会，作出“一二四六”发展布局，坚定向高质量发展迈进。

2020年1月25日，雪松国际信托通过广州市慈善会向武汉市慈善总会捐赠1000万元资金，并向武汉市红十字会捐赠医用物资，用于武汉市防控疫情。

2020年2月6日，华能信托帮扶村蔬菜基地向抗疫一线捐赠20吨蔬菜。

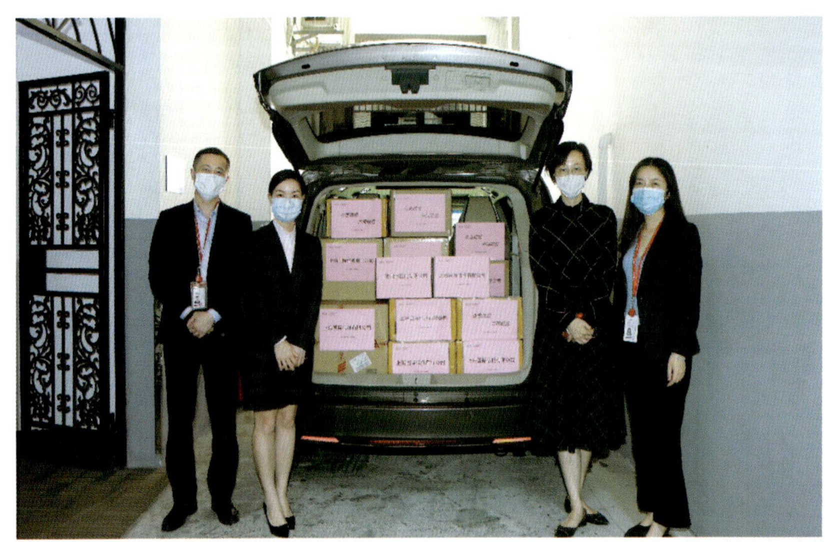

2020年2月6日，上海信托发起设立“‘上善’系列上信员工支援武汉抗击疫情慈善信托”。

2020年2月12日，国通信托组建帮扶抗疫突击队，下沉社区助力疫情防控。

2020年2月14日，华澳信托为社区捐助抗疫物资。

2020年2月18日，重庆信托纪委书记、监事长雷万亚带领员工为一线医护人员捐赠防疫物资。

2020年2月21日，交银国际信托联系推动中国信托业慈善信托项目落地向湖北蕲春县捐赠消毒液等防疫物资。

2020年2月25日，华宝信托在上海交通大学医学院附属瑞金医院举行捐赠仪式，完成“华宝善行·抗击新型冠状病毒肺炎疫情慈善信托”全部资金捐赠。

2020年3月5日，浙金信托组织开展公益献血活动。

2020年3月9日，“国通信托·中国信托业抗击新型冠状病毒肺炎慈善信托”向十堰捐赠救护车。

2020年3月10日，国元信托通过安徽省红十字会捐赠抗疫物资。

2020年3月10日，陕国投设立的“陕国投·陕西慈善协会—迈科集团—众志成城抗击新型冠状病毒肺炎慈善信托”向陕西省人民医院捐赠第三批医用抗疫物资。

2020年3月15日，由光大信托作为受托人设立的“光信善·杏林白马慈善信托”向武钢二院捐赠抗疫物资。

2020年3月16日，紫金信托发起设立“厚德博爱抗击疫情慈善信托”，为参与抗击疫情的定点医院赠送医疗设备。

2020年3月22日，山西信托走进社区开展抗疫助民活动。

2020年3月23日，昆仑信托员工参加无偿献血活动。

2020年3月31日，五矿信托“习行众善慈善信托”向甘肃省临洮县、湖北省房县困难学生捐助智能手机。

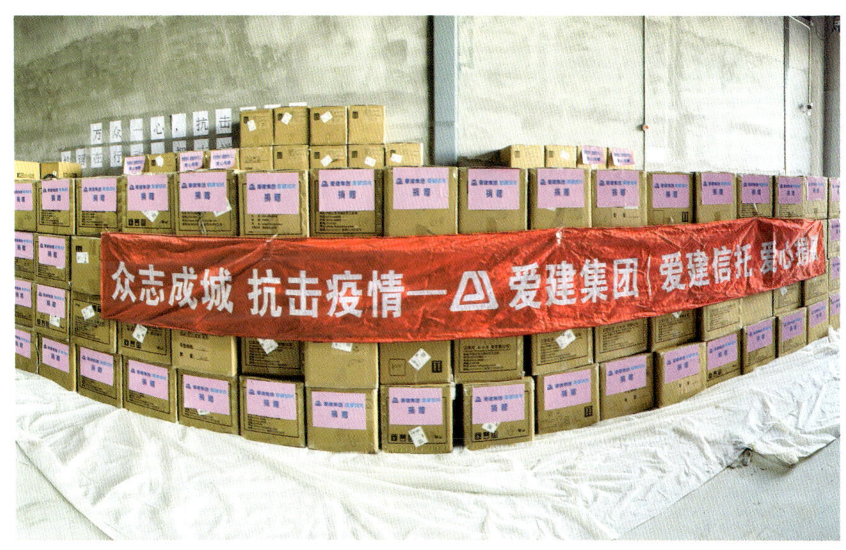

2020年3月，爱建信托调动全球资源筹集防护服，紧急驰援重点地区，为一线医护人员提供防护物资。

2020年3月，陆家嘴信托志愿者开展协助疫情防控工作。

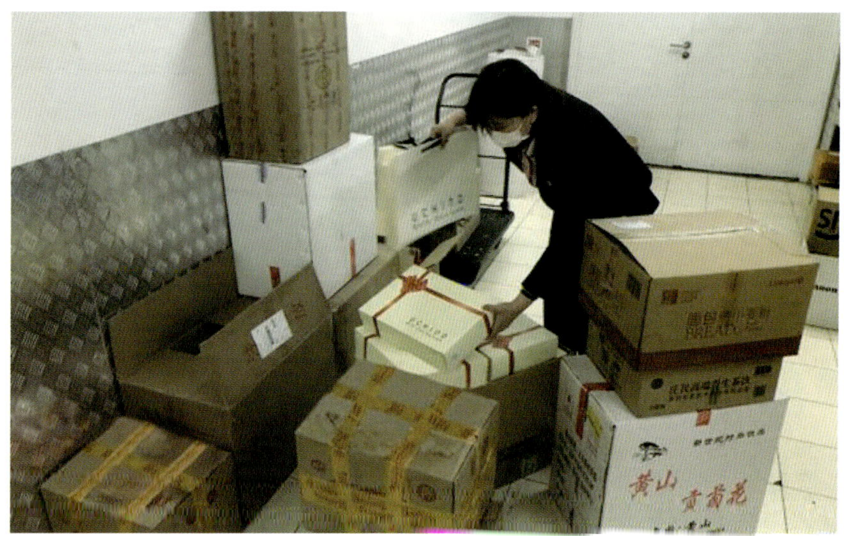

2020年3月，中融信托党委组织开展向武汉地区员工送温暖活动。

2020年4月8日，万向信托正式启动公益志愿者计划，公司高管团队成为计划首批志愿者。

2020年4月11日，新华信托向重庆育才中学捐赠抗疫物资。

2020年4月20日，上海实业集团与天津海泰控股集团、天津泰达控股，在天津迎宾馆举行天津信托混改协议签约仪式。

2020年4月29日，财信信托组织开展“青春志 财信梦”创新业务展示大赛选拔赛。

2020年4月，粤财信托设立抗疫慈善信托，首期136万元捐赠广东省中医院。

2020年5月6日，陕国投党委书记、董事长薛季民一行赴对口扶贫村研究推动脱贫攻坚工作。

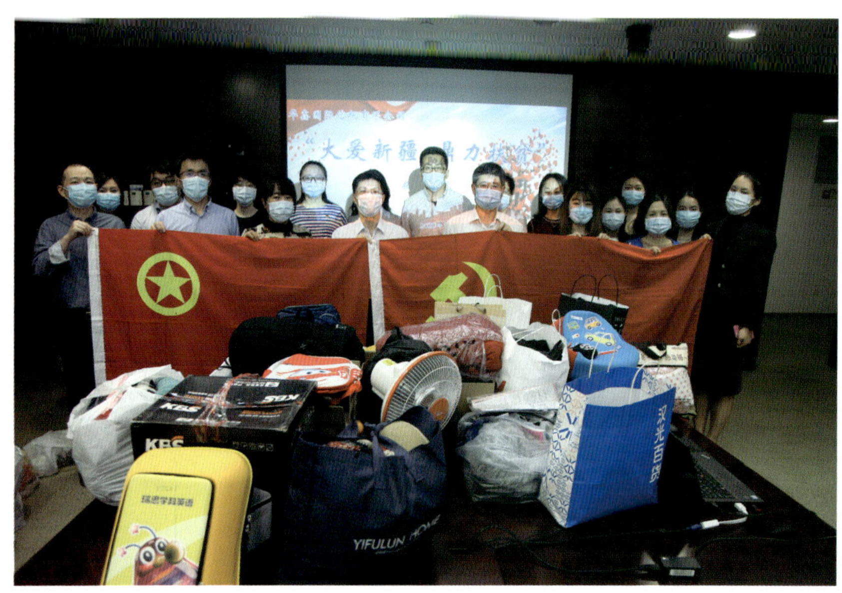

2020年5月15日，华鑫信托组织开展“大爱新疆 鼎力扶贫”捐赠活动。

2020年5月17日，华能信托党委书记、董事长田军前往贵州省毕节市赫章县古达乡官房村、发科村及联营村考察指导公司定点扶贫工作。

2020年5月19口，华宸信托党委书记、董事长田跃勇一行赴察右中旗、察右后旗开展扶贫调研工作。

2020年5月25日，平安信托开展“转型破浪 文化领航”文化建设启动会。

2020年5月26日，财信信托赴中国信登拜访交流。

2020年5月27日，国元信托资产证券化业务团队获批安徽省第十二批"115"产业创新团队。

2020年5月29日，华润信托党员代表赴河源市和平县东水镇六联村开展座谈调研及扶贫慰问活动。

2020年5月，浙金信托邀请老党员讲述"忆红色岁月·做时代新人"专题党课。

2020年6月4日，厦门国际信托组织党员及入党积极分子赴翔安区新圩镇马塘村学习“马塘精神”。

2020年6月5日，北京信托与北京市朝阳区马泉营村共同召开下沉防疫工作回访座谈会。

2020年6月12日，山西信托组织开展无偿献血活动。

2020年6月15日，吉林信托开展防范非法集资直播活动。

2020年6月17日，中铁信托与四川大学共建的金融知识普及基地正式成立。

2020年6月20日，“中诚信托2020信托保障基金·京慈疫情防控慈善信托”向北京市丰台区三个街道资助防疫物资。

2020年6月23日，杭州工商信托以"慈善信托+公募基金"方式对口帮扶贵州黎平山区贫困女学生。

2020年6月29日，白瑞信托发行全国首只知识产权信托——创意壹号。

2020年6月29日，国联信托组织党员参观国有企业廉政教育基地。

2020年6月，金谷信托“2020信达大爱2号”（扶贫及教育）慈善信托为青海乐都区朝阳中学修建学生食堂。

2020年7月1日，华宸信托开展“庆七一·缅怀革命先烈，砥砺奋进前行”主题党日活动。

2020年7月1日，外贸信托成立圆梦行动慈善信托，献礼建党99周年。

2020年7月7日，中航信托在拉萨举行贫困群众爱心捐款仪式。

2020年7月10日，西部信托党委书记、董事长徐谦一行到渭南市白水县北塬镇杨武村开展扶贫调研工作。

2020年7月10日，雪松国际信托向广东省书豪李群体育事业公益基金会捐赠120万元，支持其开展公益项目——球场造新计划。

2020年7月15日，杭州工商信托赴“两山”理论发源地——安吉余村参观学习，领悟绿色发展之道。

2020年7月16日，杭州工商信托与多家机构共同主办“母亲微笑行动走进玉树大型公益义诊活动”。

2020年7月17日，财信信托党总支赴韶山开展“不忘初心，传承红色基因”主题党日活动。

2020年7月17日，平安信托携手万科公益基金会成立国内首只减少食物浪费慈善信托。

2020年7月17日，山东国信举行“彬彬慈善信托”资助发放仪式。

2020年7月21日， 中信信托拜访贵州省人民政府。

2020年7月22日，中航信托向奋战在抗洪一线的党员干部群众致敬。

2020年8月4日，北方信托党委书记、董事长韩立新深入天津市武清区王庆坨镇四合庄村开展帮扶调研工作。

2020年8月7日，江苏信托第六党支部赴黄花塘新四军军部纪念馆开展“深入学习四史、践行初心使命”主题党日活动。

2020年8月8日，厦门国际信托成功协助厦门市文旅局和财政局举办主题为“康养夏秋冬·快乐厦门游”的文旅带货云直播活动。

2020年8月17日至21日，中融信托开展“2020中融·小小管培生夏令营”活动。

2020年8月20日，五矿信托举办“十年薪火 百年承托”企业文化全国接力传递活动。

2020年8月27日，中铁信托到泸州市叙永县枧槽苗族乡九龙村开展定向帮扶慰问活动。

2020年9月1日，光大信托向甘肃省迭部县高级中学捐赠校服。

2020年9月1日，全国首单群众性互助慈善信托——金谷信托2020赵庄子益民（医疗）慈善信托签约。

2020年9月5日，交银国际信托党委书记、董事长童学卫赴对口扶贫点——甘肃省天祝县开展调研扶贫攻坚工作。

2020年9月7日，万向信托赴遵义组织开展“追忆缅怀先烈遗志 弘扬新时代长征精神”红色之旅活动。

2020年9月9日，英大信托开展“金融知识普及月 金融知识进万家”主题宣教活动。

2020年9月9日，建信信托工会组织员工参加AHA（美国心脏学会）国际急救考证培训。

2020年9月11日，外贸信托前往北京鲁迅博物馆开展“旗炬一心”主题党日活动。

2020年9月11日，陆家嘴信托走进大学校园开展金融知识进万家活动。

2020年9月15日，建信信托深入陕西省安康市汉滨区大竹园镇粮茶村开展结对共建帮扶工作。

2020年9月18日，财信信托举行2020年“金融知识普及月 金融知识进万家 争做理性投资者 争做金融好网民”活动。

2020年9月18日，华能信托全体员工捐赠的助学基金发放至贫困村学生手中。

2020年9月20日，江苏信托组织参观党风廉政警示教育基地。

2020年9月22日，渤海信托成为信托估值首批试点信托机构之一。

2020年9月23日，中原信托党委组织党员干部赴黄河博物馆开展“弘扬奋斗精神践行初心使命”主题党日活动。

2020年9月23日，国投泰康信托走进北京市石景山区华奥学校开展金融知识进校园活动。

2020年9月23日，吉林信托开展专项消费扶贫活动。

2020年9月24日，东莞信托党委开展仕坑村脱贫攻坚访贫问效暨中秋国庆慰问活动。

2020年10月12日，厦门市残疾人联合会到访厦门国际信托。

2020年10月16日，中国信托业协会党委书记、专职副会长（常务）漆艰明一行莅临爱建信托调研指导工作。

2020年10月17日，西藏信托举办“爬长城、磨意志、践韧心”主题活动。

2020年10月17日，中航信托召开“信托文化教育年”系列行动推进会。

2020年10月18日，兴业信托在福建省龙岩市上杭县古田镇组织开展党性教育培训活动。

2020年10月19日，外贸信托组织“公益云拍卖”直播活动，助力脱贫攻坚。

2020年10月20日，山西信托赴扶贫点考察交流，开展“精准扶贫”工作。

2020年10月22日，粤财信托党委班子成员及党委办公室人员一行赴河源市柳城镇黄洞村开展扶贫活动。

2020年10月24日，云南信托党委连续第三年开展植树造林活动。

2020年10月29日，长城新盛信托举办“游双清别墅，忆峥嵘岁月，扬长城文化，展信托风采”专题活动。

2020年10月30日，华鑫信托党支部开展“马上就办、办就办好”党员承诺签字活动。

2020年11月3日，华宝信托总经理孔祥清一行赴中国宝武对口扶贫地区——普洱市宁洱县就扶贫产业基金储备项目进行调研考察。

2020年11月7日，陆家嘴信托成立首单艺术文化类慈善信托。

2020年11月10日，国家电投集团党组成员、总会计师陈西莅临百瑞信托调研。

2020年11月10日，中国信登党委书记、董事长文海兴一行莅临中原信托调研交流。

2020年11月11日，云南信托举办“大爱星火”爱心助学金颁奖仪式。

2020年11月12日至13日，金谷信托第一党支部与青海省海东市乐都区达拉土族白草台村党支部开展结对共建活动。

2020年11月13日，中国信登党委书记、董事长文海兴一行莅临北京信托调研。

2020年11月14日，雪松国际信托携手南昌市西湖区丁公路街道举办“雪松信托杯”丁公路街道第三届全域化党群共建科学健身运动会。

2020年11月15日，中国民生信托举行不负韶华 奋进前行——中国民生信托秋季主题团建活动。

2020年11月16日，中粮信托举办2020年第三季度即时奖励活动。

2020年11月17日，华鑫信托举行迁址揭牌仪式。

2020年11月19日，东莞信托举办“新时代国企之声”歌唱大赛。

2020年11月19日，中国信登党委委员、总裁张荣芳一行莅临雪松国际信托调研。

2020年11月20日，昆仑信托员工参观纪念中国人民志愿军抗美援朝出国作战70周年主题展览。

2020年11月24日，东莞信托到揭阳市揭西县溪西小学开展图书捐赠活动。

2020年11月25日，陕国投2020年“送金融知识进校园”活动走进西北农林科技大学。

2020年11月26日，国民信托与北京常青藤高端医疗人才联盟达成中西部地区基层医疗人员培养公益信托协议。

2020年11月27日，中国信登党委委员、总裁张荣芳一行莅临国通信托调研。

2020年11月28日，紫金信托举办“紫金·厚德10号”慈善信托成立仪式，持续救助困难家庭大病儿童及残障儿童。

2020年11月28日，紫金信托组织开展“致我们的十年”活动，回顾总结公司重组开业十年以来的发展历程。

2020年11月28日，华宝信托主办“荣耀百年 华宝有你”羽毛球邀请赛。

2020年12月3日，中国信登党委委员、副总裁刘铁峰一行莅临中建投信托调研。

2020年12月4日，中国信登党委书记、董事长文海兴一行莅临英大信托调研。

2020年12月4日，中国信登党委委员、副总裁刘铁锋一行莅临杭州工商信托调研。

2020年12月5日，中建投信托举办年度思享会活动，邀请知名经济学者邵宇与读者见面。

2020年12月29日，中信信托新时代托管组党支部在包头市党群服务中心开展“不忘初心”主题党日活动。

2020年12月29日，上海信托向同济大学教育发展基金会城市风险防控研究实践专项基金捐赠300万元。

2020年12月29日，兴业信托特邀上海市新冠肺炎“抗疫先锋”张丹丹博士开展“弘扬抗疫精神，保护强健体魄”员工健康科普讲座活动。

2020年12月30日，大业信托董事长陈俊标受邀做客《广东金融大讲堂》，并做题为“充分发挥信托功能，服务经济社会发展”的主题宣讲，为大众普及信托知识。

2020年12月31日，华宸信托设立“华宸信托·信托业内蒙古察右后旗定点扶贫慈善信托”，支持乌兰察布市察右后旗大井村购买农机和高品质种牛种羊。

2020年12月，由长安信托作为受托人的中国生物医学工程领域首个信托奖励基金“张兴栋生物医学工程奖励基金”慈善信托正式签约设立并完成备案。

2020年12月，"爱建信托杯"上海（浦东）2020第三届中外企业赛艇挑战赛胜利举行。

2020年12月，中泰信托参与"鞋盒礼物"公益项目，为乡村儿童准备新年礼物。

目　录
CONTENTS

上　卷

重要文献与政策法规

重要文献

2020年信托业监管工作综述

中国银保监会信托部

2020年，中国银保监会在党中央、国务院的坚强领导下，克服新冠肺炎疫情对信托业的影响，坚持稳中求进工作总基调，坚持强监管、严监管不动摇，推动信托业治乱化险与转型改革工作取得新进展。

一、行业总体情况

（一）行业体量稳步收缩，业务结构不断优化

一是信托资产规模连续三年下降。截至2020年末（如无特殊说明均为2020年末数据，下同），全行业受托管理信托资产余额为20.49万亿元，较年初减少1.12万亿元，同比下降5.18%，自2018年以来呈持续“瘦身”态势。二是事务管理类信托业务大幅度减少。事务管理类信托资产余额为9.19万亿元，较年初减少1.46万亿元，同比下降13.75%，压降的绝大部分为多层嵌套、资金空转的通道类业务。三是融资类信托业务压降明显。融资类信托业务余额为4.86万亿元，较年初减少0.97万亿元，同比下降16.71%，行业影子银行风险逐步收敛。

（二）行业经营基本稳定，盈利水平出现回落

一是固有资产规模继续增加。信托公司固有资产余额为8 248.36亿元，同比增长7.65%；固有负债余额为1 537.12亿元，同比增长12.30%；所有者权益余额为6 711.23亿元，同比增长6.64%。二是经营收入保持增长。全年实现经营收入1 236.56亿元，同比增长3.03%。其中，信托

业务收入为869.09亿元，同比增长4.23%。三是利润水平有所下降。全年实现利润总额为582.60亿元，同比下降16.90%。主要原因是信托公司积极应对风险，加大了拨备计提力度。

（三）落实国家宏观政策，积极服务经济社会发展

一是支持实体经济力度不减。全行业直接投入实体经济（不含房地产业）信托资产余额为12.91万亿元，占全部信托资产余额的62.99%，同比提高2.26个百分点。二是投向结构得到优化。信托公司通过股权投资、投贷联动、产业基金等多种形式积极支持绿色产业、科创企业、小微企业发展。信托资金投向绿色产业余额为3 592.82亿元，同比增长7.10%；投向小微企业余额为2.41万亿元，同比增长1.46%。三是本源业务发展起步。在监管引导下，信托本源业务增长较快。资产证券化业务余额2.91万亿元，同比增长29.24%；家族信托资产余额2 788.83亿元，同比增长80.29%；慈善信托合同金额33.19亿元，同比增长13.08%。

二、2020年主要监管工作

（一）严肃整治市场乱象，促进行业规范经营

一是推进通道业务和融资类信托业务压降工作。2020年初制定“两项业务”的压降任务目标，并通过压实责任、加强督导，推动行业超额完成目标任务。二是加强股权与股东管理。出台《信托公司股权管理暂行办法》，深入开展信托业股权和关联交易专项整治“回头看”工作，严厉整治虚假注资、违规代持及违规关联交易等问题，推进问题股东公开常态化。三是强化房地产信托监管。坚决贯彻“房住不炒”要求，开展全行业房地产信托专项排查，加强房地产信托规模管控和穿透监管。四是严厉打击违规行为。全年就各类违规问题对13家信托公司实施行政处罚，处罚金额合计2075万元，发挥了监管震慑作用。

（二）严守风险底线，积极推进风险化解

一是加强风险排查与应对。坚持按季度开展全行业风险排查，跟踪行业风险变化趋势，及时开展风险通报与风险预警。动态更新机构风险图谱，按不同机构风险等级分类施策，提高风险防范前瞻性。二是加快处置信托业风险资产。指导信托公司拓宽风险处置渠道，加快风险资产实质性化解。全年处置化解信托风险资产3 164.63亿元，较2019年增加1 546.53亿元。三是稳妥推进高风险机构处置。按照“一司一策、精准拆弹”原则，会同相关部门稳妥有序推进高风险机构处置。

（三）完善制度机制建设，推动行业加快转型发展

一是推动信托基础法律法规建设。配合启动《信托法》修订前期工作。推动《信托公司条

例》制定进程。二是加快监管制度补短板。抓紧制定信托公司资金信托管理办法，并公开征求意见。启动信托公司净资本管理和监管评级办法修订工作，引导行业回归本源发展。开展信托业保障机制后评估，研究信托业保障机制改革。三是持续推进信托文化建设。制定信托文化建设五年规划，明确信托文化建设的目标和任务，指导信托公司按信托文化和受托责任标准健全信托业务操作规程。指导信托业协会开展2020年信托投资者教育活动，以信托“百问百答”、教育宣传片等形式引导投资者树立风险自担的投资理念。

三、2021年监管安排

（一）进一步巩固信托市场乱象整治成效

一是继续压降“两项业务”。严禁信托公司以任何形式新增通道业务，继续推动通道业务和影子银行风险突出的融资类信托业务压降工作。二是大力推进资金池清理。严禁信托公司直接或者变相新增资金池业务，督促信托公司加大存量资金池清理力度。三是巩固房地产信托监管成效。要求信托公司加强房地产信托规模管控，严禁各类变相违规行为。四是强化公司治理监管。严厉整治违规关联交易，严防大股东不当干预公司经营。推进信托公司非金融子公司规范与清理工作。

（二）进一步守稳行业风险底线

一是进一步提升风险排查质效。继续按季度做好风险排查工作，将固有资产质量真实性、表外担保、母子公司间风险传染可能性等纳入重点排查范围。二是防范单体机构风险劣变。紧盯重点机构风险演变趋势，指导其夯实资本、优化业务结构，推动主动化险。三是进一步积极稳妥处置高风险机构。持续强化对高风险机构的贴身监管，推动风险处置取得实质进展。

（二）进一步推动行业转型与改革发展

一是积极服务实体经济发展。引导信托业围绕构建新发展格局，积极探索促进科技创新的信托服务模式，加大对先进制造业、战略性新兴产业的支持力度。鼓励信托公司多元化开展绿色信托，助力生产生活方式绿色转型。二是推动信托本源业务持续发力。支持信托公司大力发展家族信托、预付款信托、资金存管信托、慈善信托等本源业务。探索信托公司参与养老保险第三支柱的路径与方式。三是持续推进信托基础制度建设。继续积极协调推动《信托法》修订和《信托公司条例》制定工作，推动完善配套机制，深入推进信托文化建设，增强转型发展内生动力。

政策法规

中国银保监会办公厅关于预防银行业保险业从业人员金融违法犯罪的指导意见

（银保监办发〔2020〕18号）

各银保监局，各政策性银行、大型银行、股份制银行，外资银行，金融资产管理公司，各保险集团（控股）公司、保险公司、保险资产管理公司，各会管单位：

为进一步完善银行业保险业从业人员金融违法犯罪预防工作机制，防控银行保险机构案件风险，促进银行业保险业健康发展，提出以下指导意见：

一、基本原则

（一）加强党的领导和党的建设。认真贯彻落实新时代党的建设总要求和全面从严治党战略部署，层层压实党建工作责任，着力强化制度执行，维护法规制度严肃性和权威性，确保党的路线方针政策在银行业保险业不折不扣得到贯彻执行。

（二）坚持健全长效机制与短期重点惩治并重。持续强化风险内控机制建设，有针对性地解决社会反映强烈、犯罪案件频发、对于银行保险机构稳健经营有重要影响的重点领域违法犯罪问题，惩防结合，标本兼治，管住人、看住钱、筑牢制度的防火墙。

（三）坚持内部管控、行业自律与外部监管三管齐下。构建“落实机构主体责任、建立行业协作机制、强化外部监督管理”三位一体的预防犯罪工作体系，形成齐抓共管的治理格局。

（四）坚持金融监管部门与监察机关、公安机关和司法机关联动协调，形成防范打击合力。通过行政执法与刑事司法协调配合，发挥个案警示作用，建立跨区域、跨部门、跨领域的监督惩处机制。

二、预防重点领域金融违法犯罪

（五）严防信贷业务领域违法犯罪行为。银行业金融机构要强化信贷纪律约束，聚焦受理与调查、抵质押物评估与核保、风险评价与审批、合同签订与贷款发放、支付与贷后管理等各个环节，在科学制定和严格执行尽职免责制度基础上，建立健全贷款各操作环节的考核问责机制。防范高级管理人员强令、指使、暗示、授意下属越权、违规违章办理业务等行为。防范从业人员与外部人员共谋利用空壳主体和虚假资料等骗取银行贷款。严禁银行业金融机构和从业人员参与各类票据中介和资金掮客活动。

（六）严防同业业务领域违法犯罪行为。银行业金融机构要严格落实同业账户开户、资金划付、印章及凭证保管等关键环节风险管控，防范外部欺诈。严格遵守同业结算、票据、投融资、理财业务等管理规定，禁止出租、出借同业账户，加强同业专营业务的存续期管理，防范通过伪造合同、印章、产品等手段进行诈骗的违法犯罪行为。

（七）严防资产处置领域违法犯罪行为。银行业金融机构应加强不良资产管理，以尽职追索与合理估值为切入点，规范处置操作，严格处置损失授权管理。着重防范对转让债权作出隐性回购或兜底承诺、发放贷款承接已转让不良资产、协助借款人向他人违规拆借资金归还本机构贷款等行为。不断健全呆账核销管理制度，规范审核程序，做好风险隔离与防范，防止利益输送行为。

（八）严防资产管理业务领域违法犯罪行为。银行业金融机构要加强对营销人员的监督管理，防范超授权违规开展理财业务、修改理财产品说明书、承诺回报、掩饰风险、误导客户等行为。强化非标投资业务风险管控，防范表外风险传导至表内。严防套取银行业金融机构理财资金进行高利转贷的行为。严禁从业人员作为主要成员或实际控制人开展有组织的民间借贷。

（九）严防信用卡业务领域违法犯罪行为。银行业金融机构要加强信用卡业务管理，严格资信审查，杜绝为追求业绩不顾申请人实际还款能力滥发信用卡的行为。防范从业人员与外部机构或个人勾结进行信用卡大额套现、伪造信用卡、非法买卖信用卡客户信息资料等行为。

（十）严防现金管理领域违法犯罪行为。银行业金融机构要加强现金管理，加强现金调拨、出入库、交接、自动柜员机清机加钞、对账、查库等环节和管库、记账、清分、调拨等岗位管理，对库门、尾箱、自助设备等钥匙密码管理和库存限额管理制度执行和内控管理情况加大检查力度，切实落实双人管理、岗位分离、权限控制、监督检查等制度要求。加强款箱交接、流转跟踪管理，结合机构实际，探索利用技术手段提高交接人员身份验证、款箱核实等环节的规范性、安全性和运转效率。

（十一）严防保险业务领域违法犯罪行为。保险机构要防堵承保、查勘理赔、单证印章管理等环节漏洞，重点预防故意虚构保险标的、编造未发生的保险事故、编造虚假事故原因、夸大损失程度、故意造成保险事故等骗取保险金的行为。加强对各级分支机构的管控，严禁从业人员违规销售非保险金融产品，防范违规销售行为向非法集资转化，预防销售假保单、非法销售非保险产品的诈骗行为。加强保险资金运用的穿透式管理，严防通过职务便利，利用股权、不动产、保险资产管理产品、信托计划、私募股权基金、银行存款质押等投资工具或者其他不正当关联交易手段，非法套取、侵占、挪用保险资金，严禁利用保险资金向股东或关联方输送利益。加强客户动态管理，加大客户回访频次，定期发送消费短信等提示。完善财务管理制度，防范资金体外循环。

（十二）严防第三方合作领域违法犯罪行为。银行保险机构应完善第三方合作机构准入与限额管理机制，全面评估业务合作双方权利义务的匹配性。加强账户管理、合作机构穿透管理和合作业务存续期管理。防范违法转委托、放大杠杆、多层嵌套等行为。依法合规开展与互联网企业在支付服务、营销服务、资金支持、资产存管等方面的业务合作。加强内控管理，不得将核心业务外包。对第三方机构的产品、数据、技术、运营能力等做好合规审查和风险评估。严禁违规为网络借贷信息中介机构提供中介、销售和支付结算等服务。

（十三）严防金融市场领域违法犯罪行为。银行保险机构应强化交易报价、交易审批、交易达成、交易结算等关键环节的风险防控。重点检查交易策略执行情况、交易价格偏离度、交易集中度、拆分交易、删改交易和线下环节。落实交易权限和渠道的授权和使用管理，防范交易员的道德风险。

（十四）严防洗钱和恐怖融资相关违法犯罪行为。银行保险机构应当建立健全从业人员行为监测制度，完善相关风险管理体系，识别和评估从业人员洗钱和恐怖融资风险。加强日常管理与监测，将从业人员行为监测纳入反洗钱监测系统。强化高风险领域管控措施，防范从业人员利用专业知识和专业技能从事或协助不法分子从事洗钱等犯罪活动。

（十五）严防信息科技领域违法犯罪行为。银行保险机构要制定内部网络安全管理制度和操作规程，建立监督制约机制，确保制度得到刚性执行。加强数据安全管理，严格控制数据授权范围，实现数据分类、重要数据备份和加密。加强对客户信息收集、维护、使用人员的培训管理。在内部产品和业务流程设计上落实客户信息安全控制和风险提示。明确约定涉及客户资料交接的对外合作保密条款，消除信息泄露隐患。严防从业人员利用职权和管理漏洞，篡改后台数据，盗取资金，以及非法复制数据、贩卖客户信息等行为。

三、强化机构内控和行业自律机制建设

（十六）强化公司治理。坚持加强党的领导和完善公司治理相统一，把党的领导融入公司治理各环节，推进国有控股银行保险机构党建与公司治理有机融合。充分发挥公司治理机制在预防从业人员金融违法犯罪中的作用，抓好“以案为鉴、以案促改”工作。董事会下设的相关委员会应听取预防从业人员金融违法犯罪专题工作报告。加强战略管理，提倡突出核心主业的稳健发展战略。强化高级管理人员案防职责，防止业务模式异化，避免盲目追求多元发展。提高高级管理人员特别是分支机构高级管理人员和基层营业机构关键或重要岗位轮岗要求。完善内部绩效考评和激励约束机制，以适当形式将预防从业人员金融违法犯罪工作成效水平与绩效考评挂钩。

（十七）强化制度流程控制。加强案防重点领域全流程管理，健全内部控制，从制度、流程、系统和机制上对经营管理、风险控制有决策权或重要影响力的各级管理人员进行有效监督和制衡。健全各业务条线预防从业人员金融违法犯罪工作体系和管理制度。对存在管理缺失或缺陷的，应及时预警提示并采取管控措施，消除风险隐患。畅通完善投诉举报渠道，完善举报处置机制，做到有案必查、查实必罚。

（十八）加强案件风险监测和排查。加强从业人员聘用管理，提出必要的职业道德、资质、履职经验、专业素质及其他个人素质标准要求。加强重点领域、机构、岗位和人员风险排查工作。依法合规建立从业人员异常行为排查机制，特别要加强拟离职人员及其经办业务的排查，重点关注关键岗位人员账户交易、资金借贷、证券投资、兴办企业、涉及诉讼和社会关系往来等情况。通过流程分析、日常风险监测等方式开展风险识别，采用多种方法对内控设计和运行的有效性进行评估。不断更新排查工具和方法，通过远程审计、大数据筛查、反洗钱监测系统等手段排查隐蔽性强的风险案件，摸清案件风险底数，强化案防工作主体责任。

（十九）严肃责任追究。对违法违规行为事实清楚、证据充分的，要对案件相关责任人严肃追究责任。发现涉嫌违法犯罪的，应及时移送监察机关、公安机关和司法机关处理，积极配合有关部门查清犯罪事实，不得以纪律处分或者解除劳动合同代替刑事责任追究。严格按照银行保险监督管理机构案件管理和处置相关规定进行内部问责。

（二十）完善教育培训体系。不断完善分层次、分需求、多维度的合规教育培训体系。每年至少开展一次覆盖全体从业人员的警示教育。要向经营管理、风险控制有决策权或重要影响力的各级管理人员定期传达监管要求、解析监管政策、提示风险，增强合规经营和风险防控意识。持续开展各业务条线合规培训，保证培训学时，编写关键岗位培训教材，培育恪守职业道德、严守规章制度的合规文化。各级银行保险行业协会要及时监测汇总分析从业人员金融违法犯罪情况，强化风险提示、警示教育、合规培训和经验交流。银行保险机构和行业协会要通过多种

形式开展宣传教育，增强社会公众金融安全和防骗意识。

（二十一）强化行业性约束惩戒。对于涉及金融违法犯罪，被追究刑事责任或受到严重行政处罚的从业人员，各级银行保险行业协会要依法依规加强行业性约束和惩戒。银保监会及其派出机构指导行业协会完善行业内部信用信息采集、共享机制，将相关行为记入会员信用档案。依法依规支持行业协会按照行业标准、行规、行约等，视情节轻重对银行保险机构及其从业人员采取行业性惩戒措施。

四、依法严惩，加强监管和联动协调

（二十二）完善案防管理体系。银保监会及其派出机构指导银行保险机构将预防从业人员金融违法犯罪制度纳入案防工作体系。持续完善案件（风险）报送管理制度，结合业务特点、风险状况、案防形势，及时更新报送要求。督促银行保险机构及时报送案件（风险）信息、重大违法事件，依法对漏报、瞒报、迟报、错报的机构进行处罚。

（二十三）加强检查与评估结果应用。银保监会及其派出机构要将发生重大、恶性案件的机构作为重点监管对象，加强日常监管力度，提高随机抽查比例和频次。通过非现场监管和现场检查加强评估和监督管理，在监管评级中考虑应用评估结果。

（二十四）严格依法惩处和问责。银保监会及其派出机构要严格依据法律法规和监管规定，对违法违规行为负有责任的机构及人员实施行政处罚。违法行为轻微并及时纠正，没有造成危害后果的，不予行政处罚。对自查发现案件，在法律法规规定的范围内，可以酌情对涉案机构和案件责任人员从轻处罚。银保监会及其派出机构要严格执行并不断完善案件问责制度，督促银行保险机构严肃问责。

（二十五）发挥联合惩戒警示作用。银保监会要加强与有关部门协作，积极落实银行业保险业违法失信相关责任主体联合惩戒备忘录，制定完善银行保险从业人员违法失信信息使用、管理、监督等相关实施细则和操作流程，指导落实违法失信行为惩戒措施，达到“惩戒一个，警示一片”的效果。

（二十六）强化联动协调。银保监会及其派出机构要加强与监察机关、公安机关、司法机关和其他金融管理部门沟通协作，建立联席会议、信息共享、案件移送、行政执法与刑事司法衔接等机制，加强交流互训，形成防范打击合力，加大金融领域反腐败力度，积极维护金融秩序和社会稳定。

中国银保监会办公厅

2020 年 2 月 20 日

银行业保险业消费投诉处理管理办法

中国银行保险监督管理委员会令（2020 年第 3 号）

《银行业保险业消费投诉处理管理办法》已经中国银保监会 2019 年第 8 次委务会议通过。现予公布，自 2020 年 3 月 1 日起施行。

主席　郭树清

2020 年 1 月 14 日

银行业保险业消费投诉处理管理办法

第一章　总　则

第一条　为了规范银行业保险业消费投诉处理工作，保护消费者合法权益，根据《中华人民共和国银行业监督管理法》《中华人民共和国商业银行法》《中华人民共和国保险法》《中华人民共和国消费者权益保护法》等法律法规，制定本办法。

第二条　本办法所称银行业保险业消费投诉（以下简称“消费投诉”），是指消费者因购买银行、保险产品或者接受银行、保险相关服务与银行保险机构或者其从业人员产生纠纷（以下简称“消费纠纷”），并向银行保险机构主张其民事权益的行为。

第三条　银行业保险业消费投诉处理工作应当坚持依法合规、便捷高效、标本兼治和多元化解原则。

第四条　银行保险机构是维护消费者合法权益、处理消费投诉的责任主体，负责对本单位及其分支机构消费投诉处理工作的管理、指导和考核，协调、督促其分支机构妥善处理各类消费投诉。

第五条　各相关行业协会应当充分发挥在消费纠纷化解方面的行业自律作用，协调、促进其会员单位通过协商、调解、仲裁、诉讼等方式妥善处理消费纠纷。

第六条　中国银行保险监督管理委员会（以下简称“中国银保监会”）是全国银行业保险业

消费投诉处理工作的监督单位，对全国银行业保险业消费投诉处理工作进行监督指导。

中国银保监会各级派出机构应当对辖区内银行业保险业消费投诉处理工作进行监督指导，推动辖区内建立完善消费纠纷多元化解机制。

第二章 组织管理

第七条 银行保险机构应当从人力物力财力上保证消费投诉处理工作顺利开展，指定高级管理人员或者机构负责人分管本单位消费投诉处理工作，设立或者指定本单位消费投诉处理工作的管理部门和岗位，合理配备工作人员。

银行保险机构应当畅通投诉渠道，设立或者指定投诉接待区域，配备录音录像等设备记录并保存消费投诉接待处理过程，加强消费投诉管理信息系统建设，规范消费投诉处理流程和管理。

第八条 银行保险机构应当在官方网站、移动客户端、营业场所或者办公场所醒目位置公布本单位的投诉电话、通讯地址等投诉渠道信息和消费投诉处理流程，开通电子邮件、官网平台等互联网投诉渠道的，应当公布本单位接收消费投诉的电子邮箱、网址等。在产品或者服务合约中，银行保险机构应当提供投诉电话或者其他投诉渠道信息。

第九条 银行保险机构开展消费投诉处理工作应当属地管理、分级负责，充分考虑和尊重消费者的合理诉求，公平合法作出处理结论。及时查找引发投诉事项的原因，健全完善溯源整改机制，切实注重消费者消费体验，提升服务水平。

第十条 银行保险机构应当加强对第三方机构合作业务消费投诉的管理，因合作销售产品或者提供服务而产生消费纠纷的，银行保险机构应当要求相关第三方机构配合处理消费投诉，对消费投诉事项进行核实，及时提供相关情况，促进消费投诉顺利解决。银行保险机构应当将第三方机构对消费投诉处理工作的配合情况纳入合作第三方机构的准入退出评估机制。

第三章 银行业保险业消费投诉处理

第十一条 银行保险机构应当负责处理因购买其产品或者接受其服务产生的消费投诉。

第十二条 银行保险机构可以要求投诉人通过其公布的投诉渠道提出消费投诉。

采取面谈方式提出消费投诉的，银行保险机构可以要求投诉人在其指定的接待场所提出。多名投诉人采取面谈方式提出共同消费投诉的，应当推选代表，代表人数不超过5名。

第十三条 银行保险机构可以要求投诉人提供以下材料或者信息：

（一）投诉人的基本情况，包括：自然人或者其法定代理人姓名、身份信息、联系方式；法人或者其他组织的名称、住所、统一社会信用代码，法定代表人或者主要负责人的姓名、身份信息、联系方式，法人或者其他组织投诉代理人的姓名、身份信息、联系方式、授权委托书；

（二）被投诉人的基本情况，包括：被投诉的银行保险机构的名称；被投诉的银行业保险业从业人员的相关情况以及其所属机构的名称；

（三）投诉请求、主要事实和相关依据；

（四）投诉人提交书面材料的，应当由投诉人签字或者盖章。

银行保险机构已经掌握或者通过查询内部信息档案可以获得的材料，不得要求投诉人提供。

第十四条 投诉人提出消费投诉确有困难的，银行保险机构应当接受投诉人委托他人代为投诉，除第十三条规定材料或者信息外，可以要求提供经投诉人亲笔签名或者盖章的授权委托书原件，受托人身份证明和有效联系方式。

银行保险机构应当接受消费者继承人提出的消费投诉，除第十三条规定材料或者信息外，可以要求提供继承关系证明。

第十五条 银行保险机构可以接受投诉人撤回消费投诉。投诉人撤回消费投诉的，消费投诉处理程序自银行保险机构收到撤回申请当日终止。

第十六条 投诉人提出消费投诉，应当客观真实，对所提供材料内容的真实性负责，不得提供虚假信息或者捏造、歪曲事实，不得诬告、陷害他人。

投诉人在消费投诉过程中应当遵守法律、行政法规和国家有关规定，维护社会公共秩序和消费投诉处理单位的办公经营秩序。

第十七条 银行保险机构应当建立消费投诉处理回避制度，收到消费投诉后，应当指定与被投诉事项无直接利益关系的人员核实消费投诉内容，及时与投诉人沟通，积极通过协商方式解决消费纠纷。

第十八条 银行保险机构应当依照相关法律法规、合同约定，公平公正作出处理决定，对于事实清楚、争议情况简单的消费投诉，应当自收到消费投诉之日起15日内作出处理决定并告知投诉人，情况复杂的可以延长至30日；情况特别复杂或者有其他特殊原因的，经其上级机构或者总行、总公司高级管理人员审批并告知投诉人，可以再延长30日。

消费投诉处理过程中需外部机构进行鉴定、检测、评估等工作的，相关期间可以不计入消费投诉处理期限，但应当及时告知投诉人。

投诉人在消费投诉处理期限内再次提出同一消费投诉的，银行保险机构可以合并处理，如投诉人提出新的事实和理由，处理期限自收到新的投诉材料之日起重新计算。

在消费投诉处理过程中，发现消费投诉不是由投诉人或者其法定代理人、受托人提出的，银行保险机构可以不予办理，并告知投诉提出人。

第十九条 银行保险机构在告知投诉人处理决定的同时，应当说明对消费投诉内容的核实情况、作出决定的有关依据和理由，以及投诉人可以采取的申请核查、调解、仲裁、诉讼等救济途径。

第二十条 投诉人对银行保险机构分支机构消费投诉处理结果有异议的，可以自收到处理决定之日起30日内向其上级机构书面申请核查。核查机构应当对消费投诉处理过程、处理时限和处理结果进行核查，自收到核查申请之日起30日内作出核查决定并告知投诉人。

第二十一条 银行保险机构应当依照本办法的规定向投诉人告知相关事项并保留相关证明资料，投诉人无法联系的除外。

采取书面形式告知的，应当在本办法规定的告知期限内当面递交，或者通过邮寄方式寄出。

采取短信、电子邮件等可以保存的电子信息形式告知的，应当在本办法规定的告知期限内发出。

采取电话形式告知的，应当在本办法规定的告知期限内拨打投诉人电话。

银行保险机构与投诉人对消费投诉处理决定、告知期限、告知方式等事项协商一致的，按照协商确定的内容履行。

第二十二条 银行保险机构在消费投诉处理工作中，应当核实投诉人身份，保护投诉人信息安全，依法保护国家秘密、商业秘密和个人隐私不受侵犯。

第二十三条 银行保险机构在消费投诉处理过程中，可以根据需要向投诉人提出通过调解方式解决消费纠纷的建议。投诉人同意调解的，银行保险机构和投诉人应当向调解组织提出申请。调解期间不计入消费投诉处理期限。

第二十四条 银行保险机构应当充分运用当地消费纠纷调解处理机制，通过建立临时授权、异地授权、快速审批等机制促进消费纠纷化解。

第四章 银行业保险业消费投诉处理工作制度

第二十五条 银行保险机构应当根据本办法健全本单位消费投诉处理工作制度，明确消费投诉处理流程、责任分工、处理时限等要求。

第二十六条 银行保险机构应当建立消费投诉统计分析、溯源整改、信息披露、责任追究制度，定期开展消费投诉情况分析，及时有效整改问题；通过年报等方式对年度消费投诉情况进行披露；对于消费投诉处理中发现的违规行为，要依照相关规定追究直接责任人员和管理人员责任。

第二十七条 银行保险机构应当健全消费投诉处理考核评价制度，综合运用正向激励和负面约束手段，将消费投诉以及处理工作情况纳入各级机构综合绩效考核指标体系，并在各级机构高级管理人员、机构负责人和相关部门人员的薪酬分配、职务晋升等方面设定合理考核权重。

第二十八条 银行保险机构应当建立消费投诉处理登记制度和档案管理制度。消费投诉登记记录、处理意见等书面资料或者信息档案应当存档备查，法律、行政法规对保存期限有规定的，依照其规定执行。

第二十九条 银行保险机构应当依照国家有关规定制定重大消费投诉处理应急预案，做好重大消费投诉的预防、报告和应急处理工作。

重大消费投诉包括以下情形：

（一）因重大自然灾害、安全事故、公共卫生事件等引发的消费投诉；

（二）20 名以上投诉人采取面谈方式提出共同消费投诉的群体性投诉；

（三）中国银保监会及其派出机构（以下统称“银行保险监督管理机构”）认定的其他重大消费投诉。

第五章 监督管理

第三十条 银行保险监督管理机构应当明确银行保险机构消费投诉处理工作的监督管理部门。

第三十一条 银行保险监督管理机构设立消费投诉转办服务渠道，方便投诉人反映与银行保险机构的消费纠纷。

第三十二条 投诉人反映与银行保险机构的消费纠纷，同时提出应当由银行保险监督管理机构负责处理的其他事项的，依照有关规定处理。

第三十三条 银行保险监督管理机构的消费投诉处理监督管理部门应当自收到辖区内消费投诉之日起 7 个工作日内，将消费投诉转送被投诉银行保险机构并告知投诉人，投诉人无法联系的除外。

第三十四条 银行保险监督管理机构应当对银行保险机构消费投诉处理情况进行监督检查。

第三十五条 银行保险机构应当按照银行保险监督管理机构的要求，报告本单位消费投诉处理工作相关制度、消费投诉管理工作责任人名单，以及上述事项的变动情况。

第三十六条 银行保险机构应当按照银行保险监督管理机构的要求，报告本单位消费投诉数据、消费投诉处理工作情况，并对报送的数据、文件、资料的真实性、完整性、准确性负责。

第三十七条 银行保险监督管理机构应当定期将转送银行保险机构的消费投诉情况进行通报和对外披露，督促银行保险机构做好消费者权益保护工作。

第三十八条 银行保险监督管理机构应当将银行保险机构消费投诉处理工作情况纳入年度消费者权益保护监管评价。

第三十九条 银行保险监督管理机构要加强对银行业保险业消费纠纷调解组织建设的指导，推动建立行业调解规则和标准，促进行业调解组织各项工作健康、规范、有序开展。

第四十条 银行保险机构在处理消费投诉中有下列情形之一的，银行保险监督管理机构可以提出整改要求，并监督其限期整改：

（一）未按照本办法第八条规定公布消费投诉处理相关信息的；

（二）未按照本办法规定程序办理消费投诉并告知的；

（三）无正当理由拒绝配合调解工作或者履行调解协议的。

第四十一条 银行保险机构违反本办法规定，有下列情形之一的，银行保险监督管理机构应当责令限期改正；逾期未改正的，区别情形，银行保险监督管理机构可以进行监督管理谈话，并对银行业金融机构依照《中华人民共和国银行业监督管理法》采取暂停相关业务、责令调整高级管理人员、停止批准增设分支机构以及行政处罚等措施，对保险机构、保险中介机构依照《中华人民共和国保险法》采取罚款、限制其业务范围、责令停止接受新业务等措施，对银行保险监督管理机构负责监管的其他主体依照相关法律法规采取相应措施。

（一）未按照本办法规定建立并实施消费投诉处理相关制度的；

（二）未按照本办法规定报告消费投诉处理工作有关情况的；

（三）违反本办法第四十条规定并未按照要求整改的；

（四）其他违反本办法规定，造成严重后果的。

第六章　附　则

第四十二条 本办法所称银行保险机构包括银行业金融机构、保险机构、保险中介机构以及银行保险监督管理机构负责监管的其他主体。

第四十三条 本办法所称的“以内”“以上”均包含本数。

本办法中除“7 个工作日”以外的“日”均为自然日。

第四十四条 本办法由中国银保监会负责解释。

第四十五条 本办法自 2020 年 3 月 1 日起施行，原《保险消费投诉处理管理办法》（保监会令 2013 年第 8 号）和《中国银监会办公厅关于印发银监会机关银行业消费者投诉处理规程的通知》（银监办发〔2018〕13 号）同时废止。原中国银监会、原中国保监会发布的规定与本办法不一致的，以本办法为准。

信托公司股权管理暂行办法

中国银行保险监督管理委员会令（2020 年第 4 号）

《信托公司股权管理暂行办法》已于 2019 年 10 月 18 日经中国银保监会 2019 年第 11 次委务会议通过。现予公布，自 2020 年 3 月 1 日起施行。

主席　郭树清

2020 年 1 月 20 日

信托公司股权管理暂行办法

第一章　总　则

第一条　为加强信托公司股权管理，规范信托公司股东行为，保护信托公司、信托当事人等合法权益，维护股东的合法利益，促进信托公司持续健康发展，根据《中华人民共和国公司法》《中华人民共和国银行业监督管理法》《中华人民共和国信托法》等法律法规，制定本办法。

第二条　本办法适用于中华人民共和国境内依法设立的信托公司。

第三条　信托公司股权管理应当遵循分类管理、优良稳定、结构清晰、权责明确、变更有序、透明诚信原则。

第四条　国务院银行业监督管理机构及其派出机构遵循审慎监管原则，依法对信托公司股权实施穿透监管。

股权监管贯穿于信托公司设立、变更股权或调整股权结构、合并、分立、解散、清算以及其他涉及信托公司股权管理事项等环节。

第五条　国务院银行业监督管理机构及其派出机构依法对信托公司股权进行监管，对信托公司及其股东等单位和个人的相关违法违规行为进行查处。

第六条　信托公司及其股东应当根据法律法规和监管要求，充分披露相关信息，接受社会监督。

第七条　信托公司、国务院银行业监督管理机构及其派出机构应当加强对信托公司主要股东的管理。

信托公司主要股东是指持有或控制信托公司百分之五以上股份或表决权，或持有资本总额或股份总额不足百分之五但对信托公司经营管理有重大影响的股东。

前款中的“重大影响”，包括但不限于向信托公司派驻董事、监事或高级管理人员，通过协议或其他方式影响信托公司的财务和经营管理决策，以及国务院银行业监督管理机构及其派出机构认定的其他情形。

第八条　信托公司股东应当核心主业突出，具有良好的社会声誉、公司治理机制、诚信记录、纳税记录、财务状况和清晰透明的股权结构，符合法律法规规定和监管要求。

第九条　信托公司股东的股权结构应逐层追溯至最终受益人，其控股股东、实际控制人、关联方、一致行动人、最终受益人等各方关系应当清晰透明。

股东与其关联方、一致行动人的持股比例合并计算。

第十条　投资人入股信托公司，应当事先报国务院银行业监督管理机构或其派出机构核准，投资人及其关联方、一致行动人单独或合计持有上市信托公司股份未达到该公司股份总额百分之五的除外。

对通过境内外证券市场拟持有信托公司股份总额百分之五以上的行政许可批复，有效期为六个月。

第二章　信托公司股东责任

第一节　股东资质

第十一条　经国务院银行业监督管理机构或其派出机构审查批准，境内非金融机构、境内金融机构、境外金融机构和国务院银行业监督管理机构认可的其他投资人可以成为信托公司股东。

投资人及其关联方、一致行动人单独或合计持有同一上市信托公司股份未达到该信托公司股份总额百分之五的，不受本条前款规定限制。

第十二条　境内非金融机构作为信托公司股东，应当具备以下条件：

（一）依法设立，具有法人资格；

（二）具有良好的公司治理结构或有效的组织管理方式；

（三）具有良好的社会声誉、诚信记录和纳税记录；

（四）经营管理良好，最近 2 年内无重大违法违规经营记录；

（五）财务状况良好，且最近2个会计年度连续盈利；如取得控股权，应最近3个会计年度连续盈利；

（六）年终分配后净资产不低于全部资产的百分之三十（合并财务报表口径）；如取得控股权，年终分配后净资产应不低于全部资产的百分之四十（合并财务报表口径）；

（七）如取得控股权，权益性投资余额应不超过本企业净资产的百分之四十（含本次投资金额，合并财务报表口径），国务院银行业监督管理机构认可的投资公司和控股公司除外；

（八）国务院银行业监督管理机构规章规定的其他审慎性条件。

第十三条 境内金融机构作为信托公司股东，应当具有良好的内部控制机制和健全的风险管理体系，符合与该类金融机构有关的法律、法规、监管规定以及本办法第十二条（第五项"如取得控股权，应最近3个会计年度连续盈利"、第六项和第七项除外）规定的条件。

第十四条 境外金融机构作为信托公司股东，应当具备以下条件：

（一）具有国际相关金融业务经营管理经验；

（二）国务院银行业监督管理机构认可的国际评级机构最近2年对其作出的长期信用评级为良好及以上；

（三）财务状况良好，最近2个会计年度连续盈利；

（四）符合所在国家或地区法律法规及监管当局的审慎监管要求，最近2年内无重大违法违规经营记录；

（五）具有良好的公司治理结构、内部控制机制和健全的风险管理体系；

（六）所在国家或地区金融监管当局已经与国务院银行业监督管理机构建立良好的监督管理合作机制；

（七）具有有效的反洗钱措施；

（八）所在国家或地区经济状况良好；

（九）国务院银行业监督管理机构规章规定的其他审慎性条件。

境外金融机构投资入股信托公司应当遵循长期持股、优化治理、业务合作、竞争回避的原则，并遵守国家关于外国投资者在中国境内投资的有关规定。

第十五条 金融产品可以持有上市信托公司股份，但单一投资人、发行人或管理人及其实际控制人、关联方、一致行动人控制的金融产品持有同一上市信托公司股份合计不得超过该信托公司股份总额的百分之五。

信托公司主要股东不得以发行、管理或通过其他手段控制的金融产品持有该信托公司股份。

自然人可以持有上市信托公司股份，但不得为该信托公司主要股东。国务院银行业监督管理机构另有规定的除外。

第十六条 投资人及其控股股东、实际控制人存在以下情形的，不得作为信托公司主要股东：

（一）关联企业众多、股权关系复杂且不透明、关联交易频繁且异常；

（二）被列为相关部门失信联合惩戒对象；

（三）在公开市场上有不良投资行为记录；

（四）频繁变更股权或实际控制人；

（五）存在严重逃废到期债务行为；

（六）提供虚假材料或者作不实声明，或者曾经投资信托业，存在提供虚假材料或者作不实声明的情形；

（七）对曾经投资的信托公司经营失败或重大违法违规行为负有重大责任，或对曾经投资的其他金融机构经营失败或重大违法违规行为负有重大责任且未满5年；

（八）长期未实际开展业务、停业或破产清算或存在可能严重影响持续经营的担保、诉讼、仲裁或者其他重大事项；

（九）拒绝或阻碍金融管理部门依法实施监管；

（十）因违法违规行为被金融管理部门或政府有关部门查处，造成恶劣影响；

（十一）其他可能对履行股东责任或对信托公司产生重大不利影响的情形。

除本条前款规定外，投资人的控股股东、实际控制人为金融产品的，该投资人不得为信托公司主要股东。

第二节　股权取得

第十七条　投资人可以通过出资设立信托公司、认购信托公司新增资本、以协议或竞价等途径取得信托公司其他股东所持股权等方式入股信托公司。

第十八条　投资人入股信托公司应当履行法律法规和公司章程约定的程序。涉及国有资产管理、金融管理等部门职责的，应当符合相关规定。

第十九条　投资人入股信托公司前应当做好尽职调查工作，充分了解信托公司功能定位、信托业务本质和风险特征以及应当承担的股东责任和义务，充分知悉拟入股信托公司经营管理情况和真实风险底数等信息。

投资人入股信托公司应当入股目的端正，出资意愿真实。

第二十条　投资人入股信托公司时，应当书面承诺遵守法律法规、监管规定和公司章程，并就入股信托公司的目的作出说明。

第二十一条　投资人拟作为信托公司主要股东的，应当具备持续的资本补充能力，并根据监管规定书面承诺在必要时向信托公司补充资本。

第二十二条　投资人拟作为信托公司主要股东的，应当逐层说明其股权结构直至实际控制人、最终受益人，以及与其他股东的关联关系或者一致行动关系。

第二十三条 投资人应当使用来源合法的自有资金入股信托公司，不得以委托资金、债务资金等非自有资金入股，出资金额不得超过其个别财务报表口径的净资产规模。国务院银行业监督管理机构及其派出机构可以按照穿透原则对自有资金来源进行向上追溯认定。

第二十四条 投资人不得委托他人或接受他人委托持有信托公司股权。

第二十五条 同一投资人及其关联方、一致行动人参股信托公司的数量不得超过 2 家，或控股信托公司的数量不得超过 1 家。

投资人经国务院银行业监督管理机构批准并购重组高风险信托公司，不受本条前款规定限制。

第三节 股权持有

第二十六条 信托公司股东应当遵守法律法规、监管规定和公司章程，依法行使股东权利，履行法定义务。

第二十七条 信托公司主要股东不得滥用股东权利干预或利用其影响力干预董事会、高级管理层根据公司章程享有的决策权和管理权，不得越过董事会和高级管理层直接干预或利用影响力干预信托公司经营管理，进行利益输送，或以其他方式损害信托当事人、信托公司、其他股东等合法权益。

第二十八条 按照穿透原则，信托公司股东与信托公司之间不得直接或间接交叉持股。

第二十九条 信托公司主要股东根据公司章程约定提名信托公司董事、监事候选人的，应当遵循法律法规和公司章程规定的条件和程序。控股股东不得对股东（大）会人事选举结果和董事会人事聘任决议设置批准程序。

信托公司存在持有或控制信托公司百分之五以下股份或表决权的股东的，至少应有一名独立董事或外部监事由该类股东提名产生。

第三十条 信托公司主要股东应当对其与信托公司和其他关联机构之间董事、监事和高级管理人员的交叉任职进行有效管理，防范利益冲突。

信托公司主要股东及其关联方与信托公司之间的高级管理人员不得相互兼任。

第三十一条 信托公司主要股东应当建立有效的风险隔离机制，防止风险在股东、信托公司以及其他关联机构之间传染和转移。

第三十二条 信托公司股东应当遵守法律法规和信托公司关联交易相关规定，不得与信托公司进行不当关联交易，不得利用其对信托公司经营管理的影响力获取不正当利益，侵占信托公司、其他股东、信托当事人等合法权益。

第三十三条 信托公司股东应当在信托公司章程中承诺不将所持有的信托公司股权进行质

押或以股权及其受（收）益权设立信托等金融产品，但国务院银行业监督管理机构或其派出机构采取风险处置或接管措施等特殊情形除外。

投资人及其关联方、一致行动人单独或合计持有同一上市信托公司股份未达到该信托公司股份总额百分之五的，不受本条前款规定限制。

第三十四条 信托公司股东应当自发生以下情况之日起十五日内，书面通知信托公司：

（一）所持信托公司股权被采取诉讼保全措施或者被强制执行；

（二）违反承诺质押信托公司股权或以股权及其受（收）益权设立信托等金融产品；

（三）其控股股东、实际控制人质押所持该股东公司股权或以所持该股东公司股权及其受（收）益权设立信托等金融产品；

（四）取得国务院银行业监督管理机构或其派出机构变更股权或调整股权结构行政许可后，在法定时限内完成股权变更手续存在困难；

（五）名称变更；

（六）合并、分立；

（七）其他可能影响股东资质条件变化或导致所持信托公司股权发生变化的情况。

第三十五条 信托公司主要股东及其控股股东、实际控制人发生本办法第十六条规定的情形的，主要股东应当于发生相关情况之日起十五日内，书面通知信托公司。

信托公司主要股东的控股股东、实际控制人发生变更的，主要股东应当于变更后十五日内准确、完整地向信托公司提供相关材料，包括变更背景、变更后的控股股东、实际控制人、关联方、一致行动人、最终受益人等情况，以及控股股东、实际控制人是否存在本办法第十六条规定情形的说明。

信托公司主要股东应当通过信托公司每年向国务院银行业监督管理机构或其派出机构报告资本补充能力。

第三十六条 信托公司主要股东应当根据本办法第五十三条规定，如实向信托公司提供与股东评估工作相关的材料，配合信托公司开展主要股东的定期评估工作。

第三十七条 信托公司出现资本不足或其他影响稳健运行情形时，信托公司主要股东应当履行入股时承诺，以增资方式向信托公司补充资本。不履行承诺或因股东资质问题无法履行承诺的主要股东，应当同意其他股东或者合格投资人采取合理方案增资。

第三十八条 信托公司发生重大风险事件或重大违法违规行为，被国务院银行业监督管理机构或其派出机构采取风险处置或接管等措施的，股东应当积极配合国务院银行业监督管理机构或其派出机构开展风险处置等工作。

第四节　股权退出

第三十九条 信托公司股东自取得股权之日起五年内不得转让所持有的股权。

经国务院银行业监督管理机构或其派出机构批准采取风险处置措施、国务院银行业监督管理机构或其派出机构责令转让、涉及司法强制执行、在同一投资人控制的不同主体之间转让股权、国务院银行业监督管理机构或其派出机构认定股东无力行使股东职责等特殊情形除外。

投资人及其关联方、一致行动人单独或合计持有同一上市信托公司股份未达到该信托公司股份总额百分之五的，不受本条规定限制。

第四十条 信托公司股东拟转让所持股权的，应当向意向参与方事先告知国务院银行业监督管理机构关于信托公司股东的资质条件规定、与变更股权等事项有关的行政许可程序、以及本办法关于信托公司股东责任和义务的相关规定。

有关主体签署的股权转让协议应当明确变更股权等事项是否需经国务院银行业监督管理机构或其派出机构行政许可，以及因监管部门不予批准等原因导致股权转让失败的后续安排。

第四十一条 股权转让期间，拟转让股权的信托公司股东应当继续承担股东责任和义务，支持并配合信托公司股东（大）会、董事会、监事会、高级管理层依法履职，对公司重大决议事项行使独立表决权，不得在股权转让工作完成前向信托公司推荐股权拟受让方相关人员担任公司董事、监事、高级管理人员或关键岗位人员。

第三章　信托公司职责

第一节　变更期间

第四十二条 信托公司应当如实向拟入股股东说明公司经营管理情况和真实风险底数。

第四十三条 在变更期间，信托公司应当保证股东（大）会、董事会、监事会及高级管理层正常运转，切实防范内部人控制问题。

前款中的“变更”，包括信托公司变更股权或调整股权结构、合并、分立以及其他涉及信托公司股权发生变化的情形。

信托公司不得以变更股权或调整股权结构等为由，致使董事会、监事会、高级管理层人员缺位 6 个月以上，影响公司治理机制有效运转。有代为履职情形的，应当符合国务院银行业监督管理机构关于代为履职的相关监管规定。

第四十四条 信托公司应当依法依规、真实、完整地向国务院银行业监督管理机构或其派出机构报送与变更股权或调整股权结构等事项相关的行政许可申请材料。

第二节　股权事务管理

第四十五条 信托公司董事会应当勤勉尽责，董事会成员应当对信托公司和全体股东负有忠诚义务。

信托公司董事会承担信托公司股权事务管理最终责任。信托公司董事长是处理信托公司股权事务的第一责任人。董事会秘书协助董事长工作，是处理股权事务的直接责任人。

董事长和董事会秘书应当忠实、诚信、勤勉地履行职责。履职未尽责的，依法承担法律责任。

第四十六条 信托公司应当建立和完善股权管理制度，做好股权信息登记、关联交易管理和信息披露等工作。

第四十七条 信托公司应当建立股权托管制度，原则上将股权在信托登记机构进行集中托管。信托登记机构履行股东名册初始登记和变更登记等托管职责。托管的具体要求由国务院银行业监督管理机构另行规定。

上市信托公司按照法律、行政法规规定股权需集中存管到法定证券登记结算机构的，股权托管工作按照相应的规定进行。

第四十八条 信托公司应当将以下关于股东管理的相关监管要求、股东的权利义务等写入公司章程，在公司章程中载明下列内容：

（一）股东应当遵守法律法规和监管规定；

（二）主要股东应当在必要时向信托公司补充资本；

（三）应经但未经监管部门批准或未向监管部门报告的股东，不得行使股东大会召开请求权、表决权、提名权、提案权、处分权等权利；

（四）对于存在虚假陈述、滥用股东权利或其他损害信托公司利益行为的股东，国务院银行业监督管理机构或其派出机构可以限制或禁止信托公司与其开展关联交易，限制其持有信托公司股权比例等，并可限制其股东大会召开请求权、表决权、提名权、提案权、处分权等权利。

第四十九条 信托公司应当通过半年报或年报在官方网站等渠道真实、准确、完整地披露信托公司股权信息，披露内容包括：

（一）股份有限公司报告期末股份总数、股东总数、报告期间股份变动情况以及前十大股东持股情况；

（二）有限责任公司报告期末股东出资额情况；

（三）报告期末主要股东及其控股股东、实际控制人、关联方、一致行动人、最终受益人情况；

（四）报告期内公司发生的关联交易情况；

（五）报告期内股东违反承诺质押信托公司股权或以股权及其受（收）益权设立信托等金融产品的情况；

（六）报告期内股东提名董事、监事情况；

（七）已向国务院银行业监督管理机构或其派出机构提交行政许可申请但尚未获得批准的

事项；

（八）国务院银行业监督管理机构规定的其他信息。

第五十条 信托公司主要股东及其控股股东、实际控制人出现的可能影响股东资质条件或导致所持信托公司股权发生重大变化的事项，信托公司应及时进行信息披露。

第三节 股东行为管理

第五十一条 信托公司应当加强对股东资质的审查，对主要股东及其控股股东、实际控制人、关联方、一致行动人、最终受益人等相关信息进行核实，并掌握其变动情况，就主要股东对信托公司经营管理的影响进行判断。

第五十二条 信托公司股东发生本办法第三十四条、第三十五条前二款规定情形的，信托公司应当自知悉之日起十日内向国务院银行业监督管理机构或其派出机构书面报告。

第五十三条 信托公司董事会应当至少每年对其主要股东的资质情况、履行承诺事项情况、承担股东责任和义务的意愿与能力、落实公司章程或协议条款情况、经营管理情况、财务和风险状况，以及信托公司面临经营困难时，其在信托公司恢复阶段可能采取的救助措施进行评估，并及时将评估报告报送国务院银行业监督管理机构或其派出机构。

第五十四条 信托公司应当将所开展的关联交易分为固有业务关联交易和信托业务关联交易，并按照穿透原则和实质重于形式原则加强关联交易认定和关联交易资金来源与运用的双向核查。

第五十五条 信托公司应当准确识别关联方，及时更新关联方名单，并按季度将关联方名单报送至信托登记机构。

信托公司应当按照穿透原则将主要股东、主要股东的控股股东、实际控制人、关联方、一致行动人、最终受益人作为信托公司的关联方进行管理。

第五十六条 信托公司应当建立关联交易管理制度，严格执行国务院银行业监督管理机构关于关联交易报告等规定，落实信息披露要求，不得违背市场化原则和公平竞争原则开展关联交易，不得隐匿关联交易或通过关联交易隐匿资金真实去向、从事违法违规活动。

信托公司董事会应当设立关联交易控制委员会，负责关联交易的管理，及时审查和批准关联交易，控制关联交易风险。关联交易控制委员会成员不得少于三人，由独立董事担任负责人。

信托公司应当定期开展关联交易内外部审计工作，其内部审计部门应当至少每年对信托公司关联交易进行一次专项审计，并将审计结果报信托公司董事会和监事会；委托外部审计机构每年对信托公司关联交易情况进行年度审计，其中外部审计机构不得为信托公司关联方控制的会计师事务所。

第五十七条 信托公司应当加强公司治理机制建设，形成股东（大）会、董事会、监事会、高级管理层有效制衡的公司治理结构，建立完备的内部控制、风险管理、信息披露体系，以及科学合理的激励约束机制，保障信托当事人等合法权益，保护和促进股东行使权利，确保全体股东享有平等待遇。

信托公司董事会成员应当包含独立董事，独立董事人数不得少于董事会成员总数的四分之一；但单个股东及其关联方、一致行动人合计持有信托公司三分之二以上资本总额或股份总额的信托公司，其独立董事人数不得少于董事会成员总数的三分之一。

信托公司董事会和监事会应当根据法律法规和公司章程赋予的职责，每年向股东（大）会做年度工作报告，并及时将年度工作报告报送国务院银行业监督管理机构或其派出机构。

第四章　监督管理

第五十八条　国务院银行业监督管理机构鼓励信托公司持续优化股权结构，引入注重公司长远发展、管理经验成熟的战略投资者，促进信托公司转型发展，提升专业服务水平。

第五十九条　国务院银行业监督管理机构及其派出机构应当加强对信托公司股东的穿透监管，加强对主要股东及其控股股东、实际控制人、关联方、一致行动人及最终受益人的审查、识别和认定。信托公司主要股东及其控股股东、实际控制人、关联方、一致行动人及最终受益人，以国务院银行业监督管理机构或其派出机构认定为准。

第六十条　国务院银行业监督管理机构及其派出机构有权采取下列措施，了解信托公司股东（含拟入股股东）及其控股股东、实际控制人、关联方、一致行动人及最终受益人信息：

（一）要求股东逐层披露其股东、实际控制人、关联方、一致行动人及最终受益人；

（二）要求股东说明入股资金来源，并提供有关材料；

（三）要求股东报送资产负债表、利润表和其他财务会计报告和统计报表、公司发展战略和经营管理材料以及注册会计师出具的审计报告；

（四）要求股东及相关人员对有关事项作出解释说明；

（五）询问股东及相关人员；

（六）实地走访或调查股东经营情况；

（七）其他监管措施。

对与涉嫌违法事项有关的信托公司股东及其控股股东、实际控制人、关联方、一致行动人及最终受益人，国务院银行业监督管理机构及其派出机构有权依法查阅、复制有关财务会计、财产权登记等文件、资料；对可能被转移、隐匿、毁损或者伪造的文件、资料，予以先行登记保存。

第六十一条　国务院银行业监督管理机构及其派出机构有权采取下列措施，加强信托公司股权穿透监管：

（一）依法对信托公司设立、变更股权或调整股权结构等事项实施行政许可；

（二）要求信托公司及其股东及时报告股权有关信息；

（三）定期评估信托公司主要股东及其控股股东、实际控制人、关联方、一致行动人、最终受益人的经营活动，以判断其对信托公司稳健运行的影响；

（四）要求信托公司通过年报或半年报披露相关股权信息；

（五）与信托公司董事、监事、高级管理人员以及其他相关当事人进行监管谈话，要求其就相关情况作出说明；

（六）对股东涉及信托公司股权的行为进行调查或者公开质询；

（七）要求股东报送审计报告、经营管理信息、股权信息等材料；

（八）查询、复制股东及相关单位和人员的财务会计报表等文件、资料；

（九）对信托公司进行检查，并依法对信托公司和有关责任人员实施行政处罚；

（十）依法可以采取的其他监管措施。

第六十二条 国务院银行业监督管理机构及其派出机构应当建立股东动态监测机制，至少每年对信托公司主要股东的资质情况、履行承诺事项情况、承担股东责任和义务的意愿与能力、落实公司章程或协议条款情况、经营管理情况、财务和风险状况，以及信托公司面临经营困难时主要股东在信托公司恢复阶段可能采取的救助措施进行评估。

国务院银行业监督管理机构及其派出机构应当将评估工作纳入日常监管，并对评估发现的问题视情形采取限期整改等监管措施。

第六十三条 国务院银行业监督管理机构及其派出机构根据审慎监管的需要，有权依法采取限制同一股东及其关联方、一致行动人入股信托公司的数量、持有信托公司股权比例、与信托公司开展的关联交易额度等审慎监管措施。

第六十四条 信托公司主要股东为金融机构的，国务院银行业监督管理机构及其派出机构应当与该金融机构的监管部门建立有效的信息交流和共享机制。

第六十五条 信托公司在股权管理过程中存在下列情形之一的，国务院银行业监督管理机构或其派出机构应当责令限期改正；逾期未改正，或者其行为严重危及该信托公司的稳健运行、损害信托当事人和其他客户合法权益的，经国务院银行业监督管理机构或其省一级派出机构负责人批准，可以区别情形，按照《中华人民共和国银行业监督管理法》第三十七条规定，采取相应的监管措施：

（一）未按要求履行行政许可程序或对有关事项进行报告的；

（二）未按规定开展股东定期评估工作的；

（三）提供虚假的或者隐瞒重要事实的报表、报告等文件、资料的；

（四）未按规定制定公司章程，明确股东权利义务的；

（五）未按规定进行股权托管的；

（六）未按规定进行信息披露的；

（七）未按规定开展关联交易的；

（八）拒绝或阻碍监管部门进行调查核实的；

（九）其他违反股权管理相关要求的。

第六十六条 信托公司股东或其控股股东、实际控制人、关联方、一致行动人、最终受益人等存在下列情形，造成信托公司违反审慎经营规则的，国务院银行业监督管理机构或其派出机构根据《中华人民共和国银行业监督管理法》第三十七条规定，可以限制信托公司股东参与经营管理的相关权利，包括股东大会召开请求权、表决权、提名权、提案权、处分权等；责令信托公司控股股东转让股权，股权转让完成前，限制其股东权利，限期未完成转让的，由符合国务院银行业监督管理机构相关要求的投资人按照评估价格受让股权：

（一）虚假出资、出资不实、抽逃出资或者变相抽逃出资的；

（二）使用委托资金、债务资金或其他非自有资金投资入股的；

（三）委托他人或接受他人委托持有信托公司股权的；

（四）未按规定进行报告的；

（五）拒绝向信托公司、国务院银行业监督管理机构或其派出机构提供文件材料或提供虚假文件材料、隐瞒重要信息以及迟延提供相关文件材料的；

（六）违反承诺、公司章程或协议条款的；

（七）主要股东或其控股股东、实际控制人不符合本办法规定的监管要求的；

（八）违规开展关联交易的；

（九）违反承诺进行股权质押或以股权及其受（收）益权设立信托等金融产品的；

（十）拒绝或阻碍国务院银行业监督管理机构或其派出机构进行调查核实的；

（十一）不配合国务院银行业监督管理机构或其派出机构开展风险处置的；

（十二）在信托公司出现资本不足或其他影响稳健运行情形时，主要股东拒不补充资本并拒不同意其他股东、投资人增资计划的；

（十三）其他滥用股东权利或不履行股东义务，损害信托公司、信托当事人、其他股东等利益的。

第六十七条 信托公司未遵守本办法规定进行股权管理的，国务院银行业监督管理机构或其派出机构可以调整该信托公司监管评级。

信托公司董事会成员在履职过程中未就股权管理方面的违法违规行为提出异议的，最近一次履职评价不得评为称职。

第六十八条 在行政许可过程中，投资人、股东或其控股股东、实际控制人、信托公司有下列情形之一的，国务院银行业监督管理机构或其派出机构可以中止审查：

（一）相关股权存在权属纠纷；

（二）被举报尚需调查；

（三）因涉嫌违法违规被有关部门调查，或者被司法机关侦查，尚未结案；

（四）被起诉尚未判决；

（五）国务院银行业监督管理机构认定的其他情形。

第六十九条 在实施行政许可或者履行其他监管职责时，国务院银行业监督管理机构或其派出机构可以要求信托公司或者股东就其提供的有关资质、关联关系或者入股资金等信息的真实性作出声明，并承诺承担因提供虚假信息或者不实声明造成的后果。

第七十条 国务院银行业监督管理机构及其派出机构建立信托公司股权管理和股东行为不良记录数据库，通过全国信用信息共享平台与相关部门或政府机构共享信息。

对于存在违法违规行为且拒不改正的股东，或以隐瞒、欺骗等不正当手段获得股权的股东，国务院银行业监督管理机构及其派出机构可以单独或会同相关部门联合予以惩戒，可通报、公开谴责、禁止其一定期限直至终身入股信托公司。

第七十一条 在实施行政许可或者履行监管职责时，国务院银行业监督管理机构及其派出机构应当将存在提供虚假材料、不实声明或者因不诚信行为受到金融管理部门行政处罚等情形的第三方中介机构纳入第三方中介机构诚信档案。自第三方中介机构不诚信行为或受到金融管理部门行政处罚等情形发生之日起五年内，国务院银行业监督管理机构及其派出机构对其出具的报告或作出的声明等不予认可，并可将其不诚信行为通报有关主管部门。

第五章 法律责任

第七十二条 信托公司未按要求对股东及其控股股东、实际控制人、关联方、一致行动人、最终受益人信息进行审查、审核或披露的，由国务院银行业监督管理机构或其派出机构按照《中华人民共和国银行业监督管理法》第四十六条、第四十八条的规定，责令改正，并对信托公司及相关责任人员实施行政处罚。

第七十三条 信托公司存在本办法第六十五条规定的情形之一，情节较为严重的，由国务院银行业监督管理机构或其派出机构按照《中华人民共和国银行业监督管理法》第四十六条、第四十七条、第四十八条规定对信托公司及相关责任人员实施行政处罚。

第七十四条 信托公司股东或其控股股东、实际控制人、关联方、一致行动人、最终受益人等以隐瞒、欺骗等不正当手段获得信托公司股权的，由国务院银行业监督管理机构或其派出机构按照《中华人民共和国行政许可法》的规定，对相关行政许可予以撤销。

依照本条前款撤销行政许可的，被许可人基于行政许可取得的利益不受保护。

第六章　附　则

第七十五条　本办法所称“以上”均含本数，“不足”不含本数，“日”为工作日。

第七十六条　以下用语含义：

（一）控股股东，是指根据《中华人民共和国公司法》第二百一十六条规定，其出资额占有限责任公司资本总额百分之五十以上或者其持有的股份占股份有限公司股本总额百分之五十以上的股东；出资额或者持有股份的比例虽然不足百分之五十，但依其出资额或者持有的股份所享有的表决权已足以对股东会、股东大会的决议产生重大影响的股东。

（二）实际控制人，是指根据《中华人民共和国公司法》第二百一十六条规定，虽不是公司的股东，但通过投资关系、协议或者其他安排，能够实际支配公司行为的人。

（三）关联方，是指根据《企业会计准则第 36 号关联方披露》规定，一方控制、共同控制另一方或对另一方施加重大影响，以及两方或两方以上同受一方控制、共同控制或重大影响的。但国家控制的企业之间不因为同受国家控股而具有关联关系。

（四）一致行动，是指投资者通过协议、其他安排，与其他投资者共同扩大其所能够支配的一个公司股份表决权数量的行为或者事实。达成一致行动的相关投资者，为一致行动人。

（五）最终受益人，是指实际享有信托公司股权收益的人。

（六）个别财务报表，是相对于合并财务报表而言，指由公司或子公司编制的，仅反映母公司或子公司自身财务状况、经营成果和现金流量的财务报表。

第七十七条　本办法由国务院银行业监督管理机构负责解释。

第七十八条　本办法自 2020 年 3 月 1 日起施行。本办法实施前发布的有关规章及规范性文件与本办法不一致的，按照本办法执行。

中国银保监会关于开展银行业保险业市场乱象整治“回头看”工作的通知

（银保监发〔2020〕27号）

各银保监局，机关各部门，各政策性银行、大型银行、股份制银行，外资银行，金融资产管理公司，各保险集团（控股）公司、保险公司、保险资产管理公司：

近几年全国银行业保险业市场乱象整治工作取得了明显成效，经营管理乱象得到有效遏制，资金脱实向虚问题得到有力纠正，银行业保险业回归本源、合规审慎运行态势基本形成并有效稳固。但一些银行保险机构公司治理仍不健全，风险管理仍然薄弱，部分领域问题屡查屡犯、屡禁不止，重大案件和风险事件时有发生。为巩固拓展乱象整治成果，坚决打赢防范化解金融风险攻坚战，银保监会决定组织开展银行业保险业市场乱象整治工作“回头看”。现就有关事项通知如下：

一、目标任务

坚持以习近平新时代中国特色社会主义思想为指导，全面贯彻党的十九大和十九届二中、三中、四中全会以及中央经济工作会议精神，严格落实“六稳”和“六保”要求，以党的政治建设为统领，以依法严查严处为导向，防止乱象反弹回潮，推动金融支持疫情防控和产业链协同复工复产等各项政策落到实处。通过持续集中整治，实现屡查屡犯的违法违规行为明显减少，内控合规长效机制建设明显进步，金融服务实体经济质效明显提升。

二、主要内容

（一）看主体责任是否落实到位。各银行保险机构要切实承担乱象整治和内控合规建设的主体责任，“两会一层”严格履职尽职，做到深自查、真整改、严问责，将问题隐患整治到位。要注重标本兼治，把治理金融乱象与培育稳健的风险文化深度融合，有效提升依法合规经营和风险管理水平。各银保监局要提高政治站位，充分认识开展市场乱象整治“回头看”工作的重要性和紧迫性，实行一把手负责制，落实属地监管责任。要加强组织领导，明确工作责任，把乱象整治各项工作抓紧抓实抓细，务求取得实效。

（二）看实体经济是否真正受益。各银行保险机构要深刻领会金融支持中小微企业是做好“六稳”工作、落实“六保”任务的重要内容。要落实好临时性延期还本付息政策，有效满足中小微企业合理融资需求。要用好普惠金融定向降准政策，用好人民银行普惠性再贷款再贴现资金和政策性银行转贷款资金，合理确定小微企业贷款利率，确保资金用于支持小微企业。要在符合商业可持续原则基础上主动向企业和实体经济让利，降低企业融资综合成本，帮助中小微企业渡过难关。各银保监局要督促银行保险机构把从监管、货币和财税等方面获得的普惠金融政策红利，切实传导到中小微企业，指导机构持续提升服务质效。要巩固减负清费成果，严查违规收费或附加不合理贷款条件变相抬高企业融资成本。要加强相关资金流向监测，依法严厉打击资金空转和违规套利行为。

（三）看整改措施是否严实有效。各银行保险机构要对2017年以来乱象整治自查和监管检查发现问题逐项检视，严格落实整改。要健全整改工具箱，整改措施要对症恰当，避免简单一刀切，着力解决“违规在基层、根子在总部”的问题。要注重从制度、流程和系统等方面推进根源性整改，将“排查—整改—提升”贯穿于经营管理全过程，坚决杜绝整改之后同质同类问题仍然屡查屡犯现象。要完善内部问责机制，对监管部门责令内部问责的，必须严肃追究，不得“问下不问上”，或简单以经济处罚代替纪律处分。各银保监局要通过现场检查和非现场监管等方式，对2017年开展市场乱象整治工作以来辖内银行保险机构整改问责情况进行监管评估。要综合运用监管手段，督促银行保险机构落实整改，消除风险隐患。要加强检查和评估结果在准入、监管评级和采取监管措施等方面的运用。

（四）看违法违规是否明显遏制。各银行保险机构要对照2020年市场乱象整治工作要点，持续深入开展股权与公司治理、宏观政策执行、业务经营、影子银行和交叉金融业务等领域违法违规问题排查。要增强发现问题的及时性和暴露问题的主动性，采取积极措施有效解决上述领域屡查屡犯、边查边犯问题，显著压降重大案件和高级管理人员案件的发案率。各银保监局要以乱象整治工作“回头看”为主线，结合日常监管情况，统筹集成项目和资源，持续深入整治重点领域重点问题，依法打击违法违规活动。要高度警惕乱象新品种，对打着“金融创新”幌子花式翻新的违规行为、苗头性趋势性违规问题，必须及时遏止，坚决打击处理。

（五）看合规机制是否健全管用。各银行保险机构“两会一层”要牢固树立合规从高层做起、合规创造效益的理念，忠实勤勉履行各自在公司治理方面的职责，推行传导诚信正直的职业操守和价值观念。要建立健全与业务规模、风险状况等相适应的合规管理体系，配备充足的合规管理人员，保证其独立履行职责的良好环境。要建立健全覆盖总行（总公司）各部门和各分支及附属机构的全员管理制度，构建并落实清晰有效的问责机制，加强对员工异常行为的监测排查，将问题消除在萌芽状态。各银保监局要以整治促建制，推动辖内银行保险机构内控合规长效机制建设，厚植稳健审慎的风险文化。

三、工作要求

（一）严格自查自纠。各银行保险机构要对照2017年以来自查和监管检查发现问题的整改台账，查看当时制定的整改措施是否落实、责任人是否追究、是否按时完成整改。要对照2020年乱象整治工作要点，全面深入开展自查，深挖彻查经营管理中存在的问题和风险隐患，对自查和监管检查发现的问题，必须即查即纠、立查立改，强化责任追究。

（二）依法问责处理。各级监管机构要对违法违规行为持续保持高压态势，对整改问责工作推进不力的要责令限期完成，对整改工作存在弄虚作假的要严肃查处，对违反宏观调控政策、侵害金融消费者合法权益以及屡查屡犯等违规问题要加大查处力度，对因金融腐败和违法犯罪破坏市场秩序、造成重大损失甚至诱发风险事件的一律严惩不贷。

（三）构筑监管合力。银保监会银行检查局、非银检查局分别负责统筹推进银行和非银行机构的整治工作。各机构监管、规制监管和功能监管部门负责指导推动本条线、本领域的乱象整治工作，督促本条线机构落实乱象整治主体责任，完善监管制度，补齐监管短板。各银保监局负责属地监管的银行保险机构乱象整治，制定细化方案，根据当地疫情防控情况灵活采取多种方式开展工作。各级监管机构和各银行保险机构要加强沟通和信息共享，对整治工作期间发现的重大风险和重大问题要及时反馈。

（四）营造良好氛围。各级监管机构和各银行保险机构要及时总结整治工作的良好做法和鲜活经验，充分利用各类平台载体进行宣传和舆论引导，展示乱象整治工作在推动银行业保险业高质量发展和提升金融服务实体经济质效方面的显著成效，向社会公众传递决心和信心，营造乱象整治协同有序推进的良好氛围。

四、报告要求

（一）报告内容。工作报告应重点突出、内容翔实，包括但不限于：组织实施和主体责任落实情况；整改问责的监管评估情况；发现的主要问题、风险隐患；采取的工作措施（包括但不限于处罚问责、制度机制建立与执行情况等）；2017年以来整治工作取得的成效和经验；下一步工作计划和意见建议等。

（二）报送路径。各银行保险法人机构要在汇总分支机构情况基础上，分别于2020年7月

30 日前和 12 月 10 日前将半年、年度工作报告及附表报送监管部门。其中，银保监会直接监管的银行保险机构分别报送至银保监会银行机构检查局、非银行机构检查局，同时抄送对口的机构监管部门；各银保监局监管的银行保险机构（含分支机构、外国银行分行）报送至属地银保监局。

各银保监局应汇总辖内机构情况和监管工作情况，于 2020 年 12 月 20 日前将年度工作报告（含附表及 1 ~ 2 个典型案例），报送至银行检查局和非银行检查局；同时，按机构类别汇总条线报告及附表，报送至对口的机构监管部门。

附件：

1. 2020 年银行机构市场乱象整治“回头看”工作要点

2. 2020 年非银行机构市场乱象整治“回头看”工作要点

2020 年 6 月 23 日

（此件发至银保监分局与银行理财子公司、地方法人银行保险机构）

附件 1

2020 年银行机构市场乱象整治“回头看”工作要点

一、宏观政策执行

1. 民营和小微企业服务政策。未按监管要求建立落实民营和小微企业业务绩效考核机制、尽职免责制度和容错纠错机制；使用人民银行普惠性再贷款再贴现资金和政策性银行转贷资金的小微企业贷款，未合理确定其利率定价水平，资金未真实投向小微企业；临时性延期还本付息政策和续贷政策落实不力，未能有效满足中小微企业合理融资需求；对受疫情影响较大行业以及有发展前景但暂时受困的企业，盲目抽贷、断贷、压贷；不合理收费或附加不合理贷款条件提高企业融资综合成本；以通过融资政策便利获得的贷款购买银行理财产品、结构性存款、大额存单和发放委托贷款等进行资金“空转”套利。

2. “房住不炒”政策。表内外资金直接或变相用于土地出让金或土地储备融资；未严格审查房地产开发企业资质，违规向“四证”不全的房地产开发项目提供融资；个人综合消费贷款、经营性贷款、信用卡透支等资金挪用于购房；流动性贷款、并购贷款、经营性物业贷款等资金被挪用于房地产开发；代销违反房地产融资政策及规定的信托产品等资管产品。

3. 金融扶贫政策。精准扶贫政策执行不力，扶贫贷款服务对象不符合要求；发放扶贫贷款附加不合理条件；违规上浮扶贫贷款利率；扶贫信贷资金被挪用等。

4. 其他重点领域宏观调控政策。违规为环保排放不达标、严重污染环境且整改无望的企业提供融资；违规为固定资产投资项目提供资本金融资；违规新增地方政府隐性债务。

二、股权与公司治理

5. 股东和股权管理。股东资质不符合监管要求；虚假注资、循环注资、抽逃股本等"资本造假"行为；以非自有资金违规入股银行；存在股权代持、超比例或超家数持有银行股权等情形；公司章程未按监管要求载明银行股东权利义务；股权登记、质押和股东资质审查等股权事务管理不符合监管要求；未按监管要求或章程规定对滥用权利的股东采取限制措施；虚增利润向股东分红。

6. "两会一层"履职和考评机制。董事会、监事会、高级管理层及其专门委员会未依法依规充分履职；未建立对董事的履职评价体系；未落实绩效考核和薪酬管理等监管要求。

7. 关联交易和并表管理。未按照穿透原则尽职认定关联方；通过关联交易向股东和其他关系人进行利益输送；银行集团并表管理不符合监管要求，通过内部交易隐匿风险、利益输送、进行监管套利。

三、信贷管理

8. 授信管理。贷款"三查"不尽职；集团客户统一授信管理和联合授信管理不力，大额风险暴露指标突破监管要求；票据业务贸易背景尽职调查不到位，保证金来源不符合监管要求。

9. 资产质量真实性。人为操纵风险分类结果，隐匿资产质量；违规通过以贷还贷、以贷收息、虚假盘活等方式延缓风险暴露，掩盖不良贷款；违规通过第三方代持、为不良资产受让人提供融资等方式实现不良资产的非洁净出表；直接或借道各类资管计划在信用风险等未转移或未完全转移的情况下将不良资产移出资产负债表。

四、影子银行和交叉金融业务

10. 理财业务。理财业务过渡期整改不到位，未严格执行整改计划，理财老产品、同业理财、保本理财产品规模反弹，存量资产整改进展缓慢；母公司向理财子公司划转理财产品存在产品不合规、程序不规范、利益输送、调节风险指标等问题；理财新产品存在池化运作、投资非标资产出现期限错配、相互调节收益、刚性兑付、投向限制性领域、净值计量不准确、信息披露不到位、违背投资者适当性原则或违规销售等问题；结构性存款不真实，通过设置"假结构"变相高息揽储或进行套利。

11. 同业业务。同业融入和融出资金规模超过监管规定比例；同业业务交易对手选择及授信管理不审慎；同业代持、互持或充当资金通道导致资金空转；同业资金通过多层嵌套等方式违规投向限制性领域；同业业务违规接受或提供第三方担保。

12. 表外业务。委托贷款资金来源、用途不合规；违规销售代销产品，代销不合规的金融产品，违规开展为本行授信项目提供融资或承接本行表内外资产的"假代销"业务。

五、创新业务

13. 线上贷款业务。线上线下业务统一授信管理不到位；线上贷款用途违规或被挪用于限制性领域；与合作机构共同出资发放贷款过度依赖合作机构，信贷管理等核心职能实质性外包，风险管控流于形式，贷款用途违规或被挪用于限制性领域；与无放贷业务资质的合作机构共同出资发放贷款；接受无担保资质合作机构提供的担保增信；银行资金借道互联网平台进行监管套利。

14. 信用卡业务。未按监管要求对受疫情影响暂时失去收入来源人群的住房按揭、信用卡等个人信贷作合理调整；信用卡业务虚增客户偿债能力或违反“刚性扣减”规定，突破总授信额度上限管控；预借现金业务额度设置过高，不符合审慎管理要求，资金用途管控不力，违规流向非消费领域；分期业务收费不透明、质价不符，侵犯消费者合法权益；未采取有效措施保护客户信息安全，违规泄露、滥用客户信息；对债务人或担保人违规不当催收。

15. 衍生产品业务。未经批准擅自开办衍生产品交易业务；未有效执行衍生产品交易业务风险管理的监管要求；衍生产品营销与后续服务不符合监管规定。

六、整改问责

16. 整改落实与机制建设。未对自查和监管检查发现问题逐项建立台账，未明确整改措施、责任人和完成时限；未按照报送给监管部门的整改问责方案及时、全面完成整改；整改措施不对症；未从制度、流程和系统等方面推进根源性整改和机制建设；同质同类案件反复发生。

17. 员工行为管理与问责。对员工异常行为检测排查不力；员工参与民间借贷或非法集资、充当资金掮客、与客户不当资金往来等；监管部门责令内部问责的，未严肃追究；内部问责机制不健全，内部问责偏松偏软、“问下不问上”、简单以经济处罚代替纪律处分。

附件2

2020年非银行机构市场乱象整治“回头看”工作要点

一、保险机构

（一）宏观政策执行

保险资金违规投向国家及监管禁止的行业或产业；通过股权投资、不动产投资等方式违规向不符合政策要求的房地产公司、房地产项目提供融资；违规向地方政府提供融资或通过融资平台违规新增地方政府债务；保险产品开发设计和业务发展偏离保障本源；精准扶贫政策执行不到位，扶贫专属农业保险产品与普通商业保险产品无实质差异，“三区三州”深度贫困地区农业保险费率未按要求降低等。

（二）公司治理

股东虚假出资、循环注资、抽逃股本；股东资质不符合要求，入股资金来源不合法；股权关系不透明、不清晰，违规股权代持，隐藏实际控制人，隐瞒关联关系；股权质押和解质押不规范；股东质押股权损害其他股东和保险公司的利益；股东利用股权质押形式，代持保险公司股权、违规关联持股以及变相转移股权；控股股东利用其控制地位损害保险公司及其他利益相关方的合法权益；公司章程不完善；公司治理机制失灵，股东（大）会、董事会长期无法正常召开或作出决策；董事会授权笼统，重要事项未经董事会审议，发展规划实施情况等事项未经监事会审议；董监高履职前未取得任职资格，兼任不相容职务，关键岗位长期空缺；激励约束机制和责任追究机制不完善，考核评价体系中不包含风险合规指标；未按监管规定进行关联交易管理，关联交易审查不合规，通过关联交易向股东和其他关系人输送利益，关联交易报告和信息披露不合规；内部审计制度不完善，内部审计人员不足，未按照监管规定开展董事及高级管理人员离任审计；并表管理不符合监管规定，通过内部交易输送利益、隐匿风险、进行监管套利等。

（三）保险资金运用

未坚持稳健审慎和安全性原则；利用未上市股权和不动产投资等方式设立平台公司，通过平台公司截留、挪用、转移保险资金，向关联方输送利益，违规用于增资；投资单一资产和单一交易对手超集中度上限比例；发行通道性质的组合类保险资管产品，为其他机构违规开展关联交易或规避监管提供通道；组合类资管产品开展违反资管新规要求的多层嵌套投资业务；通过多层嵌套等方式开展集合资金信托计划投资规避监管规定；在不具备投资管理能力情况下，借用受托通道变相自行开展股票等高风险领域投资，妨碍干预受托人正常履行职责；投后管理不到位等。

（四）销售理赔

销售未经相关金融监管部门审批的非保险金融产品；违规开展或协助相关企业和个人开展非法集资活动等。

以银行理财产品、银行存款、证券投资基金份额等其他金融产品的名义宣传销售保险产品；对投保人隐瞒与保险合同有关的重要情况，夸大保险责任或保险产品收益，对保险公司的股东情况、经营状况以及过往经营成果作虚假宣传；对与保险业务相关的法律、法规、政策作虚假宣传；以保险产品即将停售或费率即将调整为由进行虚假宣传，诱导消费者购买保险产品；恶意误导或怂恿客户退保致使消费者承受不必要的合同权益损失；违规泄露客户信息；电话扰民；在帮助借款人获得贷款时，通过隐瞒的方式，使借款人在不知情的情况下购买保证保险产品；未按照规定使用经批准或者备案的保险条款、费率；在未经投保人或被保险人同意的情况下，通过特别约定，单方加重消费者合同义务；未按规定开展电子化回访侵害投保人犹豫期合法权利；给予投保人、被保险人、受益人保险合同约定之外的利益等。

未按照法定或者保险合同约定的时限开展理赔；未一次性告知需要补充的理赔资料；要求保险消费者提供超出保险合同约定的理赔资料；保险机构、保险从业人员参与虚假理赔等。

（五）财务业务数据

偿付能力数据不真实，偿付能力信息披露不及时、不完整、不真实；财务数据不真实，会计信息偏离经济实质和风险实质，不符合稳健性原则；客户信息不真实、不完整；通过虚假中介业务、虚列费用等方式套取资金；人为延迟或调整费用入账时间，违规计提责任准备金调整经营结果等。

（六）万能险业务

万能单独账户的资产未单独管理；在同一万能单独账户管理的保单未采用同一结算利率；万能账户实际结算利率未根据万能账户单独资产的实际投资状况科学合理地确定，存在刚性兑付的情形；万能单独账户资产负债严重错配，对可能存在的利差损风险和流动性风险未制定可行的应对措施等。

（七）创新业务

以“产品升级”为噱头推动产品销售，“产品升级”后新老产品无实质变化；未经客户同意对停售险种进行自动转换，默认客户同意转换为替代产品，对新产品未尽说明告知义务，未履行新产品的投保手续等。

委托未取得保险销售资格的第三方网络平台从事保险销售活动；开展互联网保险业务信息披露和风险提示不充分，对投保人隐瞒与保险合同有关的重要情况，对保额、保费、保险责任、保险人等投保信息告知不足，投保单未经投保人签署确认，并按规定保存投保业务档案；互联网保险业务投保过程中和投保后，未向客户提供完整的保险条款和保单信息查询渠道等。

二、信托公司

（一）宏观政策执行

未严格执行房地产信托贷款监管政策，向不满足“四三二”要求的房地产开发项目提供贷款；直接或变相为房地产企业提供土地储备贷款或流动资金贷款；以向开发商上下游企业、关联方或施工方发放贷款等名义将资金实际用于房地产开发，规避房地产信托贷款相关监管要求；对委托方信托目的合法合规性审核不严，为各类资金违规流入房地产市场提供便利；人为调整房地产业务分类、规避合规要求或规模管控要求；违法违规向地方政府融资平台提供融资；违规要求或接受地方政府及其所属部门提供各种形式的担保等。

（二）公司治理

股东资质不合规；股东存在虚假出资、循环注资、抽逃股本、代持股权等行为；股东信息不透明；股东违规持有多家信托公司股权；股东违规质押信托公司股权；通过变更股东公司股权间接转让所持有信托公司股权，规避股权变更审批；股东滥用股东权利或不履行股东义务，损害信托公司、信托当事人、其他股东利益；通过关联交易向股东或实际控制人进行利益输送；公司章程不完善；董事、高级管理人员履职前未取得任职资格，董监高兼任不相容职务，关键岗位长期空缺，董事长或总经理代为履职时间超期；未按监管要求准确识别关联方、及时更新并报送关联方名单；关联交易控制委员会未按要求设立或未有效发挥职能；公司激励约束机制不合理，薪酬延期支付和追索扣回机制不健全等。

（三）影子银行和交叉金融业务

信托公司非标资金池业务清理进展缓慢；存量非标资金池业务底层资产到期后继续滚动发行；直接或通过分期发行、开放式、多层嵌套等方式变相新增非标资金池业务；通过非标资金池承接不良资产，隐匿风险；对非标资金池业务资金来源、底层资产、实际资金用途和实际风险承担情况未进行有效穿透管理等。

协助银行等其他金融机构规避宏观调控政策和监管规定，隐匿风险、调节数据；合作机构准入管理不健全，合作相关方权责界定不清晰；为不具有金融业务许可资质的第三方机构变相开展金融业务提供通道服务；未制定年度去通道、去嵌套整改计划并按期落实；同业通道业务未按“穿透”原则向上识别最终投资者和资金来源、向下识别底层资产等。

（四）融资类信托业务

尽职调查不审慎、不细致、不深入；贷后管理不到位；对于可能的风险损失，未充分计提信托资产减值准备或未根据信托公司履职不当责任计提预计负债；未按监管要求制定融资类信托业务压缩计划并有效落实等。

（五）非金融子公司管理

未经批准违规设立非金融子公司；未按监管要求组织开展非金融子公司清理工作，或清理进度滞后；非金融子公司开展类信托或监管套利、隐匿风险的通道业务；非金融子公司开展具有非标资金池特征的业务，存在较大流动性风险；信托公司与非金融子公司违规开展关联交易，融出资金、转移财产、输送利益；非金融子公司层级过多，组织架构复杂，超出信托公司管理能力等。

（六）经营管理

通过互联网引流或聘请第三方非金融机构违规推介销售产品；未严格执行“双录”制度或违规承诺保本保收益；以提供流动性支持函、回购承诺函等方式向投资者提供隐性担保；信息披露不及时、不准确、不完整，未真实反映资产质量；将风险资产虚假出表，风险未真实转移等。

（七）创新业务

以各类“明股实债”、收（受）益权或其他“伪创新”规避监管规定；通过信托受益权流转等方式规避监管要求；违规直接或变相新增“多层嵌套”业务；变相突破创新业务资格要求开展创新业务；其他通过“伪创新”进行监管套利或隐匿风险的行为等。

二、其他非银机构

（一）金融资产管理公司

1. 宏观政策执行。违规开展房地产业务；违规向地方政府及融资平台提供融资等。

2. 公司治理。董事和高级管理人员履职前未取得任职资格，兼任不相容职务，关键岗位长期空缺；董监事未勤勉履职尽职；关联方清单管理不完善，通过关联交易输送利益、掩盖风险等。

3. 附属机构管理。非金融子公司战略定位不清晰，内部治理失效，业务开展不合规，审批授权不合理；未按规定压缩集团层级并清理子公司；子公司清理过程中资产转让、处置不合规等。

4. 资产质量。未按规定做实资产质量；通过分公司之间、分公司与子公司之间内部交易掩盖风险；风险资产处置化解不力，未有效执行集中度风险和限额管控等。

5. 业务经营。业务开展不合规、不审慎，为银行业金融机构规避资产质量监管提供通道，以收购金融或非金融不良资产名义变相提供融资等。

（二）金融租赁公司

1. 宏观政策执行。违规开展房地产业务；违规向地方政府及融资平台提供融资等。

2. 公司治理。股权管理不合规，存在隐形股东、虚假出资、循环注资、违规股权质押等情况；董事会及下设专业委员会、监事会履职有效性不足；关联方识别不到位，重大关联交易审批程序不合规，关联度指标超标；隐匿关联交易，违规通过关联交易输送利益等。

3. 资产质量。未按规定做实资产质量，掩藏或虚假处置不良资产，未按规定计提拨备等。

4. 业务经营。租赁业务“三查”不到位，未严格进行客户资质审核，放款或担保审批不到位，违规以未取得所有权或所有权存在瑕疵的财产作为租赁物；授信集中度超出监管指标；未真实洁净转让或受让租赁资产等。

（三）财务公司

1. 公司治理。股东股权管理不合规；董事会及专业委员会履职有效性不足，监事会监督作用未充分发挥；关键岗位长期空缺，兼任不相容职务；薪酬管理制度不完善或执行不力等。

2. 资产质量。未按规定做实资产质量，风险分类不全面、不准确；未按规定计提拨备等。

3. 业务经营。未经批准或不符合监管评级条件开展业务；为成员单位开具无真实贸易背景的承兑汇票；违规通过票据业务、同业业务为集团套取资金，对外负债敞口高于支付能力，流动性风险管控不到位；在开展承兑汇票业务中规避担保比例限制；违规开展资金来源或资金用途不符合规定的委托贷款，委托贷款和自营业务未严格隔离风险；违规通过同业业务为其他金融机构规避监管提供“通道”；违规开展投资业务，资金投向不符合监管政策和导向；通过投资变相向集团外客户融资或进行非金融企业股权投资；高风险投资占比过高等。

（四）汽车金融公司和消费金融公司

1. 公司治理。股东滥用权利，损害公司利益；股权质押管理不到位，相关信息披露不充分；董事会及专业委员会履职有效性不足，监事会监督作用未充分发挥；关键岗位长期空缺，兼任不相容职务；薪酬管理制度不完善；关联方识别不到位，未严格落实关联交易决策程序，关联交易监管不力等。

2. 资产质量。未按规定做实资产质量，未按规定计提拨备等。

3. 业务经营。未落实贷款“三查”制度，信贷管理等核心职能实质性外包，风险管控流于形式；合作机构管控不力，未明确合作机构准入条件，未与合作机构就合作事项开展范围、风险责任、结算事宜、争议处理等作出明确约定；未明确披露贷款金额、贷款期限、贷款年化利率及费率、征信查询授权、贷款违约责任等涉及客户利益的重要信息，侵犯客户的知情权与选择权；违规收费，收费质价不符；不当催收；泄露消费者个人信息，未有效保护消费者信息安全等。

（五）货币经纪公司

违反有关业务规定，在未签订服务协议的情况下向金融机构提供经纪服务，员工行为管理不到位等。

银行保险机构应对突发事件金融服务管理办法

中国银行保险监督管理委员会令（2020 年第 10 号）

《银行保险机构应对突发事件金融服务管理办法》已于 2020 年 7 月 3 日经银保监会 2020 年第 10 次委务会议通过。现予公布，自公布之日起施行。

主席　郭树清

2020 年 9 月 9 日

银行保险机构应对突发事件金融服务管理办法

第一章　总　则

第一条　为规范银行保险机构应对突发事件的经营活动和金融服务，保护客户的合法权利，增强监管工作的针对性，维护银行业保险业安全稳健运行，根据《中华人民共和国银行业监督管理法》《中华人民共和国商业银行法》《中华人民共和国保险法》《中华人民共和国突发事件应对法》等相关法律法规，制定本办法。

第二条　本办法所称突发事件，是指符合《中华人民共和国突发事件应对法》规定的，突然发生，造成或者可能造成严重社会危害，需要采取应急处置措施予以应对的自然灾害、事故灾难、公共卫生事件和社会安全事件。

本办法所称重大突发事件，是指《中华人民共和国突发事件应对法》规定的特别重大或重大等级的突发事件。

第三条　银行保险监督管理机构应当切实履行应对突发事件的职责，加强与县级以上人民政府及其部门的沟通、联系、协调、配合，做好对银行保险机构的指导和监管，促进银行保险机构完善突发事件金融服务。

第四条 银行保险机构应当做好应对突发事件的组织管理、制度和预案体系建设工作，及时启动应对预案，健全风险管理，确保基本金融服务功能的安全性和连续性，加强对重点领域、关键环节和特殊人群的金融服务。

第五条 应对突发事件金融服务应当坚持以下原则：

（一）常态管理原则。银行保险机构应当建立突发事件应对工作机制，并将突发事件应对管理纳入全面风险管理体系。

（二）及时处置原则。银行保险机构应当及时启动本单位应对预案，制定科学的应急措施、调度所需资源，及时果断调整金融服务措施。

（三）最小影响原则。银行保险机构应当采取必要措施将突发事件对业务连续运行、金融服务功能的影响控制在最小程度，确保持续提供基本金融服务。

（四）社会责任原则。银行保险机构应当充分评估突发事件对客户、员工和经济社会发展的影响，在风险可控的前提下提供便民金融服务，妥善保障员工合法权益，积极支持受突发事件重大影响的企业、行业保持正常生产经营。

第六条 国务院银行保险监督管理机构应当积极利用双边、多边监管合作机制和渠道，与境外监管机构加强信息共享，协调监管行动，提高应对工作的有效性。

第二章　组织管理

第七条 银行保险机构应当建立突发事件应对管理体系。董（理）事会是银行保险机构突发事件应对管理的决策机构，对突发事件的应对管理承担最终责任。高级管理层负责执行经董（理）事会批准的突发事件应对管理政策。

第八条 银行保险机构应当成立由高级管理层和突发事件应对管理相关部门负责人组成的突发事件应对管理委员会及相应指挥机构，负责突发事件应对工作的管理、指挥和协调，并明确成员部门相应的职责分工。

银行保险机构可以指定业务连续性管理委员会等专门委员会负责突发事件应对管理工作。

第九条 银行保险机构应当制定应对突发事件的管理制度，与业务连续性管理、信息科技风险管理、声誉风险管理、资产安全管理等制度有效衔接。银行保险机构在制定恢复处置计划时，应当充分考虑应对突发事件的因素。

第十条 银行保险机构应当根据本机构的具体情况细化突发事件的类型并制定、更新应对预案。银行保险机构应当充分评估营业场所、员工、基础设施、信息数据等要素，制定具体的突发事件应对措施以及恢复方案。

银行保险机构至少每三年开展一次突发事件应对预案的演练，检验应对预案的完整性、可操作性和有效性，验证应对预案中有关资源的可用性，提高突发事件的综合处置能力。银行保险机构对灾难备份等关键资源或重要业务功能至少每年开展一次突发事件应对预案的演练。

第十一条 银行保险机构应当依法配合县级以上人民政府及法定授权部门的指挥，有序开展突发事件应对工作。

银行保险机构应当在应对突发事件过程中提供必要的相互协助。

第十二条 银行保险机构应当按照关于银行业保险业突发事件信息报告的监管要求，向银行保险监督管理机构报告突发事件信息、采取的应对措施、存在的问题以及所需的支持。

第十三条 行业自律组织应当为银行保险机构应对突发事件、实施同业协助提供必要的协调和支持。

第三章 业务和风险管理

第十四条 银行保险机构应当加强突发事件预警，按照县级以上人民政府及法定授权部门发布的应对突发事件的决定、命令以及银行保险监督管理机构的监管规则，加强对各类风险的识别、计量、监测和控制，及时启动相关应对预案，采取必要措施保障人员和财产安全，保障基本金融服务功能的正常运转。

第十五条 银行保险机构应当按照银行保险监督管理机构的要求，根据县级以上人民政府及法定授权部门响应突发事件的具体措施，及时向处置突发事件的有关单位和个人提供急需的金融服务。

第十六条 受突发事件重大影响的银行保险机构需要暂时变更营业时间、营业地点、营业方式和营业范围等的，应当在作出决定当日报告属地银行保险监督管理机构和所在地人民政府后向社会公众公告。

银行保险监督管理机构可以根据突发事件的等级和影响范围，决定暂时变更受影响的银行保险机构的营业时间、营业地点、营业方式和营业范围等。

第十七条 在金融服务受到重大突发事件影响的区域，银行保险机构应当在保证员工人身和财产安全的前提下，经向银行保险监督管理机构报告后，采用设立流动网点、临时服务点等方式提供现场服务，合理布放自动柜员机（ATM）、销售终端（POS）、智能柜员机（含便携式、远程协同式）等机具，满足客户金融服务需求。

银行保险机构因重大突发事件无法提供柜面、现场或机具服务的，应当利用互联网、移动终端、固定电话等信息技术方式为客户提供服务。

第十八条 银行保险机构应当为受重大突发事件影响的客户办理账户查询、挂失、补办、转账、提款、继承、理赔、保全等业务提供便利。对身份证明或业务凭证丢失的客户，银行保险机构通过其他方式可以识别客户身份或进行业务验证的，应当满足其一定数额或基本的业务需求，不得以客户无身份证明或业务凭证为由拒绝办理业务。

第十九条 银行业金融机构对重大突发事件发生前已经发放、受突发事件影响、非因借款人自身原因不能按时偿还的各类贷款，应当考虑受影响借款人的实际情况调整贷款回收方式，可不收取延期还款的相关罚息及费用。银行业金融机构不得仅以贷款未及时偿还为理由，阻碍受影响借款人继续获得其他针对突发事件的信贷支持。

第二十条 保险公司应当根据突发事件形成的社会风险保障需求，及时开发保险产品，增加巨灾保险、企业财产保险、安全生产责任保险、出口信用保险、农业保险等业务供给，积极发挥保险的风险防范作用。

第二十一条 为切实服务受重大突发事件影响的客户，支持受影响的个人、机构和行业，银行业金融机构可以采取以下措施：

（一）减免受影响客户账户查询、挂失和补办、转账、继承等业务的相关收费；

（二）与受重大影响的客户协商调整债务期限、利率和偿还方式等；

（三）为受重大影响的客户提供续贷服务；

（四）在风险可控的前提下，加快信贷等业务审批流程；

（五）其他符合银行保险监督管理机构要求的措施。

第二十二条 为切实服务受重大突发事件影响的客户，支持受影响的个人、机构和行业，保险公司可以采取以下措施：

（一）适当延长受重大影响客户的报案时限，减免保单补发等相关费用；

（二）适当延长受重大影响客户的保险期限，对保费缴纳给予一定优惠或宽限期；

（三）对因突发事件导致单证损毁遗失的保险客户，简化其理赔申请资料；

（四）对受重大影响的农户和农业生产经营组织，在确保投保意愿真实的前提下，可暂缓其提交承保农业保险所需的相关资料，确定发生农业保险损失的，可采取预付部分赔款等方式提供理赔服务；

（五）针对突发事件造成的影响，在风险承受范围内适当扩展保险责任范围；

（六）其他符合银行保险监督管理机构要求的措施。

第二十三条 银行保险机构应当及时预估受突发事件重大影响的企业恢复生产经营的资金需求情况，加强对受突发事件影响的重点地区、行业客户群体的金融服务，发挥在基础设施、农业、特色优势产业、小微企业等方面的金融支持作用。

第二十四条 银行业金融机构应当加强贷前审查和贷后管理，通过行业自律和联合授信等机制，防范客户不正当获取、使用与应对突发事件有关的融资便利或优惠措施，有效防范多头授信和过度授信，防止客户挪用获得的相关融资。

银行业金融机构对符合贷款减免和核销规定的贷款，应当严格按照程序和条件进行贷款减免和核销，做好贷款清收管理和资产保全工作，切实维护合法金融债权。

第二十五条 银行保险机构应当及时保存与应对突发事件有关的交易或业务记录，及时进行交易或业务记录回溯，重点对金额较大、交易笔数频繁、非工作时间交易等情况进行核查和分析。

银行保险机构应当及时对应对突发事件金融服务措施的实际效果和风险状况进行后评估。

第二十六条 银行保险机构应当加强突发事件期间对消费者权益的保护，确保投诉渠道畅通，及时处理相关咨询和投诉事项。银行保险机构不得利用突发事件进行诱导销售、虚假宣传等营销行为，或侵害客户的知情权、公平交易权、自主选择权、隐私权等合法权利。

银行保险机构应当加强声誉风险管理，做好舆情监测、管理和应对，及时、规范开展信息发布、解释和澄清等工作，防范负面舆情引发声誉风险、流动性风险等次生风险，保障正常经营秩序。

第四章 监督管理

第二十七条 银行保险监督管理机构应当保持监管工作的连续性、有效性、灵活性，并根据突发事件的等级、银行保险机构受影响情况，适当调整监管工作的具体方式。

银行保险监督管理机构应当依法对银行保险机构突发事件应对机制、活动和效果进行指导和监督检查，妥善回应社会关注和敏感问题，及时发布支持政策和措施，加强与同级人民银行及相关政府部门的信息共享和沟通，协调解决应对突发事件过程中的问题。

第二十八条 银行保险监督管理机构应当按照县级以上人民政府及法定授权部门对突发事件的应对要求，审慎评估突发事件对银行保险机构造成的影响，依法履行以下职责：

（一）加强对突发事件引发的区域性、系统性风险的监测、分析和预警；

（二）督促银行保险机构按照突发事件应对预案，保障基本金融服务功能持续安全运转；

（三）指导银行保险机构提供突发事件应急处置金融服务；

（四）引导银行保险机构积极承担社会责任；

（五）协调有关政府部门，协助保障银行保险机构正常经营。

第二十九条 受突发事件重大影响的银行保险机构等申请人在行政许可流程中无法在规定期限内完成办理事项的，可以向银行保险监督管理机构申请延长办理期限。银行保险监督管理机构经评估，可以根据具体情况决定延长有关办理期限。

银行保险监督管理机构可以根据突发事件的等级及影响情况，依法调整行政许可的程序、条件或材料等相关规则，以便利银行保险机构为应对突发事件提供金融服务。

第三十条 受突发事件重大影响的银行保险机构可以根据实际情况向银行保险监督管理机构申请变更报送监管信息、统计数据的时间和报送方式。银行保险监督管理机构经评估同意变更的，应当持续通过其他方式开展非现场监管。

银行保险监督管理机构可以根据突发事件的等级及影响情况，依法决定实施非现场监管的具体方式、时限要求及频率。

第三十一条 受突发事件重大影响的银行保险机构可以根据实际情况向银行保险监督管理机构申请暂时中止现场检查、现场调查及其他重大监管行动或者变更其时间。

银行保险监督管理机构可以按照突发事件的等级及影响情况，根据申请或主动决定暂时中止对银行保险机构进行现场检查、现场调查及采取其他重大监管行动或变更其时间。银行保险监督管理机构应当在突发事件影响消除后重新安排现场检查、现场调查等监管工作。

第三十二条 根据应对重大突发事件和落实国家金融支持政策的需要，国务院银行保险监督管理机构可以依据法律、行政法规的授权或经国务院批准，决定临时性调整审慎监管指标和监管要求。

国务院银行保险监督管理机构可以根据银行保险机构受重大突发事件的影响情况，依法对临时性突破审慎监管指标的银行保险机构豁免采取监管措施或实施行政处罚，但应要求银行保险机构制定合理的整改计划。

银行保险机构不得利用上述情形扩大股东分红或其他利润分配，不得提高董事、监事及高级管理人员的薪酬待遇。

第三十三条 银行保险监督管理机构应当评估银行保险机构因突发事件产生的风险因素，并在市场准入、监管评级等工作中予以适当考虑。

第三十四条 对于银行保险机构因突发事件导致的重大风险，银行保险监督管理机构应当及时采取风险处置措施，维护金融稳定。

根据处置应对重大金融风险、维护金融稳定的需要，国务院银行保险监督管理机构可以依法豁免对银行保险机构适用部分监管规定。

第三十五条 银行保险机构存在以下情形的，银行保险监督管理机构可以依据《中华人民共和国银行业监督管理法》《中华人民共和国保险法》等法律法规采取监管措施或实施行政处罚；法律、行政法规没有规定的，由银行保险监督管理机构责令改正，给予警告，对有违法所得的处以违法所得1倍以上3倍以下罚款，最高不超过3万元，对没有违法所得的处以1万元以下罚款：

（一）未按照本办法要求建立突发事件应对管理体系、组织架构、制度或预案；

（二）未按照要求定期开展突发事件应对预案的演练；

（三）未采取有效应对措施，导致基本金融服务长时间中断；

（四）突发事件影响消除后，未及时恢复金融服务；

（五）利用突发事件实施诱导销售、虚假宣传等行为，侵害客户合法权利；

（六）利用监管支持政策违规套利；

（七）其他违反本办法规定的情形。

第五章　附　则

第三十六条　本办法所称银行保险机构，是指银行业金融机构和保险公司。

本办法所称银行业金融机构，是指在中华人民共和国境内设立的商业银行、农村信用合作社等吸收公众存款的金融机构以及开发性金融机构、政策性银行。

第三十七条　在中华人民共和国境内设立的金融资产管理公司、信托公司、财务公司、金融租赁公司、汽车金融公司、消费金融公司、货币经纪公司、金融资产投资公司、银行理财子公司、保险集团（控股）公司、保险资产管理公司以及保险中介机构等银行保险监督管理机构监管的其他机构，参照执行本办法的规定。

第三十八条　本办法自公布之日起施行。

银行保险机构应当自本办法施行之日起6个月内，建立和完善突发事件应对管理体系和管理制度，并向银行保险监督管理机构报告。

中国银保监会关于印发银行保险机构涉刑案件管理办法（试行）的通知

（银保监发〔2020〕20号）

各银保监局，各政策性银行、大型银行、股份制银行，外资银行，金融资产管理公司，各保险集团（控股）公司、保险公司、保险资产管理公司、保险专业中介机构，各会管单位：

现将《银行保险机构涉刑案件管理办法（试行）》（以下简称《办法》）印发给你们，请遵照执行。

自本《办法》生效之日起，《中国银监会关于印发银行业金融机构案件处置三项制度的通知》（银监发〔2010〕111号）、《中国银监会关于修订银行业金融机构案件定义及案件分类的通知》（银监发〔2012〕61号）、《中国银监会办公厅关于银行业案件（风险）信息报送有关问题的通知》（银监办发〔2012〕102号）、《中国银监会办公厅关于印发银行业金融机构案件问责工作管理暂行办法的通知》（银监办发〔2013〕255号）、《中国银监会办公厅关于印发重大案件挂牌督办和案件（风险）分级督查督导办法的通知》（银监办发〔2014〕208号）、《中国银监会办公厅关于银行业重大案件（风险）约谈告诫有关事项的通知》（银监办发〔2015〕154号）、《中国保险监督管理委员会关于建立保险司法案件报告制度的通知》（保监发〔2009〕81号）和《关于加强保险案件信息处理工作的通知》（保监厅发〔2014〕37号）同时废止。

中国银保监会

2020年5月22日

银行保险机构涉刑案件管理办法（试行）

第一章　总　则

第一条　为进一步规范和加强银行保险机构涉刑案件（以下简称案件）管理工作，建立责任明确、协调有序的工作机制，依法、及时、稳妥处置案件，依据《中华人民共和国银行业监督管理法》《中华人民共和国商业银行法》《中华人民共和国保险法》等法律法规，制定本办法。

第二条 本办法所称银行保险机构包括银行机构和保险机构。

银行机构，是指在中华人民共和国境内依法设立的商业银行、农村合作银行、农村信用社、村镇银行等吸收公众存款的金融机构以及政策性银行。

保险机构，是指在中华人民共和国境内依法设立的保险集团（控股）公司、保险公司、保险资产管理公司。

在中华人民共和国境内依法设立的金融资产管理公司、信托公司、财务公司、金融租赁公司以及中国银行保险监督管理委员会（以下简称银保监会）批准设立的其他金融机构，适用本办法。

保险专业中介机构适用本办法。

第三条 本办法所称案件管理工作包括案件分类、信息报送、案件处置和监督管理等。

第四条 案件管理工作坚持机构为主、属地监管、分级负责、分类查处原则。

第五条 银行保险机构承担案件管理的主体责任，应当建立与本机构资产规模、业务复杂程度和内控管理要求相适应的案件管理体系，制定本机构的案件管理制度，并有效执行。

第六条 银保监会负责指导、督促银保监会派出机构（以下简称派出机构）和银行保险机构的案件管理工作；负责银保监会直接监管的银行保险机构法人总部案件的查处工作；负责银行保险机构案件管理的信息化建设和统计分析等工作。

银保监会案件管理部门可以直接查处派出机构管辖的案件，也可以指定派出机构查处银保监会管辖的案件。

第七条 银保监会省级派出机构（以下简称银保监局）按照属地监管原则，负责本辖区案件管理工作，并承担银保监会授权或指定的相关工作。

第八条 银行保险机构、银保监会及其派出机构应当按照要求对案件准确分类，区分不同类型案件开展查处工作。

第二章 案件定义、分类及信息报送

第九条 案件类别分为业内案件和业外案件。

第十条 业内案件是指银行保险机构及其从业人员独立实施或参与实施，侵犯银行保险机构或客户合法权益，已由公安、司法、监察等机关立案查处的刑事犯罪案件。

银行保险机构及其从业人员在案件中不涉嫌刑事犯罪，但存在违法违规行为且该行为与案件发生存在直接因果关系，已由公安、司法、监察等机关立案查处的刑事犯罪案件，按照业内案件管理。

银行保险机构从业人员违规使用银行保险机构重要空白凭证、印章、营业场所等，套取银行保险机构信用参与非法集资活动，以及保险机构从业人员虚构保险合同实施非法集资活动，已由公安、司法、监察等机关立案查处的刑事犯罪案件，按照业内案件管理。

第十一条 业外案件是指银行保险机构以外的单位、人员，直接利用银行保险机构产品、服务渠道等，以诈骗、盗窃、抢劫等方式严重侵犯银行保险机构或客户合法权益，或在银行保险机构场所内，以暴力等方式危害银行保险机构场所安全及其从业人员、客户人身安全，已由公安、司法等机关立案查处的刑事犯罪案件。

第十二条 有下列情形之一的案件，属于重大案件：

（一）银行机构案件涉案金额等值人民币一亿元以上，保险机构案件涉案金额等值人民币一千万元以上的；

（二）自案件确认后至案件审结期间任一时点，风险敞口金额（指涉案金额扣除已回收的现金或等同现金的资产）占案发银行保险法人机构总资产百分之十以上的；

（三）性质恶劣、引发重大负面舆情、造成挤兑或集中退保以及可能诱发区域性或系统性风险等具有重大社会不良影响的；

（四）银保监会及其派出机构认定的其他属于重大案件的情形。

第十三条 案发银行保险机构在知悉或应当知悉案件发生后，应于三个工作日内将案件确认报告分别报送法人总部和属地派出机构。派出机构收到案发银行保险机构案件确认报告后，应审核报告内容，于三个工作日内逐级上报至银保监会案件管理部门，抄报银保监会机构监管部门。

银保监会直接监管的银行保险机构在知悉或应当知悉法人总部案件发生后，应于三个工作日内将案件确认报告报送银保监会案件管理部门，抄报银保监会机构监管部门。派出机构负责监管的银行保险机构法人总部收到其分支机构案件确认报告后，应审核报告内容，于三个工作日内报送属地派出机构。

对符合《银行业保险业突发事件信息报告办法》的案件，应于报送突发事件信息后 24 小时内报送案件确认报告。

第十四条 案件应当年报告、当年统计，按照案件确认报告报送时间纳入年度统计。案件性质、案件分类及涉案金额等依据公安、司法、监察等机关的立案相关信息确定；不能知悉相关信息的，按照监管权限，由银保监会案件管理部门或银保监局初步核查并认定。

第十五条 案件处置过程中，案件性质、案件分类、涉案金额、涉案机构、涉案人员等发生重大变化的，银行保险机构、派出机构应当及时报送案件确认报告续报，报送路径与案件确认报告一致。

第十六条 对于公安、司法、监察等机关依法撤案、检察机关不予起诉、审判机关判决无罪或经银保监局核查确认不符合案件定义的，银行保险机构、银保监局应当及时撤销案件，案件撤销报告报送路径与案件确认报告一致。

对于已撤销的案件，银行保险机构和相关责任人员存在违法违规问题的，应当依法查处。

第三章 案件风险事件定义及信息报送

第十七条 案件风险事件是指可能演化为案件，但尚未达到案件确认标准的有关事件。

第十八条 有下列情形之一，可能演化为案件的事件，属于案件风险事件：

（一）银行机构从业人员、保险机构高管人员因不明原因离岗、失联的；

（二）客户反映非自身原因账户资金、保单状态出现异常的；

（三）大额授信企业及其法定代表人或实际控制人失联或被采取强制措施的；

（四）同业业务发生重大违约的；

（五）银行保险机构向公安、司法、监察等机关报案但尚未立案，或者银保监会派出机构向公安、司法、监察等机关移送案件线索但尚未立案的；

（六）引发重大负面舆情的；

（七）其他可能演化为案件但尚未达到确认标准的情形。

第十九条 事发银行保险机构在知悉或应当知悉案件风险事件后，应于五个工作日内将案件风险事件报告分别报送法人总部和属地派出机构。

派出机构收到事发银行保险机构案件风险事件报告后，应审核报告内容，于五个工作日内逐级上报至银保监会案件管理部门，抄报银保监会机构监管部门。派出机构向公安、司法、监察等机关移送案件线索且尚未立案的，按"谁移送、谁报告"原则报送案件风险事件报告。

银保监会直接监管的银行保险机构在知悉或应当知悉法人总部案件风险事件后，应于五个工作日内将案件风险事件报告报送银保监会案件管理部门，抄报银保监会机构监管部门。派出机构负责监管的银行保险机构法人总部收到其分支机构案件风险事件报告后，应审核报告内容，于五个工作日内报送属地派出机构。

对符合《银行业保险业突发事件信息报告办法》的案件风险事件，应于报送突发事件信息后24小时内报送案件风险事件报告。

第二十条 银行保险机构、派出机构在报送案件风险事件报告后，应当立即开展核查，涉及金额、涉及机构、涉及人员等发生重大变化的，应当及时报送案件风险事件续报。经核查认定符合案件定义的，及时确认为案件；不符合案件定义的，及时撤销。案件风险事件续报和撤销报告报送路径与案件风险事件报告一致。

对于已撤销的案件风险事件，银行保险机构和相关责任人员存在违法违规问题的，应当依法查处。

第二十一条 案件风险事件自报送之日起超过一年仍不能确认为案件的，应予以撤销。

第四章 案件处置

第一节 业内案件处置工作职责

第二十二条 业内案件处置工作包括机构调查、监管督查、机构内部问责、行政处罚、案件审结等。

第二十三条 银行保险机构对案件处置工作负主体责任，具体承担以下职责：

（一）开展案件调查工作，按规定提交机构调查报告；

（二）对案件责任人员进行责任认定并开展内部问责；

（三）排查并整改内部管理漏洞；

（四）及时向地方政府报告重大案件情况；

（五）按规定提交案件审结报告。

第二十四条 银保监会案件管理部门负责指导、督促各银行保险机构和银保监局开展案件处置工作，具体承担以下职责：

（一）负责银保监会直接监管的银行保险机构法人总部案件的督查和行政处罚立案调查工作，指导、督促上述机构开展内部问责；

（二）指导、督促、统筹、协调银保监局开展案件督查和行政处罚工作；

（三）对重大案件实施现场或非现场督导。

第二十五条 派出机构对本辖区的案件处置工作负监管责任，具体承担以下职责：

（一）指导、督促或直接开展辖内案件调查工作；

（二）成立督查组开展监管督查工作，按规定提交监管督查报告；

（三）指导、督促银行保险机构开展内部问责；

（四）对涉案机构和案件责任人员的违法违规行为实施行政处罚；

（五）必要时向地方政府报告重大案件情况；

（六）按规定提交案件审结报告。

派出机构在案件处置过程中发现辖区外案件线索的，应及时向相关派出机构移交。

第二节 业内案件机构调查

第二十六条 银行保险机构应成立调查组并开展案件调查工作。银行保险机构分支机构发生案件的，调查组组长由其上级机构负责人担任；银行保险机构法人总部发生案件或分支机构发生重大案件的，调查组组长由法人总部负责人担任。案件调查工作包括：

（一）对涉案人员经办的业务进行全面排查，制定处置预案；

（二）最大限度保全资产，依法维护消费者权益；

（三）做好舆情管理，必要时争取地方政府支持，维护案发机构正常经营秩序；

（四）积极配合公安、司法、监察等机关侦办案件；

（五）查清基本案情，确定案件性质，明确案件分类，总结发案原因，查找内控管理存在的问题；

（六）对自查发现的案件，提出意见和理由。

第二十七条 银行保险机构自查发现的案件，是指银行保险机构在日常经办业务或日常经营管理中，通过内部审计监督、纪检监察、巡视巡察等途径，主动发现线索，主动报案并及时向银保监会案件管理部门或属地派出机构报送案件确认报告的案件。

银行保险机构通过外部举报、外部信访、外部投诉、外部审计、监管检查、舆情监测等外部渠道发现的，不属于自查发现案件。

第二十八条 银行保险机构应于案件确认后四个月内报送机构调查报告，报送路径与案件确认报告一致。不能按期报送的，应书面说明延期理由，每次延期时间原则上不超过三个月。

第三节 业内案件监管督查

第二十九条 银保监会案件管理部门或派出机构在监管督查阶段应开展以下工作：

（一）指导、督促并跟踪银行保险机构做好案件应急处置与调查工作，及时掌握案件调查和侦办情况，协调做好跨机构资金核查，必要时可以直接调查或开展延伸调查。

（二）对银行保险机构和案件责任人员的违法违规行为进行调查。

（三）督促银行保险机构配合公安、司法、监察等机关侦办案件。

（四）确定案件性质、案件分类和涉案金额。

（五）根据案件情况组织辖内银行保险机构对相关业务进行排查。

（六）必要时发布风险提示，向银行保险机构通报作案手法和风险点、提出监管意见。银保监局发布的风险提示应抄报银保监会案件管理部门和机构监管部门。

银保监会案件管理部门和银保监局应按照监管权限，对案件是否属于自查发现作出结论。

第三十条 派出机构应于案件确认后五个月内逐级向银保监会案件管理部门报送监管督查报告，抄报银保监会机构监管部门；不能按期报送的，应书面说明延期理由，每次延期时间原则上不超过三个月。

第四节 业内案件内部问责

第三十一条 银行保险法人机构应当制定与本机构资产规模和业务复杂程度相适应的内部

责任追究制度，报送银保监会案件管理部门或属地派出机构。在机构调查工作完成后，银行保险机构应对案件责任人员作出责任认定，根据责任认定情况进行内部问责。内部问责方案应当按照监管权限与银保监会案件管理部门或派出机构沟通。

银保监会案件管理部门或派出机构应当按照监管权限指导、监督银行保险机构开展内部问责工作。

第三十二条 内部问责工作由案发机构的上级机构牵头负责，案发机构人员不得参与具体问责工作，但案发机构为法人总部的除外。银行保险机构分支机构发生重大案件的，由法人总部牵头组织开展问责工作。

第三十三条 银行保险机构应追究案发机构案件责任人员的责任，并对其上一级机构相关条线部门负责人、机构分管负责人、机构主要负责人及其他案件责任人员进行责任认定，根据责任认定情况进行问责。

发生重大案件的，银行保险机构除对案发机构及其上一级机构案件责任人员进行责任认定外，还应对其上一级机构的上级机构相关条线部门负责人、机构分管负责人、机构主要负责人等进行责任认定，根据责任认定情况进行问责。

银行保险机构组织架构和层级不适用本条有关问责要求的，法人总部应向银保监会案件管理部门或属地派出机构提出申请，由银保监会案件管理部门或属地派出机构根据实际情况决定。

第三十四条 案件内部问责包括但不限于以下方式：

（一）警告、记过、记大过、降级、撤职、开除等纪律处分；

（二）罚款、扣减绩效工资、降低薪酬级次、要求赔偿经济损失等经济处理；

（三）通报批评、调离、停职、引咎辞职、责令辞职、用人单位单方解除劳动合同等其他问责方式。

案件问责方式可以合并使用。应予纪律处分的，不得以经济处理或其他问责方式替代。

第三十五条 有下列情形之一的，银行保险机构可以对案件责任人员从轻或减轻问责：

（一）认为上级的决定或命令有错误，已向上级提出改正或撤销意见，但上级仍要求其执行的；

（二）符合第二十七条规定自查发现的案件的；

（三）积极配合案件调查，主动采取有效措施，且消除或减轻危害后果的；

（四）受他人胁迫实施违法违规行为，且事后及时报告并积极采取补救措施的；

（五）其他可以从轻、减轻问责的情形。

第三十六条 有下列情形之一的，银行保险机构可以免于追究案件责任人员的责任：

（一）因紧急避险，被迫采取非常规手段处置突发事件，且所造成的损害明显小于不采取紧急避险措施可能造成的损害的；

（二）受他人胁迫实施违法违规行为，事后及时报告并积极采取补救措施，且未造成损害的；

（三）在集体决策的违法违规行为中明确表达不同意意见且有证据予以证实的；

（四）违法行为轻微并及时纠正，没有造成危害后果的；

（五）其他可以免责的情形。

第三十七条 有下列情形之一的，银行保险机构应对案件责任人员从重问责：

（一）发生重大案件的；

（二）对一年内发生的两起以上案件负有责任的；

（三）管理严重失职、内部控制严重失效，导致案件发生的；

（四）指使、授意、教唆或胁迫他人违法违规操作，导致案件发生的；

（五）对违法违规事实或发现的重要案件线索不及时报告、制止、处理，导致案件发生或案件后果进一步加重的；

（六）对上级机构或监管部门指出的内部控制薄弱环节或提出的整改意见，未采取整改措施或整改不到位，导致案件发生的；

（七）隐瞒案件事实或隐匿、伪造、篡改、毁灭证据，抗拒、妨碍、不配合案件调查和处理的；

（八）对检举人、证人、鉴定人、调查处理人实施威胁、恐吓或打击报复的；

（九）瞒报或多次迟报、漏报案件信息的；

（十）其他应从重问责的情形。

第三十八条 银行保险机构离职人员对离职前的案件负有责任的，银行保险机构应作出责任认定，并按照监管权限报告银保监会案件管理部门或派出机构。该人员离职后仍在银行业保险业任职的，原任职单位应将责任认定结果及拟处理意见送交离职人员现任职单位。

第五节 业内案件行政处罚

第三十九条 银保监会及其派出机构应当按照监管权限，及时对业内案件开展立案调查，实施行政处罚。

银保监局辖区内发生的重大案件，由银保监局实施行政处罚。

第四十条 案件的行政处罚应坚持依法从严、过罚相当原则，除对涉案机构的违法违规行为依法予以行政处罚外，还应对案件责任人员予以行政处罚。

第四十一条 对涉及多家银行保险机构的案件，按照穿透原则，依法对相关机构及责任人员的违法违规行为进行查处。

第四十二条 有下列情形之一的，应依法对涉案机构和案件责任人员从轻或减轻处罚：

（一）主动消除或者减轻违法行为危害后果的；

（二）受他人胁迫有违法行为的；

（三）配合行政机关查处违法行为有立功表现的；

（四）其他依法从轻或者减轻行政处罚的情形。

对自查发现的案件，在法律法规规定的范围内，可以对涉案机构和案件责任人员从轻处罚。

违法行为轻微并及时纠正，没有造成危害后果的，不予行政处罚。

第四十三条 有下列情形之一的，应依法对涉案机构和案件责任人员从重处罚：

（一）严重违反审慎经营规则，导致重大案件发生的；

（二）严重违反市场公平竞争规定，影响金融市场秩序稳定的；

（三）严重损害消费者权益，社会关注度高、影响恶劣的；

（四）拒绝或阻碍监管执法的；

（五）多次违法违规的；

（六）性质恶劣、情节严重的其他违法违规行为。

第六节 业内案件审结

第四十四条 银行保险机构应于案件确认后八个月内报送案件审结报告，报送路径与案件确认报告一致。不能按期报送的，应当书面说明延期理由，每次延期时间原则上不超过三个月。

第四十五条 派出机构应于案件确认后一年内逐级向银保监会案件管理部门报送案件审结报告，抄报银保监会机构监管部门。不能按期报送的，应当书面说明延期理由，每次延期时间原则上不超过三个月。

对作出不予立案调查决定或经立案调查决定不予处罚的案件，应在审结报告中予以明确。

第四十六条 银行保险机构、银保监会及其派出机构应分别建立档案，在案件处置工作结束后，将有关案卷材料立卷存档。

第七节 业外案件处置要求

第四十七条 对符合重大案件定义的业外案件，参照业内案件进行机构调查、监管督查和案件审结，必要时可以督导机构内部问责，开展行政处罚。

第五章 监督管理

第四十八条 银行保险机构应针对案件制定整改方案，建立整改台账，明确整改措施，确定整改期限，落实整改责任。整改完成后，银行保险机构向案发机构属地派出机构报告整改落实情况；银保监会直接监管的银行保险机构法人总部向银保监会机构监管部门报告整改落实情况，抄报银保监会案件管理部门。

第四十九条 银保监会及其派出机构在对案发银行保险机构进行监管评级、市场准入、偿付能力评估、现场检查计划制定时，应体现差异化监管原则，综合参考机构业内案件发生、内部问责、整改落实和是否属于自查发现的案件等情况。

第五十条 银行保险机构应按本办法开展案件管理工作。违反本办法的，由银保监会及其派出机构依据《中华人民共和国银行业监督管理法》《中华人民共和国商业银行法》《中华人民共和国保险法》等法律法规予以处罚。

第五十一条 派出机构违反本办法，不及时报告辖内银行保险机构案件，或未按规定处置案件的，由上级单位责令其改正；造成重大不良后果或影响的，依据相关问责和纪律处分规定，追究相关单位和人员的责任。

第五十二条 银行保险机构、银保监会及其派出机构应保守案件管理过程中获悉的国家秘密、商业秘密和个人隐私。对违反保密规定，造成重大不良影响的，应依法处理。

第六章　附　则

第五十三条 本办法所称“案件责任人员”是指在违法违规行为发生时，负有责任的银行保险机构从业人员，包括相关违法违规行为的实施人或参与人，以及对案件发生负有管理、领导、监督等责任的人员。

本办法所称“违法违规行为”是指违反法律、行政法规、规章和规范性文件中有关银行业保险业监督管理规定的行为。

第五十四条 银保监会对农村信用社省联社履行辖内农村合作金融机构案件管理有关职责以及对保险机构案件责任追究另有规定的，从其规定。

第五十五条 本办法由银保监会负责解释，自 2020 年 7 月 1 日起施行。

附件：报告模板

附件

案件确认报告

××年第××期

报告单位：×××（盖章）　　　　　　签发人：×××

关于××案件的确认报告

（报告应包含以下内容

一、案发机构名称、案件发生时间和发现时间

二、基本案情

三、案件性质、案件分类、明确是否为重大案件

四、涉及人员及其基本情况

五、公安、司法、监察等机关立案时间及罪名

六、涉案金额及风险情况

七、已经或可能造成的影响

八、机构和监管部门已采取的措施

九、其他需要说明的情况）

承办部门：×××

联系人：×××　座机：×××　手机：×××

年　月　日

案件确认报告（续报）

××年第××期（续报×）

报告单位：×××（盖章）　　　　　签发人：×××

关于××案件的续报

（报告应包含以下内容

一、案发机构名称及案件基本情况

二、案件性质、案件分类、涉案金额、涉案机构、涉案人员等发生的重大变化

三、公安、司法、监察等机关已采取的措施

四、机构和监管部门已采取的措施

五、其他需要说明的情况）

承办部门：×××

联系人：×××　座机：×××　手机：×××

年　月　日

案件撤销报告

××年第××期

报告单位：×××（盖章）　　　　　签发人：×××

关于××案件的撤销报告

（报告应包含以下内容

一、已上报的案件基本情况

二、已上报的案件确认报告情况

三、据以判断不构成案件的理由及依据）

据此情况，我单位认为符合案件撤销标准，特此报告进行案件撤销。

承办部门：×××

联系人：×××　座机：×××　手机：×××

年　月　日

案件风险事件报告

××年第××期

报告单位：×××（盖章）　　　　签发人：×××

关于××案件风险事件的报告

（报告应包含以下内容

一、事发机构名称、事发时间及风险事件概况

二、涉及人员及其基本情况

三、风险情况预判

四、已经或可能造成的影响

五、公安、司法、监察等机关已采取的措施

六、机构和监管部门已采取的措施

七、其他需要说明的情况）

承办部门：×××

联系人：×××　座机：×××　手机：×××

年　月　日

案件风险事件报告（续报）

××年第××期（续报×）

报告单位：×××（盖章）　　　　　　　签发人：×××

关于××案件风险事件的续报

（报告应包含以下内容

一、事发机构名称及案件风险事件概况

二、涉及人员、风险情况、造成的影响等发生的重大变化

三、公安、司法、监察等机关已采取的措施

四、机构和监管部门已采取的措施

五、其他需要说明的情况）

承办部门：×××

联系人：×××　座机：×××　手机：×××

年　月　日

案件风险事件撤销报告

××年第××期

报告单位：×××（盖章）　　　　　　　签发人：×××

关于××案件风险事件的撤销报告

（报告应包含以下内容

一、已上报的案件风险事件基本情况

二、已上报的案件风险事件报告情况

三、据以判断撤销案件风险事件的理由及依据）

据此情况，我单位认为符合案件风险事件撤销标准，特此报告进行案件风险事件撤销。

承办部门：×××

联系人：×××　座机：×××　手机：×××

年　月　日

机构调查报告

××年第××期

报告单位：×××（盖章）　　　　　签发人：×××

关于××案件的调查报告

（报告应包含以下内容

一、案件基本情况

二、涉案人员基本情况

三、关于是否属于自查发现的案件相关意见及理由

四、涉案业务风险排查情况以及风险敞口

五、案发原因以及暴露出的内控管理问题

六、机构已采取的措施

七、公安、司法、监察等机关侦办进展情况

八、其他需要说明的情况）

承办部门：×××

联系人：×××　座机：×××　手机：×××

年　月　日

监管督查报告

××年第××期

报告单位：×××（盖章）　　　　签发人：×××

关于××案件的督查报告

（报告应包含以下内容

一、案件基本情况

二、涉案人员基本情况

三、关于是否为自查发现的案件相关结论

四、涉案业务风险排查情况以及风险敞口

五、对案发机构和案件责任人员的违法违规行为的核查情况

六、案发原因以及暴露出的机构内控管理问题

七、监管督查工作情况及已采取的监管措施

八、公安、司法、监察等机关侦办进展情况

九、其他需要说明的情况）

承办部门：×××

联系人：×××　座机：×××　手机：×××

年　月　日

案件审结报告（银行保险机构）

××年第××期

报告单位：×××（盖章）　　　　　　　　签发人：×××

关于××案件的审结报告

（报告应包含以下内容

一、案件基本情况

二、机构调查工作情况

三、机构内部问责结果

四、机构整改方案）

据此情况，我单位申请审结案件。

附件：内部问责相关材料

承办部门：×××

联系人：×××　座机：×××　手机：×××

年　月　日

案件审结报告（监管部门）

××年第××期

报告单位：×××（盖章）　　　　签发人：×××

关于××案件的审结报告

（报告应包含以下内容

一、案件基本情况

二、机构调查和监管督查工作情况

三、机构内部问责结果

四、机构整改方案

五、行政处罚结果或不予行政处罚的理由）

据此情况，我单位认为该案违法违规事实清楚，机构内部问责到位，行政处罚工作已完成，符合审结标准，特此报告予以审结案件。

附件：行政处罚决定书

承办部门：×××

联系人：×××　座机：×××　手机：×××

年　月　日

标准化债权类资产认定规则

中国人民银行　中国银行保险监督管理委员会
中国证券监督管理委员会　国家外汇管理局公告
（〔2020〕第 5 号）

根据《中国人民银行　中国银行保险监督管理委员会　中国证券监督管理委员会　国家外汇管理局关于规范金融机构资产管理业务的指导意见》要求，中国人民银行、中国银行保险监督管理委员会、中国证券监督管理委员会、国家外汇管理局制定了《标准化债权类资产认定规则》，现予发布，自 2020 年 8 月 3 日起施行。

中国人民银行
银保监会
证监会
外汇局
2020 年 7 月 3 日

标准化债权类资产认定规则

为规范金融机构资产管理产品投资，强化投资者保护，促进直接融资健康发展，有效防控金融风险，根据《中国人民银行　中国银行保险监督管理委员会　中国证券监督管理委员会　国家外汇管理局关于规范金融机构资产管理业务的指导意见》要求，现就标准化债权类资产的认定制定本规则：

一、本规则所称的标准化债权类资产是指依法发行的债券、资产支持证券等固定收益证券，主要包括国债、中央银行票据、地方政府债券、政府支持机构债券、金融债券、非金融企业债务融资工具、公司债券、企业债券、国际机构债券、同业存单、信贷资产支持证券、资产支持票据、证券交易所挂牌交易的资产支持证券，以及固定收益类公开募集证券投资基金等。

二、其他债权类资产被认定为标准化债权类资产的，应当同时符合以下条件：

（一）等分化，可交易。以簿记建档或招标方式非公开发行，发行与存续期间有2个（含）以上合格投资者，以票面金额或其整数倍作为最小交易单位，具有标准化的交易合同文本。

（二）信息披露充分。发行文件对信息披露方式、内容、频率等具体安排有明确约定，信息披露责任主体确保信息披露真实、准确、完整、及时。

发行文件中明确发行人有义务通过提供现金或金融工具等偿付投资者，或明确以破产隔离的基础资产所产生的现金流偿付投资者，并至少包含发行金额、票面金额、发行价格或利率确定方式、期限、发行方式、承销方式等要素。

（三）集中登记，独立托管。在人民银行和金融监督管理部门认可的债券市场登记托管机构集中登记、独立托管。

（四）公允定价，流动性机制完善。采用询价、双边报价、竞价撮合等交易方式，有做市机构、承销商等积极提供做市、估值等服务。买卖双方优先依据近期成交价格或做市机构、承销商报价确定交易价格。若该资产无近期成交价格或报价，可参考其他第三方估值。提供估值服务的其他第三方估值机构具备完善的公司治理结构，能够有效处理利益冲突，同时通过合理的质量控制手段确保估值质量，并公开估值方法、估值流程，确保估值透明。

（五）在银行间市场、证券交易所市场等国务院同意设立的交易市场交易。为其提供登记托管、清算结算等基础设施服务的机构，已纳入银行间、交易所债券市场基础设施统筹监管，按照分层有序、有机互补、服务多元的原则与债券市场其他基础设施协调配合，相关业务遵循债券和资产支持证券统一规范安排。

三、符合本规则第二条第五项所列相关要求的机构，可向人民银行提出标准化债权类资产认定申请。人民银行会同金融监督管理部门根据本规则第二条所列条件及有关规定进行认定。

四、不符合本规则第一条、第二条、第三条所列条件的债权类资产，为非标准化债权类资产，但存款（包括大额存单）以及债券逆回购、同业拆借等形成的资产除外。

银行业理财登记托管中心有限公司的理财直接融资工具，银行业信贷资产登记流转中心有限公司的信贷资产流转和收益权转让相关产品，北京金融资产交易所有限公司的债权融资计划，中证机构间报价系统股份有限公司的收益凭证，上海保险交易所股份有限公司的债权投资计划、资产支持计划，以及其他未同时符合本规则第二条所列条件的为单一企业提供债权融资的各类金融产品，是非标准化债权类资产。

未被纳入本规则发布前金融监督管理部门非标准化债权类资产统计范围的资产，在《指导意见》过渡期内，可豁免《指导意见》关于非标准化债权类资产投资的期限匹配、限额管理、集中度管理、信息披露等监管要求。过渡期结束后尚在存续期内的，按照有关规定妥善处理。

五、本规则自2020年8月3日起施行。此前有关规定与《指导意见》及本规则相关要求不一致的，以《指导意见》和本规则为准。

中国银保监会信托公司行政许可事项实施办法

中国银行保险监督管理委员会令（2020 年第 12 号）

《中国银保监会信托公司行政许可事项实施办法》已于 2020 年 10 月 10 日经中国银保监会 2020 年第 13 次委务会议通过。现予公布，自 2021 年 1 月 1 日起施行。

主席　郭树清

2020 年 11 月 16 日

中国银保监会

中国银保监会信托公司行政许可事项实施办法

第一章　总　则

第一条　为规范银保监会及其派出机构实施信托公司行政许可行为，明确行政许可事项、条件、程序和期限，保护申请人合法权益，根据《中华人民共和国银行业监督管理法》《中华人民共和国行政许可法》等法律、行政法规及国务院的有关决定，制定本办法。

第二条　本办法所称信托公司，是指依照《中华人民共和国公司法》《中华人民共和国银行业监督管理法》和《信托公司管理办法》设立的主要经营信托业务的金融机构。

第三条　银保监会及其派出机构根据统一规则、事权分级的原则，依照本办法和行政许可实施程序规定，对信托公司实施行政许可。

第四条　信托公司以下事项须经银保监会及其派出机构行政许可：机构设立，机构变更，机构终止，调整业务范围和增加业务品种，董事和高级管理人员任职资格，以及法律、行政法规规定和国务院决定的其他行政许可事项。

行政许可中应当按照《银行业金融机构反洗钱和反恐怖融资管理办法》要求进行反洗钱和

反恐怖融资审查，对不符合条件的，不予批准。

第五条 申请人应按照银保监会行政许可事项申请材料目录和格式要求提交申请材料。

第二章 机构设立

第一节 信托公司法人机构设立

第六条 设立信托公司法人机构应当具备以下条件：

（一）有符合《中华人民共和国公司法》和银保监会规定的公司章程，股东管理、股东的权利义务等相关内容应按规定纳入信托公司章程；

（二）有符合规定条件的出资人，包括境内非金融机构、境内金融机构、境外金融机构和银保监会认可的其他出资人；

（三）注册资本为一次性实缴货币资本，最低限额为 3 亿元人民币或等值的可自由兑换货币；

（四）有符合任职资格条件的董事、高级管理人员和与其业务相适应的合格的信托从业人员；

（五）具有健全的公司治理结构、组织机构、管理制度、风险控制机制和投资者保护机制；

（六）具有与业务经营相适应的营业场所、安全防范措施和其他设施；

（七）建立了与业务经营和监管要求相适应的信息科技架构，具有支撑业务经营的必要、安全且合规的信息系统，具备保障业务持续运营的技术与措施；

（八）银保监会规章规定的其他审慎性条件。

第七条 境内非金融机构作为信托公司出资人，应当具备以下条件：

（一）依法设立，具有法人资格；

（二）具有良好的公司治理结构及有效的组织管理方式；

（三）具有良好的社会声誉、诚信记录和纳税记录；

（四）经营管理良好，最近 2 年内无重大违法违规经营记录；

（五）财务状况良好，且最近 2 个会计年度连续盈利；如取得控股权，应最近 3 个会计年度连续盈利；

（六）年终分配后，净资产不低于全部资产的 30%；如取得控股权，年终分配后净资产不低于全部资产的 40%；

（七）权益性投资余额不超过本企业净资产的 50%（含本次投资资额）；如取得控股权，权益性投资余额应不超过本企业净资产的 40%（含本次投资资额）；

（八）入股资金为自有资金，不得以委托资金、债务资金等非自有资金入股，出资金额不得超过其个别财务报表口径的净资产规模；

（九）投资入股信托公司数量符合《信托公司股权管理暂行办法》规定；

（十）承诺不将所持有的信托公司股权进行质押或以股权及其受（收）益权设立信托等金融产品（银保监会采取风险处置或接管措施等特殊情形除外），并在拟设公司章程中载明；

（十一）银保监会规章规定的其他审慎性条件。

第八条 境内金融机构作为信托公司出资人，应当具有良好的内部控制机制和健全的风险管理体系，符合与该类金融机构有关的法律、法规、监管规定以及本办法第七条（第五项“如取得控股权，应最近3个会计年度连续盈利”、第六项和第七项除外）规定的条件。

第九条 境外金融机构作为信托公司出资人，应当具备以下条件：

（一）具有国际相关金融业务经营管理经验；

（二）最近2年长期信用评级为良好及以上；

（三）财务状况良好，最近2个会计年度连续盈利；

（四）符合所在国家或地区法律法规及监管当局的审慎监管要求，最近2年内无重大违法违规经营记录；

（五）具有良好的公司治理结构、内部控制机制和健全的风险管理体系；

（六）入股资金为自有资金，不得以委托资金、债务资金等非自有资金入股，出资金额不得超过其个别财务报表口径的净资产规模；

（七）投资入股信托公司数量符合《信托公司股权管理暂行办法》规定；

（八）承诺不将所持有的信托公司股权进行质押或以股权及其受（收）益权设立信托等金融产品（银保监会采取风险处置或接管措施等特殊情形除外），并在拟设公司章程中载明；

（九）所在国家或地区金融监管当局已经与银保监会建立良好的监督管理合作机制；

（十）所在国家或地区经济状况良好；

（十一）银保监会规章规定的其他审慎性条件。

境外金融机构作为出资人投资入股信托公司应当遵循长期持股、优化治理、业务合作、竞争回避的原则，并应遵守国家关于外国投资者在中国境内投资的有关规定。

银保监会可根据金融业风险状况和监管需要，调整境外金融机构作为出资人的条件。

第十条 有以下情形之一的，不得作为信托公司的出资人：

（一）公司治理结构与管理机制存在明显缺陷；

（二）关联企业众多、股权关系复杂且不透明、关联交易频繁且异常；

（三）核心主业不突出且其经营范围涉及行业过多；

（四）现金流量波动受经济景气影响较大；

（五）资产负债率、财务杠杆率高于行业平均水平；

（六）代他人持有信托公司股权；

（七）其他对信托公司产生重大不利影响的情况。

第十一条 信托公司设立须经筹建和开业两个阶段。

第十二条 筹建信托公司，应当由出资比例最大的出资人作为申请人向拟设地银保监局提交申请，由银保监局受理并初步审查、银保监会审查并决定。决定机关自受理之日起 4 个月内作出批准或不批准的书面决定。

第十三条 信托公司的筹建期为批准决定之日起 6 个月。未能按期完成筹建的，应当在筹建期限届满前 1 个月向银保监会和拟设地银保监局提交筹建延期报告。筹建延期不得超过一次，延长期限不得超过 3 个月。

申请人应当在前款规定的期限届满前提交开业申请，逾期未提交的，筹建批准文件失效，由决定机关注销筹建许可。

第十四条 信托公司开业，应当由出资比例最大的出资人作为申请人向拟设地银保监局提交申请，由银保监局受理、审查并决定。银保监局自受理之日起 2 个月内作出核准或不予核准的书面决定，并抄报银保监会。

第十五条 申请人应当在收到开业核准文件并领取金融许可证后，办理工商登记，领取营业执照。

信托公司应当自领取营业执照之日起 6 个月内开业。不能按期开业的，应当在开业期限届满前 1 个月向拟设地银保监局提交开业延期报告。开业延期不得超过一次，延长期限不得超过 3 个月。

未在前款规定期限内开业的，开业核准文件失效，由决定机关注销开业许可，发证机关收回金融许可证，并予以公告。

第二节 投资设立、参股、收购境外机构

第十六条 信托公司申请投资设立、参股、收购境外机构，申请人应当符合以下条件：

（一）具有良好的公司治理结构，内部控制健全有效，业务条线管理和风险管控能力与境外业务发展相适应；

（二）具有清晰的海外发展战略；

（三）具有良好的并表管理能力；

（四）符合审慎监管指标要求；

（五）权益性投资余额原则上不超过其净资产的 50%；

（六）最近 2 个会计年度连续盈利；

（七）具备与境外经营环境相适应的专业人才队伍；

（八）最近2年无严重违法违规行为和因内部管理问题导致的重大案件；

（九）银保监会规章规定的其他审慎性条件。

前款所称境外机构是指银保监会认可的金融机构和信托业务经营机构。

第十七条 信托公司申请投资设立、参股、收购境外机构由所在地银保监局受理、审查，并在征求银保监会意见后决定。银保监局自受理之日起6个月内作出批准或不批准的书面决定，并抄报银保监会。

信托公司获得批准文件后应按照拟投资设立、参股、收购境外机构注册地国家或地区的法律法规办理相关法律手续，并在完成相关法律手续后15日内向银保监会和所在地银保监局报告其投资设立、参股或收购的境外机构的名称、成立时间、注册地点、注册资本、注资币种。

第三章 机构变更

第十八条 信托公司法人机构变更事项包括：变更名称，变更股权或调整股权结构，变更注册资本，变更住所，修改公司章程，分立或合并，以及银保监会规定的其他变更事项。

第十九条 信托公司变更名称，由银保监分局或所在地银保监局受理、审查并决定。

决定机关自受理之日起3个月内作出批准或不批准的书面决定。由银保监局决定的，应将决定抄报银保监会；由银保监分局决定的，应将决定同时抄报银保监局和银保监会。

第二十条 信托公司变更股权或调整股权结构，拟投资入股的出资人应当具备本办法第七条至第十条规定的条件。

投资入股信托公司的出资人，应当及时、完整、真实地披露其关联关系和最终实际控制人。

第二十一条 所有拟投资入股信托公司的出资人的资格以及信托公司变更股权或调整股权结构均应经过审批，但出资人及其关联方、一致行动人单独或合计持有同一上市信托公司股份未达到该信托公司股份总额5%的除外。

第二十二条 信托公司由于实际控制人变更所引起的变更股权或调整股权结构，由所在地银保监局受理并初步审查，银保监会审查并决定。决定机关自受理之日起3个月内作出批准或不批准的书面决定。

信托公司由于其他原因引起变更股权或调整股权结构的，由银保监分局或所在地银保监局受理并初步审查，银保监局审查并决定。决定机关自受理之日起3个月内作出批准或不批准的书面决定，并抄报银保监会。

第二十三条 信托公司申请变更注册资本，应当具备以下条件：

（一）变更注册资本后仍然符合银保监会对信托公司最低注册资本和资本管理的有关规定；

（二）出资人应当符合第二十条规定的条件；

（三）银保监会规章规定的其他审慎性条件。

第二十四条 信托公司申请变更注册资本的许可程序适用本办法第十九条的规定，变更注册资本涉及变更股权或调整股权结构的，许可程序适用本办法第二十二条的规定。

信托公司通过配股或募集新股份方式变更注册资本的，在变更注册资本前，还应当经过配股或募集新股份方案审批。许可程序同前款规定。

第二十五条 信托公司公开募集股份和上市交易股份的，应当符合国务院及监管部门有关规定，向中国证监会申请之前，应向银保监会派出机构申请并获得批准。

信托公司公开募集股份和上市交易股份的，由银保监分局或所在地银保监局受理并初步审查，银保监局审查并决定。银保监局自受理之日起 3 个月内作出批准或不批准的书面决定，并抄报银保监会。

第二十六条 信托公司变更住所，应当有与业务发展相符合的营业场所、安全防范措施和其他设施。

信托公司因行政区划调整等原因而引起的行政区划、街道、门牌号等发生变化而实际位置未变化的，不需申请变更住所，但应当于变更后 15 日内报告其金融许可证发证机关，并换领金融许可证。

信托公司因房屋维修、增扩建等原因临时变更住所 6 个月以内的，不需申请变更住所，但应当在原住所、临时住所公告，并提前 10 日向其金融许可证发证机关报告。临时住所应当符合公安、消防部门的相关要求。信托公司回迁原住所，应当在原住所、临时住所公告，并提前 10 日将公安消防部门出具的消防证明文件等材料抄报其金融许可证发证机关。

信托公司变更住所，由银保监分局或所在地银保监局受理、审查并决定。决定机关自受理之日起 2 个月内作出批准或不批准的书面决定，并抄报银保监会。

第二十七条 信托公司修改公司章程应当符合《中华人民共和国公司法》《信托公司管理办法》《信托公司股权管理暂行办法》及其他有关法律法规的规定。

第二十八条 信托公司申请修改公司章程的许可程序适用本办法第十九条的规定。

信托公司因发生变更名称、住所、股权、注册资本、业务范围等前置审批事项以及因行政区划调整、股东名称变更等原因而引起公司章程内容变更的，不需申请修改章程，应当在决定机关作出批准决定或发生相关变更事项之日起 6 个月内修改章程相应条款并报告银保监局。

第二十九条 信托公司分立应当符合有关法律、行政法规和规章的规定。

信托公司分立，应当向所在地银保监局提交申请，由银保监局受理并初步审查，银保监会审查并决定。决定机关自受理之日起 3 个月内作出批准或不批准的书面决定。

存续分立的，在分立公告期限届满后，存续方应当按照变更事项的条件和程序取得行政许可；新设方应当按照法人机构开业的条件和程序取得行政许可。

新设分立的，在分立公告期限届满后，新设方应当按照法人机构开业的条件和程序取得行政许可；原法人机构应当按照法人机构解散的条件和程序取得行政许可。

第三十条 信托公司合并应当符合有关法律、行政法规和规章的规定。

吸收合并的，由吸收合并方向其所在地银保监局提出申请，并抄报被吸收合并方所在地银保监局，由吸收合并方所在地银保监局受理并初步审查，银保监会审查并决定。决定机关自受理之日起3个月内作出批准或不批准的书面决定。吸收合并方所在地银保监局在将初审意见上报银保监会之前应当征求被吸收合并方所在地银保监局的意见。吸收合并公告期限届满后，吸收合并方应按照变更事项的条件和程序取得行政许可；被吸收合并方应当按照法人机构解散的条件和程序取得行政许可。

新设合并的，由其中一方作为主报机构向其所在地银保监局提交申请，同时抄报另一方所在地银保监局，由主报机构所在地银保监局受理并初步审查，银保监会审查并决定。决定机关自受理之日起3个月内作出批准或不批准的书面决定。主报机构所在地银保监局在将初审意见上报银保监会之前应征求另一方所在地银保监局的意见。新设合并公告期限届满后，新设机构应按照法人机构开业的条件和程序取得行政许可；原法人机构应按照法人机构解散的条件和程序取得行政许可。

第四章　机构终止

第三十一条 信托公司法人机构满足以下情形之一的，可以申请解散：

（一）公司章程规定的营业期限届满或者其他应当解散的情形；

（二）股东会议决定解散；

（三）因公司合并或者分立需要解散；

（四）其他法定事由。

第三十二条 信托公司解散，应当向所在地银保监局提交申请，由银保监局受理并初步审查，银保监会审查并决定。决定机关自受理之日起3个月内作出批准或不批准的书面决定。

第三十三条 信托公司因分立、合并出现解散情形的，与分立、合并一并进行审批。

第三十四条 信托公司有以下情形之一的，向法院申请破产前，应当向银保监会申请并获得批准：

（一）不能清偿到期债务，并且资产不足以清偿全部债务或者明显缺乏清偿能力，自愿或应其债权人要求申请破产的；

（二）已解散但未清算或者未清算完毕，依法负有清算责任的人发现该机构资产不足以清偿债务，应当申请破产的。

第三十五条 信托公司向法院申请破产前，应当向所在地银保监局提交申请，由银保监局受理并初步审查，银保监会审查并决定。决定机关自受理之日起3个月内作出批准或不批准的书面决定。

第五章　调整业务范围和增加业务品种

第三十六条　信托公司依据本办法可申请开办的业务范围和业务品种包括：企业年金基金管理业务资格、特定目的的信托受托机构资格、受托境外理财业务资格、股指期货交易等衍生产品交易业务资格、以固有资产从事股权投资业务资格。

信托公司申请开办前款明确的业务范围和业务品种之外的其他业务，相关许可条件和程序由银保监会另行规定。

第一节　信托公司企业年金基金管理业务资格

第三十七条　信托公司申请企业年金基金管理业务资格，应当具备以下条件：

（一）具有良好的公司治理和内部控制体系；

（二）符合审慎监管指标要求；

（三）监管评级良好；

（四）最近 2 年无重大违法违规经营记录；

（五）具有与开办企业年金基金管理业务相适应的内部控制制度及风险管理制度；

（六）具有与开办企业年金基金管理业务相适应的合格专业人员；

（七）具有与业务经营相适应的安全且合规的信息系统，具备保障业务持续运营的技术与措施；

（八）银保监会规章规定的其他审慎性条件。

第三十八条　信托公司申请企业年金基金管理业务资格，应当向银保监分局或所在地银保监局提交申请，由银保监分局或银保监局受理并初步审查，银保监局审查并决定。决定机关自受理之日起 3 个月内作出批准或不批准的书面决定，并抄报银保监会。

第二节　信托公司特定目的信托受托机构资格

第三十九条　信托公司申请特定目的信托受托机构资格，应当具备以下条件：

（一）注册资本不低于 5 亿元人民币或等值的可自由兑换货币，且最近 2 年年末按要求提足全部准备金后，净资产不低于 5 亿元人民币或等值的可自由兑换货币；

（二）自营业务资产状况和流动性良好，符合有关监管要求；

（三）具有良好的社会声誉和经营业绩；

（四）符合审慎监管指标要求；

（五）最近 2 年无重大违法违规经营记录；

（六）具有良好的公司治理和内部控制制度，完善的信托业务操作流程和风险管理体系；

（七）具有履行特定目的信托受托机构职责所需要的专业人员；

（八）具有与业务经营相适应的安全且合规的信息系统，具备保障业务持续运营的技术与措施；

（九）已按照规定披露公司年度报告；

（十）银保监会规章规定的其他审慎性条件。

第四十条 信托公司申请特定目的信托受托机构资格，应当向银保监分局或所在地银保监局提交申请，由银保监分局或银保监局受理并初步审查，银保监局审查并决定。决定机关自受理之日起3个月内作出批准或不批准的书面决定，并抄报银保监会。

第三节 信托公司受托境外理财业务资格

第四十一条 信托公司申请受托境外理财业务资格，应当具备以下条件：

（一）具有良好的公司治理、风险管理体系和内部控制；

（二）注册资本不低于10亿元人民币或等值的可自由兑换货币；

（三）经批准具备经营外汇业务资格，且具有良好的开展外汇业务的经历；

（四）符合审慎监管指标要求；

（五）监管评级良好；

（六）最近2年无重大违法违规经营记录；

（七）最近2个会计年度连续盈利；

（八）配备能够满足受托境外理财业务需要且具有境外投资管理能力和经验的专业人才（从事外币有价证券买卖业务2年以上的专业管理人员不少于2人）；设有独立开展受托境外理财业务的部门，对受托境外理财业务集中受理、统一运作、分账管理；

（九）具备满足受托境外理财业务需要的风险分析技术和风险控制系统；具有满足受托境外理财业务需要的营业场所、安全防范设施和其他相关设施；在信托业务与固有业务之间建立了有效的隔离机制；

（十）具有与业务经营相适应的安全且合规的信息系统，具备保障业务持续运营的技术与措施；

（十一）银保监会规章规定的其他审慎性条件。

第四十二条 信托公司申请受托境外理财业务资格，应当向银保监分局或所在地银保监局提交申请，由银保监分局或银保监局受理并初步审查，银保监局审查并决定。决定机关自受理之日起3个月内作出批准或不批准的书面决定，并抄报银保监会。

第四节　信托公司股指期货交易等衍生产品交易业务资格

第四十三条　信托公司申请股指期货交易业务资格，应当具备以下条件：

（一）符合审慎监管指标要求；

（二）监管评级良好；

（三）最近2年无重大违法违规经营记录；

（四）具有完善有效的股指期货交易内部控制制度和风险管理制度；

（五）具有接受相关期货交易技能专门培训半年以上、通过期货从业资格考试、从事相关期货交易1年以上的交易人员至少2名，相关风险分析和管理人员至少1名，熟悉套期会计操作程序和制度规范的人员至少1名，以上人员相互不得兼任，且无不良记录；期货交易业务主管人员应当具备2年以上直接参与期货交易活动或风险管理的经验，且无不良记录；

（六）具有符合本办法第四十四条要求的信息系统；

（七）具有从事交易所需要的营业场所、安全防范设施和其他相关设施；

（八）具有严格的业务分离制度，确保套期保值类业务与非套期保值类业务的市场信息、风险管理、损益核算有效隔离；

（九）申请开办以投机为目的的股指期货交易，应当已开展套期保值或套利业务一年以上；

（十）银保监会规章规定的其他审慎性条件。

第四十四条　信托公司开办股指期货信托业务，信息系统应当符合以下要求：

（一）具备可靠、稳定、高效的股指期货交易管理系统及股指期货估值系统，能够满足股指期货交易及估值的需要；

（二）具备风险控制系统和风险控制模块，能够实现对股指期货交易的实时监控；

（三）将股指期货交易系统纳入风险控制指标动态监控系统，确保各项风险控制指标符合规定标准；

（四）信托公司与其合作的期货公司信息系统至少铺设一条专线连接，并建立备份通道。

第四十五条　信托公司申请股指期货交易等衍生产品交易业务资格应当向银保监分局或所在地银保监局提交申请，由银保监分局或银保监局受理并初步审查，银保监局审查并决定。决定机关自受理之日起3个月内作出批准或不批准的书面决定，并抄报银保监会。

第四十六条　信托公司申请除股指期货交易业务资格外的其他衍生产品交易业务资格，应当符合银保监会相关业务管理规定。

第五节　信托公司以固有资产从事股权投资业务资格

第四十七条　本节所指以固有资产从事股权投资业务，是指信托公司以其固有资产投资于未上市企业股权、上市公司限售流通股或中国银保监会批准可以投资的其他股权的投资业务，不包括以固有资产参与私人股权投资信托、以固有资产投资金融机构股权和上市公司流通股。

前款所称私人股权投资信托，是指信托公司将信托计划项下资金投资于未上市企业股权、上市公司限售流通股或经批准可以投资的其他股权的信托业务。

第四十八条 信托公司以固有资产从事股权投资业务，应遵守以下规定：

（一）不得投资于关联方，但按规定事前报告并进行信息披露的除外；

（二）不得控制、共同控制或实质性影响被投资企业，不得参与被投资企业的日常经营；

（三）持有被投资企业股权不得超过 5 年。

第四十九条 信托公司应当审慎开展以固有资产从事股权投资业务，加强资本、流动性等管理，确保业务开展过程中相关监管指标满足要求。

第五十条 信托公司以固有资产从事股权投资业务和以固有资产参与私人股权投资信托等的投资总额不得超过其上年末净资产的 20%，经银保监会批准的除外。

第五十一条 信托公司申请以固有资产从事股权投资业务资格，应当具备以下条件：

（一）具有良好的公司治理、内部控制及审计、合规和风险管理机制；

（二）符合审慎监管指标要求；

（三）具有良好的社会信誉、业绩和及时、规范的信息披露；

（四）最近 3 年无重大违法违规经营记录；

（五）监管评级良好；

（六）固有业务资产状况和流动性良好，符合有关监管要求；

（七）具有从事股权投资业务所需的专业团队。负责股权投资业务的人员达到 3 人以上，其中至少 2 名具备 2 年以上股权投资或相关业务经验；

（八）具有能支持股权投资业务的业务处理系统、会计核算系统、风险管理系统及管理信息系统；

（九）银保监会规章规定的其他审慎性条件。

第五十二条 信托公司申请以固有资产从事股权投资业务资格，应当向银保监分局或所在地银保监局提交申请，由银保监分局或银保监局受理并初步审查，银保监局审查并决定。决定机关自受理之日起 3 个月内作出批准或不批准的书面决定，并抄报银保监会。

第五十三条 信托公司以固有资产从事股权投资业务，应当在签署股权投资协议后 10 个工作日内向银保监分局、银保监局报告，报告应当包括但不限于项目基本情况及可行性分析、投资运用范围和方案、项目面临主要风险及风险管理说明、股权投资项目管理团队及人员等内容。

第六章　董事和高级管理人员任职资格

第一节　任职资格条件

第五十四条　信托公司董事长、副董事长、独立董事、其他董事会成员以及董事会秘书，须经任职资格许可。

信托公司总经理（首席执行官、总裁）、副总经理（副总裁）、风险总监（首席风险官）、合规总监（首席合规官）、财务总监（首席财务官）、总会计师、总审计师（总稽核）、运营总监（首席运营官）、信息总监（首席信息官）、总经理助理（总裁助理）等高级管理人员，须经任职资格许可。

其他虽未担任上述职务，但实际履行前两款所列董事和高级管理人员职责的人员，须经任职资格许可。

第五十五条　申请信托公司董事和高级管理人员任职资格，拟任人应当具备以下基本条件：

（一）具有完全民事行为能力；

（二）具有良好的守法合规记录；

（三）具有良好的品行、声誉；

（四）具有担任拟任职务所需的相关知识、经验及能力；

（五）具有良好的经济、金融等从业记录；

（六）个人及家庭财务稳健；

（七）具有担任拟任职务所需的独立性；

（八）能够履行对金融机构的忠实与勤勉义务。

第五十六条　拟任人有以下情形之一的，视为不符合本办法第五十五条第（二）项、第（三）项、第（五）项规定的条件，不得担任信托公司董事和高级管理人员：

（一）有故意或重大过失犯罪记录的；

（二）有违反社会公德的不良行为，造成恶劣影响的；

（三）对曾任职机构违法违规经营活动或重大损失负有个人责任或直接领导责任，情节严重的；

（四）担任或曾任被接管、撤销、宣告破产或吊销营业执照机构董事或高级管理人员的，但能够证明本人对曾任职机构被接管、撤销、宣告破产或吊销营业执照不负有个人责任的除外；

（五）因违反职业道德、操守或者工作严重失职，造成重大损失或恶劣影响的；

（六）指使、参与所任职机构不配合依法监管或案件查处的；

（七）被取消终身的董事和高级管理人员任职资格，或者受到监管机构或其他金融管理部门处罚累计达到2次以上的；

（八）不具备本办法规定的任职资格条件，采取不正当手段以获得任职资格核准的。

第五十七条 拟任人有以下情形之一的，视为不符合本办法第五十五条第（六）项、第（七）项、第（八）项规定的条件，不得担任信托公司董事和高级管理人员：

（一）截至申请任职资格时，本人或其配偶仍有数额较大的逾期债务未能偿还，包括但不限于在该信托公司的逾期债务；

（二）本人及其近亲属合并持有该信托公司5%以上股份，且从该信托公司获得的授信总额明显超过其持有的该信托公司股权净值；

（三）本人及其所控股的信托公司股东单位合并持有该信托公司5%以上股份，且从该信托公司获得的授信总额明显超过其持有的该信托公司股权净值；

（四）本人或其配偶在持有该信托公司5%以上股份的股东单位任职，且该股东单位从该信托公司获得的授信总额明显超过其持有的该信托公司股权净值，但能够证明授信与本人及其配偶没有关系的除外；

（五）存在其他所任职务与其在该信托公司拟任、现任职务有明显利益冲突，或明显分散其在该信托公司履职时间和精力的情形。

第五十八条 申请信托公司董事任职资格，拟任人除应符合第五十五条至第五十七条的规定外，还应当具备以下条件：

（一）具有5年以上的经济、金融、法律、财会或其他有利于履行董事职责的工作经历，其中拟担任独立董事的还应是经济、金融、法律、财会等方面的专业人士；

（二）能够运用信托公司的财务报表和统计报表判断信托公司的经营管理和风险状况；

（三）了解拟任职信托公司的公司治理结构、公司章程以及董事会职责，并熟知董事的权利和义务。

第五十九条 除不得存在第五十六条、第五十七条所列情形外，信托公司独立董事拟任人还不得存在下列情形：

（一）本人及其近亲属合并持有该信托公司1%以上股份或股权；

（二）本人或其近亲属在持有该信托公司1%以上股份或股权的股东单位任职；

（三）本人或其近亲属在该信托公司、该信托公司控股或者实际控制的机构任职；

（四）本人或其近亲属在不能按期偿还该信托公司债务的机构任职；

（五）本人或其近亲属任职的机构与本人拟任职信托公司之间存在法律、会计、审计、管理咨询、担保合作等方面的业务联系或债权债务等方面的利益关系，以致妨碍其履职独立性的情形；

（六）本人或其近亲属可能被拟任职信托公司大股东、高管层控制或施加重大影响，以致妨碍其履职独立性的其他情形；

（七）本人已在其他信托公司任职。

独立董事在同一家信托公司任职时间累计不得超过6年。

第六十条 申请信托公司董事长、副董事长和董事会秘书任职资格，拟任人除应当符合第五十五条至第五十八条的规定外，还应当分别符合以下条件：

（一）拟任信托公司董事长、副董事长，应当具备本科以上学历，从事金融工作5年以上，或从事相关经济工作10年以上（其中从事金融工作3年以上）；

（二）拟任信托公司董事会秘书，应当具备本科以上学历，从事信托业务5年以上，或从事其他金融工作8年以上。

第六十一条 申请信托公司高级管理人员任职资格，拟任人除应当符合第五十五条至第五十七条的规定外，还应当符合以下条件：

（一）担任总经理（首席执行官、总裁）、副总经理（副总裁），应当具备本科以上学历，从事信托业务5年以上，或从事其他金融工作8年以上；

（二）担任运营总监（首席运营官）和总经理助理（总裁助理）以及实际履行高级管理人员职责的人员，任职资格条件比照总经理（首席执行官、总裁）、副总经理（副总裁）的任职资格条件执行；

（三）担任财务总监（首席财务官）、总会计师、总审计师（总稽核），应当具备本科以上学历，从事财务、会计或审计工作6年以上；

（四）担任风险总监（首席风险官），应当具备本科以上学历，从事金融机构风险管理工作3年以上，或从事其他金融工作6年以上；

（五）担任合规总监（首席合规官），应当具备本科以上学历，从事金融工作6年以上，其中从事法律合规工作2年以上；

（六）担任信息总监（首席信息官），应当具备本科以上学历，从事信息科技工作6年以上。

第六十二条 拟任人未达到第六十条、第六十一条规定的学历要求，但具备以下条件之一的，视同达到规定的学历：

（一）取得国家教育行政主管部门认可院校授予的学士以上学位；

（二）取得注册会计师、注册审计师或与拟（现）任职务相关的高级专业技术职务资格，且相关从业年限超过相应规定4年以上。

第二节 任职资格许可程序

第六十三条 信托公司申请核准董事和高级管理人员任职资格，应当向银保监分局或所在地银保监局提交申请，由银保监分局或银保监局受理并初步审核，银保监局审查并决定。决定机关自受理之日起30日内作出核准或不予核准的书面决定，并抄报银保监会。其中，关于董事长、总经理（首席执行官、总裁）的任职资格许可应在征求银保监会意见后作出决定。

第六十四条 信托公司新设立时，董事和高级管理人员任职资格申请，按照该机构开业的许可程序一并受理、审查并决定。

第六十五条 具有高级管理人员任职资格且未连续中断任职1年以上的拟任人在同一信托公司内及不同信托公司间平级调动职务（平级兼任）或改任（兼任）较低职务的，不需重新申请任职资格。拟任人应当在任职后5日内向任职机构所在地银保监会派出机构报告。拟任人担任董事长、总经理（首席执行官、总裁）的，还应同时向银保监会报告。

第六十六条 信托公司拟任董事长、总经理任职资格未获许可前，信托公司应当在现有董事和高级管理人员中指定符合相应任职资格条件的人员代为履职，并自作出指定决定之日起3日内向任职资格许可决定机关报告并抄报银保监会。代为履职的人员不符合任职资格条件的，监管机构可以责令信托公司限期调整代为履职的人员。

代为履职的时间不得超过6个月。信托公司应当在6个月内选聘具有任职资格的人员正式任职。

第七章 附 则

第六十七条 获准机构变更事项的，信托公司应当自许可决定之日起6个月内完成有关法定变更手续，并向所在地银保监会派出机构报告。获准董事和高级管理人员任职资格的，拟任人应当自许可决定之日起3个月内正式到任，并向所在地银保监会派出机构报告。

未在前款规定期限内完成变更或到任的，行政许可决定文件失效，由决定机关注销行政许可。

第六十八条 信托公司设立、终止事项，涉及工商、税务登记变更等法定程序的，应当在完成有关法定手续后1个月内向银保监会和所在地银保监会派出机构报告。

第六十九条 发生本办法规定事项但未按要求取得行政许可或进行报告的，银保监会或其派出机构依据《中华人民共和国银行业监督管理法》《信托公司管理办法》等法律法规，采取相应处罚措施。

第七十条 本办法所称境外含香港、澳门和台湾地区。

第七十一条 本办法中的“日”均为工作日，“以上”均含本数或本级。

第七十二条 本办法中下列用语的含义：

（一）实际控制人，是指根据《中华人民共和国公司法》第二百一十六条规定，虽不是公司的股东，但通过投资关系、协议或者其他安排，能够实际支配公司行为的人。

（二）关联方，是指根据《企业会计准则第36号关联方披露》规定，一方控制、共同控制另一方或对另一方施加重大影响，以及两方或两方以上同受一方控制、共同控制或重大影响的。但国家控制的企业之间不因为同受国家控股而具有关联关系。银保监会另有规定的从其规定。

（三）一致行动，是指投资者通过协议、其他安排，与其他投资者共同扩大其所能够支配的一个公司股份表决权数量的行为或者事实。达成一致行动的相关投资者，为一致行动人。

（四）个别财务报表，是相对于合并财务报表而言，指由公司或子公司编制的，仅反映母公司或子公司自身财务状况、经营成果和现金流量的财务报表。

第七十三条 除特别说明外，本办法中各项财务指标要求均为合并会计报表口径。

第七十四条 中国信托业保障基金有限责任公司、中国信托登记有限责任公司参照本办法执行。

第七十五条 本办法由银保监会负责解释。银保监会根据法律法规和监管需要，有权对行政许可事项中受理、审查和决定等事权的划分进行动态调整。

根据国务院或地方政府授权，履行国有金融资本出资人职责的各级财政部门及受财政部门委托管理国有金融资本的其他部门、机构，发起设立、投资入股信托公司的资质条件和监管要求等参照本办法有关规定执行，国家另有规定的从其规定。

第七十六条 本办法自2021年1月1日起施行，《中国银监会信托公司行政许可事项实施办法》（中国银监会令2015年第5号）同时废止。

公司发展与创新

中航信托股份有限公司

一、2020 年经营概况

2020 年，面对突如其来的新冠肺炎疫情和经济下行压力，中航信托股份有限公司（以下简称公司）积极落实集团公司部署的各项重点工作，立足金融服务实体经济高质量发展功能定位，坚持回归信托本源，持续做好“六稳”工作、落实“六保”任务，紧紧围绕公司年度经营目标，统筹推进疫情防控和经营管理，积极开拓市场和客户，加快推动转型发展，有效防范和化解金融风险，狠抓内部管理，保障了各项工作总体平稳有序发展，为实现“十三五”规划圆满收官和“十四五”规划良好开局奠定了坚实基础。

2020 年，公司经营工作总体平稳有序发展，主要经济指标继续保持稳健增长，全年实现营业收入 376 852 万元，实现利润总额 261 469 万元，实现净利润 198 078 万元。

公司专注主动管理能力与专业化能力培育，不断优化业务结构，不断提升发展质量。截至 2020 年末，公司管理信托资产规模为 6 507.96 亿元，其中，事务管理类规模为 1 224.51 亿元，占比为 18.82%；投资类规模为 3 700.57 亿元，占比为 56.86%；融资类规模为 1 582.88 亿元，占比为 24.32%。

二、创新业务案例

（一）围绕新基建做好金融服务

2020 年上半年，中共中央政治局常务会议指出，要加快 5G 网络、数据中心等新型基础设施建设进度。公司在 2015 年就已开始布局 IDC 产业，并与多家企业在数据中心产业链中深度合作。新冠肺炎疫情期间，公司克服多重困难，积极拓展数据中心领域的合作伙伴，加强与民营企业的沟通协作，及时了解企业需求，已在大湾区、天津、苏州、成都等地推动重点 IDC 产业项目合作，各地项目预计总投资约 25 亿元，公司深入了解企业融资痛点和难点，积极探讨解决方式，不断促进建立 IDC 产业合作生态圈。

（二）创新模式引导资金纾困企业

为支持企业渡过疫情难关，公司为企业提供相关的新冠肺炎疫情防控贷款，并以其信托受益权作为底层资产，借助交易商协会为疫情防控企业开通的“绿色通道”，发行了定向资产支持票据，规模为 6 亿元。公司在该票据中同时担任财产权信托受托管理人及资产服务机构双重角色，有效地引导了社会资金向受新冠肺炎疫情影响的企业倾斜。

（三）借助核心企业支持产业链协同

为支持中小企业复产复工，公司利用核心企业信用优势，在风险可驭可控的基础上，为核心企业产业链上下游中小企业提供金融服务。公司积极联合大型中央企业下属商业保理公司，为企业下属成员单位供应链上下游中小企业提供保理服务。公司借助核心企业的集团资源优势，发起设立总规模为 5 亿元的集合资金信托计划，通过投资保理持有票据结算应收账款模式，为核心企业的上下游中小企业提供金融服务。

（四）创新模式丰富绿色信托实践

公司发挥金融整合服务优势，创新绿色信托服务模式。公司于 2019 年开始研究 ESG 投资组合，2020 年推出 ESG 投资产品，成为信托行业首只 ESG 投资产品。该产品在投资评估决策中，重点考察市场主体在环境、社会责任和公司治理等方面的表现，通过 ESG“标准筛选”“负面筛选”等多个策略，优先选择在 ESG 方面表现优异的市场主体，重点投资于节能环保、清洁能源、生态环境、基础设施绿色升级等环保基础产业，以及普惠金融、小微企业支持、高质量发展等领域相关企业所发行的固定收益类金融工具、股票及相关资产管理产品，通过创新金融服务支持绿色产业发展。

三、社会责任履行情况

公司秉承航空报国、航空强国的股东文化，以履行社会责任为己任，以实际行动支持决战脱贫攻坚、疫情防控、慈善信托、爱心公益、绿色生态、维护金融稳定等事业，充分发挥信托制度优势支持实体经济发展，以信托融资、供应链金融等模式支持小微企业发展，大力发展绿色信托，主动践行 ESG 新主张，持续为社会、为客户、为股东创造价值。

公司众志成城抗击新冠肺炎疫情，认真贯彻党中央国务院关于新冠肺炎疫情防控的决策部署，把打赢疫情防控阻击战作为首要政治任务。在全力以赴配合做好新冠肺炎疫情防控工作的同时，坚定信心、多措并举，积极驰援武汉抗疫，履行中央企业社会责任，持续为广大客户提供高效专业的金融服务。新冠肺炎疫情初期，多方联系采购核酸检测试剂1 000份，第一时间送达武汉抗疫一线；与中国信托业协会共同努力，设立规模为3 090万元的“中国信托业抗击新型肺炎慈善信托”，精准投向武汉市、黄冈市、随州市、麻城市、丹江口市等湖北疫情严重区域；主动向航空工业洪都航空和航空工业昌飞各捐赠防疫口罩1万只，为省内重点企业和兄弟单位复工复产贡献力量；通过降低借款利率、降低或减免罚息及违约金、延长借款期限等方式，帮助合作企业共渡难关。

公司积极整合慈善资源、创建慈善生态圈，以慈善信托助力中国公益慈善事业发展。主动与中国慈善联合会、中华环境保护基金、中国扶贫基金会、中国青年创业就业基金会等建立密切的慈善合作关系，先后成功设立了10单慈善信托，广泛开展扶贫济困、敬老助学、慈善公益、绿色信托等系列活动，其中有6单聚焦精准扶贫，1单以乡村振兴为专项目的，累计产生经济效益100余万元，每年可为数百户贫困群众带去直接收入50余万元，取得了良好的社会效益。

公司高质量完成省派定点帮扶任务，擘画脱贫攻坚最美画卷。一是选派青年骨干驻村围绕强根基、兴产业、谋振兴接续奋斗，不断巩固脱贫成果。通过扶贫公益基金援建公路、水渠护坡、便民公厕、爱心路灯、饮水改造、抛荒地拓荒、黄桃直播等近十个帮扶项目。与中国扶贫基金会联合举办的永新黄桃线上发布会，通过“直播＋电商”的宣传方式，打响“永新黄桃”品牌。创新推出“全程技术支持＋必要物资发放＋高价回购稻谷”帮扶举措，在抛荒耕地发展生态水稻100余亩，实现粮食增产、农民增收、拓宽村集体经济来源、发展可持续生态产业目标。二是通过帮扶项目支持内蒙古察右后旗、婺源县、吉安县、进贤县等落后乡村发展致富产业。三是大力开展消费扶贫，发动工会及员工投入130余万元，支持紫云、关岭、永新、石棉等贫困县农产品找销路。四是通过走访慰问、结对帮扶、党建调研、技术交流、产业指导、公益活动等方式，吸引社会帮扶力量到贫困地区，持续激发贫困群众内生发展动力。

公司主动投身社会公益实践，持续开展爱心捐赠、航空科普、夏日送清凉、无偿献血等各类扶贫助困献爱心活动，践行航空报国精神、弘扬社会正能量；公司“吴大观”志愿者与上栗县贫困学童开展结对帮扶；连续三年冠名善行者活动，连续四年组织员工和客户参加善行者公益徒步活动，公司累计筹集善款近120万元。

公司深入推进金融消费者权益保护工作，不断完善金融消费者权益保护工作体制机制，运用漫画、视频、消保专栏、送教上门、财富百科、消保第一课、消保有奖竞答等方式，以通俗易懂、生动活泼的形式传播金融消保知识，系列活动共向16.4万人次普及金融知识，充分发挥金融主体的宣传教育责任与义务。

公司坚持以人为本，强化民主管理，通过建设多层次培训体系，完善职工晋升通道、丰富职工文体活动、强化职工健康保障等举措，不断提升职工的安全感、获得感和幸福感。突出文化赋能，深化企业文化建设，创新开展“信托文化教育年”系列行动，从学习觉悟、躬身实践、传播融合三个维度出发，结合航空文化、信托文化、信约文化推出了“信约之悟”“信约之声”“信约之行”三大板块主题文化活动，持续增强组织的使命感和责任感。

四、2021 年发展规划

2021 年，公司深刻把握“立足新发展阶段、贯彻新发展理念、构建新发展格局”重大战略部署，聚焦公司“十四五”发展规划，以“转型创新年”为主题，立足成为“高品质受托人”的发展定位，严格落实各项监管要求，加快推进改革转型，在坚守合规底线的基础上，坚持“全面风险管理体系、专业化能力体系、数字化发展体系、尽职受托服务体系、信托文化建设体系”的发展主线，更好、更优地服务实体经济发展与社会民生福祉。

公司将持续加强战略引领，做好战略宣导和督导执行。重点推动投资类和基金化业务、专业化体系建设、数字化转型，继续保持资管业务在行业中的领先地位，同时不断促进品牌提升，打造符合财富 3.0 发展的产品配置逻辑、客户服务体系、管理组织架构与专属创新手段，同时要抓紧抓实风险资产处置工作，要大力拓宽信托与航空产业对接路径，以融促产，产融互动，推进与集团公司产业融合发展，要持续加强合规和数字化建设，促进公司各项经济指标稳定健康发展，实现“十四五”高质量开局。

英大国际信托有限责任公司

一、2020 年经营概况

2020 年，面对突如其来的新冠肺炎疫情、复杂的市场环境及日趋严格的监管形势，英大国际信托有限责任公司（以下简称公司）上下抓紧抓实抓细新冠肺炎疫情防控和改革发展各项任务，立足“根植主业、服务实业、以融促产、创造价值”定位，坚持稳中求进工作总基调，全面完成年度经营目标。2020 年，公司实现经营收入 21. 13 亿元，同比增长 32. 45%；利润总额为 16. 33 亿元，同比增长 18. 92%，人均创利达 828. 91 万元；管理资产总规模达 5 856 亿元，同比增长 43. 40%；累计为受益人分配收益超过 209 亿元，同比增长 36. 50%。

（一）全力推动战略落地，改革创新全面提速

在加快建设“具有能源特色行业领先的现代信托公司”战略目标下，公司积极谋划发展道路，致力于做好价值贡献。全面接入上市公司运行体系，规范内部工作流程，完善银监、证监、股东多线并行的对外信息披露机制。着力提高核心领导力，建立领导班子业务集体学习机制，提升班子履职能力。立足提升经营管控能力和效率，部署“项目运营监控中心、经营绩效管控中心和数据集成共享中心”建设，推进信托项目全过程管理、运营信息全面反映、数据多维分类共享。加强人才队伍建设，多名“80 后”优秀年轻干部走上重要岗位。优化完善业务机构，新设家族财富管理事业部及河南、安徽财富管理分中心。

（二）聚焦业务升级做优，转型发展提质增效

坚持根植主业。在产融结合战略引领下，公司服务主业规模效益、价值创造达到历史最高水平。

坚持服务实业。公司重点发力资产证券化业务，ABN 储架规模为 470 亿元，为国家电投、平高集团等产业链核心企业发行的资产支持票据产品均为国内首创，填补了市场空白；操作南方电网 ABN 项目，注册规模为 150 亿元，首期发行为 54 亿元；获得业内高度认可，荣获“年度

最佳服务实体经济信托公司”称号。

坚持回归本源。公司财富管理业务打开新领域，首单永续信托成功落地，首单保险金信托成功操作，获得银行间债券市场非金融企业债务融资工具受托管理人资格，服务信托扎实起步。坚持稳健运作。公司全年固有业务运行平稳有序，资金投放安排合理，权益投资业务收益显著，固有业务累计实现收益 4.2 亿元，充分发挥了稳定器和压舱石作用，为整体业绩提升作出突出贡献。

（三）加大风险防控力度，不断完善风控建设

公司忠实履行受托人义务，持续完善风险管理体系建设。坚持问题导向、结果导向，健全完善风险管控长效机制，累计编修项目运营、贷后管理等制度、指引、流程 95 项。首次开展业务内控体系有效性评估，整改内控缺陷 38 项，编制《内控监督评价手册》。

（四）持续加强党的建设，强根铸魂作用彰显

大力推动“党建 +”工程。公司开展“书记谈书记”活动，推动党建与中心工作深度融合，在新冠肺炎疫情防控中充分发挥党支部战斗堡垒和党员先锋模范作用。

纪检监督协同发力。公司完善“两个责任”清单，开展党委重大决策部署专项监督和综合自查自纠工作，提升日常监督规范化。

加强意识形态与思想政治引导。公司认真贯彻落实“文化铸魂、文化赋能、文化融入”专项行动要求，大力弘扬中央企业文化和信托文化，加强对外联络、媒体与舆情管理，丰富宣传形式和传播渠道。

优化党建教育方式。公司联合中国信托业协会开展党员教育培训，联合监管机构及属地政府举办“金融知识进万家”活动，走进社区展现良好企业形象。

加强职工关怀。公司做好职工身心健康管理服务，深化民主管理，理顺职工诉求管理流程，广泛听取合理化建议。

二、创新业务案例

（一）填补国内市场空白，首单以“经营性租赁债权”作为基础资产的 ABN 项目落地

2020 年 9 月 24 日，由公司作为主牵头方、受托人、发行载体管理机构设立的“平高集团 2020 年第一期资产支持票据”成功发行。项目储架式注册规模为 20 亿元，首期发行规模为 5

亿元。

该项目是国内首单以“经营性租赁债权”作为基础资产的ABN产品，也是国家电网系统首个产融协同ABN项目，首创效应明显。项目通过优选底层资产及结构化设计，使ABN信用评级达到AAAsf级，高于平高集团有限公司（以下简称平高集团）自身信用评级AA+级，有效降低融资成本，彰显了金融服务价值，极具产融协同示范效应。

项目设计开发过程中，公司积极践行“根植主业、服务实业、以融促产、创造价值”的发展定位，努力克服新冠肺炎疫情等不利因素影响，立足产融协同，运用创新手段为平高集团盘活存量资产，实现其对未来收入的即期变现，有效带动资本密集型产业单位创新融资，助力产业升级。

（二）成功发行国补资产收益权ABCP项目

2020年9月29日，公司作为发行载体管理人参与的“国家电力投资集团有限公司2020年度新能源1号资产支持商业票据”成功发行，发起机构为国家电力投资集团有限公司（以下简称国家电投），首期发行规模为14.37亿元，拟滚动发行4期，每期期限不超过180天。

该项目为市场上首单以应收可再生能源补助附加资金收益权为基础资产的资产支持商业票据（ABCP）项目，具有极强的行业影响力和行业示范效应。作为ABN业务的子品种，ABCP具有短期限、可滚动的突出亮点，可以通过募新还旧实现资金端的滚动续发，通过“长拆短”达到以短期资金实现长期融资的目的，从而进一步降低企业负债成本。该项目的成功发行，为ABCP应用于电网系统产业单位提供了范例，有助于支持产业单位进一步盘活存量资产，降低融资成本，提升行业影响力，积极推进产融合作深化发展。

三、社会责任履行情况

2020年，公司积极响应国家号召，主动承担社会责任，统筹推进新冠肺炎疫情防控和经济社会发展各项部署，打好打赢新冠肺炎疫情防控阻击战。公司坚持服务实体经济和产融结合，积极服务电力能源发展，致力于为电力产业链中小微企业提供精准金融服务；认真践行绿色发展理念，大力拓展清洁能源项目；坚守合规底线，严格执行监管要求，积极防范化解风险，切实保障投资者合法权益；不断提升和创新财富管理水平，为投资者实现保值增值，为社会提供更高质量、更有效率的金融服务。

同时，公司提高政治站位，积极助力脱贫攻坚。一是参与慈善信托，助力打赢新冠肺炎疫情防控阻击战。公司出资50万元作为慈善资金，参与发起设立“中国信托业抗击新型肺炎慈善信托”，保障广大人民群众生命安全和身体健康。二是推广消费扶贫，打通线上扶贫增收新通道。公司通过“慧农帮”线上平台，多种形式采购扶贫产品，2020 年度完成消费扶贫共计 12.06 万元。三是创新金融扶贫，运用资本市场扩大扶贫企业效益。公司成立“英大信托—东城阳光精准扶贫慈善信托”项目，以“筑梦崇礼，助力冬奥”为宗旨，精准聚焦帮扶张家口市崇礼地区的贫困、残障人员，惠及崇礼区“一户多残”残疾人家庭及困难家庭 196 户共 400 多人，以信托平台优势和捐赠资金带动北京市东城区相关单位和企业出资，共同投入当地扶贫事业，助力崇礼地区实现更高质量的脱贫和发展。

四、2021 年发展规划

2021 年是中国共产党建党 100 周年，是我国全面建设社会主义现代化国家新征程、向第二个百年奋斗目标进军的开局之年，也是落实“十四五”规划的关键之年。2021 年，公司总体发展思路是坚持以习近平新时代中国特色社会主义思想为指导，深入贯彻落实党中央各项决策部署，立足新发展阶段、践行新发展理念、服务新发展格局。坚持稳中求进工作总基调，坚持以推动高质量发展为主题，坚持以深化供给侧改革为主线，以公司战略为统领，以改革创新为动力，以安全稳定为基础，更加聚焦主责主业，更加注重提质增效，更加注重价值创造，更加注重创新驱动，更加注重风险防范。紧扣“具有能源特色行业领先的现代信托公司”发展目标，落实“碳达峰、碳中和”，深化改革创新、优化业务布局、提升价值贡献，确保“十四五”开好局、起好步。

坚持弘扬创新思维和实干精神，以高质量党建引领高质量发展，实现战略、创新、业务、机制、管理全要素发力，加快建设具有能源特色行业领先的现代信托公司，为经济社会发展作出积极贡献。强化战略统筹引领，做好战略宣贯、执行、考核的闭环管理，使具体的管理、业务的拓展、机制的改革都能够对标战略、找准方位。创新是公司发展的“第一动力”，要大力弘扬“首创精神”，建立以鼓励创新为导向的工作机制，充分调动起广大职工能创新、想创新的积极性，把创新成果及时转化为现实生产力。业务优良是公司发展的根基，决定了公司核心竞争力、盈利能力和服务保障水平的高低，在业务发展上要聚焦主责主业，突出价值创造，稳固“基本盘”、下好“先手棋”，挖潜本源业务，巩固固有业务，严守风险底线。机制要更加高效，完善考核激励机制，优化人才使用评价方式，顺畅业务管理流程，建立简洁高效、有序制衡的管理机制，充分激活人才“第一资源”，为公司高质量发展提供不竭动力。管理要更加精益，要以“三个中心”建设和数据治理为重点，持续优化管理模式和运行机制，强化管理“永恒主题”，释放数据“倍增效应”。

华能贵诚信托有限公司

一、2020 年经营概况

2020 年，是华能贵诚信托有限公司（以下简称公司）发展过程中极具挑战性的一年。突如其来的新冠肺炎疫情叠加经济形势突变、行业增速减缓、公司转型攻坚等多种因素，使公司工作一开年就面临重组以来最为严峻的考验。在上级单位的正确领导和监管部门的科学指导下，公司以习近平新时代中国特色社会主义思想为指导，立足于转型发展的实际需要，提出了全年工作新的思路和对策，公司上下精诚团结、周密组织、顽强拼搏、砥砺前行，在十分艰难的条件下推动公司稳步发展并取得了令人瞩目的优异成绩。

2020 年，公司全年新增信托规模为 6 313 亿元，存续信托规模为 8 319 亿元；到期结束信托规模为5 122亿元，到期项目全部安全兑付；实现营业收入 60.01 亿元，同比增长 18.37%；实现利润 50.06 亿元，完成利润考核目标的 125.15%，同比增长 18.89%；年化净资产收益率为 17.29%，年末净资产达 230.18 亿元。公司综合实力保持全行业领先地位。

2020 年，公司转型攻坚向纵深推进并取得阶段性成效。公司把“泛信托”新思维融入转型发展，推进跨界融合，深度发掘“5 + 1 + N”工作机制内涵，促进公司业务和经营管理更加深入、协同、高效开展。公司业务结构基本摆脱了传统发展模式的桎梏，各核心业务板块发展取得新突破，一些新型业务领域走在行业发展前列，资本市场领域迅速崛起，成为引领公司转型的新引擎。

2020 年，公司被华能集团授予“年度先进企业”称号；公司行业评级为 A 级，公开市场主体信用评级为 AAA 级，均保持行业最优等级；公司还获得《证券时报》评选的“中国优秀信托公司奖”“优秀创新信托计划奖”等多项专业奖项。

二、创新业务案例

（一）发行首单信托公司担任管理人的酒店物业权益型REITs产品，荣获“年度最佳REITs奖”

2020年9月，公司作为管理人，以世茂房地产控股有限公司（以下简称世茂控股）旗下位于长三角都市圈内的五星级酒店为基础资产的“华能信托—世茂酒店物业权益型房托资产支持专项计划”在深圳证券交易所发行，发行规模为6.5亿元，期限为20年。该资产支持专项计划是市场首单由信托公司担任管理人发行的出表型权益类REITs产品，对于信托公司参与REITs试点工作具有重大里程碑意义。该资产支持专项计划也是全国首单两层SPV结构由同一管理人管理的类REITs产品，有利于提高资产运营效率，降低管理风险。该资产支持专项计划在不动产投资信托基金研究中心（RCREIT）、中国资产证券化论坛（CSF）、英国皇家特许测量师学会（RICS）、中国金融前沿论坛（CFAF）联合多家权威机构举办的“第五届中国不动产证券化合作发展峰会暨2020不动产证券化‘前沿奖’颁奖盛典”上荣获“年度最佳REITs奖”。

（二）发行银行间市场首单废旧电器电子产品拆解基金补贴款绿色资产支持票据

2020年6月，公司作为发行人设立“中再资源环境股份有限公司2020年度第一期绿色资产支持票据”，发行规模为3亿元。本资产支持票据由中再资源环境股份有限公司作为委托人，以其享有的废弃电器电子产品处理基金补贴应收账款及其项下附属权益作为基础资产在银行间市场公开发行。入池基础资产对应的废旧家电拆解项目将对拆解产生的可循环再利用分解物进行进一步加工并循环利用，不仅提高了可重复利用资源的利用效率，还让本来报废的废旧家电中废物资源得以重复利用。从长远的角度来看，对于全球化资源节约及循环利用电器元件等提供了全新解决方案，并具有持续的环境友好增益和深远的正向影响，同时还可以有效减少废旧家电中有毒有害污染物对大气、水和土壤的污染。根据中国诚信信用管理股份有限公司的绿色认证评估，本资产支持票据被评定为G-1最高等级，认定基础资产全部对应绿色产业领域，产生的环境效益极显著。

（三）将资产证券化工具与农业供应链服务相结合，助力生猪养殖产业链高质量发展

2020年6月，公司作为管理人发行“华能贵诚—招商—牧原惠融供应链1期资产支持专项计划”，发行规模为1.23亿元，并在2020年8月又发行了该系列中的第二期产品，发行规模为

2.55亿元，发行金额合计为3.78亿元。该系列资产支持专项计划的发起机构牧原食品股份有限公司（以下简称牧原股份）是我国生猪养殖业龙头企业，以牧原股份及其子公司的上游物资或原辅料供应商对其的应收账款作为基础资产发行资产支持专项计划，基础资产笔均金额仅为125.79万元。该系列资产支持专项计划的优势在于践行产融合作，将资产证券化工具与农业供应链服务相结合，助力生猪养殖产业链高质量发展；帮助牧原股份降低融资成本，为其供应商提供资金支持，提高资金使用效率，拓宽融资渠道，强化与供应链上游企业的业务合作。“华能贵诚—招商—牧原惠融供应链1期资产支持专项计划”在中国顶尖金融行业媒体“财视中国”举办的“第六届资产证券化·介甫奖”上荣获“保理ABS市场认可产品奖”。

（四）发行银行间市场首单集合型资产支持商业票据

2020年12月，公司作为发行人设立“链鑫2020年度联捷资产支持商业票据”，首期发行规模为1.197亿元。本资产支持商业票据是银行间市场交易商协会推出的资产支持商业票据（以下简称ABCP）首批五个试点项目之一，也是全国首单集合型ABCP。ABCP具有短期限、可滚动、偿付方式灵活等特点，本资产支持商业票据的基础资产是在浙商银行股份有限公司应收款链平台上登记流转的应收账款债权，通过将区块链技术与ABCP金融工具相结合，提高民营企业应收账款的融资效率。

（五）发行全国首单停车场PPP资产支持票据

2020年10月，公司作为发行人设立“邛崃市航信物业管理有限责任公司2020年度第一期定向资产支持票据”，发行规模为4.32亿元。本资产支持票据是全国首单停车场PPP资产支持票据，基础资产为邛崃市公共停车场PPP项目下10 691个停车位12年期的经营权和收益权。公司创新性地运用资产支持票据工具，助力邛崃市航信物业管理有限责任公司盘活存量基础设施资产，带动增量投资，为构建基础设施领域绿色金融生态链拓宽资金渠道，同时也为四川乃至全国盘活政府存量基础设施资产、深化金融供给侧改革起到了良好的示范效应和推动作用。

三、社会责任履行情况

公司以“为客户提供最佳的增值服务，为股东创造最大的价值，为职工搭建实现自我价值的平台，为社会作出最大的贡献”为使命，积极践行《信托公司社会责任公约》，不断丰富企业社会责任的实践内容。

一是全力支持实体经济发展。公司向实体经济的1 072个项目投入资金6 202亿元，占投融资规模的75%。同时，通过完善服务手段、创新服务模式、提升服务效率等措施，优化了服务实体经济的质效。

二是坚持以客户为中心，为客户提供丰厚的投资回报。报告期内，公司为委托客户创造的收益和为合作机构创造的中间业务收入达418 亿元。

三是依法履行纳税义务。报告期内，公司为贵州贡献税收总额达31.16 亿元，是全省名列前茅的税收贡献优秀企业。

四是以高度的政治责任感落实对中央企业脱贫攻坚的要求。公司选派两名同志前往贵州省毕节市赫章县两个极贫村担任第一书记，开展驻村扶贫工作。公司筹集扶贫资金，帮助两个极贫村发展山区特色经济，改善生产生活基础条件，使当地极贫农户收入明显增加，贫困人口实现全部清零，受到当地党委政府和老百姓的广泛好评。

五是发挥信托优势，精准支持新冠肺炎防疫重点区域和重点企业。公司运用多种金融工具和服务方式，为新冠肺炎疫情防控地区的主要实体经济企业提供优质金融服务。

六是主动参与多项公益慈善工作。报告期内，公司慈善信托累计新发行13 期，累计新增慈善信托资金为507.8 万元，有效助力防疫抗疫、扶贫攻坚等公益事业。为抗击新冠肺炎捐赠资金1 200万元。

七是维护和保障员工的切身利益，为员工创造便捷的职业培训平台。公司通过完善绩效考核机制，优化考核内容，推进“举手制”，不断起用有理想、有能力、有担当的年轻人，增强公司创新的活力，同时积极保障员工福利，为员工构建和谐、进取的企业氛围。

四、2021 年发展规划

2021 年，是“十四五”开局之年，是中国共产党建党100 周年，也是公司承接转型发展成果并向高质量发展迈进的关键一年。根据外部形势的发展变化，适应信托市场发展规律和要求，立足于公司当前实际情况，全年公司总的工作目标和任务是：深入学习领会党中央关于把握新发展阶段、贯彻新发展理念、构建新发展格局的精神，紧紧扣住高质量发展这个主题，发挥公司转型升级的先发优势，再接再厉，乘势而上，瞄准并深度切入高质量发展的前端产业和领域，紧盯并快速融入高端引领型产业和企业生态圈，坚守以委托人意愿及受益人利益为核心的行业底层逻辑，综合运用多种金融工具，通过多种途径，服务实体经济，努力率先走出一条信托公司高质量发展的新路，以更加优异的成绩庆祝建党100 周年。

按照上述指导思想，2021 年公司要承接近年来转型发展已取得阶段性成效的基础上，力争在重点领域和关键环节上取得突破，进一步增强公司核心竞争力：

第一，突出高端引领型产业和领域。公司发挥专项工作组的牵引机制和深圳、上海地区的“桥头堡”作用，实现公司在支持服务高端引领型产业和领域的产业覆盖面、客户数量及信托规模显著增加，既有产业和客户合作力度向纵深推进。

第二，突出“生态圈思维”。公司以现有客户和渠道为支点辐射带动，发挥信托专业支撑和价值创造作用，实现公司各个层面快速融入高端引领型生态圈，深度扩展生态链，逐步形成“华能特色生态系统”。

第三，突出委托人重构。公司了解、引领并满足委托人综合需求，加强受托履职能力建设，实现与公司信托业务发展要求相匹配的委托客户数量及规模显著增加。

第四，突出穿越周期目标。公司增强风险防控系统观、全局观，加快建立与直接融资、数字经济相适配的风险防控体系，夯实依法合规经营基础，守住不发生风险的底线。

第五，突出公司内部治理体系建设。公司优化人才结构，强化金融科技支撑，推动协同发展，增强党建引领，提升公司整体组织保障能力。

在综合完成以上重点任务的基础上，全面完成上级单位和公司董事会下达的年度经营目标，全年实现利润不低于50亿元，行业评级、监管评级继续保持最优等级，综合实力继续保持行业领先。

华润深国投信托有限公司

一、2020 年经营概况

（一）经营业绩稳健增长

2020 年，华润深国投信托有限公司（以下简称公司）实现营业收入 38. 79 亿元，同比增长 22%；净利润为 27. 49 亿元，同比增长 17%；信托业务收入为 16. 80 亿元，同比增长 20%。各项指标排名行业前列，增速高于行业水平。其中，结构金融条线，继续发挥中流砥柱作用，2020 年收入贡献率超过 50%；证券投资条线，守住市场领先地位，规模实现恢复性增长，超过 4 500 亿元；财富管理条线，客户总数突破万户，家族信托业务规模突破 60 亿元，增长了 343%；资管业务在渠道代销、产品创新和业务规模上取得一定突破，成功地为标品资管打开局面；同业金融条线，公募业务守住行业排名，塑造公司品牌。

（二）精益管理保驾护航

2020 年，公司以风险引领业务为导向，重点开展了全面风险管理体系建设，多个不良资产清收项目取得了重大阶段性成果；强化业财管理职能，有效提升了公司财务精细化水平及决策支持能力；通过“党建 +”与业务及慈善结合，音乐主题党课得到上级党委的肯定与认可；多措并举打好新冠肺炎疫情防控阻击战，切实保障员工健康安全工作环境；全面开展“大监督”体系建设，强化落实监督执纪职责；优化完善审计流程，守好公司第三道防线构成“大监督”体系的重要组成部分；优化人才结构，搭建内部人才市场，并重点开展了组织架构深化与第三梯队人才梳理项目。

（三）科技赋能创造效益

公司进一步强化科技引领，研发和启动新一代核心系统建设，运营体系向智能化、数字化转型，有力地支持了公司近万亿元信托资产的稳妥运营。构建公司级 CRM 系统，完善财富客户智能 APP 建设，实现客户注册、身份验证全线上化，引入语音语义识别支持自助双录；完成财富传承管家系统，为客户提供线上一站式服务体验。全面推进公司印章电子化，实现了财富 APP 签约、普惠金融系统贷款客户自动用印，并大大提升了合同签署效率。

二、创新业务案例

（ ）首批 ABCP 项目试点

2020 年 6 月 2 日，由公司作为受托人的“安吉租赁有限公司 2020 年（穗盈）资产支持商业票据信托”在银行间债券市场成功挂网发行，基础资产为融资租赁资产，发行规模为 5.03 亿元。本项目为公司首单资产支持商业票据（Asset - Backed Commercial Paper，以下简称 ABCP），也是全国首批试点的资产支持商业票据。ABCP 为中国银行间市场交易商协会近期推出的资产支持类融资直达创新产品。该产品定位于 ABN 规则体系下的业务子品种，将 ABN（资产支持票据）和 SCP（超短期融资券）的优势相结合，对于发起机构而言，不仅可以像 ABN 一样支持企业通过盘活存量资产实现融资，而且可以类似于 SCP，通过滚动发行短期限证券的方式降低企业融资成本，在当前市场形势下具有重要的创新意义。同时，对于投资人而言，ABCP 丰富了银行间市场的投资品种，能够满足投资者多元化的投资需求。

（二）全国首单民营科技中小企业专项知识产权 ABN

2020 年 9 月 21 日，由公司参与的“上银国际投资（深圳）有限公司 2020 年度第一期精诚建泉深圳南山区知识产权定向资产支持票据”成功发行。本项目通过将知识产权证券化，突破传统信贷及知识产权质押融资期限短、规模小、融资成本高等局限，实现专利资产与市场资金有效对接，是破解科技型中小企业融资难、融资贵问题，满足轻资产科技型企业融资需求的创新举措。

（三）线上供应链金融业务落地

供应链金融业务以服务集团内部产业上下游供应链资源为首要宗旨，2020 年公司通过实地调研、系统优化、制度梳理、流程再造等多方面的筹备工作，不断适配华润医疗上游供应链融资的业务场景，开发并上线了服务集团产业板块的公司供应链金融系统平台，并落地了首单业务合作，形成了产融协同的示范效应，同时与华润万家、华润置地等兄弟单位积极探索业务模式的复制和落地，协同发展有所突破。

三、社会责任履行情况

2020 年公司始终不忘初心，将服务实体经济、防范金融风险、深化机构改革等工作部署放在首要位置，牢牢把握高质量发展的工作主线，在行稳致远、基业长青的发展道路上砥砺前行。

一是协同共融、创新发展。公司积极贯彻集团产融协同和融融结合部署，新增与股东企业的产融协同规模共计 145.9 亿元，协同方式从产融协同逐步向以融促产转变，解决产业“痛点”，实现高质量协同发展。

二是坚持服务实体经济，落实国家战略，大力支持国家重点战略落地。公司投入资金 2 719 亿元，支持京津冀协同发展；投入 2 013 亿元，支持长江经济带发展；投入 4 623 亿元，支持粤港澳大湾区建设。

三是发挥专业金融机构能力优势，坚持履行受托责任，为投资者创造价值。2020 年，公司为投资者分配收益 468.98 亿元；开展各类金融宣教活动，建立信息披露常态化机制，保障消费者权益；以科技创新引领发展，让资产更智慧。

四是坚持开放共享，引领行业发展。作为总部位于深圳的第一家信托公司，积极发挥引领作用，与政府部门、各类企业、行业组织开展多样化合作，签署战略协议，开展互访交流，搭建了互利共赢的交流平台。

五是坚持绿色发展，开展绿色运营。公司积极创新绿色金融产品和服务，发展绿色信托，引导金融资源流向环保与可持续发展项目。将绿色发展理念融入企业运营与员工意识，在每天的工作中落实节能减排，践行绿色公益，培养员工绿色低碳的工作理念与生活方式。

六是积极参与“战疫”行动，投身公益慈善，坚持回馈社会。公司积极响应中国信托业协会号召，通过“中国信托业抗击新型肺炎慈善信托”向湖北地区捐赠 50 万元，号召员工捐赠 143 391 元，为客户设立专项慈善信托，火速支援新冠肺炎疫情防控工作；积极参与扶贫、助学等公益慈善事业，存续慈善信托规模约 6 400 万元，打造了“益点点”特色党建 + 慈善品牌和“润心慈善信托”公益慈善品牌，为湖北红安希望小镇捐赠 100 万元支持润心育苗馆项目建设，公益项目遍布广东粤北、四川、贵州等地区，涉及防灾减灾、扶贫济困、教育支持、文化保育等多个领域。公司以真诚奉献之心，建设更美好的社会。

四、2021 年发展规划

2021 年是“十四五”开局之年，公司将按照“656 战略”，通过流程再造、科技赋能、深化协同、风险管理、品牌建设及组织变革六大举措，提升专业服务能力、投资研究能力、风险管理能力、客户开拓能力、组织动员能力五项核心能力，助力证券投资服务、标品资管、资产证券化、结构金融、财富业务、固有业务六大业务条线，实现质量发展，将公司打造成为国内领先的资产管理服务供应商。

（一）做实证券投资业务

公司将证券投资业务的发展计划，通过流程再造、科技赋能和组织裂变，提升规模增长内生动力，夯实规模增长基础，助力费率和规模进入良性循环，真正建立业务发展“护城河”。

（二）做精标品资管业务

公司将坚持“小而精”的发展定位，依托证券投资服务平台，挖掘优秀阳光私募基金资源，创设特色系列精品产品，积极拓展直销和代销渠道，打造特色精品资管。

（三）做大结构金融业务

公司将加速转型，通过打通内部资产创设至资产流转的价值链，做大普惠金融规模；通过推广华润医疗供应链业务模式，提升供应链金融规模；以房地产为主、新兴产业为辅，做大股权/基金规模；通过深化协同和全面风险管理体系建设，促进转型创新性结构金融业务做优做强。

（四）做强资产证券化业务

公司将积极探索非标转标的私募投行业务，以受托管理为基础，服务内外部转标需求，提升资产证券化业务的规模，扩大收入来源。与此同时，积极为集团“降杠杆”、利润中心“降两金”提供创新服务，推动产融协同高质量发展。

（五）做优财富管理业务

推动财富管理要与资产管理相互赋能。一方面，通过大力发展特色资管业务，完善多层次产品体系，为财富管理提供源源不断的多元化产品，以产品促销售；另一方面，通过增设网点、建立投顾团队，将发展重心从产品销售向资产配置转移，建立信托服务账户体系，实现财富和资管互为动能。

（六）做专固有业务

公司与公募基金、券商加强证券市场投研方面的沟通交流，整合公司证券研究能力，进一步存量资产有待盘活，在保证安全性、流动性的基础上，提升固有资金收益。

平安信托有限责任公司

一、2020 年经营情况

平安信托有限责任公司（以下简称公司）经受住宏观环境变化及资管新规等政策冲击，积极转型并主动调整业务结构。一方面，坚持服务实体经济，积极推动战略转型，压缩通道类资产规模，截至 2020 年末，公司的信托资产管理规模为 3 911 亿元，同比下降 11.6%；另一方面，进一步加强主动管理业务，截至 2020 年末，公司的主动管理业务规模为 2 608 亿元，占比进一步提升为 66.7%；同时，公司积极部署新战略，深化结构转型和推动业务创新，不断提升科技能力，全年实现净利润 30.8 亿元。

2020 年，公司持续聚焦特殊资产投资、基建投资、服务信托、私募股权投资四大核心业务，加大转型力度，深化科技赋能，强化风险管控，同时积极践行社会责任和推动可持续发展，持续助力实体经济高质量发展。

公司紧跟集团“金融 + 科技”战略，持续强化数字化、智能化建设，系统建设方面打破条线壁垒，重塑业务流程，推动系统智能化建设，改变了架构技术老旧、系统割裂的现状，全面进行了架构升级和应用整合。

在资金端，支持资金生态圈建设，实现资金端全面线上化管理，移动化提升资金资产撮合效率，智能化应用初见成效；在资产端，通过资产生态圈实现项目全流程化智能管理，智能化应用辅助审批决策，打造出投资经理的一站式办事大厅；在运营管理上，重构运营中台业务流程，推动自动化运营系统建设，较大幅度地提升了运营效率；在经营管理上，打造数据中台服务能力，完善智能配套，持续驱动数据化转型。

在风险管理方面，公司秉持风险引领业务的理念，持续完善风险治理架构，建立了以资本、信用风险、市场风险、流动性风险、合规操作风险（包括运营风险、信息科技风险、关联交易风险、其他操作风险）、声誉风险六大核心维度为框架的风险偏好体系。

在资产监控方面，公司持续完善和优化投前、投中、投后制度及流程，推进精细化管理；对存在潜在风险项目，尤其是受新冠肺炎疫情冲击严重行业潜在风险项目，进行动态跟踪和过程管理，及时进行风险预警与信息上报，并推动风险在可控范围内提前化解，如通过第三方融资置换、引入大交易对手收购标的资产、设立投资基金、追加增信措施等多手段缓释或化解风险，保障公司稳定运营。

在合规经营方面，2020 年公司严格贯彻落实监管政策要求及监管专项工作，积极统筹推动监管现场检查意见整改，不断摸索完善合规管理职能，各项合规管理工作取得显著成效，公司合规经营管理有效性得到不断提升。

公司严格遵照监管要求，定期监控与净资本相关的各类指标，包括净资本、净资本与风险资本之比、净资本与净资产之比。截至 2020 年 12 月 31 日，公司净资本规模为 191.8 亿元，净资本与各项业务风险资本之和的比例为 228.3%，净资本与净资产的比例为 72.8%，均符合监管要求。

二、创新业务案例

公司在传统业务稳健发展的基础上，积极开展创新与特色业务。

（一）特色经营培育增长新引擎，打造行业转型范本

2020 年，公司创新与特色化经营取得显著成效，通过聚焦专业细分领域，先后落地保险年金募资团队、高速公路股权投资团队、债券委外团队等 17 支特色化团队，实现收入 22.57 亿元，同比增长 98%，完成创新项目 30 个，为公司自身战略转型与差异化发展赢得广阔市场机遇，成功打造信托公司转型范本。

（二）特殊资产投资模式升级，全面助力金融风险化解

2020 年，公司全面升级特殊资产投资业务战略，通过绑定式承揽、一站式承做、流水线作业、平安式赋能、生态圈打造五大模式，构筑投行、投资、投管三大核心能力，推动特殊资产投资业务从特资到“特资 +”、从债权到股权、从单一投融资到“投行 + 投资 + 投管”的模式升级。全年累计投资规模突破 200 亿元，全面助力不良资产去化，破解市场“堰塞湖”，为国家金融风险化解提供有力支持。

（三）前瞻布局净值化转型，创建行业首个标准化产品中心

2020 年，公司建立国内信托行业首个标准化产品中心，前瞻布局标品类信托及服务类信托，聚焦特色化、专业化发展，通过产品集成、客户集成、系统集成、客户经理集成，以实现抢占市场先机，赢得客户的目的。2020 年，公司推出固定收益、证券投资、家族信托、资产证券化

等拳头产品，全年向市场供应标准化产品超过800亿元，全面推动公司向标准化、净值化转型。

三、社会责任履行情况

（一）发挥党委政治引领作用

2020年，公司充分发挥党委政治引领与政治核心作用，在架构设置中，完成公司基层党支部的重组及设立纪检监察室，保证党委、纪委各项工作顺利进行；在日常管理中落实“双向进入、交叉任职”的要求，确保将党的理论路线、方针政策及上级党组织的要求贯彻到公司经营管理过程中；在党员支持新冠肺炎疫情防控工作中，由信托党委组织党员员工进行捐款，向湖北地区捐款共计433 614.66元，充分发挥了党员的模范带头作用。

（二）践行ESG责任投资服务实体经济

2020年，公司积极践行ESG责任投资理念，聚焦中西部民生项目，以及健康、环保及现代制造等重点行业，全年累计投入实体经济规模近3 000亿元，助力实体经济高质量发展。同时，公司发挥专业优势，以股权投资、慈善信托等方式参与平安集团“三村工程”建设，新增产业扶贫金额超5亿元，助力西藏、内蒙古、陕西等省（自治区）贫困区域经济发展，为贫困地区引入金融“活水”。在过去五年里，公司累计投入实体经济规模超过1.5万亿元。

（三）助力国家精准扶贫

面对新冠肺炎疫情，公司主动探索“智能化服务对接、线上化运营作业”新模式，在行业内率先推出信托项目远程尽职调查、远程面签、资金资产在线撮合等创新举措，快速、高效地为实体经济提供超过476亿元资金，全力保障实体企业的金融服务需求；同时，2020年，公司积极响应平安“三村扶贫工程”号召，通过购买扶贫农产品等方式，助力全国24个扶贫点产业发展，涉及扶贫金额240余万元，为全国决战决胜脱贫攻坚贡献力量。此外，公司开创了TOC“信托+慈善”（Trust of Charity）企业责任实践模式，先后成立两只疫情专项慈善信托，助力新冠肺炎疫情防控；设立国内首只“消费扶贫+精准扶弱”慈善信托，在帮助贫困农户扩大销售的同时关爱弱势困难群体；公司积极响应习近平总书记对食物浪费作出的重要指示，率先设立国内首只以“减少食物损耗与浪费、倡导健康饮食”为公益目的慈善信托，倡导绿色生活方式；在深圳经济特区成立40周年之际，公司受托设立国内首只慈善共同基金信托，2020年成立的3只基金累计规模为3.07亿元；成功举办“深伦双城线上会谈：社会影响力金融创新实践展示论坛”，打造“社会影响力金融”的平安样本，向全球展示以金融软实力破解社会硬难题的平安实践。

（四）重视文化驱动培育信托文化

公司坚持以受益人合法利益最大化为目标，建立信托文化建设领导执行小组，将信托文化建设贯穿到业务发展的各个环节，做好信托文化建设的“顶层设计”。

同时，公司构筑合规经营文化，建立全面风险管理机制，搭建资产全流程风控一站式平台，实现闭环风险管理，有效防范和化解客户投资风险，保护投资者利益。在2020年“3·15”期间，联合平安银行、中国经济网举办了“信托消保大讲堂”，超过110万人在线观看。公司全年推出共识系列、融合系列、关爱系列三大主题活动，增进员工信任交流及共识达成；邀请第三方开展文化诊断、推出“无止之境、阅见平安”系列读书会等文化建设活动，强化懂文化、重自省、强实践的工作作风。

（五）倾听员工心声、解决员工诉求

2020年，在新冠肺炎疫情防控层面，公司为员工申请疫情防控物资资金210万元，共计15.6万份、22款防疫产品，为公司全员提供了安全保障，帮助员工解除忧虑，顺利复工；在工会平台层面，以“健康生活　快乐工作”为宗旨，围绕员工身心健康开展了12场主题活动，并积极开展创新、轻松有趣、多元化的主题活动，深受员工喜爱。

四、2021年发展规划

2021年，公司将以“特资+”为引领，构建投行、投资、投管三大核心能力，打造以特殊机会为特色的多元化投资平台，助力实体经济高质量发展。

（一）全力推进实施“特资+”战略

一是公司聚焦PE、不动产、标品、基建、融资五大方向，将特殊资产投资能力叠加，挖掘不同业务场景下的特殊投资机会，全力推进“特资+”战略。

二是公司打造“绑定式”承揽、“一战式”承做、“流水线”作业、“平安式”赋能、“生态圈”增效五大能力，构建差异化竞争优势。

（二）打造特资、资金两大生态圈

一是资金生态圈。公司将以多元化、产品化、智能化为目标，打造智能化资金生态圈平台；通过提升产品构建能力建设，实现从项目营销到产品营销，再到策略营销，解决品种全、效率

高、成本低的问题。

二是特殊资产生态圈。公司按照机构广、业态全、数量多的要求，持续扩大生态圈深度和广度，并建立客户精准画像，实施动态维护，通过持续累积，打造核心资源和能力；组建特资专家智库，全面启动智能平台建设。

（三）做大做强股权投资业务

一是不动产股权。公司聚焦存量市场并购重组机会，与商业地产开发商、投资机构、运营商等合作，积极参与撮合资产推介 + 并购配资，以及收购资产联合运营商改造等业务。

二是基建股权。公司把握中央及国有企业降杠杆、资产出表的机会，加快营销复制组包出表、平台入股等批量投资模式。

三是 PE 私募股权。公司坚持抓大放小，聚焦消费升级、医疗健康、现代服务、尖端科技、先进制造五大行业的细分领域，为被投企业提供融资服务、资产管理、财务顾问、并购重组等一站式金融服务。

（四）大力发展新金融服务业务

公司新金融服务业务将着力推动三个转型：从过度依赖房地产业务向服务实体经济转型，从重通道业务向主动管理业务转型，从间接融资向直接融资转型，并具体落实到资产管理、投行业务、服务信托三类业务上。

（五）持续深化管理机制变革

公司将通过优化考核机制、深化创新特色发展、强化全面风险管理、守好合规经营底线、建立人才储备体系、积极践行社会责任六个维度持续深化管理机制变革。

上海国际信托有限公司

一、2020 年经营概况

上海国际信托有限公司（以下简称公司）成立于1981年，注册资本金为50亿元。公司长期致力于合规有序地进行产品创新，获得资产证券化、代客境外理财（QDII）业务受托人、股指期货交易业务资格、非金融企业债务融资工具承销商资格，大力优化业务发展布局，积极提升主动管理能力，加速资产管理和财富管理双轮驱动，为公司高质量可持续发展打下了坚实基础。

2020 年初以来，新冠肺炎疫情全球暴发打破了经济复苏节奏、引发市场大幅度波动，公司在积极应对外部经营风险过程中，主动担当、自我加压，不断探索和挖掘新的发展动能。公司全面贯彻落实监管要求，压降资产规模；在定位上回归本源，发展创新业务；在管理上不断深化风险管理，强化合规经营，各项业务不断取得新的突破。2020 年，公司实现营业收入 31.2 亿元、信托业务收入 17.0 亿元、净利润 15.7 亿元；截至 2020 年末，公司资产总额为 195.4 亿元，净资产为 165.8 亿元，管理信托资产规模为 6 081 亿元。公司稳健经营、走高质量发展的模式受到监管部门的肯定，2020 年未新增监管处罚、无新增主动管理类风险项目，2019 年度获评为信托行业评级 A 类的公司，连续三年取得信托行业 A 级最高评级。

二、创新业务案例

2020 年，公司进一步推动转型发展创新，把业务创新作为公司战略持续推进，加强前瞻性研究，优化组织架构，突出战略重点，努力将创新成果转化为实际效益，建立新的业务结构和可持续发展模式，回归信托本源，服务实体经济发展。

2020 年，公司的现金管理和债券投资产品部门不断丰富各类投资策略，优化团队结构，管理规模目前约 1 000 亿元；基金组合投资业务实现从“0－1”到“1－N”的转变，年内规模增长实现大幅度增长，形成了系列化产品线布局；家族信托管理规模突破百亿元大关，成为公司转型升级的重要领域；股权投资业务部门深化与专业机构合作，专业化程度持续提升，布局领域不断拓展；在资产证券化业务方面，不断提高资源整合竞争力，积极探索业务联动；普惠金融实现破局，系统建设成效显著；慈善信托等特色业务发展迅速，助力脱贫攻坚、服务社会需要。公司努力打造立体化、多层次的产品图谱，覆盖不同资产种类、风险等级和流动性要求的资管产品体系，提升投研能力，构建以客户为中心的资产管理和财富管理的正向循环体系。

案例："上信上善" 慈善信托

2020 年，公司在慈善信托特色业务领域发展迅速，增强了服务社会群体的能力，助力了脱贫攻坚，践行了社会责任。慈善信托特色业务作为公司履行社会责任的重要抓手，秉承服务贫困人群，服务残疾人等特殊人群的宗旨。2020 年，公司通过"上信上善"慈善信托推动开展"长三角助飞学子梦"教育扶贫项目和甘肃临洮县定点扶贫项目，深度助力扶贫攻坚取得历史性胜利。同时，公司开展青海地区远程会诊及培训项目，捐赠贵州义海医疗救助基金，致力于提升贫困地区医疗水平、补足公共医疗短板；聚焦医疗救护，常态化组织中西部医护人员进入上海各大医院重点科室跟岗学习，为当地培养"带不走的医疗团队"。

2020 年，新冠肺炎疫情暴发以来，公司共成立 3 个慈善信托支援疫情防控。

一是公司认购中国信托业协会发起的"抗击新型肺炎慈善信托"50 万元，旨在采购医用物资捐赠至武汉地区。

二是由公司员工自发捐款设立的"'上善'系列上信员工抗击疫情慈善信托"，向全体上信人发起募捐倡议，共 428 名员工参与认购，3 天内筹集善款 83.6 万元。

三是公司发起设立的在上海民政局备案的上海市第一个新冠肺炎疫情防控慈善信托项目——上善系列赴鄂救援抗击疫情慈善信托，目前合计规模超过 500 万元，将用于捐助上海赴武汉抗疫医疗队、武汉当地一线医护人员，以及其他和新冠肺炎疫情相关的项目等，为援鄂抗疫医护人员提供补助，支持武汉地区医院开展新冠肺炎救治工作。信托架构如图 1 所示。

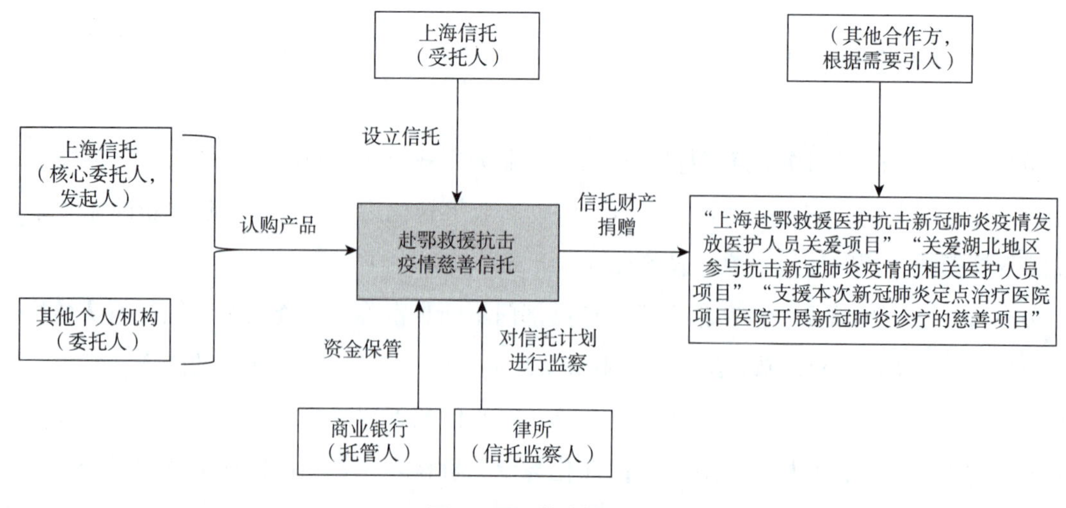

图 1　项目基本框架

三、社会责任履行情况

2020 年，公司在严守风险合规底线、提升经营管理水平的同时，将社会责任理念融入发展战略、经营管理与日常工作中，在支持实体经济、支持小微企业和民营企业发展、改善民生、环境保护、客户服务、社会共建等领域积极践行社会责任。公司不断强化信托服务实体经济的力度，投向实体经济的资金约 3 000 亿元，占比约为五成；将民营企业和小微企业作为重要拓展方向，投向民营企业存续规模超过 1 000 亿元，支持数十万家小微企业发展。公司主动响应国家重大战略，助力“长三角一体化发展”国家战略，通过信托贷款、债券投资、股权投资、资产证券化等多种形式满足长三角一体化建设中复杂多样的资金需求，累计投入资金近 2 000 亿元。为进一步拓宽信托服务半径、丰富服务群体，公司 2020 年进一步加大普惠金融领域的投入力度，构建专业的团队，搭建普惠金融信息系统，实现了业务的破局。公司还深度参与扶贫攻坚战，积极利用法定制度优势，大力发展慈善信托，将信托工具应用到抗击新冠肺炎疫情、扶贫、慈善等领域，持续打造“上善公益”慈善信托品牌。自新冠肺炎疫情发生以来，公司全体上下积极行动，成立抗疫慈善信托，员工捐赠及社会募资合计 626 万元，为上海 25 家医院近 1 300 名赴鄂医护人员直接提供补贴。自 2013 年以来，公司创设业内首批公益慈善信托，创造了金融扶贫的“上海信托模式”。我们秉持“扶贫先扶智”理念，募资超 5 000 万元支持云南、贵州、甘肃、西藏等 11 个中西部省市近 1 000 名校长赴上海师范大学、华东师范大学学习先进教学理念，同时走进上海 20 多所重点中小学跟岗实践，并通过网络共享上海优质教育资源，实现教育资源“东接西输”，提升贫困地区教学理念和水平。公司保持军企共建互学传统，与“南京路上好八连”军企共建合作关系已持续 15 年。公司深入贯彻习近平生态文明思想，坚持自身节能减排，倡导节约资源、降低能耗，推行无纸化办公，开展垃圾减量分类、低碳生活等环保主题活动，积极支持绿色环保项目，履行环境保护职责。2020 年，公司因切实践行企业社会责任，获得“全国文明单位”“上海市平安示范单位”“中华慈善奖上海提名奖”等多项荣誉。

四、2021 年发展规划

2021 年是中国共产党建党 100 周年、“十四五”规划开局之年，是我国现代化建设进程中具有特殊重要性的一年。2021 年，伟大祖国将乘势而上步入实现第二个百年奋斗目标的新发展阶段，公司迎来 40 周年司庆、并将昂首迈向下一个 40 年再出发新征程。2021 年，公司将稳中求进、进而有为，以稳健发展为前提，以转型创新为主线，以科技金融为动力，以服务实体经济、提升生活品质为目的，聚焦证券投资信托、家族信托和数字化转型，全力推动新一轮高质量发展，努力实现战略转型新突破。

2021 年，公司将紧紧抓住信托行业转型契机，持续大力发展资产管理和财富管理业务，构建平衡的业务组合和紧密的业务协同架构，全面提升公司前台、中台、后台管理效能，打造可持续的发展模式，为客户持续创造财富和价值，为社会发展持续贡献力量。公司积极适应经济结构转型升级的趋势，将继续推动信托业务回归本源，加强与浦发银行集团协同发展，顺势而为，深度挖掘有潜力的业务领域，与合作伙伴开展深度长期合作，创新出差异化、可持续的业务模式，努力形成新的盈利增长点；继续深化机制创新，以管理升级和专业化团队建设有效推动公司财富管理、家族信托和慈善信托业务的发展；牢固树立风险底线思维，持续优化风险管理架构，完善运营管理机制，构建坚实有效的风险防线；持续强化数字科技驱动，加大科技系统投入，科技引领提质增效，探索业务拓展新模式；内部优化创新领域专业人员和专业团队的结构性配置；以强化内部管理为基础，加强精细化管理运作，在提升保障能力上出实效，逐步把公司打造成为全球资产和财富管理服务提供商，预期成为新时代信托行业高质量发展的排头兵和先行者。

中国对外经济贸易信托有限公司

一、2020 年经营概况

（一）业绩稳健增长

2020 年，面对突如其来的新冠肺炎疫情考验、监管环境的持续趋严及行业转型的压力加大等外部挑战，中国对外经济贸易信托有限公司（以下简称公司）应变识变、变中求进，最终实现业绩平稳增长。截至 2020 年末，公司信托资产规模为 6 751.28 亿元，实现营业收入 30.89 亿元，利润总额为 18.47 亿元。其中，主动管理类业务规模达 4 609.01 亿元，同比增长 65.74%。公司主动管理能力不断增强，转型创新基础持续夯实。

（二）聚焦业务创新转型

公司聚焦消费金融、产业金融、资本市场、财富管理四大业务领域的转型，倡导全员创新文化，以数字化手段驱动创新突破。在小微金融领域，建成功能完备的资产转让系统，服务于创新交易模式，以高效率、低成本的方式支撑展业。在产业金融领域，加大市场开拓力度，积极拓展股权业务，丰富产业金融内涵。在资本市场领域，证券服务业务借助科技优势降本增效，主动管理投资业务厚积薄发，数据基础、科技赋能作用显现。在财富管理领域，发行规模突破千亿元大关，开创境内首单以上市公司股份作为信托财产的家族信托。

（三）数字化战略不断深化

数字化战略是公司核心发展的战略之一，公司以数字化手段驱动业务转型创新，实现科技与业务的融合，发展新竞争优势。2020 年，公司加速推进数字化中台建设，启动业内首个数字化中台——客户信息管理系统项目（ECIF 项目）。该项目通过搭建客户数据架构、制定客户数据标准，为各应用系统提供全面的、标准的、高质量的客户信息数据，在全公司范围内为客户信息的使用者和管理者提供服务。

（四）管理机制持续升级

在公司管理机制方面，组织优化、全面对标、区域战略升级、数字化中台建设等重点战略事项稳步提升。其一，立足“转型、增长、超越”战略，动态调整部门组织架构，推进平台精兵战略，打造有弹性的组织。其二，公司在全部业务条线和职能条线开展“奔腾计划”对标工作，以对标管理为抓手，不断提升业务能力和管理能力。其三，进一步升级区域战略，优化管理模式，扩大区域布局，充分发挥区域贴近市场的优势，为客户提供全面、周到的综合金融服务。其四，在风险管理方面，公司持续强化风险管理体系，不断完善风险管理工作的运行机制，并将风险管理与数字化战略协同深化推进。

（五）社会认可

公司多年稳健经营，获得股东、客户、行业专家及合作伙伴的广泛认可，也荣获权威媒体的多项重量级奖项。2020 年，公司先后斩获《证券时报》评选的“中国优秀信托公司”、《上海证券报》评选的“诚信托·卓越公司奖”、《金融时报》评选的“最佳财富管理信托公司”、《中国银行保险报》评选的“优秀传播案例奖”、《金融电子化》评选的“金融科技产品创新突出贡献奖”等十余项权威荣誉，涵盖公司整体、科技创新、财富管理、品牌建设等多个领域。

二、创新业务案例

（一）资本市场投资产品创新

公司自主投资 FOF 业务经过 8 年的发展，已搭建起集投资研究、运营管理、风险监控、绩效分析等为一体的 FOF 主动投资决策管理平台，逐步确立策略类型完备、风险收益特征明确的 FOF 产品线。截至 2020 年末，公司自主投资 FOF 产品管理规模突破 60 亿元，居于行业首位，业绩长期稳定，多次荣获业内大奖，赢得投资人与代销机构的高度认可。

（二）保险金信托内涵升级

保险金信托是近年来增长迅速的传承类型信托，保单是营销高净值客户设立财富传承信托的重要切入点。公司突破了保险金信托的传统模式，实现了投保人、被保险人非同一人，以及由信托公司作为保单投保人的多种情况，极大丰富了产品种类，进一步提升了业务内涵，并提升了保险金信托业务的资产隔离功效。

（三）运营一体化提速

2020 年公司资金端和资产端的运营管理在运营一体化框架下，深入推进体系改造升级，持续提升运营管理质效。在资产端，自 2020 年 2 月起，公司已建立消费金融类、经营贷、产业金融类风险监测指标库，及时识别并化解业务潜在风险，同时转化为运营要求，指导新业务开展。在资金端，公司扩大一体化管理范围，将家族信托数据和代销数据纳入统一管理，实现资金端客户数据统一储存。登记清算方面，科技赋能提升资金端运营质效。“运营清算自动化系统”一阶段顺利落地，实现 34% 的开放项目清算自动化，行业领先。

（四）资产证券化业务

2020 年，公司在资产证券化业务领域持续开拓。获得银行间交易商协会 ABN 业务受托/承销双角色试点；利用中化集团协同优势，联手中化保理，共同落地中和农信核心资产证券化，围绕客户需求提供从资产生成、资产服务、非标融资、标准化发行等一站式综合金融解决方案。2020 年，公司资产证券化业务实现信贷资产证券化规模市场排名第三、汽车金融资产证券化产品规模市场排名第一的佳绩。

三、社会责任履行情况

（一）坚持党建引领，统筹发展与安全

2020 年，公司党委高举党建旗帜，积极应对新冠肺炎疫情、防范化解金融风险、统筹发展与安全，团结带领全体员工保持战略定力，在经营主战场奋发有为。一是发起防疫复工、决胜金秋、金融创效三大攻坚战，党员先行直面挑战，全力完成全年战略目标；二是全面推进从严治党，始终坚持党建工作、党风廉政建设工作与业务工作同部署、同落实、同考核，压实“两个责任”；三是开展“FOTIC 悦活空间站”和“云书房”等活动，加强企业民主管理和员工关怀，营造良好氛围、凝聚奋斗力量。

（二）支持“三农”发展

公司多年持续开展支持“三农”的普惠金融业务，自 2016 年起，公司与股东中化集团旗下的中化现代农业有限公司开展产融合作，联合为农户提供农业全产业链的农业技术服务和农资贷款。自 2019 年起，公司进一步与中和农信项目管理有限公司启动合作，为农户、中小农业经营者提供量身打造的普惠金融产品，推动农业转型升级，助力扶贫攻坚和乡村振兴。截至 2020

年末，公司累计向46万人次的农户及农业经营者发放贷款逾57亿元。

（三）开展公益慈善事业

2020年，公司积极响应党中央决战决胜脱贫攻坚号召，成立“外贸信托—2020年中化集团圆梦行动慈善信托”，面向内蒙古、青海、西藏等贫困地区学生捐赠208.1万元；成立“外贸信托—信诺助学1号慈善信托”，资助、奖励宁夏三营地区师生；促进消费扶贫近70万元。同时，公司充分发挥全额捐赠的北京信诺公益基金会慈善平台作用，新冠肺炎疫情期间承接中化金融事业部员工捐款，向武汉大学人民医院捐赠25台病人监护仪，助力抗疫一线治病救人；持续推进公益品牌项目，向内蒙古林西县5所中学捐赠“数字图书馆”，提供超30万册电子图书资源提升教育品质；承接公司面向内部员工的“公益云拍卖”活动捐款，用于巩固教育扶贫成果；积极参与“2020—2021年贵州山区成长计划”，向贵州省思南县捐赠1万元用于当地学校科学实验室援建。

四、2021年发展规划

2021年，公司将顺应监管导向，牢固树立受托人意识，以实现“金融好社会”为宗旨，围绕资产端为核心的融资业务链，资金、产品端为核心的标品资管业务链，服务信托与各类主动管理业务联动的“服务+”业务链，形成更具竞争力的增长路径。公司聚焦产业金融、普惠金融、资本市场、财富管理四大市场，持续推动业务转型，打造链式竞争优势。

普惠金融领域，公司服务于“双循环”格局下扩大内需的战略基点，大力发展消费金融业务，连接、深耕消费金融全价值链各环节，以“链”扩“圈”，构筑共建共生的消费金融生态圈。围绕中小微企业在生产经营、销售流通等供应链环节的融资需求，探索经营贷线上化，打造中小微企业新型融资模式。立足于“乡村振兴”战略，在农业金融场景持续深耕，不断创新模式与产品，降低成本，将普惠金融发展到田间地头。

产业金融领域，公司将在贯通“双循环”各个环节发挥更加积极的作用，丰富产业金融内涵，为实体经济注入金融活力。围绕新型城镇化、都市圈建设、传统基础设施补短板、新型基础设施建设等领域，创新探索股权、基金、标准化债券、ABS等模式，通过直接融资进一步服务实体经济。资本市场领域，坚持证券信托服务类业务和资管类业务的双翼发展体系。服务类业务，加大营销力度，扩大头部私募和资金端的覆盖率，打造独立、专业、高效、领先的基金行政服务商，并且在服务业务基础上，发展第二曲线，持续提升主动管理类标准化资管产品创设能力，进一步丰富完善产品线，提升FOF产品投资收益水平，树立市场品牌。同时，运用多种金融工具对接公开市场，打造以产品力为中心的标品业务平台，在资产证券化领域，推动非标转标加速落地，丰富业务资质，拓展受托客群，扩大行业影响力。

财富管理领域，公司坚持“线上 + 线下”的战略，持续以客户为中心，通过提升组织力、营销力、产品力，夯实客户基础，强化科技驱动，拓展线上营销，打造成为团队专业、能力全面的财富管理平台。家族信托领域，积极服务委托人多维需求，丰富多层次产品线，增强主动管理能力，打造独特品牌，成为规模领先的家族信托行业标杆。

随着公司各项业务转型升级，公司将进一步提升管理水平、完善治理结构，为体系化转型奠定坚实基础。2021 年，公司将全面深化风险管理工作，强化大类风险管理，建立高效的风险监控体系；夯实科技管理工作，深化数字化发展战略，为公司业务转型奠定科技和数字基础。

中融国际信托有限公司

一、2020 年经营概况

2020 年，中融国际信托有限公司（以下简称公司）结合国内外宏观经济形势与金融监管环境变化，积极部署战略转型发展，依托专业的资产管理和投资研发团队，通过综合金融服务为企业提供个性化投融资解决方案。

按照合并口径，公司实现营业收入 55 亿元，总利润约为 17.07 亿元，净利润总额约为 13.79 亿元。公司自有资产规模持续上升，合并总资产为 285.58 亿元，公司本部净资产为 190.61 亿元。受托管理资产方面，公司存续信托计划 1 082 个，公司及各子公司合并受托管理资产总规模约8 899亿元，其中公司管理信托资产 7 176 亿元，子公司受托管理资产为 1 723 亿元。公司净资本覆盖率为 169.81%，净资本盈余为 66.81 亿元。

二、创新业务案例

（一）大力发展绿色信托，助力“碳达峰、碳中和”

习近平总书记在党的十九大报告中强调，要大力发展绿色金融，坚定推进生态文明建设。将绿色金融发展作为推动我国实体经济发展的新模式，对于我国经济实现可持续发展有着十分重要的意义。作为绿色金融体系的重要组成部分，绿色信托是信托公司参与支持环境改善、应对气候变化、提高资源节约高效利用、助力“碳达峰、碳中和”的重要途径。

近年来，公司大力发展绿色信托业务，积极支持绿色制造、绿色产业健康可持续发展。公司设立集合资金信托计划受让山东某资产经营有限公司持有的应收账款，资金最终用于山东某高标准农田水利工程项目建设。该项目对全市部分灌区进行高标准农田水利工程的建设及部分河流灌溉工程。该项目建设规划主要包括水源工程、排水工程、灌溉工程、机耕道路工程、电力工程、河流灌溉工程及管理措施等内容。通过该项目为地区农田水利建设提供建设资金，公司有效支持地方农业和经济发展，推动绿色工程发展进程。

（二）创新资本市场信托业务模式

资本市场是我国经济结构调整的重要抓手和释放改革红利的重要载体。随着我国经济逐步迈入高质量发展阶段，多层次资本市场建设日趋成熟，专业化分工和金融服务领域的细分市场成为必然趋势，资本市场也已成为信托公司业务转型的主要领域。

公司通过量化多策略配置资本市场，进行主动管理并投向各类私募量化基金获取浮动收益。“TOF集合资金信托计划”是一款底层投向全市场优质私募量化基金的创新TOF产品，信托公司通过对二级市场的综合判断，选取将信托财产配置于股票、债券及金融衍生品等标准化资产的不同投资策略，进行组合式投资，同时甄选外部优秀管理人，通过设立产品专户的方式由外部管理人对信托资金进行投资管理。产品的创新性体现为母基金层面通过科学的定性加定量的筛选方法，在全市场精选不同策略私募量化基金，投资标的具有低波动中高收益的属性，同时在配置上通过量化模型对资产进行大类资产配置，在大类资产、策略、配置上，做到科学合理的分散，在尽可能降低风险控制回撤的同时，给投资者带来最大化的收益。

（三）积极推进慈善信托及扶贫工作

自《中华人民共和国慈善法》颁布实施以来，我国慈善信托得到了快速发展。慈善信托是信托公司参与公益事业的途径和方式，满足了人们更多的公益需求，更好地服务于人民的美好生活追求。特别是2020年，面对突如其来的新冠肺炎疫情，慈善信托积极行动，助力抗击疫情。

2020年，公司全面支持新冠肺炎疫情防控，积极推进扶贫攻坚工作。公司发起设立“中融—至善有恒慈善信托计划”，并完成对山西省运城市平陆县慈善会、河南省慈善总会、四川省成都市慈善总会进行捐赠支持扶贫攻坚工作；发起消费扶贫项目，采购山西省运城市平陆县滞销农产品；通过“中融乐童计划”发起“益起过六一”贫困地区儿童帮扶项目，号召公司员工向西藏自治区那曲市尼玛县俄久乡捐赠物资，为当地75户贫困家庭的120余名儿童提供了衣物、书籍、玩具及生活用品等物资，共计10箱。

三、社会责任履行情况

公司围绕“为客户提供全方位金融服务、为股东创造更大价值、为员工打造积极的职业发展平台”的目标，培育良好的企业文化，维护信托行业健康积极的社会形象，积极履行行业责任和社会责任。

一是积极履行受托人职责，努力实现受益人利益最大化。公司注重风险防范，坚持合规经营，至今未发生重大兑付风险，所有到期清算信托计划均实现安全兑付。二是积极践行金融服务实体的功能定位，有效引导社会资金服务于“一带一路”倡议及国有企业混合所有制改革项目，以投贷联动、股权投资、产业基金等模式，积极支持互联网、大数据、人工智能和实体经济深度融合，为消费升级、生物医药、绿色低碳、共享经济、现代供应链等领域培育新增长点、形成新动能。三是依法履行纳税义务，踊跃参加各类公益活动。2020 年，公司共缴纳各种税费 27.87 亿元。另外，公司积极参加各类公益活动，持续关注教育事业，历年来大力支持老少边穷地区发展，累计对外捐赠物资超过 2 400 万元。2020 年，公司在抗击新冠肺炎疫情、扶贫攻坚、捐资助学、爱心助农等方面开展各类项目。公司直接捐赠超过 326 万元，用于全面抗击新冠肺炎疫情；发起设立 3 单慈善信托，涉及类别包括扶贫攻坚、新冠肺炎疫情防控等，总规模超过 167 万元；开展消费扶贫项目 1 个，累计金额为 25 万元；开展助学帮扶项目 1 次，为西藏自治区那曲市尼玛县的 75 户 120 名儿童送去学习用品、生活物资等 10 箱；此外，还积极发动公司员工支持新冠肺炎疫情防控，累计募捐 46 万余元，支持湖北疫区开展防疫工作。四是维护和保障员工的切身利益，为员工创造便捷的事业成长平台。公司建立了公开公正的薪酬激励及职位晋升体系，为员工打造透明的、系统性的职业发展通道，构建和谐、进取的企业氛围。

四、2021 年发展规划

2021 是“十四五”规划开局之年。公司将以习近平新时代中国特色社会主义思想为指导，坚持金融服务实体经济的基本定位，坚持整合发展、专业发展、高质量发展的总要求，贯彻新发展理念，融入“国内外双循环”新发展格局，坚持稳中求进的工作总基调，坚守不发生系统性风险的管理底线，为信托行业实现转型发展探索成功模式。为实现长期可持续发展，公司制定了《2021—2025 年战略发展规划》，将紧密围绕一个中心，聚焦三大业务板块，推动三大变革，完成三项提升，打造五大品牌形象，简称“13335”工程。

2021 年，公司将继续优化公司治理结构，不断完善“三会一层”架构，在董事会各委员会的指导下持续推进业务转型。另外，公司将进一步改进业务团队结构及管理体系，在遵循市场化原则的基础上，设立独特的合伙人机制，同时将前台业务团队按地域划分为三大片区进行统一管理。

在内部管理方面，公司将进一步加强中后台体系治理，为公司业务转型期间的健康有序发展保驾护航。第一，在合规管理方面，公司将持续完善合规管理的组织框架、管理范围、运行机制和工作流程。通过专家型的合规政策解读、合规风险提示、合规意见指导和督办、内部制度性文件合规性审查等工作职能，持续推进监管政策的传播，确保制度层面合规风险的识别和纠正。此外，公司将不断建立和完善公司管理、运营和业务操作的各项规章制度，定期梳理总结、修订补正相关内容，持续优化覆盖所有管理模块和业务领域，明确制度制定标准和流程的完整合规管理制度体系。

第二，在风险管理方面，公司目前已建立了与自身业务规模、类型和复杂程度相适应的风险管理体系，未来将持续推进风险管理制度的全面提升和风险管理机制的创新与优化，按照定性与定量相结合的原则，通过风险点全覆盖的管理机制与流程，确保各类风险在相应的制度约束下得到充分、有效的管控。此外，公司将继续引入外聘律师制度，并加大与专业研究机构、咨询公司、评级机构及会计师、评估师的全面合作，利用其专业优势全方位把控法律风险、合规风险及商业风险。

第三，在运营管理方面，公司将不断细化投贷后管理，全面覆盖风险点，结合公司业务部门大中台的搭建情况及业务部门需求，采取运营管理下沉等管理前置的手段，更好地推进项目。同时，公司将持续提供更精细化的贷后支持，进一步优化项目中的贷后管理与专业支持服务。此外，公司将持续加强数字化建设，以建立“功能完备、高效易用、互联互通”系统和“有、且准、且易用”的系统数据为目标，优化数据流。在不断完善现有系统模块的基础上，挖掘系统新模块，满足新品种业务的管理需求。

第四，在创新业务发展及研究方面，公司将继续推动股权投资、证券投资等标准化业务发展。一方面，加强自身投研体系的建设；另一方面，加强同业沟通交流，对新业务、新模式深入研究，充分辩证，稳妥落实。对于公司已形成市场口碑的项目，总结经验，进行复制、升级、推广，将优势业务、特色业务规模化。同时，公司将充分发挥信托制度优势，大力开展资产证券化业务，进一步支持服务信托、家族信托、慈善信托等本源业务发展。

中信信托有限责任公司

一、2020 年经营概况

在信托行业降规模、调结构、促转型的大背景下，中信信托有限责任公司（以下简称公司）充分发挥中信集团“金融 + 实业”综合平台优势，秉持“践行国家战略、服务实体经济、助力美好生活”的发展理念，积极响应监管政策，努力克服经营挑战，通过调结构、强创新、促协同，保证了提质效、夯资产、促发展。

报告期内，公司实现营业总收入 87. 46 亿元，其中信托业务收入为 61. 42 亿元，净利润为 38. 55 亿元，两项均创公司历史新高；为受益人分配信托收益 682 亿元。“十三五”期间，公司累计实现营业收入 345 亿元，累计实现净利润 176 亿元，累计向投资者分配收益超 3 500 亿元。公司是行业唯一一家连续 13 年核心指标保持前三位的信托公司。公司获评“年度卓越信托公司”“最佳慈善信托”等 20 多个奖项，其中连续三年获评国际知名媒体《亚洲银行家》行业唯一“中国年度信托公司”奖。

在“十三五”收官之年，公司进一步持续服务实体经济，为区域经济发展和工商企业经营提供金融支持和服务，投入资金约为 6 700 亿元，响应“一带一路”倡议，参与并推动“京津冀协同发展”“长江经济带发展”等国家战略实施，推动新型基础设施、产业转型升级、城镇化建设、战略新兴产业、养老产业等发展。在应对新冠肺炎疫情过程中，公司不仅是行业第一家向武汉进行捐赠援助的信托公司，而且积极发挥专业优势，为受灾中小企业提供灵活多样的金融支持和配套服务，为抗击新冠肺炎疫情贡献应有之力。

二、创新业务案例

公司积极推进业务创新，在资产证券化、证券投资信托、国际业务、消费金融、家族信托与保险金信托、服务信托等领域取得模式突破，引领行业创新。

在资产证券化领域，公司大力拓展资产证券化业务，拥有首批非金融企业债务融资工具承销商资格和资产证券化业务管理人资格、非金融企业债务融资工具受托管理业务资质，发行全国第一个单层 SPV 结构商业房地产抵押贷款类资产证券化产品。在第五届中国不动产证券化合作发展峰会暨 2020 不动产证券化“前沿奖”颁奖盛典上，“中信信托—南京世茂希尔顿酒店资产支持专项计划”荣获“年度最佳 CMBS/CMBN 奖”。

在证券投资信托领域，公司加大信托标品化业务开发拓展力度，成立由公司总经理挂帅的证券投资服务信托业务小组；睿信 TOF 等产品获得较高市场口碑。

在国际业务领域，公司高度重视国际业务，旨在满足投资者多元化的投融资需求，提供给海内外客户全方位一体化的综合金融服务。报告期内，公司积极响应金融服务“一带一路”建设倡议，在继续做好境外股权代持和“一带一路”重点国别出口信贷业务的基础上，积极配合中国出口信用保险公司、协同中信银行推进重点国别项目出口信贷一揽子方案。响应“一带一路”倡议要坚持“走出去”和“引进来”并重的要求，积极与境外主权基金、机构投资人和高净值客户探讨通过在海南、深圳等自由贸易港（区）设立合格境外有限合伙基金（QFPL）、离岸信托等途径共同参与境内股权项目和资本市场投资的业务模式，努力探索中国信托行业由“代国人投资理财”向“为世人管理资产”的国际化转型之路。

在消费金融领域，公司是行业唯一设立下属消费金融公司的信托公司，旗下中信消费金融有限公司专注开展个人消费贷款相关的人民币业务。报告期内，中信消费金融有限公司注册资本由 2019 年创立时的 3 亿元增加至 7 亿元；产品、风控、科技、合规体系建设有序推进。

在家族信托与保险金信托领域，自 2014 年推出家族信托以来，公司保持了 6 年的行业领跑地位。公司通过下属公司——中信信惠国际信托有限公司设立首单境外家族信托，实现了中国信托行业零的突破，为客户进一步完善了境内外家族资产的传承布局；发布国内首个保险金信托的服务标准，奠定了行业基础。

在服务信托领域，公司的职业年金业务获得阶段性突破，成为行业唯一成功中标广东省、浙江省职业年金受托人的信托公司。通过对该业务的经验积累和系统搭建，公司为切入更为广阔的养老产业市场进一步夯实基础。

在金融科技领域，公司加大对金融科技的研发和应用力度。报告期内，公司共启动 14 个重点项目建设，新官方网站、营销管理平台和家族信托协同平台 3 个系统获得拥有自主知识产权的软件著作权证书。

三、社会责任履行情况

公司获得 6 项社会责任专项奖项，蝉联《金融时报》评选的“年度最佳服务实体经济信托公司奖”、第十届中国公益节颁发的“2020 企业社会责任行业典范奖”等奖项。截至 2020 年末，公司存续慈善信托6单，规模总计5.49亿元；公司“投资+扶贫”的理念得到了投资者广泛响应，带动869位客户捐赠，直接和间接惠及人数达到35万人。

2020年1月，湖北新冠肺炎疫情暴发初期，公司第一时间成立了新冠肺炎疫情防控工作领导小组，成为第一个行动且捐款规模第一的信托公司，通过直接捐赠或认捐慈善信托份额的方式累计捐款1 350万元，发动556人次党员自愿捐款11万余元；同时，公司带头参与中国信托业协会发起设立的“中国信托业抗击新型肺炎慈善信托”，担任管理人。

持续投身公益扶贫，志在精准。2020年也是脱贫攻坚收官之年，公司将扶贫做到实处，充分发挥慈善资金对贫困地区经济发展和社会发展的撬动力，持续提升金融扶贫的精准度。报告期内，公司捐赠自有资金234万元，分别用于湖南省醴陵市火后重建、贵州省镇宁县基础设施建设、云南省屏边县修路搭桥和元阳县消费扶贫、重庆市黔江区养老互助项目。

四、2021年发展规划

2021年是“十四五”开局之年，也是公司奠定业务转型发展基础的关键一年。公司将按照中信集团制定的“五五三”发展战略和“十百千万”发展目标，继续稳中求进，强化资本管理，加强能力建设和资源整合，继续保持和提升竞争优势，提高受托服务质量，严守风险底线，以期达成以下经营目标：在严控风险的前提下，综合实力保持行业龙头地位，给股东持续创造良好、稳定的回报。

（一）加强党建工作

公司党委将坚持党的领导、加强党的建设，以迎接中国共产党建党100周年为契机，围绕打造卓越企业集团目标任务，在“抓学习、强组织、带队伍、转作风、促发展”上下功夫，持续发挥党组织战斗堡垒作用和党员先锋模范作用，为企业高质量发展提供坚强有力的政治保证。

（二）“两步走”战略打好“十四五”开局年

2021年是“十四五”的开局之年，也是推动业务转型、深化经营管理的攻坚之年。“十四五”期间，公司将积极应对监管政策及信托公司行业转向性变革带来的经营挑战，坚持合规经营，加快制度与机制创新，推动业务结构调整，平衡好传统业务与创新业务的关系，培育新的增长点，夯实高质量发展的基础，提升核心竞争力，继续保持行业领先地位。公司将在“十四五”期间分上下半程两步走，上半程的主要任务就是调结构、守底线、稳住基本盘。

（三）深化业务协同

公司要抓住集团协同发展良机，以中信综合金融服务作为价值创造的主要方式，不断完善协同机制、整合协同资源、创新协同模式。

（四）强化资本管理

“新资本管理办法”出台后，净资本将成为公司转型发展中最大“瓶颈”之一。公司一方面要加快业务结构调整，向标品信托、家族信托、保险金信托等低资本消耗型业务布局；另一方面要在集团的领导下，积极寻求资本补充渠道，增厚净资本。2021 年，公司将进一步聚焦主业，优化投资结构，择机启动非主业股权的对外转让工作。

（五）提升金融科技

2021 年，公司金融科技建设将主要聚焦在两个方面：一是构建公司发展标品业务所需的投资研究、组合配置、交易执行、私募服务、机构服务等业务能力对应的信息科技支撑；持续完善既有家族信托业务相关系统，保持公司家族信托、保险金信托业务优势；持续增强销售管理平台、尊享版 APP 系统功能，助力客户服务向智能化、轻型化、营销化转型。二是建设协同平台，以技术手段驱动从“客户协同”向“产业链协同”“平台生态协同”阶段转变，促进公司的数字化转型。

（六）推动信托文化建设

按照中国银保监会的部署要求，2021 年，公司将围绕受托人的中心地位，结合自身经营实际，建设良好受托人文化，树立一个意识、牢记两个使命、养成三个习惯、提升四个能力，依托自身品牌优势，组织开展信托文化教育宣导工作。

安徽国元信托有限责任公司

一、2020 年经营概况

（一）主要经营成绩

2020 年，面对复杂严峻的外部环境，安徽国元信托有限责任公司（以下简称公司）牢固坚持“依法合规，稳健经营”理念，瞄准全面夺取 2020 年新冠肺炎疫情防控和年度工作目标“双胜利”不动摇，迎难而上、主动作为、压实责任、奋力拼搏，超额完成了经营管理目标任务。

截至 2020 年末，公司通过募集现金和以未分配利润转增股本的方式增加公司注册资本金至 42 亿元；公司存续信托规模为 1 410 亿元；合并固有资产为 88.1 亿元，净资产为 84.2 亿元，较年初增长 17%。实现各项业务收入 8.8 亿元，利润总额为 6.7 亿元，净利润为 5.5 亿元。全年为信托受益人实现收益 100 亿元。

（二）主要经营举措

一是坚持固有业务和信托业务“双轮驱动”战略，推动公司高质量发展。在固有业务方面，公司围绕贷款投放、股权投资、证券投资等业务，持续优化资产配置结构，积极构建层次丰富、结构合理的固有资金运作体系，不断加强风险控制，持续做好存续项目管理，投资收益率不断提升。在信托业务方面，公司多次召开专题会议，印发多个有关信托业务发展的指导性通知，对监管压降指标进行额度控制，全面完成各项监管压降目标任务。公司不断提高主动管理能力，持续改善发展质量，截至 2020 年末，存续主动管理项目 147 个，规模为 221 亿元，同比增长 33%。公司主动把握行业发展趋势，加快推进信托业务转型创新，做优、做强资产证券化业务，稳步推进标品信托业务，积极发展家族信托、企业知识产权受益权信托业务，开展养老信托、其他财产权信托研究等；持续深化与金融同业交流合作，积极调动各方面资源支持信托业务发展。

二是继续深化营销改革，加强销售团队建设，提升财富管理能力。2020 年，公司成立机构业务部，持续增强机构客户营销能力；加强异地销售团队建设，完善营销网络布局，提升直销能力；强化与银行、证券、保险等机构的合作，全面提升营销增量；重视与金融同业及股东单位企业协同发展，加强业务共建，整合集聚各方面资源做大增量；通过组织财富交流会、项目对接会等多种形式加大客户活动力度，不断提升客户服务质量，增强客户黏性。

三是持续优化内控管理体系，强化风险控制，守住业务风险防线。2020 年，公司继续对制度流程进行动态梳理、查漏补缺、及时修订，全年新增制度15 项，修订23 项，为经营管理工作夯实了制度基础。公司实施重要事项督办制度，明确重点工作的责任部门、完成时间、报告频次，强化执行力建设。公司高度重视风险监测排查工作，按季度开展项目风险排查、区域性风险排查、大型有问题企业风险排查等专项检查工作，同时，按季度开展压力测试，有效做好风险预判工作。公司高度重视合规文化、风控文化和尽职文化建设工作，严格执行公司在2020 年初制定的信托业务指引，积极与实力较强的国有企业、民营龙头企业开展合作，从源头上控制风险。同时，公司积极做好投资者教育和风险提示、信息披露、消费者权益保护等相关工作，保护受益人合法利益最大化。

四是夯实党建引领，为改革发展提供坚强保障。2020 年，公司党委不断提高政治站位，全面加强党的建设，着力发挥党委把方向、管大局、保落实的领导作用，以政治建设为统领，压紧压实党建工作责任；以思想建设为基础，进一步提升思想凝聚力；以组织建设为支撑，夯实基层党组织工作基础；以作风建设为抓手，营造风清气正的从业环境；以纪律建设为保障，进一步提升廉洁保障力，为公司改革发展提供坚强保障。

二、创新业务案例

（一）资产证券化业务

2020 年，由公司担任发行载体管理机构的徐州市新盛投资控股集团有限公司2020 年第 期资产支持票据在银行间债券市场成功发行，规模为7.4 亿元。该项目是公司在银行间债券市场发行的首单资产支持票据（ABN）产品。此项目的发行，一方面，拓展了公司的业务领域，实现了公司创新业务的新突破；另一方面盘活了企业资产，拓宽了企业融资渠道和融资成本，有效支持了实体企业的发展。近年来，公司积极推动资产证券化业务，不仅在规模和个数上持续保持行业领先地位，基础资产也不断拓展，合作机构不断丰富，业务区域不断延伸，交易结构不断升级。2020 年，公司新增资产证券化项目 9 个，规模为 260 亿元，在行业中列第九位。截至2020 年末，存续资产证券化项目 20 个，规模为 279 亿元，继续保持行业领先地位；多个产品在行业评选中获奖，连续多年荣获登记发行机构评选的“中国债券市场优秀发行人”称号。

（二）标品信托业务

2020 年，公司在改造提升传统业务的基础上，加强研究、加大投入，大力发展主动管理类、投资类及体现信托本源的新型信托业务。在综合考虑业务发展优势、风险控制偏好和客户储备积累的基础上，公司选择以固定收益类私募债产品为突破口，加快开展标品信托业务。在公司首单标品信托产品——元盈 2 号成功发行后，又陆续推出多个标品信托项目。截至 2020 年末，公司共发行“元盈”“元鼎”“益安”“创元”等 6 个标品信托项目，规模为 5. 9 亿元，创新工作迈出了坚实有力的步伐。

三、社会责任履行情况

（一）品质责任——树立国元良好的品牌形象

公司作为安徽省唯一一家省级信托公司和中国信托业协会理事单位，秉持“合规经营，稳健发展”理念，以务实的精神、稳健的作风和完善的服务为客户、股东、员工和社会创造最大价值，公司严格遵守法律法规、监管规定、协会公约、公司章程，树立了良好的国有金融企业品牌形象。2020 年，公司在省政府年度全省金融机构支持地方经济发展经营业绩考核中获评“优秀”等级，第四次荣获“优秀 ABS 发行人奖”，获评首届“信托登记优秀机构”和第十三届“‘诚信托’管理团队奖”，公司资产证券化业务团队获批安徽省第十二批“115”产业创新团队。

（二）经济责任——服务实体经济和地方建设

2020 年，公司认真学习贯彻习近平总书记有关重要讲话精神，围绕“一带一路”倡议，以及长三角一体化发展、自由贸易区建设等国家重大战略，聚焦省委省政府“一圈五区”发展新格局，持续强化组织领导，明确重点工作，落实工作举措，不断深化与区域内国有企业及同业机构战略合作。围绕建设新阶段现代化美好安徽目标，充分发挥信托功能优势，募集资金支持实体经济和地方建设发展。2020 年，公司新增支持长三角区域一体化信托规模 454 亿元，存续规模超千亿元；新增支持安徽建设信托规模为 210 亿元，存续为 354 亿元；新增支持实体企业信托规模为 331 亿元，存续为 954 亿元，资金广泛应用于基础设施、乡村振兴和实体经济等领域。全年为信托受益人实现收益 100 亿元。

（三）公益责任——关注社会公益，履行国企责任

公司主动提高政治站位，积极开展新冠肺炎疫情防控、教育扶贫、消费扶贫等相关工作。

2020年，新冠肺炎疫情发生后，公司及时通过“中国信托业抗击新型肺炎慈善信托”捐款50万元，以支持抗击新冠肺炎疫情；向安徽省红十字会捐赠17 800只N95医用防护口罩，价值50万元。同时，公司129位党员踊跃捐款2.5万元，9位党员自发向慈善机构捐款6 400元，积极为新冠肺炎疫情防控贡献力量。公司组织党员和员工代表前往安徽省金寨县斑竹园镇沙堰希望小学、沙河中心小学开展“一对一”爱心帮扶活动，共捐款7.1万元。公司开展以“消费扶贫共参与，脱贫攻坚奔小康”为主题的党日活动，组织党员参加安徽省直单位定点帮扶成果展暨全省优质特色扶贫产品展示展销会。公司成立消费扶贫工作专班，按照省扶贫办已认定的扶贫产品目录，积极采购贫困地区农产品，同时鼓励公司党员干部员工通过线上、线下的方式采购贫困地区农产品，积极为贫困落后地区发展作出自己的贡献。

四、2021年发展规划

2021年是“十四五”规划开局之年，是全面开启新阶段现代化美好安徽建设新征程的关键之年，也是公司抢抓发展机遇、奋力开创新局的重要之年。公司将积极顺应经济金融形势和行业发展趋势，坚持党建引领，充分调动全方位资源，加大市场拓展力度，严控风险，盘活存量、做优增量，加快打造新型、可持续、规模化的利润来源，切实取得业务发展新成效。

（一）加快转型步伐，拓业务、增动能

一是盘活存量，根据监管导向加大传统业务优化升级。公司继续深入挖掘核心客户需求，探索开展战略性新兴产业等新基建业务，加强与资本市场的联动，研究推进传统业务非标转标，降低融资成本，切实服务地方建设发展。二是做优增量，积极发展标品信托等新型业务。公司以债券投资类标品为突破口，积极培养人才团队，建立完善投研体系，构建风控管理体系，加大可转债、阳光私募类TOF、多策略FOF等业务研究，探索以大类资产配置驱动资金端需求的发展模式，加快标品业务发展扩量提速。公司充分挖掘信托在财产传承、财富管理、养老服务等多方面的本源优势，加大对养老服务、家族信托、慈善（公益）信托等业务的研发投入。

（二）坚持底线思维，防风险、兴文化

一是梳理制度流程，不断完善内部管理体系，建立全链条、全流程、全覆盖的风险管理体系，进一步提升全面风险管理能力。二是牢固树立受托人意识，坚持以信托关系为基础，建设“守正、忠实、专业”的信托文化。三是强化执行力建设，提高精细化管理水平，推动公司转型发展再上新台阶。

（三）加强人才工作，挖潜能、促发展

强化人才队伍建设，以社会招聘、校园招聘相结合的方式，扩大专业化销售队伍，招聘高素质专业人员，为公司转型发展提供人才保障；深化激励分配体制机制改革，加大对业务创新的奖励力度，推动薪酬增长向一线倾斜，向关键岗位、核心骨干和优秀人才倾斜，激发员工干事创业热情。

（四）坚持党建引领，夯实高质量发展基础

公司党委将扎实推进党的政治、思想、组织、作风和纪律建设，加强政治理论和党史学习，坚持在学深悟透、活学活用上持续用力，持之以恒学懂、弄通、做实习近平新时代中国特色社会主义思想，围绕国有企业党的建设工作要求，认真落实党建工作责任制，始终做到党委“把方向、管大局、保落实”，以更高的水平推进党建与业务融合，为公司改革发展提供坚强的政治保障和组织保障。

安信信托股份有限公司

一、2020 年经营概况

2020 年，安信信托股份有限公司（以下简称公司）实现营业总收入 29 821.77 万元，同比降幅为 37.63%；实现归属于母公司所有者的净利润为 -673 800.28 万元，同比降幅为 68.75%。截至 2020 年 12 月 31 日，公司总资产为 1 993 211.81 万元，较年初减少 86 154.97 万元；归属于母公司所有者权益为 89 290.52 万元，较年初减少 673 800.28 万元；每股净资产为 0.1633 元，资产负债率为 91.97%。

根据立信会计师事务所（特殊普通合伙）出具的 2020 年度审计报告，截至 2020 年 12 月 31 日，公司合并报表未分配利润为 -9 403 615 205.67 元，公司实收股本为 5 469 137 919 元，未弥补亏损超过实收股本总额。

（一）固有业务方面

公司 2020 年固有业务收入比 2019 年有较大幅度下滑，主要原因是受资本市场波动的影响，公司持有的交易性金融资产公允价值下降、部分金融资产需要计提减值准备，主要资产为公司自营证券及参与的各类定向增发类资产等，受期末股价下跌影响，公允价值下降。

（二）信托业务方面

截至报告期末，存续信托项目 248 个，受托管理信托资产规模为 1 614.23 亿元；已完成清算的信托项目 47 个，清算信托规模为 97.33 亿元；新增信托项目 1 个，新增信托规模为 0.05 亿元。其中，新增单一类信托项目 1 个，实收信托规模为 0.05 亿元。

（三）积极配合和推动重组和风险化解工作

2020 年 3 月，公司在有关部门指导下筹划风险化解重大事项，股票自 2020 年 3 月 31 日起停牌，于 2020 年 6 月 1 日复牌。停牌期间，在有关部门的指导下，公司严格按照相关法律、法规及规范性文件的要求，积极推进风险化解重大事项的各项工作，并与相关各方就风险化解方案积极开展沟通和磋商等工作；随后根据有关部门和工作组的安排，继续开展重组和风险化解工作，目前相关各方正就本次重组开展商务谈判。

（四）加强诉讼力量，妥善应对诉讼事项

自2019年以来，公司因前期信托业务中存在保底承诺引发大量诉讼，随着案件的快速增长，前期公司诉讼力量不足制约了对诉讼案件的有效应对。2020年，在重组工作组的指导下，公司诉讼管理工作得以加强并逐步规范，诉讼保全领导小组、工作小组，以及资产保全团队配置基本到位，2020年公司依据法律规定程序，积极行使诉讼权利，应对部分被诉案件，同时作为原告发起了对部分债务人的诉讼，目前各项诉讼工作正在有条不紊地推进。

（五）开展内控缺陷整改，加强内部控制和风险管理

2019年《内部控制审计报告》显示，公司内部控制存在在公司签署远期回购协议或出具流动性支持函过程中，未按照业务审批及用印管理的内部管理制度履行审批程序，造成内控失效。针对上述重大缺陷，公司高度重视，并认真整改，采取多项措施加强业务审批流程管理：一是取消了线下纸质审批流程，业务审批流程全部在OA系统完成；二是强化了用印过程双人复核；三是对负有审核职责的核心岗位员工加强了合规教育。2020年，相关整改措施已经落实到位，造成印鉴管理授权审批各环节失效的因素已经消除。

2020年，公司以风险化解、资产清收处置为核心工作，坚持合规经营、严控风险的指导思想，在查找现有内控工作薄弱环节的基础上，把内部控制和风险管理贯穿于业务开展的整个过程，进行全流程的合规风险识别、评估、监测、报告和管理，从源头把控合规风险。

一是加强内控合规制度建设和内部控制状况的自我评估，着力查找当前规章制度之间衔接不顺、职能不清和过度控制等问题，以及薄弱环节而产生的合规风险点，及时监督整改，做到边查边改，进一步完善《合规风险管理制度》《全面风险管理办法》《信托业务风险控制管理办法》等合规基本管理制度，并加强上述制度之间的衔接性、落实情况的自查和不断调适，形成“发现—反馈—整改—提升”的良性循环工作机制。

二是加强各项业务的内控管理排查力度，对规章制度与业务流程的合法合规性、业务关键环节与关键岗位的合规风险防范、控制与纠正等方面进行自查、检查，并就排查情况形成报告，评价内部控制的有效性，及时发现风险敞口并制定整改措施，切实整改落实到位。

三是进一步加强对重大项目风险管理的力度和深度，对涉及的法律条件、法律安排、信用风险、操作风险隐患和漏洞及相关的规避措施和防范手段等客观独立地进行审查，完善有关工作方案，为经营决策提供参考依据，监督业务部门对风险管理采取有效的控制措施，保障公司

经营管理和重大决策的合法合规。

二、社会责任履行情况

（一）加强投资者关系管理

公司继续加强与广大投资者的沟通和交流，为公司的战略推进做了大量基础工作。报告期内，公司通过“上证 e 平台”答复投资者问询 100 次，接听投资者电话超过 500 个。对于关切问题，公司及时将信息传达给市场，有理有据地引导投资者合理预期，传递正能量并维护公司资本市场形象。

同时，公司严格履行信息披露义务，保障股东的信息知情权。公司根据中国证监会《上市公司信息披露管理办法》等法律、法规及公司章程的规定，制定了《安信信托股份有限公司信息披露事务管理制度》，从制度的适用范围、信息披露的组织机构及人员职责、信息披露的主要类别、重要信息披露的标准及责任人等方面进行了有效规范，确保信息披露的公平性，保护投资者的合法权益。报告期内公司按照“公平、公正、公开”的原则严格履行信息披露义务，确保信息披露的真实性、及时性、准确性、完整性，增强信息披露的透明度，确保全体股东有平等的机会获取信息。公司根据中国证监会要求积极开展投资者关系管理工作，加强与投资者的交流和沟通。为保障信息披露的公平原则，防范内幕信息知情人员滥用知情权泄露内幕信息进行内幕交易，公司制定了《内幕信息及知情人管理制度》和《外部信息使用人管理制度》等，严格按照信息披露内控制度的要求，对公司定期报告及重大事项履行必要的传递、审核和披露流程。

（二）积极参与公益事业、主动承担社会责任

公司始终把感恩社会、回报社会的理念根植于企业文化中，积极主动承担社会责任，广泛参与社会慈善与公益事业，向社会传递了金融企业作为社会力量的一分子对社会责任的担当。

2020 年，针对新冠肺炎疫情的特殊情况，公司积极发挥自身力量，投身全社会抗疫、防疫的大势之中。在公司及部门领导的指导下，为应对新冠肺炎疫情，在公司重组重大历史时期，公司有效积极转换品牌运营策略。疫情期间，公司以本公司品牌为载体联合新浪推出“疫情实时查询地图”。同时在线上自有媒介开展了“全民宅家抗疫攻略”“居家出行防范病毒指南”“云赏非凡艺术”“宅家运动技巧”“战疫影相征集”“以爱为名”等一系列宣传活动。

公司筹措慈善信托，支持战疫。公司采购口罩并发送至公司全国各营业网点。公司积极响应中国信托业协会倡议，参与其发起设立的“中国信托业抗击新型肺炎慈善信托”，以公司名义

捐赠20万元。据悉，目前该专项慈善信托正在同时对接其他符合该信托目的的资助项目，并将继续接受委托人追加的信托资金。后续救助项目也将本着“点对点”的原则，严格筛选，加快实施，精准投放。同时，公司利用网络平台发起了“汇聚点滴爱意传递必胜信心”的慈善募款活动。通过线上扫码活动，即可直接捐款至武汉慈善总会。

公司出资成立的“草原相信明天”扶贫项目始终在持续惠及当地。该扶贫项目已经在白音察干第二小学、土牧尔台小学建立全功能小书房2间，覆盖临近学校16所，为当地培养持证心理教师20名；组织“智慧家长”“智慧学生”等多场现场及视频讲座，覆盖教师、学生、家长逾3 000人次。

三、2021年发展规划

2021年仍是公司推进重组进程、加快风险化解与处置的关键一年。董事会、公司将在监管部门和工作组的领导下，持续推进重组和风险化解工作，并围绕董事会建设和规范运作、内控建设和管理水平提升等方面开展工作。

（一）持续推进重组和风险化解工作

诉讼和风险化解是后期各项工作开展的重要保障，公司将在临时党支部和重组工作组的指导下，加强党建引领和思想政治教育，统一思想，全力开展工作，积极主动作为。董事会将持续关注重组和风险化解重大事项进展情况，积极配合、认真推动相关各项工作的落地实施，争取早日完成重组工作，实现风险的有效化解，使各项经营管理工作和业务开展回归到正常途径。

（二）加强董事会建设和规范运作

2021年，公司将配合重组工作实施加强董事会建设，持续完善公司治理，厘清和压实各层级的管理职责。

一是公司加强股东信息的管理和股东沟通。由董事会牵头，每年对主要股东的资质情况、履行承诺事项情况、承担股东责任和义务的意愿与能力、落实公司章程或协议条款情况、经营管理情况、财务和风险状况，以及公司面临经营困难时，其在公司恢复阶段可能采取的救助措施进行评估，形成专项报告。

二是公司提高中小股东参与公司治理力度，实现权力结构的有效制衡。根据《信托公司股权管理暂行办法》，2020年公司完成了公司章程的修改，明确规定了确保“至少应有一名独立董事或外部监事由持有或控制公司百分之五以下股份或表决权的股东提名产生”。由于目前公司尚处于重大风险化解工作阶段，待相关工作落定，公司将及时推进符合条件的独立董事或外部监事的更换或者补选等相关工作。

三是公司建立完善有效的“三会一层”相互独立的运作机制，进一步厘清董事会、监事会与高管层岗位职责，明晰定位，使决策层、执行层和监督层能够根据议事规则和授权机制有效地开展工作，通过强化董事会、监事会和高级管理层的管理责任，形成管理决策、执行、监督相互制约且有效衔接的机制。加强董事会与监事会的联动工作机制，引导监事会通过多方参与和介入决策和经营环节，发挥监督作用。畅通信息报告和反馈渠道，各级监督审计机制能够有效发挥作用。

（三）持续完善公司合规风险管理体制机制

一是公司结合工作重点和监管要求，梳理和制定具有较强执行力的制度体系，加强制度执行环节的监督。明确内部制度梳理、整合和修订的规范要求，规章制度要做到具体化且操作性强，并能适应各种新变化，使全体员工知晓相应的行为准则和职业操守，确保制度执行到位。

二是公司建立有效的合规风险识别、评估和监测机制及报告程序等，确保及时发现、防范和化解合规风险。开展合规风险检查，对规章制度与业务流程的合法合规性、业务关键环节与关键岗位的合规风险防范、控制与纠正进行自查、检查与整改，评价公司合规风险管理的有效性。

三是强化内部问责和违规责任追究机制，将合规经营情况列入绩效考评范围，加大对员工异常行为的监督力度，严肃内部问责，加强责任认定和追究。同时，强化稽核审计作为风险管理第三道“防线”在引导和督促公司合规经营的作用。

（四）进一步加强合规文化建设和信托文化建设

公司加强合规文化建设，自上而下贯彻“合规先行、合规创造价值”的合规理念和行为准则，通过开展合规理念宣贯及建立再培训机制，进一步增强全员合规意识，提升公司员工的合规素养和业务素质。落实《信托公司信托文化建设指引》，明晰信托文化建设目标，确定信托文化建设路径，加强信托文化建设，回归受托人定位，培育和树立谨慎管理受托文化，切实履行受托人职责，将实现受益人合法利益最大化作为公司价值取向和公司治理目标，加快公司转型高质量发展。

北京国际信托有限公司

一、2020 年经营概况

2020 年，北京国际信托有限公司（以下简称公司）全年实现营业收入 16.5 亿元，实现利润总额 12.9 亿元，同比增长 11.5%；净利润为 9.9 亿元，同比增长 13.7%。截至 2020 年末，公司资产总额为 145.2 亿元，净资产为 99.1 亿元；信托规模为 1 909 亿元，同比下降 2.4%，压降规模为 46.3 亿元；信托规模中主动管理型信托占比为 70%，同比提升 3.2 个百分点。全年累计结束项目 131 个，规模为 1 033 亿元，向受益人分配信托收益 112 亿元。各项监管指标均符合监管要求。

（一）加强顶层谋划，引领公司发展

公司坚持高远和务实相结合，统筹考虑内外部环境、监管导向、行业转型趋势和公司所处的发展阶段，提出公司“十四五”时期发展目标、重点任务、业务布局和展业策略。加强文化引领，结合行业信托文化建设要求，全面梳理了公司成立四十多年来一以贯之的经营理念和特色，提炼了几代北京信托人铸就的最深层次的精神追求和价值取向，首次定义了公司的使命、愿景、价值观，推动形成公司文化脉络体系。

（二）抢抓机遇、顺势而为，超额完成全年任务指标

公司坚决落实党中央、国务院及北京市委、市政府的决策部署和监管要求，加快业务结构调整，积极开展真实股权投资、产业基金等创新型业务，证券投资信托业务取得初步成效，首个军工类真实股权投资项目落地。在严监管、控规模、促转型的背景下，牢牢稳住公司发展的基本盘，推动公司转型发展，达到了预期目的，超额完成了全年各项任务指标。

（三）持续完善全面风险运营管理体系，严守风险底线

公司牢固树立危机意识和底线思维，加速完善风控运营体制机制，全面修订了《风险管理

办法》，优化了风险管理运行机制，完善了全面风险管理网络，全年新制定或进一步修订业务管理办法、展业指引、操作规范等15项。持续发挥内部审计监督作用，重点关注内部控制关键环节及风险点，促进内控体系的完善和风险防控措施的落实。

（四）全力推进重点改革，夯实转型基础

公司持续深化机构改革，以优化高效协同、培育专业优势作为机构改革的基本原则，平稳推进事业部制改革，选取了改革试点并确定授权、考核激励等机制。跨部门组建工作专班或工作小组，集中力量推动专项工作，提高人力资源效率。优化绩效考核体系，差异化编制前台、中台、后台工作任务书，建立与公司转型发展相适应的产品营销考核与激励机制。

二、创新业务案例

（一）家族信托业务

公司家族信托业务以“做主动管理、全委型家族信托”作为展业定位，积极打造专业服务体系，加大科技投入，积极拓展获客渠道，创新展业方式，切实提升家族信托服务质量和水平，持续打造家族信托品牌，回归信托本源。

（二）慈善信托业务

2020年，为抗击新冠肺炎疫情，公司作为受托人设立了“北京信托·2020弘优济世慈善信托”，专门用于援助新冠肺炎疫情及其他灾难和公共危机、人道主义救援等用途，疫情初期即定向捐赠50万元，支援新冠肺炎疫情急需的物资采购。

（三）证券投资信托业务

公司通过组建证券业务专业化平台，积极发展证券投资信托业务，经过前期业务涵养，目前已组建了资产配置、资产证券化、渠道、信用评级、行业研究等专业团队，专门设立了证券业务投资决策委员会，初步搭建了证券投资业务的运营框架，建立了一系列管理制度、业务流程，形成了涵盖固定收益类证券投资、TOF组合投资、权益投资等较为完整的产品线。

三、社会责任履行情况

2020年，公司积极贯彻落实国家宏观政策和产业政策导向，充分利用信托制度的灵活性参

与国家重大战略，以及参与京津冀协同发展、首都“四个中心”功能建设，支持北京冬季奥运会等重点领域重大工程建设，着重加大对基础设施领域和工商企业的支持力度，提升金融服务质效，主动服务实体经济发展。

认真履行国有企业社会责任，面对突如其来的新冠肺炎疫情，严格落实北京市委、市政府各项疫情防控部署，压紧压实防控责任，充分发挥信托专业优势，为企业新冠肺炎疫情防控和复工复产提供资金支持。参与设立“中国信托业抗击新型肺炎慈善信托”，发起设立“北京信托·2020 弘优济世慈善信托”，选派党员骨干驰援疫情防控第一线，公司累计为新冠肺炎疫情防控捐赠资金 130 余万元，设立慈善信托规模合计为 650 万元。

围绕中央和北京市关于全面打赢脱贫攻坚战的部署，公司持续加大扶贫力度、巩固扶贫成效。落实“一企一村”结对帮扶要求，继续依托“光彩扶贫”慈善信托，做好延庆四海镇郭家湾村帮扶工作；主动捐赠疫情防护物资，积极帮助郭家湾村做好疫情防控。深入开展消费扶贫，购买消费扶贫产品，帮助贫困对象增加收入。与新疆墨玉县签订助力脱贫攻坚协议，向新疆墨玉县公益捐赠 40 万元，助力墨玉县 2020 年如期完成脱贫任务目标。扶贫故事入选人民网“企业扶贫案例展厅”，并荣获光明网“‘小康路上一起走’优秀组织单位”荣誉称号。

四、2021 年发展规划

公司坚持以习近平新时代中国特色社会主义思想为指导，全面贯彻党的十九大和党的十九届二中、三中、四中、五中全会精神及中央经济工作会议精神，认真落实北京市委、市政府的决策部署和金融监管要求，坚持全面加强党的领导，坚持稳中求进总基调，立足新发展阶段，践行新发展理念，以首都发展为统领，以落实公司发展战略规划为抓手，推动公司高质效发展，切实守住不发生重大项目风险的底线，奋力构建公司发展新格局，确保公司“十四五”开好局、起好步。

第一，保持稳健发展的战略定力，更加注重质量和效益。公司的发展指标更兼顾需要与可能，兼顾当前和长远，决不盲目追求发展速度，决不盲目追求规模，决不以牺牲发展质量为代价，换取业务规模的短期增长和收益的暂时增加，更加注重质效，坚持行稳致远，朝着打造信托业百年老店迈进。

第二，以落实规划为抓手，构建公司发展新格局。公司结合国家、北京市“十四五”规划开展学习宣贯，坚定转型发展的信心和决心，坚持一张蓝图绘到底，全力推进公司“十四五”规划落实落地。全力做好战略规划的宣贯，使公司上下全面了解公司发展目标、发展路径、业务布局，形成战略共识，围绕公司整体战略规划，以子规划和行动计划的方式推动规划落地，实现同向发力、同频共振。

第三，全面提升风险管理能力，牢牢守住风险安全底线。公司建立和完善与公司发展战略相匹配的风险管理体系，持续提升风险管理与业务的协同发展能力；结合业务布局调整，切实采取措施提升全员风险识别、风险应对、风险化解、风险处置的能力。做好存量风险排查化解的同时，切实防范增量风险。

第四，着眼长远发展，全力做好增资扩股。公司全力推动增资扩股工作，优化股权结构，依托股东资源，实现与公司业务的协同。研究制定增资后固有资产配置方案，做精固有业务。

第五，加强全面从严治党，做好党委换届工作。公司认真贯彻习近平总书记对新时代国有企业党建工作的重要指示和部署要求，把握新形势、新任务，统筹谋划好全年党建工作。扎实做好各项准备工作，确保党委换届工作圆满顺利。结合中国共产党建党100周年系列活动，全面加强党的政治建设、作风建设和党员队伍思想政治建设。结合公司使命、愿景、价值观宣贯，推进公司文化和信托文化建设。切实把上级各项要求与公司实际融会贯通，做到“规定动作”高标准，“自选动作”有特色，以高质量党建引领高质量发展。持之以恒严格落实中央八项规定及其实施细则精神，坚定不移地深化反腐败斗争，坚持标本兼治，一体推进不敢腐、不能腐、不想腐。

长安国际信托股份有限公司

一、2020 年经营概况

2020 年，我国遭遇了新冠肺炎疫情的冲击，在党中央的正确领导下，我国取得了抗疫的阶段性胜利。国家实行稳健的货币政策，财政政策保持积极，“六稳”“六保”的各项政策落实成效逐步显现，复苏力度进一步加大，2020 年我国成为世界范围内唯一实现经济正增长的国家。对于 2020 年信托行业的发展而言，既面临较为严峻的外部宏观经济形势，也面临较大的自身业务转型压力，在多重因素叠加之下依然取得了一定的发展。

2020 年，长安国际信托股份有限公司（以下简称公司）在信托行业回归信托本源、服务实体经济、强化主动管理能力的大趋势下，公司积极通过业务转型紧跟行业发展新形势。在宏观经济增长降速的背景下，结合自身的发展状况和优势，积极开展各项业务，克服不良因素影响，在 2020 年依然实现了稳健发展。

（一）营业收入

截至 2020 年末，公司实现营业收入 32. 88 亿元，同比增长 22. 13%。其中手续费及佣金净收入为 21. 75 亿元，同比增长 9. 63%；投资收益为 7. 15 亿元，同比大幅增长 66. 94%。

（二）盈利水平

截至 2020 年末，公司实现净利润达 5. 32 亿元，同比增长 3. 46%。在净资产收益率方面，公司净资产收益率为 13. 63%。2020 年，公司计提资产减值损失为 9. 32 亿元，信托项目风险带来的资产减值损失对公司的盈利带来一定不利影响，不过在收入可以支撑的情况下，加大计提减值损失的力度，可提高公司资产质量的真实度，有利于夯实未来的发展基础。

（三）资产规模

在宏观经济复苏缓慢、监管强化及竞争越来越激烈的背景下，信托公司的管理资产规模普遍被动压缩，主业增长的压力非常大。在此背景下，2020 年公司信托资产管理规模为3 750.96 亿元，同比下降 19.45%。截至 2020 年末，公司资产总额为 111.66 亿元，同比增长 8.30%；在净资产方面，公司净资产规模为 78.10 亿元，同比增长 4.60%。

二、创新业务案例

公司在保持原有业务的基础上，积极探索和推进创新业务的发展。

（一）基金化业务案例

2020 年，公司通过基金化业务逻辑，推动政信业务升级，设立 19.99 亿元“长安权—西安港城市发展基金集合资金信托计划”，该基金模式为合伙制，规模为 19.8 亿元。信托计划可分期发行，用于认购基金 LP 份额。基金中的 9 亿元资金以增资的形式注入西安港置业有限公司（以下简称标的公司）实收资本；剩余 10.8 亿元以资本公积的形式投入标的公司。该合伙企业基金资金用于南吴村棚户区改造项目建设工作。西安国际港务区土地储备中心委托西安港实业有限公司对西安国际港务区南吴村棚户区改造项目进行委托代建，西安港实业有限公司委托西安港置业有限公司进行南吴村棚户区改造项目建设工作。信托计划期限为 60 个月，根据西安港置业经营情况确定相应退出方式。

（二）慈善信托业务案例

2020 年，公司面对疫情的特殊时期，成立“长安慈—抗疫与共慈善信托”，为新冠肺炎疫情防控工作提供援助。信托资金用于向陕西省参与新冠肺炎病毒医疗的医疗人员提供物资、资金等援助，经决策委员会同意信托资金也可用于抗击疫情相关的其他项目。

该信托计划设立决策委员会，对该信托的重大事项进行决策，并对受托人进行指示，受托人根据决策委员会的决议履行相关操作。由委托人派代表组成决策委员会。决策委员会对慈善信托财产的支出、投资范围、信托终止后剩余信托财产的归属等重大事项进行决策。

三、社会责任履行情况

公司秉持“长安心、百年业”的可持续发展理念，始终坚守着对股东的回报之心、对客户的诚挚之心、对员工的关爱之心、对社会的奉献之心，坚持把积极履行企业社会责任作为实现战略愿景的重要路径和依托。2020 年，公司积极投身抗击疫情、精准扶贫、乡村振兴等领域，发挥信托功能优势，切实履行企业社会责任。

新冠肺炎疫情蔓延之初，公司第一时间响应中国信托业协会号召，出资 50 万元，参与设立“中国信托业抗击新型肺炎慈善信托”，用于投入抗击新型肺炎疫情的帮扶救助工作。随着抗击疫情工作的推进，公司与员工共同出资 51 万余元，设立“长安慈—抗疫与共慈善信托”，用于支持陕西省新冠肺炎疫情的防控工作。

为了巩固精准扶贫成果，助力乡村振兴，公司设立“长安慈—脱贫攻坚关爱农村三留守群体慈善信托”，在陕北革命老区，以资助和赋能为主要方式，通过公益项目带动地方政府、企业、社会团体和群众参与，激活社会资源，最终形成资金流和服务流的自主良性循环，为推动系统性解决留守老人、留守妇女、留守儿童问题打造范本，进而以点带面，推广形成可复制、可持续的公益模式。

此外，公司始终以国家利益为重，在谋求自身稳健、创新发展的同时，恪守诚信之道，合法经营，坚持依法按时缴纳税款、积极履行扣缴义务人代扣代缴税款的义务，连续多年被税务机关评为“纳税信用 A 级纳税人”，树立了诚信纳税的良好企业形象和品牌信誉。

经过多年的实践累积，公司已经形成了以自身专业化的金融服务能力为核心，以信托产品为驱动的履行社会责任的企业特色，并保持与时俱进、不断创新，塑造了负责任的资产管理和财富管理品牌形象，成为推动提高企业履行社会责任的积极力量。

四、2021 年发展规划

过去的 2020 年，我国取得抗击新冠肺炎疫情的阶段性胜利，同时 2020 年是全面建成小康社会的决胜之年，是打好三大攻坚战的收官之年，中央经济工作会议定调“稳字当先”，货币政策、财政政策将继续发挥逆周期调控的作用，为经济托底，宏观杠杆率将适度扩大，去杠杆带给金融机构的缩表压力会有很大缓解。2020 年 10 月 29 日，党的十九届五中全会审议通过了《中共中央关于制定国民经济和社会发展第十四个五年规划和二〇三五年远景目标的建议》。全会提出了“十四五”时期经济发展的主要指导思想和必须遵循的原则，明确要“坚持稳中求进工作总基调，以推动高质量发展为主题，以深化供给侧结构性改革为主线，以改革创新为根本动力，以满足人民日益增长的美好生活需要为根本目的”。2020 年 12 月召开的中央经济工作会议指出，2021 年宏观政策要保持连续性、稳定性、可持续性。政策操作上要更加精准有效，不急转弯，把握好政策时度效。

“十四五”规划为我国未来五年的经济社会发展指明了方向。在经济复苏基础仍需巩固及持续推动经济结构转型升级的背景下，未来信托业应紧紧围绕“十四五”规划，加大服务实体经济的力度，有效满足实体经济高质量发展的需求，切实提高服务实体经济的质效。随着 2020 年一系列监管文件的陆续发布，信托行业的监管框架已趋于完善。

公司积极贯彻落实党的十九届五中全会精神，坚持稳中求进，严格落实监管的要求，完成压缩融资和通道类业务的目标，紧密围绕“十四五”规划制订未来的经营计划，调整经营策略，在更好地服务经济发展和居民财富管理需要的同时，推动发展模式从粗放增长向高质量发展的转型。结合相关政策要求和在做“高净值客户的最佳金融生活服务商”的战略目标指引下，公司积极谋求转型，组建了六大事业部，分别是房地产事业部、政信事业部、资本市场事业部、金融同业与固收事业部、长安财富中心及家族信托事业部。各事业部聚焦细分市场，形成专业化壁垒，为客户提供全生命周期、全天候具有竞争优势的产品及服务。

公司以《信托公司资金信托管理暂行办法（征求意见稿）》（以下简称《办法》）为开展业务作指引，后续将积极推进服务类信托业务，其中公司在公益/慈善信托领域一直走在全国的最前沿，多次创新性地落地新的慈善信托模式。《办法》明确了信托公司可以开展债券回购业务，这将使信托公司产品与基金公司和证券公司产品具有了同样的竞争优势，公司将会大力布局“固收+”策略产品线，扩大直接融资规模。针对资产证券化信托，涉及非标转标业务，只有将标准化业务规模做大，与之匹配的传统业务才能继续做大，为此公司已经成立了资本市场事业部，大力发展相关业务。

《办法》及深圳证券交易所主板与中小板合并等重磅政策的出台，我们可以看出，监管层正在大力发展直接融资，推进金融市场改革。只有发展好直接融资尤其是股权融资，才能够减少对银行债权融资的过度依赖，从而实现在稳住杠杆率的同时，保持金融对实体经济支持力度不减的目标。结合相关政策要求和在做“高净值客户的最佳金融生活服务商”的战略目标指引下，公司在2020年成立了金融同业事业部，同时与之匹配的是完善中台、后台项目审批、运营与处置。公司将积极布局投资银行、资产管理和财富管理三大板块。以资本市场为依托，利用现有外汇额度资源，满足客户多元化的投融资需求及居民的资产配置需求，公司将积极探索这其中的业务机会。

重庆国际信托股份有限公司

一、2020 年经营概况

2020 年，是打赢脱贫攻坚战、决胜全面建成小康社会的收官之年，也是迈向高质量发展新征程的重要一年。2020 年，重庆国际信托股份有限公司（以下简称公司）秉承“诚信、稳健、创新、求精”的经营宗旨，在保持传统信托业务规模稳健增长的基础上，科学研判经济金融形势，进一步加强风险控制，坚守本源业务，加大业务创新力度，强化自主管理能力，提高核心竞争力，各项业务稳步发展。2020 年归属于母公司净资产为 276.80 亿元，实现营业收入 76.93 亿元，利润总额为 49.83 亿元，净利润为 28.32 亿元，人均净利润为 1 577.95 万元，人均净利润多年保持行业首位。

二、创新业务案例

（一）资产证券化业务

2020 年，公司继续在资产证券化领域积极探索，大力发展 ABS、CMBS、ABN 等资产证券化业务，不断拓宽资产证券化业务的广度与深度。截至 2020 年 12 月末，公司存续资产证券化信托业务 15 笔，规模为 322.61 亿元。2020 年 8 月，公司设立“重庆信托·葛洲坝股份单一资金信托（第一期）”，募集资金共计 37.5 亿元，向中国葛洲坝集团股份有限公司发放信托贷款，后续以信托受益权为底层资产，在交易所发行资产支持证券，有效支持湖北经济复苏。2020 年 11 月，公司设立“重庆信托·梅林卓悦汇 CMBS 财产权信托”，受托财产规模为 16.15 亿元，采用双 SPV 结构，与深圳市卓越商业管理有限公司合作，发行商业房产抵押贷款资产支持证券。

（二）慈善信托业务

2020 年 5 月，公司设立“重庆信托·产业扶贫慈善信托”，以产业扶贫的方式对重庆市的深度贫困乡镇——奉节县平安乡进行帮扶援助，公司经过3个多月的建设、准备，在平安乡文昌村建设完成“重庆国际信托援建扶贫车间”，通过产业支持帮助平安乡打通农副产品生产、采购、加工、销售产业链，打造具有影响力的农副产品品牌，从而帮助平安乡解决贫困人口就业，保证农民稳定增收，促进平安乡产业发展。

（三）消费信托

2020年，公司继续在消费信托业务领域研究和探索，进一步优化和完善公司明星产品“尊享消费系列”产品交易设计，设立了“尊享5号消费信托”，投资者通过认购该系列产品成为信托项下的专属会员，不仅能获得现金收益，还能获得重庆融汇温泉及重庆融汇丽笙酒店的专属消费权益，它将定制化的会员权益与信托交易原理相结合，能够有效刺激会员消费，并为投资者获得最优的消费收益，是公司服务消费、贯彻普惠金融、满足广大人民群众多样化需求的有效尝试。

（四）家族信托

为持续推进信托业务转型发展，2020年，公司进一步加大对信托本源业务的开拓力度，不断促进自身财富管理能力的提升。2020年，公司共设立家族信托11单，新增规模为1亿元，实现了家族信托跨越式发展，具体包括“重庆信托·臻善传家系列”“臻善传家锦盛家业”系列产品，为委托人提供财产规划、风险隔离、资产配置、子女激励、养老等事务管理和金融服务，并根据委托人意愿提供定制化的信托利益分配方案。

三、社会责任履行情况

公司始终坚持党的领导，积极贯彻落实国家宏观经济和产业政策，以助力经济发展和服务民生为己任，在深化供给侧结构性改革背景下，以“十四五”时期经济社会发展的主要目标和基本理念为指引，利用信托制度的灵活性服务国家重大战略，助推国家经济结构调整，主动提高服务实体经济发展质效，在新资管时代发挥信托制度更大效能。

截至2020年末，公司累计为地方经济建设募集资金逾1 800亿元，为人民群众创造财产性收入近800亿元，为促进重庆长江上游经济中心建设和成渝地区双城经济圈建设发挥了重要作用。公司主动响应“一带一路”倡议，主动对接京津冀协同发展、长江经济带建设、粤港澳大湾区建设等国家重大战略部署，提供综合金融支持，大力拓展公司服务社会、服务实体、服务民生的广度与深度。截至2020年末，公司服务实体经济的存续信托业务规模1 471.66亿元，其中服务成渝双城经济圈、京津冀地区、粤港澳大湾区建设存续信托规模分别达345.47亿元、

744.64 亿元和 179.79 亿元。

为积极响应国家支持中小微企业发展，纾困民营企业，打通融资难点的问题，公司在强化风险控制的基础上，集中金融资源成立了多个信托产品，以支持科创及中小微企业转型发展。2020 年 1 月至 12 月，公司新增服务实体经济信托业务规模 480.31 亿元；新增服务民营企业信托业务规模 312.41 亿元、新增服务小微企业信托业务规模 85.81 亿元，为大批小微企业提供了资金支持，帮助其改善经营，升级产品技术，充分激发小微企业发展活力，持续为区域经济发展、稳民生、稳就业、促转型作出积极贡献。

公司在自身平稳健康发展的同时，从未忘记企业的社会责任和使命，将践行企业社会责任作为重要工作，坚持开展扶贫助困活动，打造品牌化慈善活动项目，积极投身公益事业，用心回馈社会。截至2020 年末，公司累计向各类慈善活动捐款近2.52 亿元，主要包括“金色盾牌·重庆人民警察英烈救助基金公益信托”慰问救助捐款、“春蕾圆梦行动”、酉阳县扶贫捐款、奉节县扶贫捐款等。其中，截至 2020 年末，公司发起设立的“金色盾牌·重庆人民警察英烈救助基金公益信托”已累计拨付慰问救助金 1.59 亿元，共救助慰问公安干警及其家属和相关人员近 13 000人次；公司持续开展“春蕾圆梦行动”，打造品牌化慈善活动，已累计资助重庆当地贫困女大学生 272 名。此外，公司作为重庆市政府办公厅扶贫集团成员，累计为酉阳县脱贫攻坚捐款超 166 万元、为奉节县脱贫攻坚捐款 92 万元。公司还积极探索与慈善机构的合作，截至 2020 年 12 月末，公司共设立了 13 单慈善/公益信托，存续规模为 2.8 亿元，涉及扶危济困、产业扶贫、民生普惠、爱心助学等多个方面，其中“重庆信托·隘口镇扶贫济困慈善信托”为当前重庆市规模最大的慈善信托。

2020 年，面对突如其来的新冠肺炎疫情，公司勇担责任、广泛动员、连续奋战，在监管部门的大力支持下，第一时间响应党中央和市委、市政府疫情防控号召，发挥慈善信托制度优势，先后设立“重庆信托·万众一心共抗疫情慈善信托”“重庆信托·三峡银行疫情防控慈善信托”“重庆信托·中欧基金心意国际疫情援助慈善信托”等多只慈善信托产品，累计募捐信托资金超 1 000 万元，信托资金全部捐赠，用于支持新冠肺炎疫情防控工作。

根据监管要求，公司2020 年消费者权益保护工作有序开展，结合公司实际，加强组织领导，健全制度机制，强化执行落实，创新方式方法，提升产品和服务质效，切实保护了消费者的合法权益。公司按照监管部门的统一要求，积极开展 2020 年“金融知识进万家”“普及金融知识万里行”等多项消费者宣传教育活动，在活动开展过程中突出重点、紧抓节点、攻克难点、打造亮点，旨在通过开展常态化、经常性金融知识普及宣传活动，切实提高广大消费者的金融意识和金融素养。2020 年，公司未发生负面舆情及重大突发事件情况，未发生消费者诉讼及仲裁情况，未产生侵害消费者基本合法权益的情形。

四、2021 年发展规划

2021 年是中国共产党成立 100 周年和“十四五”规划的开局之年，以优异的成绩献礼中国共产党建党 100 周年，顺利开局“十四五”各项战略规划是公司在 2021 年工作的重点。公司将以习近平新时代中国特色社会主义思想为指引，不断加强党的领导与基层党组织建设，顺应供给侧结构性改革趋势，进一步提升服务实体经济质效，积极对接粤港澳大湾区建设、京津冀协同发展、成渝地区双城经济圈建设及长江经济带建设等国家重要战略部署，紧抓市场机遇，持续回归本源，加大业务创新力度，为社会经济发展作出更大的贡献。

（一）全面加强党的领导，提升党组织战斗堡垒作用

以中国共产党建党 100 周年为契机，公司认真贯彻新时代党的建设总要求，深入推进“5 + 2”党建总体布局，全面推进思想政治建设、党的组织建设、人才队伍建设及纪律作风建设，为实现整体战略目标保驾护航。公司不断加强思想建设，深入推进党的十九大及十九届历次全会精神学习宣传贯彻工作，深学笃用习近平新时代中国特色社会主义思想，武装头脑、指导工作。融入“互联网 +”思维，充分利用学习强国 APP、支部微信群等网络学习工具，使全体员工在学习的过程中能够给精神注入新动力、给思想注入新能量、让劳动创造新价值；广泛开展劳动竞赛，营造“比学赶超”的浓厚奋斗氛围。

（二）强化风险管理，严控项目风险

在监管趋严、全行业防范系统性金融风险的背景下，公司将坚守“宁可错过，不可做错”的风控原则，坚持贯彻全面风险管理战略，以深化整治银行业市场乱象为抓手，以全面风险排查工作为契机，依法合规经营、严控项目风险、严守风险底线，查漏补缺、举一反三，梳理内部业务流程与制度建设情况。公司采取包括但不限于合规知识竞赛、合规专题培训等方式，持续提升制度执行力与内控有效性。加强对国家宏观经济政策、货币信贷政策、财政政策、监管政策等领域的研究，密切关注市场及政策变化，准确判断行业发展趋势，着力加强风险防范的前瞻性；进一步完善风险控制组织架构与管理流程，提高审批效率，全面梳理重点行业和重点项目管理情况，确保不发生重大项目风险；认真从近年来行业发生的风险事件中吸取教训，做到警钟长鸣，加强公司项目尽职管理能力，提升风险防范意识；加强风险项目管控，通过多种措施多种渠道化解项目风险。

（三）落实监管及行业新规，进一步提升公司治理水平

公司严格按照监管部门及监管法律法规的最新要求，不断明晰合法合规展业边界，积极补

齐治理短板、堵塞治理漏洞，制定有效措施。根据《中华人民共和国公司法》《信托公司治理指引》等法律法规的规定，梳理《信托公司股权管理暂行办法》等监管新规要求，加强股权管理，优化股权结构，规范股东行为；完善履职考评体系，推动“三会一层”依法合规科学履职。梳理、修订相关制度，进一步规范和完善履职方法、路径和流程，提升董事会的运行效率与效果，促进公司治理水平再上台阶，加快实施中长期战略调整与转型发展。

（四）持续回归信托本源，坚持服务实体经济

公司积极落实监管政策，进一步深化市场乱象治理，主动调整业务结构，坚持信托本业为主体，固有和其他中间业务为补充的总体思路。深入研究市场需求，适应行业发展趋势，提升资产管理的专业化水平，用好、用足信托公司综合经营优势，融合各类业务模式和工具，为企业提供一揽子、一站式金融服务，满足企业全生命周期需求，打造共赢发展模式，切实提高服务企业质效，为信托业的根深本固的发展贡献力量。坚持金融是服务实体经济的血脉、服务实体经济是金融天职的宗旨，以更好地服务实体经济为出发点和落脚点，以提升实体经济发展的质量和效益为中心，以深化供给侧结构性改革为主线，实现公司与实体经济的良性互动、协调发展。

（五）培育壮大新动能，创新发展新路径

公司主动创新适应市场需求的业务和产品，积极响应国家号召，坚持政策导向，积极参与构建“双循环”体系，在新能源汽车、节能环保等领域主动作为，践行绿色信托导向。为各类企业提供贴身化的融资服务，创新普惠金融服务，不断优化产品设计，在消费金融领域打造个性化的产品，以满足人民群众对美好生活的向往，为服务国家发展增添新动能。

（六）精耕财富管理市场，提升财富品牌内涵

依托信托制度在所有权及收益权分离重构、财产独立性及风险隔离上的特质，信托公司具有开展高端财富管理业务的独特优势。公司将借助在财富管理领域积累的经验，利用在资产端、客户端及专业人才等方面的资源优势，为高净值及超高净值人群在风险隔离、灵活传承、慈善运作和综合投融资配置等提供服务。同时，配合公司财富管理整体营销需求，完善营销服务模式，强化品牌渠道建设与管理，加强信息科技投入力度，进一步提升公司品牌的认知度，增强客户黏性，最终实现财富管理业务的转型升级。

（七）加强信托文化建设，打造行业标杆企业

以全行业信托文化建设为契机，结合公司实际，统筹规划、建章立制、分步实施，通过在

公司治理环节、战略引导环节、考核机制环节的不断完善，持续提升信托文化在公司的普及性、重要性，不断加强受托文化建设、合规文化建设、创新文化建设、品牌文化建设。在延续 2019 年信托文化建设的基本理念的基础上，创造性地吸收借鉴经济发展新要求、行业监管新动向、文化建设新模式，构建既符合普适性文化价值，又具有中国特色的，与公司发展需要相适应的受托人文化。在公司内部形成人人倡导信托文化，事事融入信托文化的良好氛围。在行业内部将公司打造成引领信托文化建设的标杆企业。

国投泰康信托有限公司

2020 年经营概况

2020 年，国投泰康信托有限公司（以下简称公司）主动把握行业发展方向，积极通过主动转型、持续转型实现高质量发展、中高速发展，致力于初步建成行业一流信托公司，交出了一份亮眼的年度成绩单。

公司全年完成营业收入 18.24 亿元，同比增长 17.12%，其中手续费及佣金收入为 10.54 亿元，同比增长 1.99%。公司实现净利润 10.62 亿元，同比增长 15.51%。2020 年公司盈利水平位居行业前列，净资产收益率（ROE）达 13.57%。在金融市场整体收益率下行的背景下，公司全年累计向受益人支付信托收益 118 亿元。

此外，公司注册资本金增至 26.705 亿元，净资产规模也在持续增加，抵御风险的能力进一步提升。截至 2020 年末，公司净资产为 91.28 亿元，同比增长 39.66%。

2020 年，公司积极顺应监管导向，围绕"双循环"新发展格局，对实体经济提供了更多长期资金支持，持续压降传统融资和通道类业务，加大对投资类信托业务的投入力度。公司 2020 年末管理型信托规模为 1 675 亿元，其中主动管理型信托业务规模达 992 亿元，占比为 59.22%，比 2019 年提高了 12.6 个百分点。主动管理型信托资产占比的明显提升充分表明了公司在业务转型方面已初见成效，高质量发展的基础进一步夯实。

2020 年，公司进一步加强规范化、差异化、精细化管理，以专业化的研究团队和高效的金融科技水平支撑各项创新业务稳健发展，围绕"股权投资、证券投资、消费金融、房地产、供应链金融、资产证券化、FOF、境外投资、流动性管理"等主题，打造了风险可控、收益稳健、期限灵活的投资产品体系；持续构建和运行多种多样的标准化产品；成功发行公司担任受托机构的首单资产支持商业票据。

在财富管理领域，公司形成了"投资咨询、资产配置、全权委托、家族信托"全业务线。其中，家族信托业务已形成家族信托服务、私人家族办公室服务、财富传承信托服务、专户理财信托服务、慈善信托、养老信托、艺术品信托服务等七大产品服务矩阵。

二、创新业务案例

案例一：成功发行公司担任受托机构的首单资产支持商业票据

2020年8月21日，由公司担任受托机构和发行载体管理机构的“悦达融资租赁有限公司2020年度第一期定向资产支持商业票据”（以下简称本期ABCP）成功发行。本期ABCP是自银行间市场交易商协会研究推出资产支持商业票据（ABCP）以来，江苏省成立的首单资产支持商业票据，同时也是公司取得特定目的信托受托机构资格批复以来发行的首单资产支持商业票据。本期ABCP的发行规模为2亿元，基础资产为发起机构悦达融资租赁有限公司持有的个人汽车融资租赁债权资产。

案例二：和盈系列产品取得良好业绩

2020年，公司推出的“固收+打新”策略产品——和溢1号集合资金信托计划取得了良好业绩。该产品通过优选公募基金，寻找打新能力、底仓配置和基金规模综合实力较强的品种，选择合适的入场时点，确保客户能获得科创板打新的收益。同时，该产品储备了大量的备选策略，使在短暂的募资规模下降时期，组合也能保持稳定的收益水平，其策略产品的入围率也始终高于市场平均水平。2020年12月，“和溢2号集合资金信托计划”也启动发行，将进一步为投资者带来优质产品。

案例三：公司所投企业泰坦科技正式登陆科创板

2020年10月30日，上海泰坦科技股份有限公司（股票代码为688133）正式在上海证券交易所科创板上市，是科创板上市的首家科学服务公司。上海泰坦科技股份有限公司成立于2007年10月，专注于为科研工作者和质量控制人员提供一站式实验室产品与配套服务，致力于成为科学服务领域的变革者，更好地服务国家战略，保障国家科研物资安全，助力企业创新升级。公司于2016年投资泰坦科技。作为公司在股权生态领域的重要布局，公司坚信泰坦科技的公司价值，未来公司也会继续见证泰坦科技在科学服务领域大放异彩。

案例四：公司所投母基金取得良好业绩回报

2020年，公司所投母基金业绩表现突出，实现了半年投资期内投资回报率超过25%、现金回报率超过6%的良好业绩。公司投资的母基金覆盖项目涉及物流、供应链、硬科技、大消费、大健康等诸多热门领域，均是公司“十四五”规划中重点投资布局的业务领域，上述投资领域的良好布局，将更好地发挥公司在支持实体经济、产融结合、投贷联动等方面的优势，不断完善符合公司发展实际的“股权投资生态圈”体系。

2020 年，公司陪伴着母基金一同见证了覆盖项目的成长。截至 2020 年末，公司所投母基金已完成 43 个国内优秀基金/直投项目的投资，覆盖优质企业 549 个，其中已有 25 家企业上市/过会，40 多家企业排队冲刺 IPO，以及近 30 家独角兽项目。

三、社会责任履行情况

作为中央企业控股的信托公司和中国信托业协会理事单位，公司始终秉承“有道而正、信则人任”的核心价值观，以务实的精神、稳健的作风及细致的服务，为客户、员工、股东及社会创造最大价值。公司严格遵守国家法律法规、监管部门规章、规范性文件及《信托公司社会责任公约》、公司章程的规定，依法合规稳健经营，所有主动管理类产品均实现平稳运行，树立了良好的社会形象。2020 年，公司在《上海证券报》主办的第十三届“诚信托”奖评选活动中荣获“诚信托——管理团队奖”；在《证券时报》主办的“2020 中国优秀信托公司评选”活动中荣获“2020 年度优秀财富管理品牌奖”；在《银行家》杂志社发起的“中国金融创新奖”评选活动中荣获“十佳财富管理创新奖”；在中国企业评价协会、清华大学房地产研究所和中指研究院联合举办的“2020 中国房地产信托综合能力 TOP10”榜单评选活动中荣耀上榜。

2020 年，公司积极履行社会责任，主动投身公益慈善事业。通过参与中国信托业协会发起设立的慈善信托、组织党员捐赠等形式累计捐款约 60 万元，助力疫情防控。积极助力脱贫攻坚，开展消费扶贫，全年累计“以购代捐”25.51 万元；通过“集团公益捐赠平台”为贫困学生捐款，公司党员参与率为 100%。

公司持续开展公益慈善信托业务。2020 年成立“国投泰康信托 2020 年国投教育 1 号慈善信托”，首期规模为 160 万元，用于在甘肃省合水县、甘肃省宁县、贵州省平塘县、贵州省罗甸县等地修建教室、配备电子科技设备、强化师资力量和完善教育课程体系。此外，公司仍有 3 单慈善信托存续运作，其中，“国投泰康信托·2018 甘肃临洮产业扶贫慈善信托”继续支持甘肃临洮县扶贫开发；“国投泰康信托 2016 年国投慈善 1 号慈善信托”2020 年支出 993 万元，支持贵州平塘县产业帮扶、教育资助、技能培训、消费扶贫等定点帮扶项目；“国投泰康信托 2017 年真爱梦想 2 号教育慈善信托”继续支持“梦想力”基础研究项目。

在经营过程中，公司高度重视利益相关方的权益保护工作，高度注重风险管控，依照诚实、信用、谨慎、有效的原则，审慎管理信托资产，切实维护客户权益，年度内到期项目全部顺利清算，未出现兑付风险，存续项目运转良好，为客户投资理财的安全性、稳定性提供了必要保障。公司不断健全客户服务体系，以实际行动践行“普惠金融”的理念；高度重视客户投诉，持续完善客户投诉受理机制，客户投诉得到妥善处理；重视和保护员工合法权益，定期组织职业培训与相关技能培训，关心员工成长；按照监管部门要求，公司积极有效开展反洗钱、治理商业贿赂、案件防控和消费者权益保护工作，为维护社会安定和金融秩序作出努力。

四、2021 年发展规划

2021 年，公司将积极助力“双循环”，拥抱科技和产业革命；充分发挥信托公司作为连接金融和实业桥梁的作用；为实体经济提供针对性强、附加值高的金融服务。同时，公司将持续助力人民群众财富有效管理，实现财富的保护、增值和传承；深入研究满足人民群众近年来不断增长的慈善和养老等需求；持续丰富信托产品体系和服务水平，满足人民群众对美好生活的向往。

2021 年是公司“十四五”开局之年，也是公司打造高质量“新信托”的起步之年。公司将牢牢把握开局之年的发展契机，全面开启公司转型发展的新征程。在业务发展方面，公司将继续发展财富管理、资产管理、融资投行、服务信托四大板块业务，在开展传统信托业务的同时，积极深入布局重点创新业务，提升财富管理整体效能。

华宝信托有限责任公司

一、2020 年经营概况

华宝信托有限责任公司（以下简称公司）成立于 1998 年，是中国宝武钢铁集团有限公司（以下简称中国宝武）旗下的产业金融业板块成员公司，中国宝武持股 98%，舟山市国有资产投资经营有限公司持股 2%。公司注册资本金为 47.44 亿元。

公司立足钢铁生态圈专业化信托服务，为上下游机构和高端客户提供差异化财富管理和综合金融解决方案。2020 年，公司全力打造“专业化聚焦发展，一体化综合管理，区域化业务拓展”的经营管控体系，构建“一总部、多区域业务中心”的战略布局，打造更具竞争力的生态圈金融服务能力与体系。

自成立以来，公司为投资者创造了良好收益，1998 年至 2020 年累计为客户实现收益 2 288 亿元。截至 2020 年末，公司受托管理的信托资产规模为 4 307 亿元。

公司业务资格全面，拥有企业年金法人受托机构和账户管理人、受托境外理财业务、私募基金管理人、大宗交易系统合格投资者、资产证券化业务、新股发行询价对象等业务资格。

近年来，公司在各类外部评选中多次荣获各类奖项。其中 2020 年，公司荣获“浦东新区经济特别贡献奖”、《上海证券报》第十三届“‘诚信托’创新领先奖”及“最佳证券投资信托产品奖”、《证券时报》第十三届中国优秀信托公司评选的“2020 年度优秀创新信托计划”奖、“2020 年度优秀证券投资信托计划”奖、《21 世纪经济报道》第十三届“金贝奖”“2020 优秀信托公司奖”等重要奖项。

目前，公司产品利用多种结构和工具，覆盖了资本市场、货币市场、实体经济等各大投资领域，并在现金管理、金融市场、境外投资、产业金融深度服务、薪酬福利、家族信托等业务领域不断探索创新。

二、创新业务案例

2020 年，公司在进一步加大风险控制力度的基础上，继续推动特色业务发展。

作为中国宝武的产业金融业板块成员单位，公司围绕钢铁生态圈上下游企业的产业发展诉求，深耕钢铁生态圈金融服务业务领域，服务实体经济发展。公司运用市场化的金融工具有效整合社会资本力量，为钢铁生态圈上下游企业提供供应链金融、市场化债转股、企业财务结构优化改善、产业基金等综合金融服务。同时，公司深入开展中国宝武“钢铁荣耀 铸梦百年”宣传教育系列活动，推出“荣耀130”系列信托产品，为钢铁生态圈供应链上的中小微企业提供金融服务，降低中小微企业融资成本，2020年累计发行42期，产品规模超9.15亿元。

公司发挥信托制度优势，回归信托本源，深耕服务信托。2020年，公司持续优化企业年金和薪酬福利受托管理和服务，并不断提升主动管理能力，助力企业更好地吸引、激励和留用核心人才。截至2020年末，公司受托管理的企业年金和薪酬福利计划资金规模均超过百亿元。公司继续深耕家族信托业务，依托信托法律关系及公司家族信托管理系统，为客户搭建家族财富顶层架构，构建综合性财富管理平台，以满足客户包括但不限于财产保护、财富传承、资产配置、经营管理、税务筹划等在内的多维度需求。2020年，公司落地“家庭委托人”等创新模式，并与多家机构达成战略合作关系。在资产证券化领域，公司不断探索实践，积极创新业务模式，为客户提供多样化金融服务。

在资本市场领域，公司积极响应国家大力发展资本市场的号召，培育自身主动管理能力，构建全面、综合的资管产品线，服务于客户的财富管理需求。公司还充分利用自身在证券领域内的资源及专业积累，培养出一支能力出众的投资团队，大力发展TOF投资业务，在投资中贯彻大类资产配置理念，通过宏观研究确定重点投资方向，精选市场优秀基金产品，加速提升公司主动管理能力。

在国际信托业务领域，公司作为行业内较早开展QDII业务的信托公司之一，在2020年获批新增QDII额度1亿美元。目前公司QDII总额度达20亿美元，在信托行业保持领先，并不断推出创新产品，探索更多跨境投资新模式，为客户提供多元化海外资产配置选择。

三、社会责任履行情况

公司不断深化社会责任理念，积极承担社会责任，从法律责任、经济责任、公益责任、环境责任等多个层次进行社会责任管理推进，开展社会责任实践活动。

（一）精准扶贫

公司深入学习贯彻习近平总书记关于打好精准脱贫攻坚战的重要指示精神，积极落实中国宝武关于扶贫工作的各项部署，立足信托公司实际，创新扶贫模式，培育内生动力，全面推进扶贫工作。

公司提出精准扶贫“六个一”举措，通过组织一个招商采购团、组织一批智力扶贫培训材料、设立一个扶贫产业基金、设立一个扶贫产品专柜、组织一次扶贫产品销售劳动竞赛、开展一次“一日捐”献爱心活动六项举措，结合华宝信托行业特征及当地资源禀赋，深化产业扶贫，不断提升当地“造血”功能。

（二）抗击新冠肺炎疫情

2020 年初，新冠肺炎疫情暴发。公司迅速设立“华宝善行·抗击新型冠状病毒肺炎疫情专项慈善信托”（以下简称“华宝善行”慈善信托），积极支持新冠肺炎疫情防控工作。

“华宝善行”慈善信托于 2020 年 2 月设立，信托规模为 272.8 万元，与上海交通大学医学院附属瑞金医院合作实施相关慈善项目，全部资金用于以下两个项目：一是针对抗击新冠肺炎疫情的医疗物资短缺困难，部分资金用于资助采购抗击新冠肺炎疫情的设备物资，包括监护类、呼吸机类、ECMO 医疗设备和其他防护物资；二是为表达对奋战在抗疫前线的白衣战士的敬意和关爱，部分资金用于对赴湖北抗击疫情的一线医护人员发放关爱补助金。

截至 2020 年 2 月末，“华宝善行”慈善信托圆满完成相关慈善项目的实施。华宝善行慈善信托，充分体现了公司的社会责任与担当精神，表明了公司上下一心、共克时艰的决心。

（三）服务供给侧结构性改革

公司积极支持落后产能淘汰治理工作。公司贯彻落实中国宝武节能减排战略，落实钢铁行业超净减排要求，发展壮大城市钢铁节能环保核心业务，协助宝钢节能设立能源环保产业基金，并助力宝钢工程环境技术项目服务。公司已与武钢绿建共同成立了武钢新城市投资管理公司、合作设立武钢绿色城市产业投资基金，引入社会资本，共同投资武钢集团绿色城市建设等基础设施项目。

公司结合产业集团搭建“钢铁生态圈”。公司承担着其中生态圈金融平台的基础构架和主要服务商角色，定位于立足钢铁生态圈专业化信托服务，为上下游机构和高端客户提供差异化财富管理和综合金融解决方案。

公司始终以“受益人利益最大化”为经营理念，积极履行受托责任，遵守信托法和信托文件对受托人义务的规定，为受益人的最大利益处理信托事务，管理信托财产时，恪尽职守，履行诚实、信用、谨慎、有效管理的义务。公司不断丰富产品线及提升信托服务能力，努力为客户打造更好产品，提供更好服务，让更多的市场主体参与信托，享受信托制度的优势。

四、2021 年发展规划

公司通过产业金融深度融合业务，实现公司客户、股东及员工利益，充分发挥信托支持产业的金融功效，主动服务实体经济，进而实现集团和公司的战略发展和转型目标。

在转型发展过程中，公司牢牢把握高质量发展主线，坚持稳中求进的工作总基调，坚持走创新驱动、特色化、差异化发展道路，坚持严守风控合规底线。

公司将坚定探索供应链金融服务，努力成为国内行业领先、资产/财富管理能力一流、富有品牌影响力的综合金融解决方案的提供商，多种金融功能的集成者和供应链金融服务的引领者。

一是专业团队和品牌是客户选择资产管理机构的最关键衡量标准，所以公司要不断提升行业排名，并通过资产管理和财富管理两大主动管理能力的提升，打造品牌影响力。

二是综合金融解决方案和多种金融功能集成是信托的制度优势，所以公司要充分发挥信托公司全领域、跨行业等制度优势，将与非信托竞争主体（主要包括银行、券商、基金、私募、保险）交叉的各业务领域整合，体现公司“一站式服务”的综合优势。

三是集团产业背景是公司独有的股东背景优势，所以公司要充分发挥集团钢铁（全球第一）产业链长、业务场景多、客户数量多的特点，协同集团内金融牌照资源，结合信托的功能优势，在服务规模、客户数、商业模式等方面成为国内供应链金融服务的引领者。

华融国际信托有限责任公司

一、2020 年经营概况

（一）积极拓展本源业务，努力实现转型发展

2020 年，华融国际信托有限责任公司（以下简称公司）结合内外部环境及政策导向，进一步明确了新业务拓展方向，大力开展投资信托、服务信托和财富管理等本源型业务，以资产证券化类信托、家族信托及公益信托三类业务为主要抓手，稳步实现“去通道、降地产、控非标、回本源”的转型目标。

2020 年，公司在多个本源型业务领域有所作为。一是深耕资产证券化细分领域，2020 年新增资产证券化业务 6 个，规模合计近 150 亿元。二是积极响应国家脱贫攻坚战略部署，成立首单扶贫慈善信托计划，信托财产用于支付贫困白内障患者的手术费用，帮助 345 例白内障患者进行手术治疗。三是成立首单家族信托计划，创新性地将信托资金用途糅合家族企业发展及多元化金融产品投资等复合型投资渠道，满足了超高净值客户在家族财富传承基础上实现财富保值增值的全方位需求。

（二）完善风险防控体系，提高风险防化水平

2020 年，风险防化是公司经营工作的重中之重，公司一是不断完善尽职调查指引，定期制定业务策略指引，强化展业的科学指导；二是强化投后管理职能，提高后期管理精细化水平，完善风险监控指标设计，提高风险预警和处置效率；三是加快风险化解，积极研究风险化解措施，通过诉讼、债权转让、项目重组、资产盘活等方式推动盘活项目底层资产；四是提高风险控制的考核权重，严肃问责机制，加强合规培训，建立起稳健的风险文化。

（三）持续完善公司治理体系，加强内控建设

公司全面开展制度、业务流程优化及后评价工作。一是认真开展制度梳理和修订工作，持

续跟踪各类制度的实施效果，形成有效的后评价机制；二是完善业务管理流程，规范业务准入标准，逐步实现业务操作、流程操作、人员操作的标准化、规范化、制度化；三是深入分析项目风险成因，分析风险因与果，评判项目得与失，启迪业务道与术，彻底摒弃忽视风险的业务模式。

公司依法合规经营，完善内控体系。一是设立内控合规部，统筹公司合规管理。二是全面梳理各项操作流程，查找风险点，明确控制措施，以内控基础制度为基础，对制度体系进行梳理整合，全年新制定制度33项、修订制度52项、废止制度43项，确保所有内控流程关键节点有部室负责、有制度约束、有执行监控、有事后评价。

公司为业务发展转型提供机构、人员和制度基础。通过优化机构、简化流程，加强人员专业能力建设，为公司创新转型、回归本源奠定了人员基础。同时，结合公司发展转型实际，制定新业务种类的准入办法及考核激励办法，切实促进业务转型发展。

二、创新业务案例

公司自2020年初开始将回归信托本源作为新业务拓展的重要导向，在监管鼓励的资产证券化业务领域积极探索尝试并取得了积极成果。

案例一：家族信托

2020年10月15日，公司首笔家族信托项目——“华融·盛世传承家族信托定制1号”成功落地，项目预计总规模为10亿元，首期成立规模为3亿元，单笔规模在行业同类型产品中处于前列。该项目沿袭传统家族信托业务的产品框架，同时创新性地将信托资金用途糅合家族企业发展及多元化金融产品投资等复合型投资渠道，满足了超高净值客户在家族财富传承基础上实现财富保值增值的全方位需求，是公司尝试产品创新、回归信托本源的积极成果。

案例二：慈善信托

公司于2020年3月17日成功设立了“华融信托·定点扶贫1号慈善信托”。信托受益人为宣汉县纳入国家扶贫系统建档立卡的贫困白内障患者，由受托人根据宣汉县人民医院筛选的贫困白内障患者名单，按照信托合同的约定将信托财产用于支付贫困白内障患者的手术费用。本项目初始规模为20万元，截至2020年已完成全部资金的划付，帮助345例白内障患者进行手术治疗。公司慈善信托专业团队自2019年10月起与定点扶贫的四川宣汉县多轮沟通，深入现场调研论证。新冠肺炎疫情大规模暴发后，公司慈善信托专业团队加强与新疆民政部门的线上远程交流，通过多轮次、多方式的线上会议形式，按照监管要求将该信托的备案工作落地，确保了慈善信托及时成立，扶贫资金迅速到位。

案例三：资产证券化

2020 年 4 月 16 日，华融信托作为受托机构运作的“金融街中心资产支持专项计划”在深圳证券交易所成功发行。该项目基于金融街控股优质资产，采取成熟的“信托 + 专项计划”双层结构设计，发行总规模为 80 亿元，优先级证券评级为 AAA 级，发行利率为 2.8%，创国内 CMBS 优先档历史最低发行利率。华融信托将以此为契机，进一步深化资产证券化等领域的探索与创新，积极寻找优质项目，开拓新模式，共创新可能。

三、社会责任履行情况

自新冠肺炎疫情发生以来，公司针对该疫情期间的工作特点印发了《公司做好疫情防控期间业务经营工作指引》，要求业务团队积极主动联系客户，针对客户存在的应对疫情冲击、调整战略布局的并购重组等金融需求，在合规运作、风险可控的前提下尽最大可能提供资金支持。

2020 年，上述工作举措取得了积极成果，公司接连为红豆集团、福建三木集团等与抗击疫情相关的老客户新增了资金投放。其中红豆集团是公司合作超过 10 年的老客户，联合资信评级为 AA + 级，在新冠肺炎疫情暴发后紧急转产建成多条口罩及防护服生产线，公司 1 月、2 月为其新增投放资金合计 2.73 亿元，助力其应对该疫情的生产战略调整需求；福建三木集团为主板上市公司（股票代码为 000632），主营业务为进出口贸易，自新冠肺炎疫情暴发以来，其积极响应政府号召，组织旗下子公司开展防疫物资采购工作，为福建省应对疫情工作指挥部采购了防控应急口罩及手套，收到了福建省商务厅的感谢信。公司于 2020 年 4 月 28 日向其旗下子公司投放 3.8 亿元资金，为其贸易业务提供了资金补给支持，可以进一步为抗击疫情工作贡献力量。

此外，公司上下积极履行社会责任，积极响应中国信托业协会的倡议，第一时间加入“中国信托业抗击新型肺炎慈善信托”，捐助 50 万元；同时公司并作为中国华融的一分子，捐助 20 万元，公司 165 名党员自愿捐款 3.16 万元，支持湖北防疫新冠肺炎的帮扶救助工作。公司成立疫情防控青年突击队，组织开展了“抗疫 100 爱心扶贫活动”，公司员工共认购贫困县农产品共计 648 份，募集款项 3.06 万元，减轻脱贫受疫情的影响因素，助力贫困县脱贫。

四、2021 年发展规划

2021 年，公司将继续深化主业转型，坚定回归信托本源；聚焦风险防化工作，全力推进风险化解；加强基础管理，有效提升精细化管理水平。一是坚定回归信托本源。公司坚持在符合国家政策、依法合规、风险可控、收益可获、符合商业原则的前提下开展业务；重点开展符合监管要求的本源类业务、标准化业务，逐步调整公司信托业务结构；谨慎严控开展传统业务；加强集团分子公司战略协同业务。二是进一步提升风险防化水平。公司进一步提高投后管理科学性、有效性，建立多维度项目监测体系，对存续项目进行分类风险监测，因项目施策，加强重点项目现场走访，严防新增风险；进一步完善风险项目处置流程机制，加大不良资产推介和诉讼保全执行力度。三是积极拓展资金募集渠道。公司有效解决项目资金来源问题，充分发挥公司财富管理中心的募资渠道资源，提高项目推荐的资金匹配率，主动对接险资、财务公司、大型投资公司和上市公司等机构投资者，加强联系银行等金融机构提高代销资金力度。四是提高管理精细化水平。公司夯实管理基础，完善业务制度、流程，规范业务操作；深化内部管理，加强内控建设，完善内控体系，促进依法合规经营；持续改进全面风险管理体系，提高风险管理的精细化水平。

建信信托有限责任公司

一、2020 年经营概况

2020 年，建信信托有限责任公司（以下简称公司）经营业绩逆势增长，超额完成了董事会核定的经营计划。全年实现营业收入 39.46 亿元，同比增长 8.9%；净利润为 25.06 亿元，同比增长 13.5%；信托资产规模为 15 261 亿元，同比增加 1 349 亿元，增幅为 9.7%；注册资本增至 105 亿元；固有资产规模达 303.48 亿元，同比增长 23.4%。

（一）攻坚克难，全面推进业务转型迈上新高度

2020 年，公司持续压降通道类、融资类资金池及房地产信托规模，2020 年末各项指标均满足监管要求。以股权投资为代表的转型业务快速发展，2020 年末规模占比达 63%；收入贡献达 20 亿元，在公司全部营业收入中占“半壁江山”，业务结构持续转型优化。

一是股权投资业务开花结果、后劲充足。截至 2020 年末，公司投资科创企业约百家，其中已上市 17 家，有十多家正在上市过程中；成功设立 25 亿元的主题基金及总规模为 140 亿元的以机构投资人为主的基金，项目储备充足，全年立项、申报 275 个，落地 63 个，总规模超 47 亿元。

二是证券市场业务稳步增长。公司主动管理型产品规模达 891 亿元，同比增长 63.5%，主动管理型收入同比增长超过翻番；“凤鸣”系列产品形成相对完善的产品线，斩获多个权威媒体奖项。

三是传统融资业务加速转型见真章。2020 年，公司非标业务主动转型，大力发展非标转标、对赌型基建项目等产品，其中非标转标业务共落地 189.4 亿元，非标转标储备项目规模约 180 亿元；完成了信托业首单交易所 ABS。

四是优势业务领先地位更为巩固。公司新增榜单级家族客户 33 名，服务家族信托客户超 2 000名，较 2020 年初新增 539 名，实现收入 9 923 万元，为 2020 年同期的 152%；家族基金等创新业务不断落地；资产证券化业务逆势上行，信贷资产证券化累计发行规模破万亿元，各项

指标均蝉联市场第一；车贷证券化首单落地；ABN 新增规模跃升至市场第二，累计发行规模上升至市场排名第四；国改业务全年新增国有企业改革客户 50 个，基金管理总规模超 23.5 亿元，累计已出资项目 25 个，其中 4 个项目实现 IPO。

五是业务创新成果持续涌现。公司的"彩蝶系列"服务信托参与了渤海钢铁集团有限公司、山东大海集团有限公司等重整项目，中标金额约 2 000 亿元，成立受托规模为 570 亿元，属公司首创，获得监管机构高度认可；落地银行间市场首单"N + N"供应链 ABN、国内首单引入信用风险缓释凭证的房贷不良 ABS、国内首单非上市公司股权家族信托；启动了教育类预付款服务信托、三一重工链通宝产品项目；首次实现了在上海证券交易所存量非标转标业务 33.3 亿元。

（二）管理体系建设展露成效，运营管理水平显著提升

一是开启数字化转型，释放科技潜能。公司开展业务流程再造，全面梳理 IT 需求，推进集团数据一体化并初步打造了数据中台服务能力。

二是组建投研网络，培育内部智库。公司打造了各部门参与，前台、中台、后台联动的投研体系和囊括全部业务骨干的百人投研队伍，产生行业研究报告等一批高质量成果。

三是提升风控能力，筑牢风控铜墙铁壁。公司完善全面风险管理框架，组织开展专题风险排查，加强风险监测，及时处置化解风险苗头和隐患，取得较好成效。

四是优化项目审批工作，实现量质齐升。2020 年，公司完成项目审批 730 个，同比增长 32%，审批项目金额为 13 728 亿元，同比增长 17%；初步建立了外部行业专家委员库。

五是文化与品牌建设获得突破性进展。公司推进企业文化、信托文化、廉洁文化建设，确立了公司企业文化和品牌内涵，大力开展品牌宣传，品牌美誉度和品牌影响力全面增强。

二、创新业务案例

案例一：发挥信托优势　化解渤钢债务风险

2010 年 4 月，由天津市政府主导，天津钢管集团股份有限公司、天津天铁冶金集团有限公司、天津钢铁集团有限公司、天津冶金集团有限公司共同组建了渤海钢铁集团有限公司（以下简称渤钢集团）。2012 年，钢铁行业下行，国内钢材价格持续下跌，钢铁企业陷入全面亏损。2015 年，渤钢集团资金链彻底断裂，债务危机爆发。

渤钢集团作为国内特大钢铁企业与天津钢铁行业龙头，对区域经济有重要影响。各级政府、金融机构均迫切期待一份能有效化解风险、兼顾各方利益的破产重整方案。

公司高度关注渤钢项目。借助建设银行作为债委会主席的契机，公司组建专门的工作小组，

多次参与到重组方案的讨论，实质参与设计重组方案，提出了以信托模式参与债务风险化解的相关方案。

经过近一年时间的持续努力，债委会和管理人接受了以信托模式参与债务风险化解的方案，即通过“出售式重整”模式，将渤钢系企业一分为二，分别重组为“钢铁资产平台”和“非钢资产平台”。其中，非钢资产平台通过信托方式运作，并由公司任受托人，负责设立信托及后期管理工作，债权人通过获得信托受益权实现债权清偿。

经过各方努力，2020 年 1 月 15 日，渤钢项目成立。该项目成为信托行业首个以财产权信托形式参与企业破产重整的项目，得到监管部门、当地政府及市场的高度认可。

案例二：以资产证券化方式助力普惠金融

资产证券化业务符合信托业务本源，是监管部门鼓励的业务方向。公司将资产证券化业务作为战略性业务，开拓进取，锐意创新，累计发行规模突破万亿元，稳居市场第一，且实现了产品类型全覆盖。

2020 年 11 月 18 日，中国建设银行股份有限公司作为发起机构，公司作为受托人，成立“建信信托—建鑫 2020 年第六期不良资产证券化信托”。该项目以建设银行普惠金融部的小微企业线上不良贷款作为基础资产，发行规模为 5 亿元，期限为 5 年。该产品为全国首单对公普惠金融类不良资产支持证券项目，为腾挪信贷资源、支持普惠金融业务发展提供了坚实的支持。

三、社会责任履行情况

2020 年，公司认真贯彻落实党中央、建设银行总行党委的决策部署，以国有大行信托的使命担当，助推实体经济发展、支持新冠肺炎疫情防控及复工复产，全力服务“六稳”“六保”。

（一）发挥信托优势，助推实体经济发展

公司携手行业龙头开展投资，持续为实体经济“输血”，累计投资科技创新型企业近百家；创新设立“彩蝶系列”破产重整服务信托，属行业首创，规模达 570 亿元，助推大型企业重整进程；依托互联网供应链金融服务平台，累计为 5.83 万户民营企业和小微企业提供融资服务。

（二）提供多元服务，支持疫情防控和复工复产

公司开辟绿色通道，对涉及新冠肺炎疫情防控项目优先办理，主动帮助受疫情影响企业解决困难。报告年度内，公司通过提供融资、认购专项债、增加股权投资和展期等方式，支持疫情相关企业及帮助小微企业复工复产等共 88 笔、规模合计 90.29 亿元。

（三）参与和设立慈善信托，向社会奉献爱心

公司积极参与“中国信托业抗击新型肺炎慈善信托”，定向支持武汉新冠肺炎疫情防控；发起设立“关爱建筑工人慈善信托”，为建筑劳务工人群体捐赠防护物资等，惠及近 20 万人次；发起设立“遇‘建’未来集合资金信托”，支持儿童防疫助医。报告年度内，通过慈善信托为各类群体提供救助支持、奉献爱心产品规模超过 20 亿元，累计捐赠超过 1 000 万元。

（四）开展精准扶贫，助力打赢脱贫攻坚战

公司设立“建信联合精准扶贫慈善信托”，3 年募集捐赠资金约 666 万元，专项用于陕西安康地区精准扶贫事业；发起设立“建信信托—安康产业扶贫 3 号集合资金信托计划”，帮助解决安康富硒产业园区建设工程的资金缺口；通过“建工无忧”公益项目，向结对帮扶的粮茶村外出务工村民赠送保险；捐赠 5 万元支持粮茶村修建卫生室，提高基层医疗卫生服务水平。由于扶贫工作方面的突出表现，公司被中国网评为“精准扶贫先锋机构”称号。

四、2021 发展规划

2021 年，公司的总体经营思路是坚持以习近平新时代中国特色社会主义思想为指引，认真落实建设银行集团战略部署和公司党委、董事会的工作要求，主动“拥抱”资本市场，大力发展一二级市场投资业务，推动传统非标业务转型；深入推进新金融实践，回归信托本源，创新开展服务信托业务；完善组织管理体系，坚决守牢风险底线，努力开创建设一流全能型资管机构的新格局。特别是要加强党建引领，做强五类重点业务，做精五项重点能力。

（一）加强党建引领，落实“一岗双责”

公司做好做实“一岗双责”，坚持党建与业务同谋划、同部署、同推进、同考核；切实发挥党支部战斗堡垒作用和党员先锋模范作用，为公司改革发展提供坚强的政治和组织保证。

（二）做强五类重点业务，打造一流资管机构新格局

其一，落实总行“三大战略”，加强与总分行业务协同。一是探索住房租赁业务新模式，不断创新。二是提升供应链金融影响力，助力建设银行供应链金融业务做大做强。三是为农民工提供更加便捷的服务，建信开太平进一步扩大服务覆盖。四是提高与总分行协同联动的精度和深度，特别是在转型业务方面。

其二，拥抱资本市场，做优做强股权投资业务。公司要把握双循环格局、资本扩容和国改

三年行动等历史性机遇，主动拥抱一级、二级资本市场，大力发展股权投资类业务。

其三，巩固龙头地位，做大做强优势业务，将长板做长。公司要继续提升财富管理业务能力、扩大规模，提升财富部门对公司整体价值的贡献。扩大资产证券化领先优势，深耕服务型信托品牌，加强产品创新。

其四，提高业务标准，持续创新推动传统非标业务大力转型。公司要主动向资本市场靠拢，围绕价值投资，加强专业化能力建设。非标业务部门按照专业化团队进行改造；中后台部门随着非标业务的转型而转型。

其五，回归信托本源，做新做强服务信托业务。一是大力复制推广破产重整服务信托，扩大领先优势，打造品牌。二是发掘场景，积极探索涉众性普惠信托业务，体现信托本源发展要求、顺应监管号召、满足社会大众实际需要。三是充分依托科技支撑，开发专用系统，进行复制推广。

（三）做精五项重点能力，构建一流组织管理体系

其一，加大科技投入，加快提升数字化运营能力。一是加快推进重点转型业务数字化。二是加快建设数据中台，发挥数据潜能。三是做好业务部门和科技部门的衔接融合，实现 IT 价值最大化。

其二，全面升级，建立与全能资管相适应的运营管理能力。一是实现运营承接全面化，构建全面、高效、便捷的运营服务体系。二是提升运营管理专业化，完善运营制度体系建设，建立相应操作规范。三是加强管理精细化，建立预警诊断、操作差错管理机制，着力提升风险监测、应对及处理能力。四是推进业务中台能力建设，提炼和打造企业级可复用能力。

其三，全链条管控，持续提升业务评审专业化能力。公司要不断提升评审专业能力，特别是股权业务评审的专业能力；加强投前、投中、投后的管控措施。

其四，坚决守牢风险底线，提升风险管控能力。一是抓好资产质量，探索各类风险化解和处置手段；二是加速数字化风控能力建设。三是提升风险管理支持服务能力，打破部门壁垒，提高风控的敏捷性和效能。

其五，加强基础管理工作，提升综合管理能力。一是深化人力资源管理改革，持续做强人才引进。二是纵深推进计划财务转型，重构指标考核和财务资源配置体系全面推进财务流程、系统优化升级，持续完善财务制度和管理流程。三是强化法律合规管理，提升工作水平，为转型业务充分赋能。四是打造立体化的托管能力，以更开阔的视野积极对标一流资管机构先进模式，以立体化托管能力为业务转型保驾护航。

此外，还要严格落实监管要求，大力培育和树立良好的信托文化，做好保密教育、消费者保护、反洗钱、金融宣教、普法教育等工作。

江苏省国际信托有限责任公司

一、2020 年经营概况

2020 年，江苏省国际信托有限责任公司（以下简称公司）坚持“发展、创新、高效、稳健”的经营理念，积极按照新两规要求，发挥“受人之托，代人理财”的特点，立足信托本业，完善治理结构，改善经营机制，探索业务创新，加强人才开发，经济效益稳步增长，切实维护了受益人的最大利益。公司已经发展成为我国信托业中资产质量优良、管理规范、经营合规、信息透明、风控能力较强的信托公司。

（一）经营方针

公司的经营方针是发展、创新、高效、稳健。

（二）经营目标

公司的经营目标是大力发展金融股权投资，形成多元金融投资的格局，提升公司经营控制力和影响力；以客户需求为导向，以服务实体经济发展为根本，大力提升财富管理和资产管理能力，增强公司竞争活力和抗风险能力；大力推动市场化转型，提升公司治理水平和管理能力，形成与市场化发展相适应的组织结构、经营决策机制与人力资源体系。

（三）战略规划

公司的战略规划目标是以新发展理念为指引，以高质量发展为目标，顺应不断变化的内外部环境，抢抓发展方式转变和区域发展的战略机遇，以搭建“资产管理平台、财富管理平台、金融投资平台”三大业务平台为重点，深化公司体制机制市场化改革和经营管理创新，构建完善的法人治理结构，加大业务创新和转型力度，保持稳健良好的资产质量，全面履行社会责任，实现江苏信托向市场化一流金融企业的跨越。

（四）经营情况及业绩

一是经营指标实现逆势增长。截至2020年末，公司实现营业收入25.63亿元，信托手续费收入为10.53亿元，利润总额为22.10亿元，净利润为19.44亿元，净资产收益率为9.09%。公司2020年营业收入实际较上年同期增加2.47亿元，增长10.66%；利润总额实际较上年同期增加1.79亿元，增长8.81%；净利润较实际上年同期增加1.34亿元，增长7.75%。人均净利润为943.76万元，继续保持行业前列。

二是整体资产质量不断提高。截至2020年12月末，公司管理总资产规模为3 989.40亿元，其中，自有资产规模为280.74亿元，较2020年初增长46.46亿元，增幅为19.83%；净资产为223.07亿元，较2020年初增长18.21亿元，增幅为8.89%；受托管理信托资产规模为3 709.19亿元，较2020年初增加了31.96亿元，增幅为0.87%。2020年第二季度末，公司接到银保监局压降金融同业通道类业务和融资类信托业务规模的指令后，上下统一思想，细化工作方案，加强与交易对手沟通，不遗余力地争取项目提前结束。截至2020年末，公司金融同业通道类业务压降任务圆满完成，融资类信托业务余额趋势向下，按月环比下降；超额完成存量风险资产处置任务。

三是主动管理能力显著提升。

截至2020年12月末，公司存续主动管理类信托规模为2 246.06亿元，较2020年初增加1 191.40亿元，增长112.97%，主动管理类信托规模占比达60.55%，较2020年初提高了31.87个百分点，完成年度考核指标22%的275%；存续被动管理类信托规模为1 463.13亿元，较2020年初降低1 159.44亿元，降幅为44.21%。集合信托规模为1 967.74亿元，单一信托规模为1 741.45亿元。

2020年，公司在用益金融信托研究院主办的信托公司综合实力排名（2019—2020年）中，位列68家信托公司中第五，位居信托行业第一方阵。在《上海证券报》组织的第十三届“诚信托”奖评选活动中，荣获“‘诚信托’卓越公司奖”，并获2020年度中诚信国际“AAA”信用评级。

二、创新业务案例

2020年，公司积极推动传统信托业务向标准化转型，向服务信托转型，在非标转标、ABS/ABN、永续债/可续期贷款、财产权信托、股权投资等模式中寻求业务突破。

公司创设的安鑫添利系列产品，依托公司江苏省政信类业务，组合投资于各类债券和逆回购等标准化资产。截至2020年末，安鑫添利系列产品合计规模超过100亿元，盈利模式稳定可持续，为后续公司标品业务转型打下了良好基础。

公司推出的首个主动管理类净值型标准化固定收益类产品——江苏信托·现金添利1号集合资金信托计划，定位为信托版的货币基金，用于满足各类客户日常闲置资金的现金管理需求，受到金融同业、工商企业和个人客户的广泛认可。截至2021年第一季度，该产品处于全市场第二位。

三、社会责任履行情况

公司秉持“利国敦行”的价值理念，将社会责任履行作为国有企业应尽的义务、企业追求的价值之一、信托文化建设的关键一环。公司充分发挥信托制度优势和主动管理能力，积极投身公益活动，履行社会责任，打造优质的金融企业公益慈善平台。

（一）参与爱心捐款

公司积极参与各类捐助活动，连续多年为江苏省红十字会、南京市玄武区慈善协会、泗洪县雪三小学等捐资援助，帮扶社会困难群体。公司参加南京市玄武区“慈善一日捐，济困送温暖”活动，向北门桥社区捐款5 000元；参与“中国信托业抗击新型肺炎慈善信托”第三期，捐赠50万元；参加“全国消费扶贫月”活动，购买消费扶贫产品盐城市滨海县丰冠蜜梨420盒，费用总计2.52万元；党员自愿捐款支持新冠肺炎疫情防控工作，捐款总额为16 950元。

（二）助力慈善及公益事业

公司积极对接慈善组织及社会慈善需求，研发慈善信托；参与“中国信托业抗击新型肺炎慈善信托”；与公募基金会合作，助力社会公益事业。

（三）受托管理公益财产

公司为江苏省慈善总会、江苏省扶贫基金会、江苏省老区开发促进会、南京大学教育基金会、唐仲英基金会等多家公益慈善机构长期提供资产管理服务，实现公益财产稳健增值。

（四）开展志愿服务

公司建立了完善的志愿者服务体系，开展了形式丰富的志愿者活动，打造了一支优秀的志愿者服务团队。

一是金融知识宣传。公司向社会公众义务宣传金融知识，邀请专业人士为金融消费者举办讲座，以生动的案例提升消费者投资安全意识。

二是义务献血活动。公司定期组织员工参与无偿献血活动，展现公司关爱社会、回馈社会的企业形象和全体员工健康向上、乐于奉献的精神风貌。

四、2021 年发展规划

2021 年，公司将以推动企业高质量发展为中心，以深化业务转型为主题，以稳健经营为原则，以市场化改革为驱动，确保公司安全，实现公司实现可持续发展。

（一）紧扣转型发展，持续优化业务体系，增强发展韧性

一是加快调整资产端布局。在风险可控的前提下，公司探索形成几种符合公司经营理念的、可持续的、可复制的信托业务模式，提高信托报酬率，力争稳住营业收入。其一，大力发展标品信托。公司市场化引进专业团队，开展证券服务信托业务，积极开展“固收＋”业务，做大“安鑫添利”“现金添利”系列。其二，鼓励开展“平台＋”业务。公司在现有金标业务的基础上，在坚持四个优先的前提下，开展“平台＋”业务。其三，公司采用单一股权模式或是投资基金模式尝试开展房地产信托投资业务。其四，公司提高资产证券化专业化水平，上量上规模，用好政策窗口期。其五，公司探索 TOF 业务等创新类业务。

二是强化资金端建设。公司坚持直销与代销并举、个人与机构并重，提升客户结构多样化，促进资金来源多元化。以大财富管理为转型方向，整合财富管理和家族信托渠道资源，完善客户营销体系，为超高净值客户、高净值客户提供一揽子信托服务，大力发展家族信托业务。

三是提升自有资金运营管理质效。一方面，公司推进自营贷款、证券投资等业务，推进与“平台＋”业务协同的担保业务；另一方面，公司围绕打造优质金融投资平台，稳步推进利安人寿保险股份有限公司经营管理机制市场化，完成其国有股权受让，增强对其控制力和影响力。

（二）紧扣稳健经营，切实做好风险防范，增强发展稳定性

公司全方位增强依法合规经营、风险防控、审计监督、公司治理和安全生产能力，既要跟得上业务转型需要，更要维护好公司稳健经营，保证公司安全。

（三）紧扣机制改革，激发内生活力，增强发展创造性

公司创新市场化考评激励机制，不断完善考核激励机制和考核细则，坚持激励有力、约束有效，持续推进考核方式科学化。持续完善市场化人才机制，进一步完善人才梯队建设，加大标准化业务、股权投资等新型业务领域人才引进和储备。持续加强员工培训，推进培训工作常态化、制度化，建立健全多层次培训体系。

（四）紧扣科技赋能，打造金融科技体系，增强发展战略性

公司将进一步加大信息化建设投入力度和战略性布局，有效发挥信息科技对公司转型发展的支撑、促进作用。以金融科技提升运营管理能力，以金融科技提升财富管理能力，以金融科技提高产品创设能力。

（五）紧扣从严治党，持续提升党建水平，增强发展前瞻性

公司始终牢记国有金融机构属性，以党的建设为先导，确保国有企业姓党。同时，将信托文化建设与党的建设有效结合，打造公司独具特色的软实力。

交银国际信托有限公司

一、2020 年经营概况

2020 年，交银国际信托有限公司（以下简称公司）锚定“最值得信赖的信托资产管理机构”的战略目标，按照“规模靠前、质量优良、转型提速、财务健康、评级领先”的发展要求，坚持新冠肺炎疫情防控和经营管理“两手抓”，应急谋远，平稳转型，综合实力稳中有升。截至 2020 年末，公司资产总额达 183.02 亿元（合并口径）。

（一）服务实体经济，做好疫情防控

公司主动对接“长三角一体化”“长江经济带”等国家战略，全年投向实体经济信托规模为 691 亿元，新增占比为 68.11%。新冠肺炎疫情发生后，公司第一时间捐赠 550 万元驰援该疫情防控，通过发放信托贷款、认购疫情债等全力支持湖北复工复产。

（二）勇于攻坚克难，指标稳中有进

公司克服新冠肺炎疫情影响、监管变化、市场宽松等诸多困难，创新产品布局，精细资源分配，优化业务流程。全年实现营业收入 21.75 亿元，同比增长 16.76%；实现净利润 12.18 亿元，同比增长 7.07%，在行业整顿中逆势稳步向前。

（三）主动回归本源，攻坚转型发展

公司不折不扣地完成监管部门下达的金融同业通道类业务和融资类信托业务压降指标及房地产信托管控要求，年末主动管理型信托规模占比为 35.32%，较 2020 年初提升 9 个百分点。2020 年发行公募资产证券化产品 431 亿元，位居行业前八。“蓝色宝鼎”“风云”系列等证券信托产品初具规模，成功落地“嘉廷 25 号”项目 13.74 亿元，投资类信托取得突破。

（四）守住风险底线，筑牢经营屏障

公司贷后监控和临期管理扎实有效，2020 年累计清算和兑付信托规模为 1 907.76 亿元。化

解风险项目收到实质性成效，2020年末，信托资产风险率为0.46%，全年无新增风险项目。固有业务质量稳定，股权投资、专户理财表现稳健。优化征信管理和反洗钱工作机制，加强关联交易、内部交易和并表管理工作，压实案防责任，全年无处罚及重大风险事件，未发生各类案件。

（五）综合实力稳固，品牌形象提升

自中国信托业协会开展行业评级以来，公司连续5年被评为A级（最高级）。荣获人民银行征信合规与信息安全考评A级，荣获湖北省金融业反洗钱工作先进集体；荣获《上海证券报》"'诚信托'卓越信托公司奖"、《证券时报》"年度优秀风控信托公司"称号、《金融时报》"年度最佳风险管理信托公司"荣誉称号等。

二、创新业务案例

2020年，公司顺应监管导向和市场形势，积极推动非标业务向私募投行、证券投资、财富管理、受托服务等战略业务转型，将资源向具备"高价值、高潜力、低风险"等特质的业务倾斜，着力打造新的业务增长点。

（一）房地产业务实现创新转型

2020年公司发起设立权益类集合资金信托计划——交银国信·嘉廷25号集合资金信托计划，将募集资金用于受让标的公司100%股权，最终用于标的项目的开发建设。该项目作为公司首单房地产股权投资业务，是公司对信托公司传统业务转型创新的积极探索。

（二）标品投资业务多点突破

2020年，公司首个结构化证券投资信托——"交银国信·风云9号分级集合资金信托计划"、首个TOF产品——"交银国信·风云16号敦和TOF集合资金信托计划"、首个定期型报价式主动管理投资信托——"蓝色宝鼎1号"先后落地，运行良好。机构定制证券业务"汇利200号"系列信托年内实现投资类集合信托业务新增规模约305亿元。公司标准化产品体系正在不断丰富和完善。

（三）家族信托产品迭代升级

公司坚持高端私募市场定位，聚焦客户资产配置，满足合格投资人多元化财富管理需求。产品设置以客户为中心，不断丰富受托服务场景，创新推出"臻承"系列保险金信托业务，兼具保险与信托优点；创新推出“瑞承I类”系列家族信托，为客户提供更加个性化的财富传承方案。资产配置向组合化转型，投资种类从融资类信托扩展至银行理财、公募基金、现金管理、固收类产品等多样化资产组合。

（四）资产证券化业务保持领先

2020年，公司先后成功落地供应链ABN项目——融裕2020年度第一期定向资产支持票据和供应链ABCP项目——前海结算商业保理（深圳）有限公司2020年度大同煤矿供应链资产支持商业票据信托，首期发行规模分别为7.75亿元和5.01亿元，为企业提供了兼具流动性和资产负债管理的新型工具。2020年，公司信贷ABS发行规模为261.89亿元，企业ABN发行规模为168.66亿元，均居行业前八位。

三、社会责任履行情况

2020年，公司重视发挥企业社会价值，积极履行社会责任。一是全力支持抗击新冠肺炎疫情。公司第一时间向武汉市江汉区慈善会捐赠500万元，向“中国信托业抗击新型肺炎慈善信托”捐赠50万元，发动党员、员工捐款24.65万元，联系推动中国信托业协会慈善信托项目落地590余万元，驰援武汉、黄冈、孝感、英山等疫区紧缺医疗物资。同时，公司通过积极认购疫情防控债、受托发行湖北省首单消费金融ABS及东风财务公司资产证券化项目、采购湖北滞销农产品等多种方式，全力支持企业复工复产，助力消费市场复苏。二是积极助力脱贫攻坚。公司通过直接购买、引荐客户和电商平台等方式帮助天祝县销售农产品32.94万元；引进社会帮扶资金10万元，援建天祝县松山镇9号移民点“3+2”幼小一体化学校；累计投入党费扶贫资金126.8万元，援建天祝、理塘、色达、鹤峰四县7处扶贫项目。三是主动服务人民美好生活需要。围绕客户多样化的理财需求，公司不断创新产品、提升能力、优化服务，落地首单证券投资信托、首单定期型报价式主动管理投资产品——“蓝色宝鼎1号”、首单“臻承”系列保险金信托、首单定制化家族信托、首单房地产股权投资业务等，努力为客户创造更多可靠财富，不断满足人民美好生活需要，全年为投资者分配投资收益320.77亿元。

四、2021年发展规划

公司以习近平新时代中国特色社会主义思想为指导，以“打造最值得信赖的信托资产管理机构”为目标，以高质量发展为主线，以“三全”体系建设、深化改革攻坚、风险合规管理、全面从严治党四项重点工作为抓手，对标市场同业，加快转型发展，实现公司“十四五”良好开局。

（一）打造拳头产品，夯实客户基础，构建“三全”体系建设

一是对标先进同业，打造拳头产品，完善全光谱产品体系；二是夯实客户基础，组合产品运用，构建全方位营销体系；三是打破营销壁垒，鼓励跨界承揽，打造全口径分润体系。

（二）聚焦改革重点，破解发展瓶颈，激活跨越式发展动能

一是努力攻克资金难题；二是持续加快数字化转型；三是大力建设人才队伍；四是正确践行责任文化。

（三）守牢风险底线，管好资产质量，切实加强全面风险合规管理

一是深刻认识当前信用风险形势，做好提前预判；二是严格贯彻落实监管要求，做好合规风险管控；三是把好风险防控关口，持续攻关重点难点；四是继续做好案件防控工作。

（四）强化政治建设，加强党建引领，扎实推进全面从严治党

一是提高政治站位，把党中央决策部署和总行党委工作要求落到实处；二是压实全面从严治党主体责任；三是坚持严的主基调，健全完善体制机制；四是着眼长远质效抓整改，做好巡视整改“后半篇文章”；五是抓好基层党组织建设，发挥群团组织作用。

山东省国际信托股份有限公司

一、2020 年经营概况

2020 年，山东省国际信托股份有限公司（以下简称公司）面对新冠肺炎疫情冲击叠加宏观经济下行、监管政策收紧、资管竞争加剧等因素形成的复杂局面，坚持聚焦主业强基提质，坚决回归信托本源，加快推动转型创新，有效提升服务实体经济质效，公司整体保持了稳健运行。

（一）主要经营指标呈企稳向好态势

截至 2020 年末，公司合并资产总额为 206.98 亿元，负债总额为 105.09 亿元，所有者权益总额为 101.89 亿元。2020 年，实现营业收入 18.93 亿元，同比增长 1.13%；实现合并利润总额 6.78 亿元，同比下降 22.75%；年度净资产收益率为 5.86%，同比下降 1 个百分点；全年上缴各项税费为 10.96 亿元，同比增长 7.68%。

（二）信托资产创收能力进一步提升

公司持续优化业务结构，不断增强主动管理能力。截至 2020 年末，公司信托业务存续规模为 2 486.97 亿元，信托资产规模为 2 600.88 亿元。全年实现信托报酬收入 11.52 亿元，同比增加 1.15 亿元，同比增长 11.04%。全年共向投资者分配信托收益为 134.89 亿元。

（三）自有资金运作收益稳步提升

自有资产配置上坚持以安全性、流动性为核心，兼顾收益性；资金运用上注重多元化投资。一是投资公司自身信托产品和化解流动性风险与信托业务形成良好协同效应。2020 年末，认购公司信托计划存续规模为 52.35 亿元，融资类信托实现利息收入 2.50 亿元。二是股权直投收益可观。2020 年实现股权投资收益约 3.16 亿元，其中收到现金分红为 7 266.46 万元。三是金融投资运作稳健。股票、基金等金融产品投资全年实现收益约 2.85 亿元。四是公司与鲁信创投在创投基金业务等方面加强协同。新动能母基金与安徽皖禾基金年内直接及通过出资的创投基金共计投资7个项目，合计金额为1.73亿元。

二、创新业务案例

（一）加大标品业务拓展力度，打造转型业务“新航标”

2020年末，债券、家族信托、消费金融、现金管理和ABS五类创新业务规模合计712.53亿元，较2020年初增加330.42亿元。推出“鼎萨旭日升1号”“汇信1号”等多单证券投资集合信托；以ABS资产证券化业务为重点推进目标，与多家券商探索开展资产证券化业务合作。

（二）多元化募资渠道有序拓展，财富管理转型扎实推进

公司新设1个机构理财团队、2个营销网点，初步构建形成“521”销售体系。研发推出的首笔“安心”系列个人财富管理业务顺利落地。新增多家商业银行代销机构，多元化募资渠道不断扩展。

（三）深入实施智慧信托战略，以信息科技助推公司转型发展

公司逐步完善财富管理平台功能，实现销售移动化支持；建设家族信托电子签约模块，完成资产管理系统重构升级，启动智能风控系统建设，推进标品业务的自动化估值，进一步提升信息系统支撑能力。

三、社会责任履行情况

（一）抗击新冠肺炎疫情，践行国有企业责任

一是奉献爱心力量，彰显国有企业担当。公司积极响应中国信托业协会倡议，向“中国信托业抗击新型肺炎慈善信托”捐赠50万元；公司青年员工向中国青少年发展基金会捐款35 500元；公司向当地社区环卫工人捐赠口罩、消毒液等防疫物资，为新冠肺炎疫情防控常态化贡献信托力量。

二是减免贷款利息，共克新冠肺炎疫情难关。公司设立“弘德信系列”单一资金信托，减免借款人贷款利息，支持科创类实体小微企业；公司先后两次认购疫情防控债、设立“山东信托·青山9号集合资金信托计划”，助力企业复工复产。

三是致敬抗疫英雄，弘扬抗疫精神。2020年12月，公司邀请山东省第十一批援助湖北医疗

队队长、济南市中心医院重症医学科主任司敏和山东省首批援助湖北医疗队队员、济南市中心医院重症医学科总带教刘兆奇，分享“援鄂抗疫”故事，弘扬伟大抗疫精神。

（二）发挥综合优势，服务实体经济

公司脚踏实地回归信托本源，依托新旧动能转换重大工程的金融服务需求，精准发力，保障、支撑新旧动能转换，服务实体经济发展。

一是坚持聚资兴鲁，服务实体经济。截至 2020 年 12 月末，公司投向山东省内的信托存续规模为 475.35 亿元，其中 2020 年新增规模为 106.32 亿元；引入省外资金支持省内发展的存续业务规模为 88.49 亿元。2020 年上半年，公司为山东铁路发展基金有限公司提供资金支持，用于济南市地铁建设。截至 2020 年 12 月末，公司投向山东省内高端化工、现代高效农业、文化创意、精品旅游、现代金融业五大优势产业的信托贷款余额合计 4.53 亿元；投向山东省内信息技术、高端装备、新能源新材料、智慧海洋、医养健康五大新兴产业的信托贷款余额合计 24.8 亿元。其中，融资 4.49 亿元支持青岛智慧农业发展，资金用于袁隆平院士盐碱地改造团队青岛分部的建设；融资 6.95 亿元支持和达集团与华为合作在青岛市城阳区建设华为智慧小镇。

二是立足回归本源，大力发展家族信托、慈善信托等特色优势业务。家族信托方面，“德善齐家”家族信托品牌实现新突破。在慈善信托方面，与九三学社山东省委员会合作设立“大同系列·九三齐鲁扶贫慈善信托”，目前规模为 4.83 万元；与无棣县总工会合作，设立“大同系列·无棣县劳模筑梦扬帆慈善信托”，截至 2020 年 12 月 31 日，累计规模为 129.5 万元。2020 年末公司慈善信托存续规模为6 544.33万元，在数量和规模上均走在了全国慈善信托行业前列。

三是支持大众创业，服务万众创新，着力践行普惠金融。截至 2020 年 12 月末，公司消费信托存续规模为 13.07 亿元；2019 年上线的“天禧盈”现金管理类 TOT 产品，截至 2020 年 12 月末，产品规模为 10.67 亿元；债券业务 2020 年 12 月末存续规模为 492.01 亿元，较 2020 年初的 180 亿元增加了 312.01 亿元。

四是创新不拘一格，运用多元化方式发展绿色信托。公司发起设立“山东省新旧动能转换创投母基金”，向主营风电法兰及超大型锻件的某高端装备制造企业投资 1.2 亿元；公司为国产尾气净化催化器头部企业融资 3 800 万元，为减少雾霾、治理污染、改善空气质量增添信托能量。

（三）热心社会公益，勇担公民责任

公司积极参与当地社区社会公益活动，在“五一劳动节”和“五四青年节”之际组织 20 余名青年员工开展义务献血活动，荣获山东省献血办公室颁发的“无偿献血重大贡献奖”。公司先后组织党员和青年义工 100 余人次到济南市社会福利院、济南星神特殊儿童关爱中心、山东港湾公益学校、商河县许商街道敬老院及解放路十亩园社区等，开展“献爱心”志愿服务活动和公

益募捐活动，慰问孤寡老人、残疾儿童，向孤寡老人及残疾儿童资助生活用品、学习用具。

四、2021 年发展规划

2021 年公司将重点开展以下五方面工作。

（一）聚焦主业强基提质，加快业务转型，提升协同效能

公司坚持固有业务和信托业务“双轮驱动、协同提升”发展战略。一是加快信托业务转型步伐，稳步提升专业投资能力和资产配置水平。二是优化组织架构，整合内部优势资源搭建以“大类资产配置”为核心的投研体系、风控体系，全面提升标准化产品研发能力和资产配置能力。三是加快基于账户管理的家族信托、财富管理、慈善信托等服务类信托业务发展，积极回归信托本源，深化财富管理转型。四是持续提升固有业务运作质效。进一步提升固有与信托业务协同效能，加大创投项目拓展力度，持续优化金融股权投资布局。五是深入践行金融国有企业使命，全力服务山东省经济社会发展。

（二）进一步完善网点布局和团队组建，着力构建更有活力的营销体系

公司继续增设营销网点，择机扩展市场化营销团队，加强机构理财团队建设和机构业务拓展力度，积极构建以客户为中心、以市场为导向、更有活力的营销体系。通过“线上 + 线下”双轮驱动，大力发展自主营销，线上打造客户自助一站式服务平台，线下打造客户体验优质的“有温度”的物理网点，积极引导客户向净值型产品投资，有序推进产品系列化和财富管理品牌化建设。

（三）强化科技赋能，提升信息科技支撑引领能力

公司坚持业务导向和需求导向，以智慧信托为引领，加强信息科技建设。加快推进智能风控系统建设，搭建高效、可靠的风险管理数据平台，全面提升公司风险预判、风险管理和风险处置能力。完成公司 APP 2.0 版本升级，推出人机双录、线上路演等新功能。推动业务管理系统优化升级，加快标品业务管理系统开发，依托金融科技提高服务效率，降低运营成本，有效提升产品和服务的竞争力。

（四）扎实推进三项制度改革，激发企业内生动力

公司持续推动组织架构与人力资源优化，健全人力资源管理体系，积极探索职业经理人制度改革；遵循“本部专业化，异地综合化”思路对组织架构进行优化调整，有效激发企业发展

内生动力；顺应监管导向和公司转型需要，完善薪酬考核体系，切实增强行业竞争力；打造科学化、专业化的人才招聘、培训、考核机制，全面落实三项制度改革工作要求。

（五）持续完善风险管控体系，进一步提升全面风险管理能力

公司按照风险“可测、可控、可承受”原则，持续完善与业务特点相匹配的、多维度的、多层次的全面风险管理体系，从产品设计、产品营销、尽职调查、信息披露、风险揭示、投后管理等全流程增强受托管理能力。严把项目准入关口，做好项目投后、贷后管理，强化项目临期管理，做到风险早发现、早预警、早处置。做好各类业务额度管控和集中度管控工作，严格做好流动性管理，全面落实风险项目处置责任，推动风险项目尽早化解。

苏州信托有限公司

一、2020 年经营概况

2020 年，苏州信托有限公司（以下简称公司）在传统融资业务压量提质的基础上，进一步回归信托本源，坚守受托人定位，探索多样化的资金运用方式和投向，挖掘服务大众财富管理和传承需要，大力推动财富管理、标品投资、服务信托等信托业务的发展。截至 2020 年末，公司总资产为 61.28 亿元，净资产为 55.86 亿元，存续管理信托业务总资产规模为 820.45 亿元。公司实现营业收入 105 085 万元，利润总额为 68 068 万元，共实现受益人收益 55.92 亿元，受益人加权平均实际收益率为 6.34%。

公司凭借良好的社会声誉和独特的竞争优势，在《证券时报》主办的 2020（第十三届）中国优秀信托公司评选中荣获“优秀财富管理品牌”和“优秀慈善信托计划奖”；在 2020 年苏州金融服务体经济年度评选中荣获“战役先锋奖”和“特色金融服务奖”；在《上海证券报》主办的第十三届“诚信托”奖评选中荣获“成长优势奖”和“最佳慈善信托产品奖”；在网易新闻联合举办的 2020 首届苏州金融节——网易苏州经济学家金融年会暨苏州金融传媒大奖评选中荣获“年度金融服务典范品牌”称号；公司凭借“慈心·善举”系列慈善信托荣获江苏省人民政府颁发的第五届“‘江苏慈善奖’最具影响力慈善项目”称号。

二、创新业务案例

（一）标品投资

在资管新规、资金信托新规等行业监管政策的背景之下，非标债权业务在投资规模、期限错配上面临严格限制；对信托公司而言，提高在资本市场的参与度，加大拓展投资于债券、股票等标品的资管业务是大势所趋。2020 年，公司内部群策群力、积极响应，成功设立 3 单认购标准化债券的集合资金信托计划，包括“富乾 C2035X 集合资金信托计划”“恒信 J2057X 集合资金信托计划”和“恒信 J2069X 集合资金信托计划”，加速业务转型探索之路。

（二）财富管理业务

公司财富管理产品线不断丰富，初步建立起以平衡配置、稳健配置、积极配置、增强配置为投资策略的华荣系列信托产品，满足不同客户对财富管理信托产品的投资需求。为了更好地服务资金客户，结合当前财富管理类业务的投资配置需求，公司努力搭建自身的投研体系，投资构建大类资产配置格局，积极探索债券型基金领域。2020 年，公司设立了“苏信财富·华荣 H1901（稳健配置）集合资金信托计划”，投资范围包括银行存款、货币市场基金、债券、债券回购等。

（三）慈善信托

随着 2016 年 9 月 1 日《中华人民共和国慈善法》的正式实施，为运用信托制度开展慈善活动扫除了部分障碍。慈善信托作为一种新型的慈善方式，利用信托制度灵活、透明、高效的特点，能够更好地根据委托人的意愿开展慈善活动，并且有助于信托公司实践企业社会责任、树立公司品牌形象、促进业务转型发展等。公司在慈善信托领域处于领先地位。

2020 年，公司新设立 3 单慈善信托，截至 2020 年末共已成功设立 10 单慈善信托。2020 年公司设立了“苏信·抗击新冠病毒慈善信托（善举 9 号）”，用于支持全国范围内的防疫抗疫工作；“苏信·韩天衡文化艺术慈善信托”是公司首单用于支持传统文化艺术事业的慈善信托；“苏信·苏州中设慈善信托（善举 8 号）”用于支持教育、扶贫等领域。

（四）供应链金融

供应链金融的目标是提升供应链内部资金效率，最终达到多方共赢的效果。供应链金融模式的有效运用，对产业链中的中小企业与核心企业均有较大支持，实践意义较大。公司 2019 年开始重点研究供应链金融业务模式，已经取得阶段性成果。

2020 年，公司设立首单供应链财产权信托项目。一级供应商以对“核心企业”形成的应收账款作为信托财产委托给苏州信托，作为信托受益人享有该信托的信托受益权；苏州信托按照委托人指令进行信托财产的管理、分配，信托财产于信托计划结束时原状分配。

三、社会责任履行情况

公司积极履行社会责任，以实现社会的长期利益为发展目标，尽可能高效率地使用信托资源，以提供社会需要的产品和服务。

（一）助力新冠肺炎疫情防控，彰显信托力量

为抗击病毒、服务公众、回报社会，公司在苏州市慈善总会的指导下，成立了“苏信·抗击新冠病毒慈善信托（善举9号）”，首期募集资金为120万元，该信托主要用于医院采购抗击疫情所需医用物资、为一线医疗人员购买医用保险、捐助被感染病毒的困难群众及其家属，以及后期的公共卫生事业等。公司积极响应中国信托业协会的倡议，捐赠50万元加入“中国信托业抗击新型肺炎慈善信托”，该信托计划极大地缓解了湖北抗疫一线医疗物资与生活物资压力，为战胜新冠肺炎疫情、保障广大人民群众生命安全和健康出了一份绵薄之力。

（二）减费让利，全力支持中小企业渡过难关

新冠肺炎疫情发生后，公司积极响应国家、江苏省、苏州市的号召，发挥专业和本地金融机构优势，支持本地实体企业，努力落实“苏惠十条”，在与公司股东沟通协调后，对承租户中生产经营遇到困难的中小企业落实“1个月房租免收、2个月房租减半”的政策，共涉及30家商户，合计减免金额为258.9万元。同时，公司全力支持疫情防控企业扩大产能，与苏州资产管理有限公司合作，成立专项信托，优化审批流程，为苏州吴江区一家医用防护服生产企业提供贷款500万元。

（三）关爱社会困难群体，汇聚力量传递爱心

为助力慈善事业、履行社会责任，公司通过“‘善举2号’慈善信托计划”（以下简称“善举2号”），设立“苏信吴中爱心基金”专项用于“苏信颐家”社区居家慈善护理项目。服务对象包括吴中区东山镇失能、半失能的“五保”户、低保户、低保边缘户及困难家庭人员。截至2020年末，“善举2号”累计支出超过13万元，共计34户困难家庭受惠，居家护理服务总时长超过5 600小时，综合满意率达99.8%。与此同时，该项目解决了近20名东山镇涉水渔民再就业，获得了良好的社会示范效应。

公司积极响应苏州市慈善总会“同在蓝天下——慈善一日捐”活动，号召全体员工献爱心，共募集善款32 000元。

（四）发挥信托工具优势，助力扶贫攻坚战

公司爱心助学活动“回头看”走进铜仁市思南县香坝镇场坪小学。活动现场，公司代表向场坪小学的学生和校职工代表发放捐助物资，包括爱心校服、西服、鞋子共计892件，总计约11万元。捐赠物品由公司“慈心1号”和党建经费共同出资购买。自2017年起，三年多来，公司积极响应党中央、国务院号召，以高度的社会责任感，充分运用慈善信托的制度优势，连续

捐赠近百万元助力场坪村改善教育教学环境，为推进东西部扶贫协作、助力打赢脱贫攻坚战增添信托元素和信托力量。

（五）创新宣传形式，积极开展消费者保护工作

公司在开展日常经营活动中同时注意保护金融消费者的合法权益，不断加强制度建设，努力将消费者权益保护纳入经营发展战略和企业文化建设中。除了日常宣传外，公司也注重对重点人群、重点区域的宣传工作，着重加大对老年人、青少年等特定人群的宣传力度。公司通过走进校园、走进社区等形式，加大对重点人群的宣传频率；2020 年初，受新冠肺炎疫情影响，面对面的交流活动一时无法开展，公司积极联合各方机构和新闻媒体，寻求新思路、新方法，不仅通过新的宣传渠道保证了宣传工作的开展，更是开创了云课堂、网上竞赛、微视频等多种新颖的宣传手段。

四、2021 年发展规划

2021 年，公司将继续贯彻学习习近平新时代中国特色社会主义思想、党的十九大精神及监管部门的相关政策法规和指引要求，紧抓长三角一体化发展机遇，进一步坚守信托文化，回归信托本源，加强服务实体经济能力，努力通过自身的发展转型，提升信托服务的专业性、多样性和有效性，紧盯“客户基础扎实、业务结构合理、风险管理优秀、运营管理高效”这一发展目标，努力把公司打造成地方型信托公司中的标杆企业。

（一）三大业务板块全面发展

公司坚持投资银行、资产管理、财富管理三大业务板块全面发展，合理配置资源，尽快形成成熟的业务模式。重点聚焦特定财富人群，发展财富受托管理业务，提升资产管理能力包括投研能力、资产配置能力、主动管理能力等，形成具有很强竞争力的主营业务板块。不断丰富信托服务的领域，形成信托的新业务板块。

公司在信托业务方面注重发展质量、业务结构完整性及报酬率；证券投资、股权投资合理布局，标品投资及真实投资占比提高至整体业务规模的 50% 以上；家族信托、慈善信托、服务信托强化布局，提升质量和速度。

（二）加强标品投资

公司加强债券投资基金、资本市场 FOF/MOM、资产证券化、PE 基金、产业基金等业务的拓展，构建核心的主动投资管理能力；在有成熟的盈利模式和团队的基础上，积极引进外部成

熟团队；严格按照监管要求开展标准化债券投资业务。

（三）加强销售团队建设

公司积极提升公司销售能力，多维度细分老客户和识别客户潜在需求，甄选服务方案，为目标客户量身定制财富管理方案。一方面，公司构建全方位、立体化的直销体系，积累客户资源；另一方面，建立规范内部流程，与外部银行充分开展代销合作业务，做好资产与资金的对接工作；同时，加快异地销售团队的建立和发展，形成深耕苏州，布局长三角的销售团队模式，以进一步提升公司销售能力。

（四）积极开拓新业务领域

公司积极申领各类创新业务牌照，争取获得银行间非金融企业债务融资工具承销资格、QDII 资格，促进公司各业务板块联动，有效促进证券业务、家族信托业务及其他非标业务的承揽能力，形成标准化产品承销—投资联动体系，提升整体服务能力。

（五）提升金融科技服务水平

根据业务及管理需求，尤其是创新业务需求，公司及时开发更新相关系统，适时采购和验收新系统。将部分监管指标内嵌入信息系统，以实现对于信托业务的系统化管理。在公司目前科技资源短缺的情况下，积极与行业领先科技公司进行合作，充分运用大数据、区块链、云计算等智能科技手段，提升客户满意度与体验感，构建独特竞争优势。

（六）加强资本实力

截至 2020 年末，公司实收资本 12 亿元，在全行业 68 家信托公司中位居第六十一。资本金过低不利于投资多元化发展，对公司的监管评级产生负面影响，进而影响公司创新资质的获取，也不利于创新业务的拓展。公司要继续推进增资扩股工作，增强资本实力，整合股东资源，为业务的转型发展提供有力支撑。

五矿国际信托有限公司

一、2020 年经营概况

2020 年，五矿国际信托有限公司（以下简称公司）坚持稳中求进的发展总基调，严格落实监管要求，迎难而上、负压前行，主要经营指标均创历史新高，行业领先地位不断稳固，为二次转型奠定了坚实基础。

一是坚持疫情防控和复产复工双手抓，经营业绩稳步提升。面对突如其来的新冠肺炎疫情，公司第一时间参与湖北抗疫的慈善信托，成立“三江源·救疾战疫慈善信托”。以集团公司“党旗飘扬、党徽闪光”行动为载体，设立 7 支党员突击队，划分 21 个党员责任区，日日跟进、周周督导，抓紧抓实抓细各项防控措施，确保稳步实现复工复产。2020 年，公司实现营业总收入 51.64 亿元，增长 24.22%；实现利润总额 37.03 亿元，增长 32.20%；实现净利润 27.84 亿元，增长 32.27%，净资产收益率显著增长。2020 年，公司缴纳税款 30.26 亿元，在青海省金融法人企业中位列第一。

二是坚持外部大势和监管要求双适应，二次转型稳健起航。2020 年，公司存续信托规模为 7 028.54亿元，较 2020 年初压降 1 821.24 亿元。其一，业务结构优化显著。主动管理类业务规模为 5 977.05 亿元，占比为 85.04%，较 2020 年初增长 11.59 个百分点。其二，资金渠道建设亮点纷呈。公司财富中心年度销售规模迈上千亿个平台，服务大客户能力显著增强。其中，零售规模为 883 亿元，同比增长 86%；家族办公室实收信托规模 40.66 亿元。

三是坚持风险防控和效率提升双推进，精细管理稳固加强。公司建设“一体八面”全面风险管理体系。推行部门联席小组工作机制，差异化审批体系；优化业务审委会工作机制，完善跨部门风险防控联动机制，确保风险管控不留死角。

四是坚持当期发展和长远战略双注重，顶层设计稳妥开展。其一，圆满完成增资计划。在各方股东的全力支持下，公司增资 70.51 亿元，注册资本升至行业第二位，为提升风险管理能力及业务转型、行业评级、资质申请等工作打开了广阔空间。其二，科学编制“十四五”规划。公司高标准推进“十四五”规划编制工作，全面提升规划的科学性和系统性。

五是坚持公司党建与经营管理双促进，引领作用稳定发挥。其一，推进党建融入管理、监督和制度。公司党委组织党员干部签订“党建工作责任书”，党建责任层层压实。逐级签订“党风廉政责任书”，中层以上干部签订“廉洁承诺书”。

二、创新业务案例

（一）基础设施建设“F+EPC”模式

在本模式中，公司与施工企业组建联合体参与政府“F+EPC”项目的招投标，中标后由公司、施工企业与项目业主（一般为地方政府融资平台）签署F+EPC合同，约定项目建设工期，建成后由业主进行回购，支付投资成本及相应的投资收益。合同签署后由公司独资成立项目公司，承继联合体在该项目中的权利和义务，项目公司与施工企业签署《施工总承包合同》，约定建安费用结算和支付工程款等合作事项。公司根据建设需求发行信托计划为项目公司提供股东借款，项目公司收到回购款后偿还信托贷款本息。项目结束后以项目公司清算或股权转让等形式实现信托计划股权部分的退出。

项目名称为××经济开发区2020年第一批项目工程总承包（FEPC）；项目业主为××经济开发区建设发展有限公司（以下简称××经开）；担保主体为××市城市投资发展有限公司（以下简称××城投）；建设内容为产业园区；总投资约为22亿元；合作期限是建设期为2年，回购期为3年。

该项目的交易结构如下。公司与五矿二十三冶建设集团有限公司（以下简称二十三冶）组成联合体参与“××经济开发区2020年第一批项目工程总承包（FEPC）”项目的投标，项目业主方为××经济开发区建设发展有限公司。中标后由公司、二十三冶与××经开签署F+EPC合同，合同签署后由公司独资成立项目公司，项目公司承继联合体的权利和义务进行标的项目的投资建设。公司成立信托计划募集资金并向项目公司发放股东借款，解决项目建设所需资金，二十三冶负责项目的施工建设。项目建成后××经开对项目进行回购。

项目公司与二十三冶签署《施工总承包合同》，建设期向二十三冶支付不超过约定比例的工程款，剩余工程款在回购期业主正常支付回购款且项目公司偿还完毕全部信托贷款本息后向二十三冶进行支付。

信托规模为不超过13.5亿元，A类100万元，B类不超过13.49亿元，B类可分期发行。信托期限为A类信托计划不超过10年，B类信托计划各期期限不超过24个月。资金用途为A类信托资金作为股权出资，B类信托资金用于向项目公司发放给股东借款。退出方式为A类信托资金通过项目公司清算分配或股权转让实现退出，B类信托资金通过项目公司偿还信托贷款本息的方式退出。增信措施为××城投为××经开回购价款的支付义务向项目公司提供连带责任保证担保。

（二）非标+标品混合投资项目

本模式通过搭建“募集层+运作层”双层结构，实现标品信托及非标信托的混合投资。募集层信托计划由公司与代销券商合作成立，信托资金按一定比例投向运作层资产。运作层资产分为两部分：一是非标资产，即信托资金直接或通过公司主动管理并经券商认可的非标信托计划，投向底层非标资产；二是标品资产，即信托资金直接或通过券商推荐的资管计划、私募基金、公募专户等资管产品，投向标品资产。

公司发行了“五矿信托—金裕系列集合资金信托计划”（以下简称本系列信托计划）。本系列信托计划为混合类集合资金信托计划，分别设立单只信托计划投资于公司主动管理且经××有限公司（以下简称××公司）认可的非标资产及经××公司筛选的标品资产，本系列信托进行净值化管理，由××公司及其子公司××财富证券有限公司进行代销。

首次成立的金裕1号信托资金×%投向“五矿信托—长利稳增34号集合资金信托计划”；信托资金（100－×)%投向“量化对冲私募证券投资基金”。

三、社会责任履行情况

2020年，公司坚持经济效益和社会效益相统一，积极履行依法纳税责任，全年纳税额在青海省金融法人企业中位列第一。

（一）全面加强党的领导

公司紧紧围绕“一核、两翼、四大体系”核心任务，着力提升基层党建工作质量，为激发组织活力、进一步提升党建工作科学化规范化水平、实现全年工作目标提供坚强的政治和组织保证。

（二）有效防控金融风险

公司以党的十九大和党的十九届二中、三中、四中、五中全会精神为指导，主动配合监管检查，认真组织自查自纠，全面提升风险把控能力。启动“一体八面”全面风险管理体系建设，进一步强化风险管理文化，建设提高风险管理水平。

（三）服务实体经济发展

服务实体经济是信托业发展的根本宗旨，也是推动我国经济高质量发展、满足人们美好生活需求的必然要求。公司立足行业、回归本源，大力开展主动管理业务，紧扣国家战略，积极服务“一带一路”、京津冀协同发展和长江经济带建设，加快融入粤港澳大湾区城市群发展；助力“双循环”新格局构建，积极融入京津冀、长三角、粤港澳、成渝等国家战略城市群建设；积极探索新一代信息技术、新材料、生物医药等领域。

（四）服务人民美好生活

公司坚守“受人之托，代人理财”的本源理念，坚持“专业、勤勉、尽职”的发展理念，忠实履行受托责任、践行责任金融、普惠金融，通过“科技+数字化”提供更加高效、专业化服务，坚持满足人民群众日益增长的财富管理需求。公司联合国家金融与发展实验室发布了《家族财富管理十年回顾与展望——家族财富管理调研报告（2020）》，通过开展基础性、创新性的研究，为探索真正适合我国国情的家族财富管理贡献力量。

（五）积极助力脱贫攻坚

公司积极践行中央企业社会责任，投身精准扶贫事业，将慈善信托作为践行社会公益的重要平台，深入推进产业扶贫、教育扶贫、基础设施建设等扶贫项目，助力扶贫县夯实发展根基。2020年，公司工会公司积极响应中央“消费扶贫”政策和集团公司定点扶贫安排，采取“以购代帮”的方式，助力国家精准扶贫攻坚，践行企业社会责任，支持和参与贫困县的脱贫攻坚。

（六）大力支持绿色信托

公司始终坚持生态优先、绿色发展，促进生产生活方式绿色转变。突出精准、科学，资助澜沧江科学考察项目，为源区的科学研究提供本底数据，为三江源国家公园的建设与科学治理提供科研支持；参与支持第二届“饮水思源·探秘三江源”大型公益活动，呼吁守护“中华水塔”，守护人类共同的家园。活动特邀了20位来自武汉、西宁等地一线抗疫医护人员参与，向这场防疫防控阻击战的“最美逆行者们”致敬。探索绿色扶贫新风尚，通过慈善信托向青海省玉树藏族自治州治多县及曲麻莱县捐赠垃圾回收、运输及处理器械，减轻当地垃圾处理压力，并通过可回收垃圾存放及出售，在减轻环境压力的同时产生一定的经济价值，直接惠及贫困户227户、674人，实现绿色发展、循环发展、低碳发展的相结合。

（七）大力支持公益慈善

公司2020年新设立14单慈善信托，覆盖扶贫济困、生态环保、扶助教育、中医药文化等多个领域，为实现新时代共建、共荣、共享的慈善公益事业贡献自己的力量。新冠肺炎疫情期间，公司第一时间参与中国信托业协会倡议发起设立的“中国信托业抗击新型肺炎慈善信托”，并成立“五矿信托—三江源救济战疫”系列慈善信托。在疫情严重期间，积极响应国家和监管号召，为中小企业主等延长还款期限。拓宽慈善信托的交易结构、服务边界与内涵，设立了首个自主管理的“习行众善”系列慈善信托。

（八）有效提升人本价值

公司始终高度重视人才梯队建设，将“以人为本”深入落实到公司治理中，坚持人才是赢得主动、赢得优势的战略资源。2020 年公司继续实施行业领军人才、精英人才和基石人才三个层次的人才选拔标准与培养体系，始终将人才视为发展之基、创新之要、竞争之本；公司工会在工作中不断推陈出新，举办丰富多彩的线上、线下活动，努力创造“以人为本、健康生活、快乐工作”的人本文化环境。

（九）不断推进消保工作

公司认真贯彻各项法律法规和监管要求，切实履行“卖者尽责”义务，通过完善消保组织架构、强化消保制度体系建设、持续开展消保宣传活动、完善内部监督机制、规范投诉管理等举措，不断深化消费者权益保护工作，践行国有金融机构责任担当。

2020 年，公司持续加强对消费者权益保护工作的系统性管理指导，从公司整体层面部署工作方针，推动公司消费者权益保护工作自上而下的纵深开展。公司围绕服务消费者的基本出发点，在各项制度设计和日常业务环节充分落实消费者权益保护主体责任，形成可持续、常态化的消费者权益保护工作体系。结合监管政策及业务发展情况，对信息安全保护、产品服务规范和业务风险管控等制度进行制定及修订工作。积极参与监管机构组织开展的各项金融消费者教育活动，以问答对话、图片漫画、小视频等多种形式开展金融知识宣传，在青海西宁举办“中国信托业‘诚信为本、稳健为基’2020 投资者教育活动”等。

四、2021 年发展规划

一是提升全面性风险控制能力，打造稳健信托。公司将继续践行“四个常怀、四个确保”风险观，围绕信用风险、法律合规风险、市场风险、流动性风险、战略风险、操作风险、信息科技风险和声誉风险八大类别风险，推进全面风控、主动风控和数字风控，持续健全“一体八面”风险管理体系。

二是提升系统性文化引领能力，打造文化信托。公司将严格落实信托业年会会议精神，开展文化建设工程，持续加强文化建设软硬件投入，整合各类资源，确保文化建设全员参与、全面覆盖、全部落实和取得实效。2021 年，公司还计划推出 ESG 评价体系（生态环境、社会责任和公司治理三个维度)，在实现自身高质量发展同时，充分践行企业社会责任。

三是提升先进性创新驱动能力，打造创新信托。公司将从体系、机制、人才队伍建设等方面做好优化升级，发力投研体系建设，以充分挖掘和激发全员创新合力，助力公司转型发展。统筹规划创新研究、实践和推广机制，确保公司创新优势能快速转化为产品优势、转化为市场优势。完善绩效考核方式，打造全面效能评估体系，切实激励所有部门、所有人员想创新、愿创新和能创新。

四是提升综合性管理服务能力，打造质效信托。公司以坚持回归信托本源、服务实体经济为导向，加快向标准化、净值化业务转型，均衡发展资产管理、财富管理、实业投行和受托服务四大信托业务，高效开展固有业务，加强标品业务、股权投资管理能力和配套体系建设，持续提升整体效能水平。

五是提升利他性赋能增势能力，打造共享信托。“利他”是符合金融本质的经营逻辑。面对未来多维度、跨领域、难预测的全新竞争环境，公司要运用好“利他、普惠、可持续”的共享思维，打造“相互协同、相互支撑、相互利他”的“钢缆模式”，实现与股东、客户互利共赢，为投资者创造价值的良性局面。

兴业国际信托有限公司

一、2020年经营概况

2020年，兴业国际信托有限公司（以下简称公司）积极应对宏观经济金融形势变化，坚决贯彻落实监管要求，围绕“效益优先、严防风险、聚力创新、深化转型”的工作主线，主动调整经营方向，稳步推进战略转型，着力优化业务结构，切实夯实发展基础，公司总体经营继续保持平稳健康发展态势。截至2020年末，公司（母公司口径）资产总额为212.81亿元，比2020年初增长16.80%；总负债为34.51亿元，比2020年初增长125.32%；所有者权益为178.30亿元，比2020年初增长6.84%；公司2020年累计实现营业收入27.49亿元，实现净利润11.64亿元，净资本/风险资本指标、集合资金信托贷款规模占比等指标均优于监管要求，拨备覆盖率较年初大幅提升，房地产业务集中度显著下降；在中国信托业协会组织的行业评级中，公司连续五年被评为最高等级“A级”。

（一）积极压降传统通道类业务规模，调整优化信托业务结构

公司遵循监管要求，积极压降传统通道类业务规模，大力推进业务结构调整，提前完成非标融资类资金信托规模压降任务，主动管理业务规模占比进一步提升。截至2020年末，公司存续信托业务规模为3 649.41亿元，较2020年初下降33.64%。全年新增信托业务规模1 073.15亿元，累计实现信托业务收入19.28亿元，其中主动管理业务收入为15.58亿元，占比进一步提升，达80.81%。

（二）稳步推进战略转型，特色转型业务快速发展

一是非标主动管理业务创新提质。公司新基建专项业务得到稳步推进，在“两山理论”的发源地——浙江安吉开展县域绿色新基建业务探索，荣获“年度优秀基础设施信托产品奖”。大力推进非标转标专项业务，获得沪深交易所合计300亿元储架额度，有序开展入池资产组织。

二是绿色信托业务继续保持行业领先。公司成功落地全市场首单绿色疫情防控债券和绿色

防疫 ABS 产品，启动国内首支生物多样性绿色慈善信托。截至 2020 年末，绿色信托存续规模为 490. 21 亿元，占信托业务总规模的比重达 13. 43%，其中主动管理类绿色信托业务规模为 254. 9 亿元，较 2020 年初增长 23. 71%。

二是标品信托产品体系逐步完善。公司现金管理类产品日均规模为 232. 27 亿元，同比增长 28. 59%。权益类证券投资产品矩阵得到丰富，落地公司首单直销主动管理类混合型 TOF 产品；设立业内首单开放净值型标准化绿色资产投资信托产品，填补行业在标准化绿色金融资产直接投资产品方面的空白。QDII 额度增至 2. 8 亿美元。积极推进全链条资产证券化业务落地，不断加大承销业务拓展力度，在市场首单绿色疫情防控债中，首次在同一单 ABN 业务中同时担任 SPV 和分销商双角色。

四是服务信托本源业务快速发展。家族信托服务体系逐步完善。薪酬递延信托及保险金信托业务模式快速推广，落地公司首单保险金信托项目。主动管理证券服务信托业务体制得到优化。截至 2020 年末，家族信托、全权委托存续规模 70. 95 亿元，较年初增长 93. 32%；薪酬递延信托存续规模 6. 27 亿元，年内新增落地 19 笔。

五是私募股权投资业务有序推进。公司全资子公司——兴业国信资产管理有限公司年内新增落地 PE 基金及并购基金类项目 15 个，新增规模 56. 99 亿元。已投企业孚能科技成功登陆科创板，成为江西省首家科创板上市企业。

（三）全面加强风险内控管理，管理支持效能稳步提升

一是筑牢风险管理三道防线。公司及时传导客户准入标准及监管政策导向，前移风险管理关口；持续优化风险管控模式和流程，进一步规范异地展业、加强客户限额管理，完善经营机构风险管理规范性和有效性的检查评估体系，提升项目尽调质量；密切关注新冠肺炎疫情影响，持续加强信用业务存续期管理，提前化解潜在风险隐患项目；统筹核定年度呆账核销额度。公司有效发挥审计监督作用，完善监审联动工作机制和审计整改督促落实机制，加大违规行为问责力度，形成审计建议落实的压力传导和倒逼效应。

二是管理支持与科技赋能作用得到释放。公司增强风险审批、资产管理、法律税务等专业人才配备，加大转型业务培训力度。首次制定信息科技五年规划，前瞻做好系统建设与金融科技发展趋势融合布局。高度重视监管数据质量治理工作，完善公司基础数据标准，提升数据治理水平。围绕公司转型需求，有序推进各类系统建设，运用科技手段，加快替代人工重复操作，不断强化科技赋能。持续夯实信息基础设施，加强科技风险管控和信息安全建设，保障公司业务稳定运行、降低新冠肺炎疫情等突发事件对业务连续性造成影响。

三是高度重视信托文化建设工作。公司将信托文化建设作为 2020 年重点工作，围绕“信托文化教育年”的主题，制定落实公司《2020 年信托文化建设规划及实施方案》，深入开展“制

度与治理年”活动，加强业务管理机制与人才机制建设，积极开展投资者教育与保护，在产品运营管理、信息披露、信息安全保护等方面有效落实金融消费者权益保护工作要求，并运用多元化金融服务手段积极支持新冠肺炎疫情防控、实体经济和绿色发展。公司通过将“守正、忠实、专业”的要求嵌入公司经营管理各环节，努力夯实良好的受托人文化，切实履行好信托文化建设的主体责任。

二、创新业务案例

2020 年，公司认真贯彻落实国家宏观政策和金融监管要求，以推动业务转型与结构调整为契机，特色转型业务快速发展。

（一）绿色信托业务继续保持行业领先

公司成功落地全市场首单绿色疫情防控债券和绿色防疫 ABS 产品——“华电国际 2020 年度第一期绿色定向资产支持票据（疫情防控债）”；设立业内首单开放净值型标准化绿色资产投资信托产品——“兴业信托·绿金优选集合资金信托计划”，填补行业在标准化绿色金融资产直接投资产品方面的空白；启动国内首支生物多样性绿色慈善信托；在“两山理论”的发源地——浙江安吉开展县域绿色新基建业务探索，荣获《证券时报》评选的“年度优秀基础设施信托产品奖”。

（二）标品信托产品体系逐步完善，服务信托本源业务快速发展

现金管理类产品日均规模为 232.27 亿元，同比增长 28.59%，“元丰现金管理 1 号”产品收益率继续位居市场同类产品前列；权益类证券投资产品矩阵得到丰富，QDII 额度增至 2.8 亿美元；薪酬递延信托及保险金信托业务模式快速推广，落地公司首单保险金信托项目，家族信托服务体系逐步完善。

（三）股权投资业务发展势头良好

2020 年，旗下兴业国信资产管理有限公司新增落地十余项 PE 基金及并购基金类项目；参投企业孚能科技通过科创板 IPO 审核，成为江西省首家科创板过会企业；福光股份、三安光电、蔚来汽车等股权投资项目顺利实现退出。

三、社会责任履行情况

2020 年，公司围绕建设“综合性、多元化、有特色的全国一流信托公司”的发展战略目标，

大力倡导以“可持续发展为导向，实施社会责任管理，提升核心竞争力”的发展理念，积极履行社会责任，打造责任文化。公司注重发挥信托制度功能优势，加强金融创新与履行社会责任相结合，积极承担信托公司的经济功能和社会责任，将社会责任工作融入企业价值观、企业文化、战略规划和经营管理当中，推动公司积极服务国家战略导向、服务实体经济，并在推动开展社会保障事业、社会公益事业发展等方面积极发挥作用。

公司运用多元化金融服务手段，支持新冠肺炎疫情防控和实体经济复工复产。2020 年，公司累计向湖北地区疫情防控主体提供信托融资 3.02 亿元，向疫情防控物资生产重点企业提供信托贷款 1.3 亿元。积极参与中国信托业协会发起设立的专项慈善信托计划——“中国信托业抗击新型肺炎慈善信托”，放大行业正能量，助力打赢“湖北保卫战”；发起设立公司“同泽”系列抗疫慈善信托，用于助力福建省疫情防控工作。

公司综合运用股权投资、债权融资、慈善信托、服务信托等多种服务手段支持绿色发展。其中，与中华环境保护基金会正式签署绿色慈善信托合作协议，实现“绿色 + 慈善 + 信托”的有机结合，是发挥信托制度作用、促进我国环保公益事业发展的一次有益探索。2020 年，公司绿色金融业务稳步增长，主动管理业务占比显著提升。截至 2020 年末，公司（含子公司）绿色业务存续规模余额为 545.48 亿元，公司累计投放绿色投融资规模突破 1 000 亿元，服务集团绿色专属客户 103 个，在行业内保持领先。

公司积极开展公益捐赠。2020 年，公司继续助力对口捐助的希望小学开展年度“优秀教师”和“三好学生”评选活动，对 66 名优秀师生发放奖励金 4.1 万元；积极依托兴业银行“兴公益”品牌，与非盈利性组织开展合作冠名，开展“三进”（进学校、进社区、进企业）活动，将公司业务发展与企业文化相结合，同时将开展对新疆、四川边缘地区的乡村振兴工作。

四、2021 年发展规划

2021 年，信托公司面临的外部环境依然复杂严峻，信托公司转型发展进入关键阶段。公司将以习近平新时代中国特色社会主义思想为指导，深入贯彻党的十九届五中全会、中央经济工作会议、金融监管会议精神，继续坚持稳中求进工作总基调，强化风险底线思维，立足受托人定位，大力实施信托文化建设，加快推进转型业务发展，切实提升主动管理能力，持续优化信托业务结构，继续夯实客户基础、业务基础和管理基础，按照“做精融资业务、做强投资业务、做优标品信托、做大服务信托”的转型策略，持续推进业务转型和结构优化，奋力开拓公司转型发展新局面。

中诚信托有限责任公司

一、2020 年经营概况

2020 年，新冠肺炎疫情对我国经济运行产生严重冲击，金融领域面临的困难和风险增多，信托行业继续深度调整，中诚信托有限责任公司（以下简称公司）在集团党委的领导下，坚持新发展理念和稳中求进的工作总基调，抓好稳增长、调结构、促转型、防风险各项工作，精心谋划部署，统筹做好疫情防控和复工复产，持续推进业务转型创新，扎实推动公司高质量发展转型。

截至 2020 年末，公司受托管理信托资产规模为 2 077.29 亿元，固有资产为 213.82 亿元，2020 年公司实现营业收入 24 亿元，全年利润总额为 10.31 亿元，净利润为 9.73 亿元，各项收入总体平稳，较好地完成了全年的经营目标。

（一）创新业务重点突破，转型持续深化

公司制定 2020 年转型创新总体工作方案，优化转型创新业务名单，完善内部协同配套机制，信托产品类型更加丰富，服务实体经济领域不断拓宽，财富综合服务水平继续提升，取得良好成效。主要亮点有以下七方面：一是积极拓展非房领域业务，大力推进新能源汽车项目，并在医疗健康、影视文化等领域实现业务落地。二是创新信托产品运作，通过永续债、供应链金融等方式，灵活支持实体企业，牵头并撮合首批长期限含权中期票据，落地公司首单公募永续债业务。三是实现小微金融业务系统上线，与互联网头部企业建立合作，首次推出面向个人的消费金融业务。四是大力培育标品业务，推出自主管理的净值型现金管理新产品；受托境外理财产品（QDII）扩大投资国别和品种，首次完成对全球存托凭证（GDR）的投资。五是成功备案银行间市场债券受托管理人资格，债券分销规模和收入显著增加。六是加快财富直销异地布局，直销规模实现稳步增长；家族信托业务加速推进，实现保险金信托落地，不断满足高端财富管理客户需求。七是固有业务调整发展思路，支持信托主业转型。

（二）主动转变发展理念，融入集团加快提速

公司主动转变发展理念，坚定作为集团投资机构的定位，充分发挥信托特色和作用，积极融入集团发展大局；加强与集团战略对接，以集团“卓越保险”战略为指引，细化“十四五”规划方案及2035年远景目标，积极谋划落实配套战略举措；深化集团业务协同，依托集团投资与保险一体化区域对接机制、投研一体化机制，积极开展项目挖掘、客户推介。

（三）加强全面风险管理，守住重大风险底线

公司修订出台全面风险管理制度，加快完善全面风险管理体系，在经营管理层下设立风险合规委员会，进一步强化“三道防线”，规范和加强风险管理。2020年新增、修订规章制度41项，不断健全完善公司制度体系。公司加强业务准入管理，优化项目评审决策机制，部分创新项目试行业务团队跟投机制；改造升级项目预警管理系统，加强动态监测；定期开展全面风险排查和压力测试，健全风险事件快速反应机制。

（四）疫情防控精细周到，内部管理效率提升

疫情期间，公司各条线、部门协调配合更加紧密高效，公司决策执行力、部门间响应力、信息化支持力都明显提升。2020年继续加大IT投入，上线消费金融、家族信托、资产证券化、债券投资、股权投资等新业务系统；加快财富APP建设，拓宽客户渠道，提升综合服务水平；建设新数据中心、视频会议系统等基础设施，为远程办公提供支撑；启动净值化管理转型和数据治理，加快系统建设，优化运营管理。公司职能部门始终保持高度责任心，将疫情防控要求落细落到位，后勤综合保障、行政服务等工作水平不断提升。

（五）深入开展“温暖工程”，信托文化建设扎实见效

公司贯彻落实信托行业文化建设五年规划部署，制定工作方案，将文化建设融入公司治理体系，努力培育守正、忠实、专业的受托人文化。深入开展“温暖工程”，践行“以人民为中心”理念，聚焦客户营销、服务、运营流程，立行立改，提升客户“温度感”。精心组织公司25周年司庆系列活动，举办“我与中诚共成长”主题征文并汇编纪念册，凝心聚力、鼓舞人心、弘扬企业精神。通过定点扶贫和慈善信托助力脱贫攻坚，首次发布公司社会责任报告宣传册，树立责任文化。

（六）加强党的全面领导，引领高质量转型发展

公司坚持以习近平新时代中国特色社会主义思想为指导，以党的政治建设为统领，把党的

领导贯穿于经营管理全过程，以高质量党的建设推动公司高质量转型发展。一是认真落实“两学一做”学习教育常态化、制度化要求。二是强化主责主业意识，制定责任清单，压实管党治党责任，强化民主监督。三是建立巡视反馈问题整改台账，持续做好整改落实。四是健全完善基层党组织，制定党支部建设工作督导制度，从严从实开展组织生活。五是持之以恒正风肃纪，重点围绕“四个落实”，加强内部政治巡察；深化运用“四种形态”，强化问责震慑效果。六是加强意识形态工作，强化思想政治引领，加强阵地管控。

二、创新业务案例

2020 年，公司结合市场环境和监管环境变化，密切跟踪资本市场业务、资产证券化、慈善信托、家族信托等市场动态，坚持“受人之托，代人理财”的职能定位，回归信托本源，积极推进家族信托、机构和个人委托的专户理财业务、保险金信托、工商企业供应链融资、房地产真实股权基金等项目落地，扎实推进转型创业务拓展。

一是积极开展资本市场业务产品创新，落地现金管理产品、定期开放式债券投资集合资金信托产品等，丰富公司产品线。二是扩展小微金融业务合作伙伴，与领先的消费金融公司开展业务合作。三是积极开展资产证券化及债券承销业务，相关业务取得明显进展。四是搭建完成“诚股、诚泽、诚安、诚善”四大家族信托系列品牌，强化渠道建设，统筹各方资源，项目数量及规模有明显提升。五是积极发展公益慈善信托，积极协调各方资金，寻找社会关切的重要慈善领域，创新设计慈善信托项目，新设立“中诚信托 2020 信托保障基金·京慈疫情防控慈善信托”及“中诚信托 2020 年度善爱·临洮扶贫乡村振兴慈善信托”，积极助力抗击疫情、脱贫攻坚及乡村振兴事业。

三、社会责任履行情况

公司始终注重回报社会，努力服务实体经济，积极响应并践行金融扶贫，履行受托人义务，保障受益人权益，关爱员工发展，切实履行社会责任。

一是通过慈善信托和捐款助力新冠肺炎疫情防控。2020 年 1 月，公司积极响应中国信托业协会倡议，出资 50 万元，首批参与“中国信托业抗击新冠肺炎慈善信托”，支持湖北防疫新冠肺炎的帮扶救助工作。同年 2 月，公司设立“中诚信托 2020 信托保障基金·京慈疫情防控慈善信托”，支持北京地区新冠肺炎疫情防控及相关公共卫生事业；发动党员捐款，用于慰问战斗在疫情防控第一线的工作者，以及资助因新冠肺炎疫情而遇到生活困难的群众等。

二是探索慈善信托模式，践行金融扶贫。2020 年是脱贫攻坚战的收官之年，公司成立“中诚信托2020年度善爱·临洮扶贫乡村振兴慈善信托"，继续发挥慈善信托优势，支持临洮县乡村振兴事业，为打赢脱贫攻坚战贡献力量。

三是不断创新扶贫工作手段，打造中诚公益品牌。与中国发展研究基金会合作举办第三届中诚公益跑，向"乡村儿童教育信息化"教育项目捐赠，探索教育扶贫。

四是"中诚公益林"落地北京柳荫公园。2020年，公司积极响应首都绿化委员会办公室"互联网+全民义务植树"，创新公益模式，出资认领柳荫公园树木和植被。

五是落实集团"三区三州"扶贫工作安排，加强集团联动，为公司扶贫工作注入新力量。

六是制定了《中诚信托有限责任公司公益捐赠管理办法》，对于加强公司公益捐赠管理、促进公司公益慈善事业的持续发展具有积极的意义。

四、2021年发展规划

2021年是我国实施"十四五"规划的开局之年，是现代化建设进程中具有特殊重要性的一年，也是集团"卓越保险战略"和公司"十四五"规划的开局之年。公司将紧紧围绕集团战略和公司"十四五"规划、构建高质量发展新格局展开，坚持目标导向和问题导向，加强统筹谋划，重点弥补短板，夯实转型创新基础和支撑体系，争取迈好第一步，见到新气象。

一是制定落实战略规划，统筹推进转型创新，公司将认真贯彻集团"卓越保险"战略，继续细化编制公司"十四五"规划，发挥信托专长，打造差异化核心能力和竞争优势，聚焦信托服务和资产管理两大能力，统筹推进转型创新。二是严密防范业务风险，坚持底线思维，持续加强风险管控，强化风险处置。三是融入集团大局，深化股东业务协同，从战略高度谋划集团协同发展，为集团战略服务，为保险主业服务。四是加快内部体制机制改革创新，着力搭建服务新发展格局的基础保障体系，激活新发展动能。五是坚守受托人定位，提升客户服务能力，牢固树立受托人意识，坚持"以人民为中心"的发展理念，明确以客户为中心的服务理念，提升客户服务能力。六是推进全面从严治党，引领公司高质量发展，坚持"围绕中心抓党建，抓好党建促发展"的总基调，加强党建与公司治理、经营发展的深度融合，推动全面从严治党向纵深发展。

中海信托股份有限公司

一、2020 年经营概况

2020 年，中海信托股份有限公司（以下简称公司）坚持以习近平新时代中国特色社会主义思想为指导，全面学习贯彻党的十九大和党的十九届四中、五中全会精神，齐心协力，克服困难，积极应对经济形势和行业环境复杂变化，努力降低新冠疫情带来的影响，切实推动公司高质量发展取得新成果。

2020 年，公司业务整体稳健发展，资产质量保持较好水平。全年公司实现营业总收入 6.76 亿元，实现利润总额 5.17 亿元，净利润为 3 亿元。截至 2020 年末，公司资产总额为 70.34 亿元，净资产为 62.94 亿元，与 2019 年基本持平。公司存续信托资产管理规模为 3 440.79 亿元，较 2019 年增加 12.32%。

2020 年，公司积极落实监管“三压降”的要求，在持续大幅压降融资类、事务管理类信托项目规模的同时，大力开展主动管理类和投资类业务。截至 2020 年末，公司存续信托资产中融资类占比降至 12%；事务管理类业务占比降至 16%，投资类占比升至 23%；资产证券化占比为 49%。整个“十三五”期间，公司的主动管理类和投资类信托规模明显上升，信托资产结构持续优化。

二、创新业务案例

2020 年，公司有效扩大供应链金融业务规模，积极服务集团公司主业和中小企业发展。2020 年，共成立供应链金融项目 9 期，合计规模为 5 640 万元，向中国海油供应商（特别是中小型供应商）提供了高效、便捷的资金融通渠道，解决其长期存在的融资难、融资贵问题，助力中国海油搭建紧密联系的石油供应链生态系统。

在业务模式上，公司的供应链金融业务前期以“到货融资”为主，积极探索“订单融资”模式的可行性。在风险把控上，公司主要通过物流、信息流审核应收账款形成的可能性，并贷后管理中注重对企业现金流的控制，确保融资人银行账户收到的应收账款能够适时划转至信托专户，在融资人破产或账户被冻结等极端情况下，应收账款债务人能够直接将相关款项支付至信托专户。

三、社会责任履行情况

（一）积极防控疫情，平稳有序复工复产

2020 年初，新冠肺炎疫情发生后，中国信托业协会倡议并发起设立“中国信托业抗击新型肺炎慈善信托”，公司第一时间响应协会倡议，于 1 月 28 日向“中国信托业抗击新型肺炎慈善信托”捐赠 50 万元，与信托行业一道奉献爱心，履行自身社会责任。

面对新冠肺炎疫情的冲击，公司把统筹推进疫情防控和复工复产作为重大任务抓紧抓好。在认真做好防疫工作的基础上，公司自 2020 年 2 月 3 日起正式复工，并在把控好实质风险的前提下，充分运用远程视频、网络会议等技术支持手段，有序推进信托项目尽调、远程视频签约、无接触指令递交，最大限度地减少疫情对公司客户和自身业务的影响。

2020 年，公司还针对受疫情影响的企业灵活调整还款安排，强化金融支持，通过减免罚息、调整上报征信等方式，纾困受新冠肺炎疫情影响的企业主。截至 2020 年末，累计对 77 家企业进行展期，涉及贷款本金 6 035 万元。

（二）深耕小微金融业务服务实体经济

公司深入贯彻习近平总书记关于大力支持民营企业发展壮大的讲话精神，自 2017 年起持续耕耘小微金融业务，精准服务中小微企业。截至 2020 年末，公司累计发放小微企业主经营贷款 69. 56 亿元，支持小微企业主 10 016 户，涉及国内近 120 个主要城市的餐饮制造、批发零售、科教文卫等行业，平均贷款金额为 69 万元，其中 2020 年发放贷款 18. 68 亿元，支持小微企业主 3 609户。

（三）“中海信托—伴你成长慈善信托”帮助重病儿童

公司首单慈善信托——“中海信托—伴你成长慈善信托”于 2020 年 6 月完成备案。该信托捐助的对象为重病儿童及贫困失学儿童，具体由“中华少年儿童慈善救助基金会”进行筛选和推介，经公司审核后进行捐献。截至 2020 年末，该信托计划向 3 名重病儿童累计捐助 5 万元，帮助他们家庭减轻经济压力，增强战胜病魔的信心。

（四）落实“结对帮扶”，开展消费扶贫

公司深入践行中央企业使命担当，积极参加上海市“结对百镇千村，助推乡村振兴”行动，与上海市崇明区建设镇富安村党支部开展党组织结对帮扶，2020 年通过帮困扶贫送温暖等活动向其捐助 9 万元，并积极协助富安村进行“乡村振兴示范村”建设。同时，公司持续参与消费扶贫，多次采购扶贫产品，2020 年累计采购扶贫产品 20.35 万元。

此外，自 2014 年以来，公司还连续组织“衣暖人心 旧衣捐赠”公益活动。2020 年，公司员工共向华东师范大学慈善捐助站捐助衣物 10 箱（220 件）、书籍上百本，包括金融、管理、小说、儿童绘本等。公司团总支“蔚蓝力量”志愿者将这些衣物、书籍统一分类、打包，传递爱心与希望。

四、2021 年发展规划

2021 年，公司将深入贯彻党的十九届五中全会精神，紧密围绕集团“十四五”发展规划部署，三年改革攻坚行动，坚定信念，迎难而上，全力以赴完成年度经营目标。

（一）以高质量党建推动高质量发展

公司将贯彻落实党的十九届五中全会精神同公司改革发展主线充分结合起来，加强宣传引领，坚定全员信心，强化思想认识。继续把巡视整改作为公司最重要的工作和任务，严格压实责任，抓实措施，保证各项巡视整改问题按时见底清零。积极做好全面从严治党“两个责任”专项提升工作，推动全面从严治党向基层延伸。高质量开展中国共产党建党 100 周年系列活动和党史学习教育活动，激励广大党员干部担当新使命、展现新作为，为公司转型发展贡献力量。

（二）结合自身优势推进信托业务转型创新

一是进一步完善“十四五”规划方案。解放思想、实事求是，以应对公司面临的挑战和更好地实现产融结合服务主业为出发点，细化明确公司业务发展路径。二是聚焦服务主业，以清洁能源基础设施 REITs、CCER 碳中和信托等重点项目为切入点，带动产融结合业务取得明显进展。三是巩固公司固收投资类业务优势。顺应行业向标品投资转型的趋势，利用现有成熟产品资源进一步孵化其他固收业务。四是充分利用原有基础设施类业务客户资源，做大非标转标业务。五是继续扶持小微业务发展，丰富小微业务产品类型与合作机构。六是鼓励各类创新业务发展，做好资产证券化业务，继续稳步开展权益类投资 FOF、QDII、收益凭证和保险金信托等创新业务。七是提升投资类产品直销能力，充分做好投资者教育。

（三）坚守风险防范底线，提高风险管控水平

一是提升风险管理理念。在牢牢守住风险防控底线的基础上，将可识别、可承受、可化解的风险把控原则落实到项目审核中。二是优化风险管理体系。加强一体化运作体系，降低信息不对称带来的操作风险和道德风险。加强专业化分工体系，使不同风险职能部门在各自的风控环节实现专业化、精细化、规范化把控。加强多层次协调，提高各机构和人员的配合质量。加强多角度防范，提高风控体系覆盖面。三是完善风险处置机制。有序开展存续项目风险排查，信托项目压力测试，增强提早发现项目风险的能力，提高防控风险的效率，丰富化解风险的手段。

（四）推进人事改革，“留住人，用好人，发展人”

一是加强组织和人才队伍建设。建立健全目标明确、边界清晰、权责对等、精简高效的组织体系，合理定岗定编，择优配置人员，加快内部优秀年轻干部培养，引进外部业务领军人才，助力公司业务转型。二是优化激励约束机制，完善绩效考核与内部分配机制。根据业务转型方向，持续完善创新业务考核政策和专项工作考核，立足长远，提高激励的精准性、有效性。三是加强派出人员管理。研究制定派出人员管理措施，按照党管干部原则，明确派出人员的管理原则、职责分工和管理措施。

百瑞信托有限责任公司

一、2020 年经营概况

2020 年，百瑞信托有限责任公司（以下简称公司）实现营业收入 19.21 亿元，利润总额为 14.76 亿元，净利润为 11.23 亿元。截至 2020 年末，公司资产总额为 105.11 亿元，较年初增加 5.09 亿元；净资产为 102.34 亿元，首次迈入百亿元行列，较年初增加 9.7 亿元；存续信托项目 425 个，实收信托余额为 3 076 亿元，较年初增加 712 亿元，在行业信托规模整体下降的背景下，实现稳健增长。在中国信托业协会行业评级中，公司连续五年获评 A 级。

（一）固有业务

2020 年，公司审慎开展各类投资管理业务，提升主动管理能力，根据监管要求，重点加强对高流动性资产配置策略的研究，保障公司整体流动性持续充足。同时，公司对存量资产在期限结构方面进行调整，通过控制长期资产的投放节奏，提升对高流动性资产的投资，降低固有资产期限。在客户维护方面，公司持续深耕核心客户，积极拓展新客户，探索新的业务发展方向。通过与长期战略合作方共同开展的系列项目，提升对核心客户的服务品质，综合融入对行业的深入理解、项目风险的控制及资源的优化组合等。对新的投研方向，重视分析、研讨，并通过海量项目可行性分析，进一步提升资产配置能力，不断优化资产配置结构。

（二）信托业务

2020 年，公司继续坚守受托人的根本定位，坚定转型发展的决心，坚决回归信托本源，拓展符合服务实体经济和人民生活需要的信托业务，全面提升专业化资产管理能力。

一是不断优化信托业务资产结构。一方面，公司积极响应国家“提升金融服务实体经济能力”的号召，业务资源向实体经济倾斜，进一步降低对传统房地产、政信业务的依赖；加大对高资质工商企业的投放力度，逐步减少房地产、政信业务占比。2020 年末，公司投向一般工商企业的信托业务规模占比提升到 46.63%，投向地产领域的信托业务规模占比下降到 17%。另一方面，公司的展业区域向经济发达地区迁移。经过不断努力，公司在北京、上海、深圳、南京、成都等发达地区扩充了业务团队，鼓励业务部门在全国范围内寻找优质资产。2020年末，信托资金投向省内区域的规模占比降至31.44%，投向省外一线城市的规模占比达48%，资产的区域分布更为合理，区域风险集中度得到有效缓释。

二是标品业务蓬勃发展。近年来，公司在标品业务方面不断尝试，加大人才引进力度，因才定岗、定部门，同时有效整合资源，初步形成了涵盖FOF、现金管理、债券投资、ABS、ABN的标品信托产品线。

2020年，公司在"安鑫悦盈（货币性T+1产品）"和"安鑫享盈（报价式产品）"两个经典产品的基础上，根据投资人需求增设"安鑫稳盈（服务类标品）""安鑫增利（纯标定开型）"，探索"固收+"业务。落地"中国50金选"FOF系列产品，"兴全专项"系列、"全鑫固收增强"系列、"中金私享"系列、"瑞璟"系列也同步推进。

公司资产证券化业务取得了良好发展，包括"国家电力投资集团有限公司2020年度新能源2号绿色定向资产支持商业票据信托""中电投融和融资租赁有限公司绿能绿色资产支持商业票据信托""中电投融和融资租赁有限公司新基建资产支持商业票据信托""深圳易睿投资发展有限公司2020年度第一期平安中交定向资产支持票据信托"4个ABN信托产品。公司成功落地1单非标转标业务，设立"东证资管—百瑞恒鑫2020年第一期资产支持专项计划"等。

三是慈善信托、家族信托初见成效。2020年，公司积极推动家族信托、慈善信托发展。作为信托公司专属牌照业务，家族信托业务代表了信托公司个人直销的品牌高度。除标准化家族信托、定制化家族信托外，公司新开发了综合性长期理财产品——瑞账户，正在制定标准化养老家族信托产品和标准化子女教育家族信托产品。同时，公司牵手保险、投资移民、留学游学专业机构、税务师事务所、律师事务所、艺术品投资机构等，努力为客户提供多元化服务。在慈善信托方面，根据不同企业和个人的慈善需求，积极探索慈善信托的新业务模式；加强与各慈善总会、基金会的联系，推广基金会财富管理、"营业信托+慈善信托"的双信托模式，结合信托公司与基金会的优势，实现慈善功能互补。公司全年新增多只慈善信托，慈善目的涉及扶贫、留守儿童、环保、自闭症儿童、教育、美育、养老等多个领域。

（三）风险控制

公司以监管政策落实、业务转型发展为契机，紧密围绕"风险合规一流优秀企业"的建设目标，不断提升风险管理工作的主动性和有效性，各项风险得到有效控制，企业整体平稳运行。

一是持续完善全面风险管理体系。公司搭建传统业务行业关键指标监测体系和创新业务环境监测体系，持续跟踪公司各类业务面临的宏观环境、政策导向、市场情况等，主动应对外部环境变化对公司业务的不利影响；完善创新业务风险控制标准，丰富风险控制手段，严把项目准入关口；优化项目风险化解考核机制，规范风险处置工作流程，提升风险项目处置质效；建立全面风险管理评价机制，完善风险“识别—评估—控制—评价—整改”的闭环管理流程。

二是强化内控合规管理。公司完善内控合规制度机制，加强操作标准、操作指引及操作模板建设，明确岗位职责，加强制衡监督，确保各项风险得到准确识别和有力控制，提升内控合规管理体系的全面性和有效性；强化重点领域内控合规排查，加大问责整改力度，及时识别内控合规管理缺陷，补足管理短板；修订洗钱风险自评制度，开展业务洗钱风险管理，优化反洗钱系统，提升洗钱风险防控能力；倡导“全员主动合规”“合规创造价值”等合规理念，开展合规培训教育、知识竞赛，推动风险合规文化建设。

三是提升法律事务管理质效。公司修订法律纠纷案件管理制度，进一步规范案件处理程序；优化法律服务中介机构定期汇报和阶段性评价机制，开展诉讼律师事务所专项排查，加强外部法律资源管理，提升法律纠纷应对处置能力。

二、创新业务案例

中电投融和融资租赁有限公司将其合法持有的融资租赁债权及其附属担保权益作为基础资产，以信托方式交付公司，由公司担任发行载体管理机构，于 2020 年 11 月发起设立“中电投融和融资租赁有限公司绿能绿色资产支持商业票据信托”，并作为发行人在银行间债券市场公开滚动发行市场上首单绿色资产支持商业票据（ABCP）——“中电投融和融资租赁有限公司 2020 年度绿能第一期绿色资产支持商业票据”，首期发行规模为 10. 50 亿元。

本项目为市场上首单绿色资产支持商业票据（ABCP）产品，也是公司首单 ABCP 产品，开创了市场绿色 ABCP 产品的先河。该项目具有如下特点：一是“滚动发行”，盘活存量更高效；二是灵活便捷，更贴合实体经济企业融资需求；三是标准化程度高，安全性好。

三、社会责任履行情况

2020 年，公司坚定不移地贯彻新发展理念，不断强化使命担当意识，持续完善风控体系，积极服务实体经济，服务脱贫攻坚，助力打赢疫情防控的人民战争，为全面建成小康社会贡献百瑞力量。

一是发挥金融工具职能，高效服务实体经济。公司围绕实体企业需求，通过提供综合化金融服务等方式，持续加大对重大民生项目的金融服务力度，支持实体经济和绿色经济发展。全年投放于河南省的资金规模达 964 亿元，支持实体经济的信托规模达 2 708 亿元。同时，公司作为郑东新区重点税源单位，公司全年纳税总额达到 8. 83 亿元（其中信托税收为 4. 56 亿元），较好地履行了纳税人义务，为地方经济建设和财政收入水平的持续提升作出了积极贡献。

二是贯彻疫情防控要求，大力支持复工复产。公司发挥慈善信托制度优势，积极向“中国信托业抗击新型肺炎慈善信托”捐款50万元，信托资金第一时间投入湖北抗疫的帮扶救助工作中。公司联合海南晨阳社会工作发展中心，利用“百瑞仁爱·甘霖慈善信托”向湖北抗疫一线捐款5万元，用于购买医疗物资等事宜。同时，通过设立多项信托计划，向武汉市的企业提供39.5亿元资金，支持湖北抗击疫情及企业复工复产。

三是提升风险管理水平，全面防控金融风险。公司严格落实“两压一降”、房地产规模管控等监管政策要求，持续完善风险管理制度流程，提高尽职调查、信息披露等环节的尽职履责能力，强化房地产、基础设施等重点风险领域管控，有效运用风险识别、风险监控和风险处置等管理手段，勤勉尽责做实全流程风险管控，全面有效防范金融风险。持续提升依法治企管理水平，深化内控合规文化建设，促进形成全员防风险、全员重合规的内控文化氛围，保障各项经营活动合法合规，全力维护投资人合法权益。

四是忠实履行受托人责任，维护消费者权益。公司积极履行适当性管理义务，强化消费者权益保护制度体系建设，对制度流程进行修订、补充，确保制度体系的实效性，保障各项业务合规开展。推动财富管理数字化转型，上线微信信托、网上信托等数字化平台，快速迭代相关系统，为客户提供一站式金融服务，构建起全客户、全产品、全渠道的服务体系，满足客户多样化需求。公司履行金融机构宣教义务，通过线上媒体宣传与线下网点宣传相结合，开展系列金融知识宣教工作，加强投资者保护教育。

五是热心公益慈善，积极践行责任担当。公司致力于推动慈善信托的发展，先后备案成立“百瑞仁爱·盛唐慈善信托”“百瑞仁爱·振寰美育慈善信托”和“百瑞仁爱·敬老家园慈善信托”，慈善目的涵盖教育、科学、文化、体育、助老、孝道文化传承、帮助和激励高校人才培养、心智障碍人群及其家庭救助等《中华人民共和国慈善法》认可的公益事业。公司积极参与脱贫攻坚，利用慈善信托先后捐款104.8万元支持贫困地区教育，购买6.3万元农产品用于消费扶贫。新冠肺炎疫情期间，公司组织动员全体员工捐款12.17万元支持湖北抗击疫情。

六是持续完善员工保障机制，关心关爱员工成长。公司已建立符合自身特点的薪酬管理体系，设立较为灵活的带薪休假和奖励休假制度，及时、足额地为员工缴纳各项社会保险费、住房公积金等，增强员工归属感和认同感。通过完善“工作指导人”制度，为员工提供“个性化+集中式”的培训机会。公司持续开展立体化、全覆盖式培训，拓宽员工职业发展通道。新冠肺炎疫情防控期间，公司积极慰问抗疫一线员工家属，持续做好员工关心关爱工作。

四、2021年发展规划

立足信托行业新发展阶段，公司将坚持稳中求进的工作总基调，贯彻新发展理念，融入新发展格局，以改革创新为根本动力，以务实担当为基本要求，持续推动业务转型，稳健合规经营。

一是加快业务转型步伐。公司推动房地产、基础设施等传统业务模式升级，实现资产证券化、证券投资信托、供应链金融、家族信托、财富管理等创新业务规模增长，优化固有业务发展模式。

二是深入服务实体经济。公司将通过产业投资基金、非标转标等服务实体经济发展，探索信托服务新模式，拓展业务发展方向。围绕实体企业上下游产业，加大供应链业务拓展力度，为实体经济发展提供综合金融服务。

三是优化风控合规管理。公司将持续提升全面风险管理能力，建立全面风险监测预警模型，提升风险管理工作的及时性、针对性和有效性，激发风险合规管理内生动力，从而提高工作质效。

四是建设良好公司文化。公司将努力推动公司文化与集团公司“和”文化的融合，塑造并传播良好的企业形象。落实信托文化建设五年计划，完善公司2021年信托文化建设工作规划及配套方案，引领全体员工以“受益人合法利益最大化”作为职业生涯的根本守则。

五是强化党建引领发展。公司深入开展党史学习教育和纪念中国共产党建党100周年系列活动，营造“比学赶帮超”的良好氛围。积极开展党建联系点工作，结合公司改革发展任务开展调研，摸情况、解难题，加强基层党建与中心工作的深度融合。

陕西省国际信托股份有限公司

一、2020 年经营概况

2020 年，陕西省国际信托股份有限公司（以下简称公司）面对错综复杂的市场环境和不断加大的经济下行压力，公司按照“十三五”规划的总体部署，抓主业促创新，积极强化经营管理，拓市场、调结构、促转型、控风险、强管理、提质效，进一步夯实高质量发展的基础。

（一）优化业务结构提升经营质效

截至 2020 年末，公司注册资本为 39.64 亿元，净资产为 117.95 亿元，全年实现营业收入 21.26 亿元，同比增长 21.08%；利润总额为 9.18 亿元，同比增长 20.76%；实现净利润 6.86 亿元，同比增长 17.91%。截至 2020 年末，公司信托资产规模达 2 570.32 亿元，同比下降 10.97%；主动管理类信托资产规模为 1 860.35 亿元，占比增至 72.38%；融资类信托资产规模为 1 102.76 亿元，同比下降 17.06%；信托业务收入为 12.67 亿元，同比增长 34.10%；为投资者分配收益 174.67 亿元，同比增长 134.93%。2020 年，在监管部门的引导下，公司加大主动调结构力度，在行业净利润增速下降的背景下，实现收入增、结构优的历史最好成绩，经营质效稳步提升。

（二）加大创新转型回归信托本源

在业务创新转型方面，2020 年，公司积极响应监管转型要求，业务创新能力持续增强。一是加大顶层设计力度。公司围绕固定收益投资、资产证券化、普惠金融、家族信托等服务信托出台业务指引并调整传统业务指引，加快推动信托业务向投行化、标准化、净值化转型。二是强化专业能力培育。公司支持证券信托、固定收益等事业部示范引领创新业务，同时组织前台、中台部门就股权信托、资产证券化、永续债等业务成立攻关小组合力创新转型，及时推广产品案例。三是实施分类考核、分类管理。公司以绩效考核为“指挥棒”，加强对业务部门的精细化考核，提高对创新业务支持力度，通过科学的考核指标体系促成转型目标的达成。四是强化培训提升能力。公司围绕业务转型热点与难点统筹整合培训资源，优化培训体系，完善员工培养机制。经过不懈努力，公司“固收+”、受托境外理财等业务实现从无到有，资产证券化、TOF、净值化债券投资、家族信托及慈善信托业务增长势头良好，信托业务创新成效进一步凸显。

（三）多元化布局固有业务提质增效

在固有业务方面，公司长短结合多元运作，不断提升经营质效。一是跟踪考察了多个金融股权投资项目，围绕发展战略积极布局金融牌照资源。二是抢抓PE类项目投资机会，为国家战略新兴产业与省内重大产业项目提供投融资服务。三是借助同业市场等渠道协同信托业务发展，推动主业转型创新。四是持续布局证券债券市场，强化投研能力，证券投资再获佳绩。

（四）加强风险管理严守风险合规底线

公司深化全面风险管理体系建设，牢牢守住风险底线。一是严格落实“两压一降”的监管政策，紧贴市场动态调整业务指引，指导业务安全开发运作。二是厘清风险管理内部控制“三道防线”职责，研究制定新的风险管理工具和手段，制定并修改《全面风险管理手册》《标品TOF业务指引》《风险偏好与限额管理办法》等50多项风险管理制度。三是建立差异化、重实质、“走出去”的风险排查工作机制，对存续项目进行全面排查，并针对排查重点进行清单制管理。四是持续开展合规文化建设，以市场乱象整治“回头看”工作、“信托文化教育年”及案件警示教育活动为契机，进一步加强员工合规运营，以及风险防范意识和风险防范责任教育，定期组织开展案件风险排查与员工异常行为排查，筑牢案件防控基础。

（五）升级财富服务提升品牌形象

在财富管理方面，公司逆势突破发展后劲不断增强。一是财富管理条线以高质量服务为导向，2020年募集资金为647亿元，较上年增长37.66%。二是同业合作持续发力，财富条线和业务部门协同发展，积极拓展代销渠道和直投业务。三是服务能力有效加强，创立“财富公开课”线上直播，向客户分享金融信托等知识，上线陕国投APP，有效提升信息化客户服务能力。四是财富品牌影响增强，组织开展了一系列客户沙龙活动，加强消费者权益保护，塑造了公司信托稳健、安全、负责的品牌形象。

（六）加强内控建设提升运营效率

2020年，公司内控质量不断提升。一是以“信托文化教育年”活动为抓手，全面强化全员合规风险意识、受益人利益至上意识、受托人履职尽责意识等，培育建设合规文化。二是以问题为导向，重点实施年度内部控制评价、反洗钱、消费者权益保护工作情况审计等，通过内部审计、内部问责等手段强化责任追究，进一步完善内部控制制度。三是加强数据治理，提升科技赋能，完成了对企业征信、个人征信、资管新规、1104、East 4.0 等报送的系统化支持，上线了 CRM 系统、客户 APP、网上信托和理财经理 APP。

二、创新业务案例

2020 年，公司认真贯彻落实宏观政策和金融监管要求，以推动业务转型和结构调整为契机，开展多项创新业务。部分典型创新业务如下。

（一）陕国投・北京市朝阳区—厚泽金融—抗疫情中小企业应急转贷集合资金信托计划

为深入贯彻落实习近平总书记关于坚决打赢新冠肺炎疫情防控阻击战的重要指示精神，全面落实中国银保监会和北京市政府关于疫情防控的工作部署，全力减轻疫情对企业生产经营影响，公司设立集合信托计划，向北京市朝阳区的中小微企业（主）、个体工商户等发放低（零）息经营贷款。具体合作模式为：公司作为受托人设立“陕国投・北京市朝阳区—厚泽金融—抗疫情中小企业应急转贷集合资金信托计划”，本信托计划规模为 1 亿元，采用 3:1 结构化设计，优先级份额由北京市朝阳区人民政府国有资产监督管理委员会全资设立的北京市朝阳区国有资本经营管理中心全额出资认购，次级份额由北京厚泽金融信息服务有限公司全额出资认购，同时厚泽金融作为贷款服务商，向公司推荐符合标准的借款人，公司经过独立审批，向符合贷款条件的中小微企业（主）、个体工商户等发放信用或房产抵押贷款，贷款用于日常生产经营及周转。

（二）陕国投・陕西慈善协会—迈科集团—众志成城抗击新型冠状病毒肺炎慈善信托

2020 年初，面对突如其来的新冠肺炎疫情，公司第一时间成立了“陕国投・陕西慈善协会—迈科集团—众志成城抗击新型冠状病毒肺炎慈善信托”，该信托在 24 小时内完成了从筹备、内部审批到监管备案整个过程，审批规模为 3 000 万元，落地规模为 1 202.77 万元，是西北地区首单成立规模最大、时间最早、抗疫救援物资最多、资助医院最多、效果最强、荣获表彰最多的抗疫慈善信托。

（三）重庆康田置业（集团）有限公司 2020 年第一期定向资产支持票据

2020 年，公司作为受托机构与上海浦东发展银行、申万宏源证券有限公司等金融同业机构合作推进的“重庆康田置业（集团）有限公司2020年度第一期定向资产支持票据”（以下简称“20康田置业ABN001”，见图1）在银行间市场成功发行。“20康田置业ABN001”评级为AAA级，规模为30 500万元，期限3～10年，为重庆市国有企业首单物业费资产支持票据项目。项目的成功发行体现了公司尽责、务实的受托人职业态度与转型创新的改革定力，更为发行人拓宽融资渠道提供了专业、细致的服务，有效提升了发行人在资本市场的品牌知名度和市场影响力。

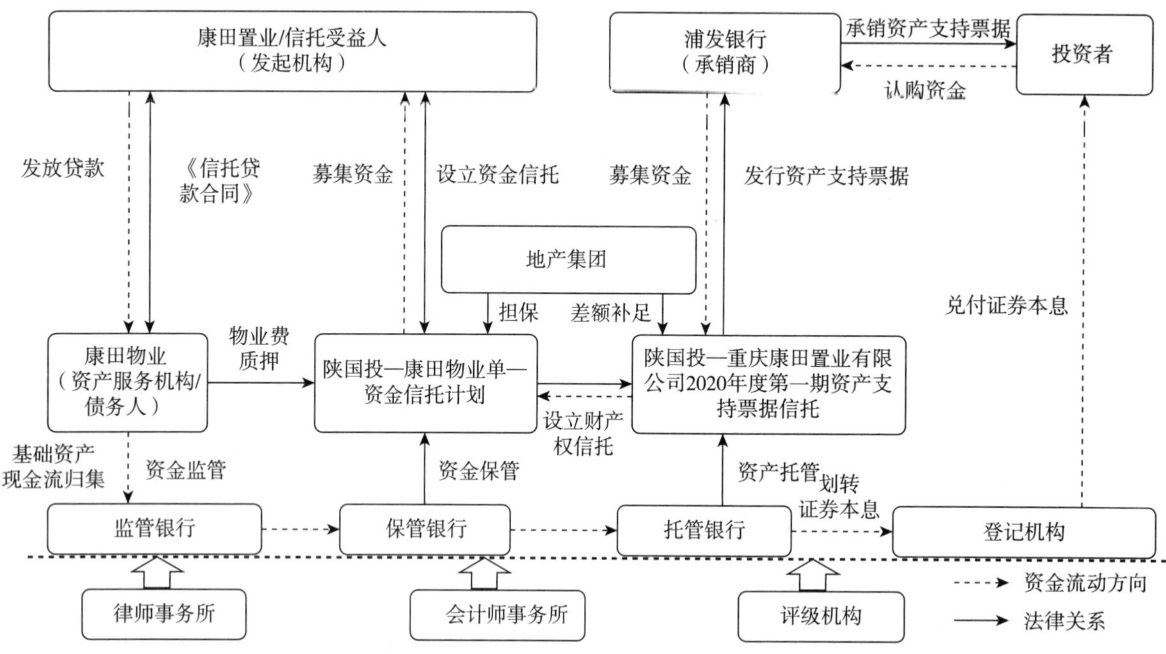

图1　重庆康田置业（集团）有限公司2020年第一期定向资产支持票据

三、社会责任履行情况

（一）牢固树立受托人意识

将“守正、忠实、专业”的受托人文化深度嵌入公司发展战略，将实现受益人合法利益最大化作为价值取向和实现股东利益的基础与前提。将信托文化与“诚信、务实、创新、奉献”的公司企业文化结合，引导全员在工作中时时体现良好信托职业操守。秉承受人之托、代人理财的契约精神，积极履行受托人职责，坚持上市公司及时、公平、真实、准确、完整的信息披露原则和规范安全运作的基本要求，不断优化治理机制，切实保障受益人利益，满足客户多元化财富管理需求。持续强化消费者权益保护工作顶层设计，完善保护工作的各项机制，积极组织消费者权益保护宣传教育，先后开展了“3·15金融消费者权益日”“金融知识普及月”“送金融知识进校园”等主题宣教活动。

2020年，公司顺利兑付各类产品898.08亿元，为受益人创造174.67亿元收益，进一步塑造了稳健、安全、负责的品牌形象。

（二）积极助力脱贫攻坚

公司承担了陕西省渭南市澄城县赵庄镇武安村“两联一包”定点扶贫任务。公司党委认真履行脱贫攻坚政治责任，紧盯“两不愁、三保障”目标任务，加强组织领导，配强扶贫干部，制订扶贫计划，持续有效地推进扶贫工作开展，全年共投入106.3万元，如期实现公司帮扶的87户贫困户整体脱贫，脱贫攻坚任务胜利收官。同时，公司作为陕西省国有资产监督管理委员会确定的国有企业扶贫合力团，承担陕西省咸阳市国定贫困县淳化县产业扶贫任务，向淳化县引进百姓乐大药房，并提供3 000万元低息贷款支持企业发展。截至2020年末，该企业向淳化县缴纳税收超过2 000万元，带贫溢贫效果明显。公司被陕西省国有资产监督管理委员会评为“陕西省助力脱贫攻坚优秀企业”荣誉称号。

（三）大力发展公益慈善

2020年，公司落地慈善信托8笔，捐赠规模达1 213.82万元。为彰显国有企业的政治站位和社会责任，公司出资60万元参与“中国信托业抗击新型肺炎慈善信托”，为武汉抗击疫情贡献力量。公司设立“陕国投·陕西慈善协会—迈科集团—众志成城抗击新型冠状病毒肺炎慈善信托”，募集资金1 200余万元，在新冠肺炎疫情最严重、物资最紧缺的阶段，从海内外采购了大批抗疫物资捐献给陕西省抗疫一线的30余家医院，并为医护人员购买保险、发放补贴。

四、2021年发展规划

2021年是“十四五”开局之年，立足新发展阶段，贯彻新发展理念，构建新发展格局，以回归信托本源为依托，力争实现转型发展量的合理增长与质的稳步提升。

（一）全面加强党的领导

公司将继续贯彻落实党和国家政策方针，进一步发挥党委在公司的领导作用，夯实全面从严治党主体责任，毫不动摇地坚持和加强党对一切工作的领导，贯彻落实党委对“三重一大”事项集体决策和党委会前置研究讨论重大问题的工作机制，切实发挥把方向、管大局、保落实的作用。坚持服务经营管理不偏离，为公司改革发展提供坚强政治保障。

（二）推动业务转型创新

公司回归信托本源促转型，充分发挥信托制度优势服务实体经济。一是发展有直接融资特点的投融资服务，加强股票、债券等标准化产品建设，为企业提供不同发展阶段、不同金融需求场景下的综合金融解决方案。二是大力发展服务信托，推动资产证券化、家族信托、慈善信托等做大做强。三是推进财富管理水平提升，加强投资者教育，形成多品类的完整产品线，实现综合性财富管理平台建设。四是夯实固有业务的保障功能，加强流动性管理，提高运营效率，做实公司长远发展的基础，协同信托业务为利润增长贡献力量。

（二）持续强化风险管理

公司继续坚持稳中求进的工作总基调，牢牢守住不发生系统性风险的底线。一是推进全面风险管理体系建设，实现各类业务的全流程管控和各类风险的全面管理，建立可靠的风险计量方法。二是强化专业能力建设，围绕创新业务加强风险识别、判断、管控、监测与化解能力，重点增强信用风险与操作风险的管理能力。三是进一步做好风险监测，提高风险防范的主动性与前瞻性，持续健全处置机制。

（四）提升公司治理能力

为适应新形势的发展要求，公司以高质量发展为主线，不断改善治理能力与治理效能。一是完善“三会一层”的法人治理结构，把党的领导融入公司治理全过程，加强董事会、监事会等履职能力建设，提升经营管理质量与效率。二是优化内部控制体系，聚焦经营发展不断加强制度建设，完善组织构架，夯实长远发展基础。三是推进信托文化建设，强化全员合规风险意识、受益人利益至上意识、受托人履职尽责意识等，使“诚信、务实、创新、奉献”的企业文化融入经营管理的各方面。

云南国际信托有限公司

一、2020 年经营概况

不啻微芒，造炬成阳。2020 年，面对宏观经济下行、新冠肺炎疫情影响等不利因素，云南国际信托有限公司（以下简称公司）上下同心，继续秉承服务实体经济和民生发展的初心理念，奋楫笃行，加速转型。截至 2020 年末，公司注册资本为 12 亿元，公司资产总额为 41.91 亿元。实现营业收入 7.43 亿元，实现信托业务收入 5.74 亿元，实现固有业务收入 1.68 亿元，实现净利润 3.12 亿元。

在新冠肺炎疫情期间，公司通过创设云南省第一单抗疫专项慈善信托，直接支持了数千位一线医护人员，同时，发挥 ABN 产品优势，积极支持多省医院抗疫，延长了医院租金支付的周期，并为普惠金融业务的中小微企业合作伙伴和用户，通过合理展期、延迟还款期限或适当减免罚息等举措，助力他们渡过难关。

在金融科技创新领域，公司加速了“伽利略”智能资产配置系统、“麒麟”智能合规系统的上线及“区块链 + 供应链 + 产业链”的外部技术合作。新冠肺炎疫情期间，公司的财富管理在线系统、普惠金融 IT 系统、证券投资信托交易系统等各类服务系统均正常运营，以数字化、移动化、无纸化方式，为客户及合作伙伴提供通畅的服务。

在扶贫攻坚和民生服务方面，公司继续推进了针对内蒙古残疾人的农业扶贫、针对大理彝族聚居地贫困户与山村学生的消费扶贫和教育扶贫，以及针对丽江纳西族中学的助学帮扶。

在资产市场业务、财富管理、家族信托、资产证券化、普惠金融、慈善信托等诸多细分市场领域，公司的积极创新，获得了一系列好评和社会荣誉。

二、创新业务案例

作为公司持续观察的业务板块，家族信托伴随着 2020 年新冠肺炎疫情席卷全球的危机局面，迎来了行业奇点。公司遵循自上而下看趋势的研究框架，对大环境及行业竞争进行了分析；同时基于自下而上找突破的策略，以公司总裁直接分管的战略客户部为核心，展开一线业务推动，并于2020年完成首单家族信托落地，目前存量签约规模逾2亿元。

伴随着对于真实环境的逐步深入了解，公司越发清晰地定义了自己的服务定位，始终定位于专注架构设计及高效管理服务，通过与合作伙伴携手重塑服务生态圈，来共同满足超C客户的家企综合财富管理需求。

（一）典型案例

客户情况。客户C总，一代企业家，年龄70多岁，与妻子育有一女，女儿目前处于离异状态，与前夫育有一女。C总女儿消费观念激进，缺少理财规划意识，孙女目前正在上学，C总对孙女很器重。此外，C总与女儿共同为A公司股东（C总持股80%，女儿持股20%），女儿为B公司100%自然人股东，A公司（持股52%）与B公司（持股48%）共同为D公司股东。

客户诉求。（1）区隔家企财产，将现有的部分家庭财产用于稳妥投资、隔离和财富传承；（2）未雨绸缪，希望通过设立家族信托使企业股权传承平稳过渡；（3）提升公司治理水平，设立家族信托的同时筹划公司高管股权激励空间；（4）对公司治理仍保持一定控制权，同时对未来股权架构调整留有空间。

（二）云信方案

为帮助C总区隔家企财产，公司为C总分别设立了两个家族信托。在家族信托1中，置入C总的部分家庭现金类资产，用于稳妥地增值、保值投资，将C总的妻子、女儿和孙女作为受益人，同时为孙女预留了条件激励分配规则，用于激励孙女成长。

在家族信托2中，由A公司各个高管设立的集合信托A（认缴10%）和C总设立的家族信托（认缴90%）共同设立有限合伙企业M；同时家族信托2作为LP，由委托人指定的其他人作为GP，共同设立有限合伙企业N，用于受让C总及其女儿持有的剩余A公司股份。交易完成后，A公司的股东变更为有限合伙企业M和有限合伙企业N，有限合伙企业M和有限合伙企业N的LP均为家族信托2。

（三）实现效果

保证企业股权传承。在有限合伙企业M中，家族信托2作为股权传承的载体，同时可以担任有限合伙LP，在持续享受收益的同时仅负担有限责任。

预留股权结构调整空间。集合信托可作为高级管理人员的持股平台和股权激励平台，赋予高级管理人员执行合伙事务的权利，同时日后若希望提高高级管理人员持股比例，可直接通过在集合信托A和家族信托2之间调整合伙份额比例达成。

委托人仍然可参与公司治理。C 总仍然担任有限合伙 GP，可行使合伙事务执行人权利，管理 C 总经营实体公司。

家企隔离，分别设立资金型家族信托 1 和股权型家族信托 2，防止不同类型资产的风险相互传染。

利用信托 + 有限合伙结构，在一定程度上实现税收递延的客观筹划效果。

三、社会责任履行情况

公司应该充分把握时代赋予的机遇，利用好牌照优势，重点发力于经济责任、民生责任、受托责任等方面。结合信托破产隔离、方式灵活等优势，信托公司可以通过投行、资产管理、财富管理、事务管理服务等实现对社会责任的承担。

2020 年 2 月 14 日，公司联合云南省青少年发展基金会成功设立了云南省首单抗疫专项慈善信托——“云慈济善”慈善信托，积极助力抗疫阻击战。

2020 年 3 月，“‘云慈济善’慈善信托”的资金到位后，公司与青少年发展基金会积极动员多方资源，第一时间采购抗疫物资，定向捐赠给云南省第一人民医院、云南省第三人民医院、昆明医科大学第二附属医院、昆明市儿童医院、云南赴湖北支援医疗队、云南省疾病预防控制中心赴湖北医疗队等数千位一线医护人员。

2020 年 4 月，公司协同合作方针对多个省市公立医院发行的 ABN 产品，积极支持抗疫，该项目以公立医院应收账款为标的，盘活医院资产，协助其提升服务质效。

2020 年 5 月，针对受新冠肺炎疫情影响正常经营却遇到暂时困难的企业，根据实际情况，公司启动一系列救助举措，通过合理展期，延后借款人的还款期限，或适当减免借款人的罚息等措施，支持小微企业共渡难关。金融支持包括不限于湖北用户最高减免 20% 利息及湖北用户享受逾期罚息减免等政策。

2020 年 6 月 9 日，公司扶贫工作小组来到大理祥云县普淜镇云里厂村，开展扶贫攻坚调研和慰问活动，并发放了第六期“云信大爱星火”爱心助学金。

2020 年 7 月 1 日，公司“伽利略”AI 智能资产配置系统上线，为投资者提供自动化、数字化、实时化的高效低成本智慧金融体验，助力投资者降低投资风险。

2020 年 7 月 10 日，公司与蚂蚁集团签订战略合作协议，发挥区块链对供应链金融的科技赋能作用，重点解决中小微企业融资难题，可为信托业加速“区块链 + 供应链金融 + 产业”的发展融合。

2020 年 9 月 9 日，公司“麒麟”合规系统正式上线，该系统包括网页版（公司内网访问）和小程序版（云信法规库），本着“实用、精简、强相关”的原则，打造一站式法律合规信息平台，是公司科技赋能的又一新举措。

2020 年 9 月 17 日，公司联手华夏人寿保险股份有限公司云南分公司，与昆明市五华区护国街道合作，针对老年人金融知识薄弱，作为电信诈骗和非法集资等非法金融活动的高危对象等实际情况，以信保合作方式，创新开展了送金融知识进社区宣传活动。

2020 年 9 月 21 日，公司在云南丽江玉龙纳西族自治县田家炳民族中学顺利举办慈善信托助学网课开班仪式，并向特培班教师捐赠了笔记本电脑。该校是公司“扬梦助学”慈善信托资助的第一批学校。

2020 年 10 月末，公司随中国信托业协会组织的行业公司调研组，赴内蒙古乌兰察布进行农业扶贫调研，并捐助资金用于帮扶察右后旗白音察干镇碱沾人肉兔养殖场的扩建（改造温室、扩增种兔笼和运输用兔笼的数量、购买自动清粪设备及颗粒机、粉碎机、搅拌机等）。

2020 年 11 月 11 日，公司在大理云里厂村成功举办第七期“大爱星火”爱心助学金颁发仪式，云里厂小学本学期共有 22 名学生获得“大爱星火”爱心助学金的资助，爱心志愿者走村入户慰问了 4 户建档立卡贫困户和 2 名困难党员，并给部分特困人员送去了慰问金。

四、2021 年发展规划

2021 年，随着“资管新规”与资金信托新规落地，将倒逼信托公司加速转型。第一个方向是开展证券投资信托业务，对于并不擅长证券投资业务的信托公司而言，初期可通过与其他资产管理机构的合作，或者开展 FOF/MOM 业务的方式展业；第二个方向是发展财富管理，满足投资者多元化需求。

公司将在充分研判内外部环境的基础上，围绕“一体两翼四轮”战略规划及“融资变投资”的展业策略，在标品资管、另类资产管理与服务、财富管理、服务信托四大板块上，积极探索可行的新方向与新模式，包括智能投顾、资产配置、资本市场服务、困境资产处置等，并在资产证券化等传统业务领域打造全产业链服务能力。

具体而言，业务方面的发展规划包括：聚焦泛金融机构，围绕客户需求提供差异化专业服务；聚焦“主动管理＋被动服务”，打造完善的标品资管布局；加强消金巨头服务，深化场景消费金融；进渠道覆盖，优化组织结构，强化财富管理服务能力；集中优势兵力，围绕目标客户提供 ABS 全产业链服务；自有资金保值增值方式更多元化，强化业务协同性。

中铁信托有限责任公司

一、2020年经营概况

（一）公司运行稳中向好，主要指标圆满完成

2020年，中铁信托有限责任公司（以下简称公司）全年实现营业收入（合并）21.73亿元，实现净利润（合并）11.33亿元，连续八年实现净利润超过10亿元，在行业下行过程中实现了业绩逆势增长。其中，信托母公司实现营业收入19.9亿元，实现净利润10.06亿元。

公司合并资产总额为198.27亿元，净资产为106.39亿元。信托母公司资产总额为161.58亿元，净资产为98.12亿元，已计提拨备与预计负债合计43.85亿元，不良资产率为5.85%。

（二）监管指标全面达标

公司始终坚持监管导向，严格贯彻落实监管指标任务，确保经营稳健合规。截至2020年末，公司净资本为80.04亿元，净资产为98.12亿元，净资本与净资产比为81.57%；风险资本为27.49亿元，净资本与各项业务风险资本之和比为291.20%，远高于监管标准；贷款比及集中度管理、管控房地产、金融同业通道、非标融资信托业务规模、各项报表时点均符合监管要求，较好地实现了资产端求稳的目标，为公司高质量发展奠定了基础。行业评级连续五年为A级。

（三）管理资产规模保持适度

2020年，基于监管持续从严从紧要求和公司发展的需要，公司把规模作为保持企业盈利水平和行业影响力的重要指标，密切关注规模指标变化进行每周跟踪推进。2020年，公司管理信托资产规模为3 259亿元，较2019年的4 254亿元下降幅度达23%，但仍保持在行业平均以上水平，既较好地完成了监管合规任务，又稳固了稳健可持续发展的基本盘。公司控股的宝盈基金管理有限公司管理基金资产管理规模为758亿元，其中，公募基金资产管理规模为674亿元；专户产品资产管理规模为49亿元；特定客户资产管理规模为35亿元。

二、创新业务案例

近几年，公司响应股东中国中铁股份有限公司（以下简称中国中铁）的号召，积极开展立体经营，通过探索产融结合新模式，以融促产，以产带融；同时，为顺应《信托公司资金信托管理暂行办法（征求意见稿）》要求，公司积极发展标品信托，推进公司产品净值化、标准化转型。2020年，具有代表性的创新案例如下。

（一）中铁信托—银杏20140期大丰兴城债券投资集合资金信托计划

本信托计划拟投资盐城市大丰区兴城投资开发有限公司（以下简称发行人）发行的公司债券，本期债券承销商为天风证券股份有限公司（以下简称天风证券）。

该计划发行人是大丰区高新技术区最主要的基础设施建设开发主体之一，在大丰区高新技术区基础设施建设领域处于领先地位。公司作为大丰区债券发行的重要主体，曾于2016年发行“16丰兴01”“16丰兴02”合计规模8亿元，均已到期兑付。2020年4月，发行人发行第一期公司债2亿元，第二期的5亿元即将发行；后续将发行新的7亿元公司债。

本次公司债券担保人盐城市大丰区城市建设集团有限公司是大丰区最大的平台公司，作为大丰区城市基础设施建设和土地整理开发的重要主体，全面负责盐城市大丰区城区市政建设工程项目、保障性住房建设项目及相关项目经营等。担保人是大丰区最重要的平台，在全部9家AA级平台中排名第一。

（二）中铁信托—乾利系列集合资金信托计划（2020-01期）

本系列信托计划的资金运用方式为投资低风险标准化固收类资产，根据实际情况需要，可直接进行标的投资，也可通过投资券商/公募发行的资管计划或其他信托计划，间接进行标的投资。

本系列信托计划的投资范围包括：银行存款（活期存款、定期存款、同业存款）、同业存单、大额存单；债券回购、交易所及银行间市场债券［国债、地方政府债、中央银行票据、政策性金融债、企业债、公司债、金融债券（含次级债）、短期融资券、超短期融资券、中期票据、非公开定向债务融资工具（PPN）、资产支持证券（ABS）、资产支持票据（ABN）、可转债、可交换债券、可分离交易可转债的纯债部分、永续债］、政府支持机构债券、国际机构债券；债券型基金、券商/公募基金资管计划和信托计划；现金管理型金融工具（货币市场基金或其他类货币基金）；其他安全性高并且法律法规及监管部门允许投资的固定收益类产品；信托业保障基金。

三、社会责任履行情况

（一）积极服务实体经济

公司始终坚持服务实体经济的根本方向，创新服务满足实体经济多元化需求。一方面，公司采取多种模式与外部进行合作，积极与重大项目对接，参与支持各类市场化的民生项目，创新交易结构，为各类基础设施项目提供资金支持。另一方面，公司支持产业多领域，通过优化交易结构等方式，既服务于大型工商企业和房地产企业的深度需求，也对节能环保、生物医疗、高端装备制造等新兴产业提供信贷支持，为解决中小企业融资难问题作出了积极贡献。2020 年，公司引导社会资金投向各类工商企业总额为 626.62 亿元，满足实体经济多元化发展需求，有力支持了实体经济发展。

公司加大提升资金利用效率。发挥投资理财的信托制度优势，将分散的社会资金集合起来整合与优化，将资金投入经济社会各个领域，既满足投资者多元化理财需求，又提升了社会资金利用效率。2020 年通过北京、上海、武汉、重庆等异地营销团队，募集省外资金投入各类企业约 149 亿元。

（二）助力脱贫攻坚

公司通过采取对口扶贫、精准帮扶、智力扶贫、救灾解困、环境保护等措施深入实施精准扶贫，连续三年获评“四川金融扶贫工作先进单位”称号，荣获“四川慈善‘百企扶贫’行动突出贡献单位”等多项荣誉称号。

在精准实施对口扶贫方面，公司对口帮扶的泸州市叙永县在 2020 年 2 月正式退出贫困县序列。2020 年 8 月，公司通过中铁信托爱心基金对叙永县枧槽苗族乡九龙村 5 户建档立卡的困难家庭实施“一对一”精准教育扶贫。

在聚焦救灾解困方面，公司在新冠肺炎疫情期间，捐款 50 万元注入“中国信托业抗击新型肺炎慈善信托”，所属企业宝盈基金向武汉慈善总会捐款 50 万元，全体党员自愿捐款，支持疫情防控和困难帮扶。

（三）热心公益慈善

2020 年恰逢公司成立 40 周年，公司陆续推出多只公益慈善信托，落实捐赠资金共计 150 万元。其中，陆续发起设立与成都杜甫草堂合作的国内首单以博物馆为主题的“弘文”系列慈善信托、与成都武侯祠合作的国内首单以弘扬“三国文化”为主题的“明道”系列慈善信托、与省内知名高校合作的以支持“科研教育”为主题的“致远”系列慈善信托，以及专注精准扶贫的“大同”系列慈善信托。其中，“弘文1号慈善信托”资助“弘扬李杜精神校园行公益活动”走进江油市诗城小学与九寨沟实验小学，共捐赠书画作品33件、书籍17 000本、文具2 000个、刻石2块；“明道1号慈善信托”资助“孔明东风·凉山行公益活动”走进凉山盐源县甲花小学，共捐赠三国文化相关物品1 050件、书籍2 068本、学习用品5 240个、学生课桌椅267套、学生餐具530个、饮水设备20台等。通过深度参与公益慈善，公司被人民网、《金融投资报》、四川新闻网等多家媒体宣传报道，产生了良好的公益示范效应。

公司于2017年设立的自《中华人民共和国慈善法》颁布以来四川省首单环保类慈善信托——中铁信托·明德1号宣化环保慈善信托，委托资金共700万元，截至2020年12月31日仍在发挥积极作用，信托财产余额为243万元，已审批通过第五批受资助项目，划款45.5万，共支持了减少化学品与危险废弃物环境污染项目、守护长江生态线等10个生态环境保护项目。

（四）消费者权益保护情况

公司高度重视消费者权益保护工作，不断加强员工培训，以及开展宣传教育活动，提升全体员工，尤其是直接面对客户的一线工作人员的消费者权益保护意识；不断加大金融知识宣传力度，开展了7场金融联合宣教活动、“反洗钱知识宣传月”活动等，通过营业网点、大学校园、社区等场所，发放宣传材料、举办多场专题讲座，帮助公众提高风险识别和防范能力，引导大家使用正规金融服务，保障自身财产安全。公司不断提高服务质量和客户满意度，受到了广大投资者的好评。

四、2021年发展规划

2021年，公司确定为“转型升级年”，各项工作要围绕开好局、起好步来展开，确保净利润达10.27亿元，力争实现11.51亿元；确保新签合同金额达22.2亿元，力争实现24.35亿元；确保营业收入达17亿元，力争实现18.7亿元；管理资产规模稳定在行业平均水平之上。

2021年，公司重点做好以下六项工作。

一是全力推进业务创新升级。公司要瞄准前期确定的房地产投融资、资产证券化、标品信托、服务信托等重点转型方向，创新升级交易结构和模式，确保稳定的利润支撑。

二是全力加强内部产融结合。2021年，公司明确目标，产融结合业务规模占比提高20%以上，产融结合业务收入占比达30%以上，努力将其发展为公司调结构、促转型的重要支撑。明确各部门产融结合目标任务，推动政策落实和制度安排。

三是全力深化企业改革。深化改革是公司谋求转型的关键举措，要解决企业深层次矛盾和问题，改革就不能停步。2021 年，公司根据国务院国有资产监督管理委员会和股份公司的安排，落实三年改革行动方案和配套措施，逐级压实责任，确保在重要领域、关键环节取得实质性突破和进展。

四是全力推进补短板工作。推进公司转型升级，补齐短板弱项至关重要，2021 年三大短板要有实质性突破，全方位支撑转型升级新格局。

五是全力加强企业内部管控。加强公司治理体系建设，积极推动资本补充和股权多元化管理，修订公司章程、董事会议事规则，推进董事会换届，建立董事会对经理层的授权管理制度和报告机制，完善权责法定、权责透明、协调运转、有效制衡的公司治理机制，不断提升企业管控水平和运行效率。

六是全力推进风险化解。公司要按照中国中铁“加强金融风险防范”的要求，着力控增量，减存量，确保风险整体可控。进一步构建与业务类型相匹配的风控体系，使风控措施更具专业性和针对性，努力从项目审批源头遏制风险。

北方国际信托股份有限公司

一、2020 年经营概况

截至2020年末，北方国际信托股份有限公司（以下简称公司）自营资产总额为59.05亿元，较年初增加4.55亿元；信托资产总额为1 080.68亿元，较年初减少613.59亿元。其中，主动管理类信托资产为192.22亿元，较年初增加4.09亿元；事务管理类信托资产为888.46亿元，较年初减少617.68亿元。

2020年，公司累计实现营业收入11.28亿元，同比增加3.53亿元，增幅为46%，实现利润总额3.96亿元，同比增加0.66亿元，增幅为20%。

2020年，公司坚持党的领导、加强党的建设，坚定改革发展的信心和决心，始终胸怀“国之大者”、着眼“两个大局”，贯彻新发展理念、融入新发展阶段、构建新发展格局，稳定与发展“两手抓”，坚持“扬长补短调结构、开源节流增效益”的经营导向，全面推动公司转型发展。一年来，在新冠肺炎疫情、严监管政策和外部环境变化的巨大压力下，公司坚持党对国有企业的领导不动摇、营造良好政治生态，稳妥推进混合所有制改革工作，于变局中开新局，全力推进高质量转型，强化风险管控，建设良好受托人文化，夯实管理根基，内部管理质效得到进一步提升，新冠肺炎疫情防控及复工复产“双战双赢”，实现了经营业绩“逆增长”和“两连增”。

二、创新业务案例

随着脱贫攻坚进入收官期，为助力打赢脱贫攻坚战，公司在做好驻村帮扶工作的同时，充分发挥信托制度优势，积极探索研究利用慈善信托开展扶贫工作。2020年，公司先后成功设立了“北方信托·美丽乡村”“北方信托·智慧乡村”“北方信托·助老”3笔慈善信托，累计募集扶贫助困资金783 480元。

自2017年8月起，公司对天津市武清区蔡家地、四合庄两个困难村进行结对帮扶。2020

年，公司设立了“美丽乡村”“智慧乡村”两只慈善信托，合计募集扶贫助困资金58万元，信托目的旨在助力天津市美丽乡村、智慧乡村建设，为帮扶村落修缮党组织活动场所、更新党员教育设施及发展壮大村级集体经济。公司发挥自身优势，通过信托计划方式规范资金使用方式、提高资金使用效率，用优质的金融服务助力慈善公益事业，积极履行国有企业社会责任；同时也是对推进业务转型、回归信托本源的有益探索和实践。

“助老慈善信托”产品是公司基于天津市民政局发起倡议，委托人为天津市慈善协会，以天津市失能老年人投保老年人意外伤害保险等形式提高其基础社会保障水平为目的，而发起设立的慈善信托产品，产品共募集资金203 480元。信托财产主要用于为天津市民政系统内登记的所有70岁及以上享受居家养老补贴老年人（失能老人）捐赠健康保障保险。本慈善信托项目中公司与天津市慈善协会等社会各界机构作为联合捐赠方，委托人为天津市慈善协会。“助老慈善信托”产品不仅体现了地方国有金融企业的社会责任，更是起到了凝聚社会力量、共建可持续慈善事业的作用。

三、社会责任履行情况

2020年，公司顶住了新冠肺炎疫情、严监管政策和外部环境变化等不利因素的压力，坚持“扬长补短调结构、开源节流增效益”的经营导向，全年实现营业收入11.28亿元，同比增加3.53亿元，增幅达46%；实现利润总额3.96亿元，同比增加0.66亿元，增幅为20%。用改革发展的“事功”诠释了市属国有企业的社会责任担当。

（一）发挥信托优势、服务实体经济，助力经济社会发展

一是回归信托本源，服务实体经济。2020年，公司认真贯彻落实监管要求，持续优化业务结构，提升主动管理和服务实体经济的能力。截至2020年末，公司信托资产总额为1 080.68亿元，较年初减少613.59亿元。其中，主动管理类信托资产为192.22亿元，较年初增加4.09亿元；事务管理类信托资产为888.46亿元，较年初减少617.68亿元。同时，公司利用信托灵活制度优势，全力支持区域经济发展，加大力度向大型商贸企业、上市公司、地方国有优质企业等非房业务领域拓展，努力为客户提供多样化的产品与服务，客户结构进一步优化。

二是自觉履行纳税义务。公司认真遵守税收法规，积极履行纳税的责任和义务，依照法律、行政法规的规定，及时足额缴纳各项税款，做和谐社会建设的积极参与者。2020年，公司累计缴纳各项税费约4.34亿元，为增加国家和地方财政收入、促进地方经济发展和社会进步作出了积极贡献。

（二）坚持恪尽职守、履行受托责任，忠实受益人利益

一是信托产品全部到期清算。2020 年，公司管理的信托产品全部到期清算，累计为受益人实现收益 68.61 亿元。

二是积极开展信托文化建设，培育受托人文化。公司积极响应监管政策号召，深刻领会信托文化建设的重要意义，在监管部门和行业协会的指导下，从治理文化、受托文化、合规文化、风险文化、创新文化五个维度，制定了信托文化建设工作方案，立足受托人定位，完善公司治理体系，强化风控合规管理，夯实内部管理根基；积极开展专题教育培训，引导公司全员深刻认识信托文化的内涵，培育“诚信、专业、勤勉、尽职”的价值理念，认真履行受托人职责；积极宣传普及信托知识，加强投资者和社会公众对信托的认识和理解，提升投资者风险识别能力，培育“投资有风险”“高收益高风险”的投资理念。

三是保障客户权益，创新服务方式。公司在与客户的业务往来中，严格遵照监管部门及公司的制度规定，遵循平等、自愿、公平和诚实信用的原则，充分披露信息及风险，保障客户的合法权益。公司严格执行投资者投诉管理的相关规定，2020 年保持零投诉。作为专业化财富管理机构，公司积极探索与自身能力相匹配的信托本源业务领域，服务实体经济和慈善事业，设立工商企业信托、慈善信托、标准化信托产品等，根据客户需求进行资产配置，满足社会理财需求。

（三）强化风险管理、依法合规经营，守住风险底线

一是完善风控体系建设，强化风险管理。公司始终将业务的合规性及风险的有效防控作为持续稳健发展的前提和保证，并已建立了完善的风险管控机制。2020 年，公司进一步完善专业评审会议事规则，以提升评审的专业性，保证评审的客观性、公平性，合并成立托管运营部，严控操作风险。公司持续加强对主动管理业务的风险监测和预警，充分利用启信宝等渠道对交易对手的新增风险事件及负面舆情实时监控。

二是认真贯彻落实监管要求，强化合规管理。公司始终高度重视合规管理工作。2020 年，公司设立合规管理部，制定《合规管理暂行办法》，健全合规管理组织架构和制度体系，持续完善内部合规管理工作流程，提升合规管理水平；认真贯彻落实监管部门的各项监管政策和要求，认真组织开展市场乱象整治“回头看”、股权和关联交易专项整治“回头看”等重点工作，及时发现并弥补公司在经营管理中存在的合规问题和漏洞，保障公司合规稳健发展；完成 2020 年监管部门要求的“两项业务”规模压降、自营及信托业务风险资产化解、房地产业务规模管控等各项任务指标；编制《信托业务合规手册》，引导公司全员加强监管法规政策学习，牢固树立合规意识，坚守合规经营管理理念。

三是加大落实、培训和宣传力度，履行反洗钱义务。公司参照《法人金融机构洗钱和恐怖融资风险管理指引（试行）》《银行业金融机构反洗钱和反恐怖融资管理办法》等法规的相关要求，持续完善公司反洗钱内控制度体系，做好客户身份识别、客户身份资料及交易记录保存，在可疑交易分析甄别工作方面，进一步强化审查流程，增加异常交易分析工作的人力保障。2020年针对修订的《北方国际信托股份有限公司反洗钱管理办法》，进一步明确相关人员的职责与分工，全面推进了反洗钱制度在公司内的执行与落实。同时，在反洗钱培训工作方面，公司开展并积极参与了各种线上、线下的培训活动；在反洗钱宣传工作方面，在满足人民银行天津分行主题宣传的前提下，通过多种渠道，调动公司可以利用的宣传渠道，进行了广泛的宣传活动。反洗钱工作在各个方面进行大幅改善，取得良好效果，更加有效地预防洗钱风险的发生。

（四）坚持以人为本、保障员工权益，促进员工职业发展

一是加强员工民主管理。2020年，公司先后召开了6次职工（会员）代表大会，充分发挥了职工（会员）代表大会作用，加强员工民主管理，构建和谐劳动关系。全年公司工会共召开了20次工会委员会会议，充分发挥集体决策的作用，专题讨论研究涉及职工利益方面的重大事项。

二是保障和维护员工合法权益。公司严格执行《中华人民共和国劳动法》《中华人民共和国劳动合同法》等相关法律法规，建立完善的培训、薪酬和考核体系，保障员工的合法权益。2020年，公司为员工职业素养和专业技能提升提供平台，组织业务类面授全员培训4场，参训人数为820人次，内容涵盖信托业务发展趋势、信托法律实务案例解析、财务会计准则知识等。积极对接中国信托业协会、中国银行业协会及外部机构培训资源，共选派27人次参加公司外部面授培训15场。

在新冠肺炎疫情背景下，公司积极拓展线上培训，通过公司在线培训平台——北信E企学上线10余门线上课程；斥资10余万元购置上海智信资产管理研究有限公司旗下“资管云”平台学习账号，帮助员工了解中国资产管理全貌，搭建体系化的知识框架，积极参加监管机构、各级协会组织的线上讲座课程，累计组织相关人员参加线上讲座三十余场次。

三是提供健康、安全的工作环境。面对突如其来的新冠肺炎疫情，公司严格落实防疫要求，按日配发口罩等疫情防护用品，并加大防疫宣传、培训力度，营造公司全员重视疫情、平稳心态、科学应对的常态化防护氛围。

（五）践行国企担当、发展慈善信托，履行公益责任

一是助力脱贫攻坚，实现精准扶贫。2020年，公司利用信托制度，设立“智慧乡村慈善信托”“美丽乡村慈善信托”项目，募集扶贫助困资金58万元，资金分别用于蔡家地村和四合庄

村的党组织活动场所修缮及党员教育设施更新，帮助帮扶村发展壮大村级集体经济。此外，公司利用原“北方信托·信扶基金”助困助学基金的剩余资金向帮扶单位崔黄口镇前营村的43名学生发放了2015年至2020年六个年度的助学金11.3万元；通过消费扶贫共采购扶贫农产品合计10.3万元。公司在打赢精准脱贫攻坚战中展现了国有企业的政治担当。

二是全力抗击新冠肺炎疫情，助力疫情防控阻击战

公司积极响应中国信托业协会倡议，2020年初捐资50万元认购“中国信托业抗击新型肺炎慈善信托”，该笔信托参与武汉雷神山、协和、同济等重点医院一线重症病房建设，并捐赠了大量医疗物资设备。同时，自新冠肺炎疫情以来，按照天津市“惠企21条”和“27条措施”精神，公司对其房产承租企业给予免收3个月房租或3个月房租减半的优惠政策，共计免减租金61.33万元，积极助力疫情后天津市经济的重启。

四、2021年发展规划

2021年，公司将筑牢常态化疫情防控的安全墙，做实改革发展各项任务：坚定不移地加强党的建设，将政治优势转化为发展优势；深入贯彻落实国有企业改革任务，加快建立现代企业制度；打开脑袋上的“津门”，全力推进高质量业务转型；增强风险预警、风险管控和风险化解能力，提升受托管理意识；全面提升经营管理水平，务实打造管理体系。公司将全力以赴推动经营发展再上新台阶，以更加优异的成绩迎接中国共产党建党100周年。

渤海国际信托股份有限公司

一、2020 年经营概况

2020 年，渤海国际信托股份有限公司（以下简称公司）在新冠肺炎疫情大考下主动履行金融企业职责，不折不扣地落实各项监管政策，坚定坚决做好合规经营，统一思想、积极转型，勇于担当、敢于作为，在把握行业大势中对冲外部的环境压力，在解决结构性矛盾中摆脱原有的路径依赖，高质量发展取得了新成效。截至 2020 年 12 月 31 日，公司总资产为 155 亿元，实现总收入 25.05 亿元。

（一）抓党建、强根基，组织保障不断增强

公司坚持"党建就是生产力"的发展理念，始终注重抓好党建工作。截至 2020 年 12 月 31 日，公司共设有党支部 5 个、党员 121 名，党员占比达 44%。此外，公司还创新开展党团群工作，先后组织开展了党的十九届五中全会精神专题学习、"党员先锋岗"评选、书记讲党课等一系列活动，有效提升了基层党建工作整体水平，为公司整体发展提供了坚强有力的组织保证。

（二）抗疫情、稳经营，"双线"作战齐头并进

面对新冠肺炎疫情冲击，公司一手抓疫情防控、一手抓经营管理，全力打赢疫情防控阻击战和复工复产争夺战。一方面，公司结合办公地点分散、业务人员出差频繁、外部人员往来较多的特点，有针对性地落实防疫责任、防疫制度、防疫流程，形成了严密的疫情防控工作体系，公司未出现疑似和确诊病例；另一方面，深入研究疫情影响下的市场需求变化，积极在压力中探索业务发展新路径，公司主要经营指标继续保持稳健，主要监管指标均优于监管标准。

（三）控风险、保安全，风控合规更加完善

围绕存量业务的风险监控、增量业务的风险防范和创新业务的风险指引，公司持续深化、完善风控业务能力。公司结合市场环境变化，提高了部分高风险行业的业务准入标准和操作要

求；加强对存续业务的过程管理要求，累计对1 300余个项目进行了全面梳理，并对存在风险征兆的项目及时采取各项措施，积极化解潜在风险，全年主动管理业务实质性风险零新增，风险管控经受住了市场考验。

（四）重应用、求实效，科技赋能加速推进

融入金融科技发展大潮，公司持续加速金融科技在经营管控、场景创新等方面的应用。2020年，公司结合监管要求及业务发展需要，启动了核心业务管理平台五期建设项目，推动EAST4.0系统、TA系统、营销系统、CRM系统、小微业务系统等项目端、资金端、资产端的业务管理系统的改造升级，满足了监管数据采集要求，为小微金融、供应链金融、债券等科技依赖型业务提供了有力支持，并在媒体评选中获评“2020年度金融行业优秀信息团队”。

（五）树品牌、聚能量，文化建设效果显著

公司深入贯彻落实中国银保监会关于信托文化建设的工作部署，持续推动信托文化及品牌宣传工作，进一步提升公司形象、助力行业发展。2020年，公司先后获得河北省政府颁发的“河北省优秀民营企业”等各类荣誉奖项7项，在央广网、《经济日报》、新华网、凤凰网等省级以上主流媒体上刊播重点报道200余篇（条），在《渤海信托》内刊、微信公号、抖音、新浪微博、今日头条、公司网站等自有平台发布各类消息300余条，不断提升社会各界对信托制度、信托文化的认识和理解，为公司发展营造了良好的社会氛围。

二、创新业务案例

（一）设立慈善信托，服务疫情防控大局

结合新冠肺炎疫情防控需求，公司在河北银保监局、石家庄市民政局的大力支持下，依托自身的制度优势，牵头发起设立了“渤海信托·大爱无疆抗击新冠肺炎慈善信托”，该慈善信托项目累计获得员工捐款认购33.67万元，弥补了河北省慈善信托项目的空白，开创了河北省慈善信托项目的先河，在河北省起到了率先垂范作用，为抗击疫情、复工复产贡献了力量。

（二）深耕供应链金融，助力中小微企业发展

公司持续加强对供应链金融业务的布局和创新力度，在业务模式方面，主要借助核心企业的信用支持，为产业链的上下游企业提供融资服务；在风险把控方面，实现了与核心企业的系统对接，通过对数据的深度挖掘与研究，进行实时动态监控，防范潜在的信用风险。自2020年

以来，公司供应链金融的业务领域已拓展至钢铁、餐饮、物流、纺织等多个产业，形成了融资、支付结算、账户管理等一系列供应链产品，协助数千家中小微实体企业缓解了“融资难、融资贵”问题。

三、社会责任履行情况

2020 年，公司在实现自身稳健发展的同时，不忘金融企业的使命担当，坚持全方位履行社会责任，与全社会同成长、共进步。

（一）全力抗击新冠肺炎疫情

自新冠肺炎疫情发生以来，公司坚决贯彻落实党中央统筹疫情防控与经济社会发展的决策部署，通过设立慈善信托、参与志愿服务等多种方式，支持开展新冠肺炎疫情防控工作。同时，公司全力支持实体经济稳定发展，主动对交易对手中可能受疫情影响的实体企业进行靠前服务，累计为相关企业办理延期还本 199.47 亿元、延期付息 2.01 亿元。

（二）大力支持实体经济发展

公司充分发挥信托多层次、多领域、多渠道配置资源的优势，聚焦“六稳”“六保”，支持实体经济，服务经济发展和社会稳定大局。截至 2020 年末，公司投向实体经济领域规模为 2 855.52亿元，占总规模的 66.44%，其中投向基础设施领域为 238.31 亿元，节能环保领域为 31.11 亿元，产业转型升级领域 48.60 亿元。此外，公司立足国家经济和区域发展大局，积极服务国家重大战略，坚持融入京津冀协同发展、雄安新区规划建设等重大项目。其中，公司京津冀协同相关项目存续规模为 21.82 亿元，服务河北地区项目存续规模为 206.66 亿元。

（三）服务人民美好生活

秉持“为他人做点事，为社会做点事”的企业理念，公司积极投身全面小康建设和脱贫攻坚伟大战役中。2020 年，公司累计投入民生保障领域规模为 14.98 亿元，覆盖社会民生多个领域；坚持开展扶贫助困活动，组织开展了“金秋助学公益行”活动，助力学子成长；扎实做好金融消费者宣传教育工作，组织开展了“金融知识普及月”“金融知识进校园”等各类主题活动 10 余次。

四、2021 年发展规划

2021 年，公司将主动适应新形势下的监管要求和市场竞争要求，以稳健为主线，审慎经营、稳中求变，努力推动各项工作继续保持平稳健康发展。

（一）聚焦效益，提升价值创造能力

公司坚持业绩导向，以依法合规为前提，以创造价值、提升效益为中心，对标先进公司、先进模式，提高展业效率，稳定业绩指标，提升盈利水平。

（二）聚焦市场，提升核心竞争能力

公司将巩固在传统业务领域的经营优势，把握市场变化趋势，调整业务运作模式，在风险可控的前提下，精准服务、精细操作、突出特色，提升主动管理能力；持续加快业务转型创新步伐，进一步丰富小微金融、产业链金融、资产配置的产品系列，适时做好标品信托、净值化产品的复制、推广；继续打造鲲鹏财富品牌，打通“资金”与“资产”的枢纽，壮大公司的产品销售能力和财富管理能力。

（三）聚焦安全，提升风险管控能力

公司坚决守住不发生重大风险的底线要求，进一步强化风险管控措施。提升风控精准度，结合宏观经济变化及监管政策动向，动态调整各项风险管理制度；完善过程管理，加强风控与托管、运管、审计之间的衔接配合，打造“大风控”体系，增强风险监测、预警能力；严格防范合规风险，结合监管政策、业务发展需要，有针对性地制定合规工作方案，提升工作的有效性。

（四）聚焦效能，提升综合服务能力

公司以“能上能下、能进能出”为原则，持续深化人才队伍和激励机制改革，调动干部员工的积极性，提高人力资源管理效能；紧密围绕业务需求，推进业务管理平台、业务运营支持平台的优化升级，提高信息系统对业务变化的适应力、支撑力；推进内部效率提升和外部资源获取，积极营造有利的经营环境，提高基础支撑的匹配度和满意度。

（五）聚焦作风，提升自身建设能力

公司将继续充分发挥党委把方向、管大局、保落实的领导作用，深化党建工作，丰富活动形式，拓宽活动载体，提升活动效果；持续加强信托文化建设，用文化凝聚人心，提升干部员工的专业水平和道德修养；大力推行“一线工作法”，从班子成员做起，从中层干部做起，深入实际、深入基层，及时、有效地解决各种问题和矛盾。

长城新盛信托有限责任公司

一、2020 年经营概况

2020 年，面对突如其来的新冠肺炎疫情、跌宕起伏的金融市场和严峻复杂的内外部形势，长城新盛信托有限责任公司（以下简称公司）克服内外部各种不利因素的影响，实现平稳经营。

（一）业务经营情况

截至 2020 年末，公司全年实现营业收入 -4 955.22 万元，实现净利润 -9 888 万元。公司资产管理规模为 103.84 亿元，总资产为 13.09 亿元，净资产为 10.47 亿元，净资本为 8.86 亿元，风险资本为 0.99 亿元。净资本/净资产比例为 84.58%，大于 40% 的监管要求，净资本/风险资本比例为 895%，大于 100% 监管要求，各项监管指标均符合规定。

（二）公司党建工作进一步加强

2020 年，公司在党委的统一领导下，做好以下党建工作。一是强化思想引领。公司不断强化党的理论学习，扎实做好“三会一课”工作，积极推进基层党支部标准化建设，党员队伍的思想觉悟及党性修养不断提升。二是做好疫情防控。新冠肺炎疫情暴发后，公司及时为员工发放口罩、酒精等防护用品，灵活采取居家办公、错峰上下班等措施，确保员工人身安全。三是筑牢防腐拒变思想底线。公司用身边案件警醒教育身边人，开展“以案为鉴、警钟长鸣”专题警示教育活动等，提升党员遵规守矩、廉洁自律意识。四是积极履行社会责任。公司为“中国信托业抗击新型肺炎慈善信托”捐款 50 万元，向湖北慈善总会捐款 40 万元，组织党员进行抗击疫情捐款，彰显了公司的风范与担当。

（三）基本完成监管压降任务

2020 年，公司金融同业通道压降任务超过公司 2019 年存续规模的 50%。在时间紧、任务重、难度大的情况下，公司各部门高度认识到压缩同业通道项目是信托行业长期监管方向，积极与相关方沟通，取得委托人支持，成功终结金融同业通道项目 10 个，整体压降规模为 31.93 亿元，基本完成监管下达的任务目标。

（四）内部管理不断完善

公司坚持问题导向，抓重点、强弱项、补短板，不断强化内部管理。一是启动线上业务培训系列专题讲座，组织开展行业调研，及时掌握行业发展动态。二是进一步优化规章制度。公司对人事、合规、业务等方面的制度进行全面梳理，对存在漏洞的、相互冲突的、与最新监管要求不符的制度进行了更新和完善。三是做好档案管理。公司进一步规范档案管理，提升档案管理质量和归档的时效性。四是做好人员队伍建设。公司做好年轻员工职级晋升工作，升级员工补充医疗保险保障水平，工会、团委作为职工之家、青年之家，积极发挥桥梁纽带作用，关心员工生活，不断增强公司凝聚力。

二、社会责任履行情况

（一）维护委托人利益

公司恪尽职守，严格履行受托人诚实、信用、谨慎、有效的管理义务，依托自身在资产管理、风险控制等方面的优势，为投资者创造信托财富，为企业提供全面金融服务。2020 年，公司向投资者分配信托利润 4.42 亿元。

（二）助力公益事业

公司自觉守法经营、照章纳税、公平竞争、合作共赢等理念，积极参与社会公益活动。作为在新疆地区注册的企业，公司积极贯彻落实中央关于维护社会稳定和长治久安的总目标，2020 年共向新疆南疆地区捐款 10 万元，用于扶贫和助学活动；认真落实精准扶贫政策，向股东中国长城资产管理股份有限公司定点扶贫县——陕西陇县捐赠扶贫款 20 万元；在全体员工中开展扶贫捐款，共计捐款 0.94 万元；积极响应中国信托业协会号召，捐款 50 万元注入“中国信托业抗击新型肺炎慈善信托”，与信托同业众志成城，全力以赴助力新冠肺炎疫情防控；向湖北省慈善总会捐款 40 万元，用于驰援奋战在抗疫一线的医务工作者；积极响应党中央对广大党员的号召，45 名党员为抗击疫情募捐共计超过 4 050 元。2020 年，公司已向注册地新疆乌鲁木齐市经济开发区缴纳各项税费合计 7 171.21 万元，是经济开发区重点纳税企业之一。

（三）开展员工关爱

公司不断完善员工关爱体系，推动员工与企业共同成长。2020 年，公司工会、团委通过节日慰问、困难职工情况摸查、文体活动等工作，切实增强员工福利，保障员工权益。

三、2021 年发展规划

2021 年，公司将主动适应监管政策新要求和外部经济环境新变化，夯实内部管理，积极转型创新，实现公司持续健康发展。

（一）全面加强党的建设

公司在风险项目化解和新业务重启的关键时期，一是要进一步强化党委对公司的领导核心作用，完善党组织在决策、执行、监督各个环节的权责和工作方式，加强党的领导与公司治理的深度融合，更好地发挥党委把方向、管大局、保落实的重要作用。二是持续筑牢防腐拒变思想底线，提升党员遵规守矩、廉洁自律意识，三是强化党员的责任担当意识，党员干部要坚定理想与信念，筑牢思想根基，切实履职作为、尽责担当。

（二）推进业务转型创新

公司将围绕不良资产信托、实业投资、财富管理、标品信托四类产品，积极推动自身转型创新。在不良资产信托方面，要形成收购处置/重组、市场化债转股、不良资产证券化、不良资产收益权转让、不良资产投资/处置基金等信托专有业务模式，形成具有自身特色的盈利模式；在实业投资方面，选定 2～3 个行业进行深入了解和研究，成为行业专家，形成优势投资领域；在财富管理方面，借助股东资源丰富自身产品线，为客户进行资产配置；在标品信托方面，公司要以投研能力建设为发力点，不断增强主动管理能力。

（三）深入完善风险合规管理体系

公司将从产品设计、产品营销、尽职调查、信息披露、风险揭示到投后管理全流程的风控管理能力进行全方位的提升，对资产质量风险、操作合规风险、流动性风险等进行严防死守。一是在思想意识上，公司将进一步提高全员风险意识，坚决杜绝因公司自身制度不到位、员工工作责任心不到位等而引发的各种风险。二是在组织职能上，公司将进一步发挥信托委员会、风险控制委员会、审计委员会、业务审查委员会的作用，切实履责，形成相互协调、相互制衡的运行机制。三是在制度标准上，公司将及时制定和调整业务标准和操作要求，对各类业务的操作规范、尽调报告模板、合同范本等进行更新完善。四是在合规文化上，形成“合规从我做起，合规人人有责”的良好氛围。

（四）着力提升内部管理水平

公司要从细处着眼，从小处着手，从实处着力，全面夯实公司内部管理基础，实现公司规范化、精细化、可持续化发展。一是做好常态化疫情防控。公司要充分认清新冠肺炎疫情防控的复杂性、严峻性及长期性，宁可“十防九空”，也要坚决做到思想不松、责任不松、措施不松，做到全覆盖、全天候、无死角，确保员工生命健康和安全。二是建设守正、忠实、专业的受托文化。公司的全体员工将继续遵规守纪、埋头实干、勤勉尽责，成为守正出新、忠于托付、尽职勤勉的信托人。三是提升运营管理体系。公司不断优化 IT 科技体系，做细档案管理，提升管理效率及质量。

大业信托有限责任公司

一、2020 年经营概况

2020 年，金融市场违约频发，监管力度不断趋严，通道业务和融资类信托业务全面收缩，房地产信托业务监管持续加强，叠加新冠肺炎疫情对业务开展的影响，大业信托有限责任公司（以下简称公司）遇到了极大的经营压力和困难。面对外部宏观经济下行压力和金融市场的复杂形势，公司上下凝心聚力，攻坚克难，推进严肃问责，推动增资扩股，强化风险处置，加强风险管控，完善内部管理，重塑企业文化，基本完成新冠肺炎疫情发生前制定的经营指标。

（一）财务状况及经营指标完成情况

2020 年，公司实现营业收入 5.04 亿元，同比增加 0.21 亿元，增幅为 4.27%。实现净利润 1.15 亿元，同比减少 0.04 亿元，降幅为 4.36%。

截至 2020 年 12 月末，公司总资产为 27.44 亿元，较上年末的 23.62 亿元增加 3.82 亿元，增幅为 16.17%；负债为 2.88 亿元，较上年末的 4.05 亿元减少 1.17 亿元，降幅为 28.89%。净资产为 24.56 亿元，较上年末的 19.57 亿元增加 4.99 亿元，增幅为 25.5%。目前资产配置如下：投资信托 19.92 亿元，占比为 72.59%；缴纳信托保障基金 1.18 亿元，占比为 4.3%；现金及银行存款、货币基金等现金类资产 1.79 亿元，占比为 6.52%；应收账款类债权资产 1.82 亿元，占比为 6.63%；固定资产、无形资产、长期待摊费等 2.72 亿元，占比为 9.91%。

截至 2020 年 12 月末，净资本为 19.74 亿元，较上年末的 15.74 亿元增加 4 亿元，增幅为 25.41%，风险资本为 9.47 亿元。净资本/各项业务风险资本为 208%，净资本/净资产为 80%，符合《信托公司净资本管理办法》分别高于 100% 和 40% 的监管要求。

（二）信托业务开展情况

在业务发展方面，公司紧跟宏观政策和市场变化，主动调整信托业务结构，以提升专业能力和主动管理能力为核心，积极求新、求变，回归信托本源，坚持“受人之托，代人理财”的市场定位，充分发挥自身优势，积极探索创新信托产品，在资本市场、资产证券化、慈善信托、家族信托等业务领域取得开创性进展。

2020 年，公司新成立项目 75 个，累计新增信托规模为 356.10 亿元。截至 2020 年 12 月末，公司存续信托规模为 594.96 亿元，较 2019 年末的 748.17 亿元下降了 20.48%。

二、创新业务案例

2020 年 7 月，公司设立“大业信托・华瀚科技破产重整项目集合资金信托计划”，该项目引入战略投资资金 36 亿元，参与华瀚科技有限公司（以下简称华瀚科技）的破产重整。

华瀚科技成立于 2000 年，主要业务为地下智慧管网研发、生产、销售等，是深圳较有影响力的高科技企业。华瀚科技虽陷入经营困境，却保留了较为稳定和完整的研发团队及良好的生产条件，市场需求及行业优势依旧存在。自 2018 年华翰科技申请破产开始，项目重整工作就开始运筹，但由于资金不足、缺乏战略领投，重整程序一直未能正式启动。作为深圳市较有影响力的高科技企业，华翰科技的重整项目受到中国东方资产管理股份有限公司（以下简称东方资产）的高度关注，并引入旗下子公司大业信托加入，以信托方式专业把控资金管理，确保项目有序推进。公司设立“大业信托・华瀚科技破产重整项目集合资金信托计划”，由深圳前海东方创业金融控股有限公司、横琴润创投资基金（有限合伙）与华润置地（深圳）有限公司共同引入战略投资资金 36 亿元，参与企业重整。为确保多方共赢，在保障企业顺利重整的同时充分保护委托方利益，公司重点对风控环节设置多层防御，通过股权质押担保、保证担保、追加共同债务人、追加抵押担保和预留印鉴等一系列措施来提升风险防范水平，确保项目安全运行。

2020 年 7 月 20 日，经深圳市中级人民法院批准，首批重整资金 29.8 亿元到位，华翰科技迎来重生机会，现企业已进入复工复产的正常运营状态。

在华瀚科技破产重整项目中，公司与大股东中国东方资产管理股份有限公司共同联手，主业协同方向互相配合，充分利用各自业务优势，助力企业获得新生，实现了委托人、受益人及股东的多方共赢。华瀚科技破产重整项目也作为促进高科技企业复工复产的典型，被列为广东省高级人民法院服务保障民营企业健康发展典型案例之一。

三、社会责任履行情况

公司以“盛德大业、至诚信托”的立业宗旨和“忠诚、专业、进取、务实”的价值观作为公司实现社会价值、股东价值、员工价值和客户价值的精神内核，通过加大对地方经济发展的支持，加大服务社区和社会捐助力度，打造环保型公司形象等措施，对股东、客户、员工、商业伙伴、社区、环境等利益相关者承担责任和义务，维护和增进社会利益，实现公司和社会协调发展，努力将公司建设成为受人尊敬的富有社会责任感的公司。

公司本着为投资客户负责的专业态度，以卓越的管理能力和专业的理财水平，与广大投资客户携手并进，到期的信托产品均实现了100%的兑付率，2020年共清算信托项目121个，全年清算信托规模合计554.03亿元（含部分清算项目），累计向各类受益人分配信托净利润26.97亿元，正常兑付已清算项目（含部分清算）信托本金554.03亿元，在为广大投资者提供优质信托产品以满足其理财需求方面发挥了独特而积极的作用。

四、2021年发展规划

2021年，公司将努力落实以下六个方面的重点工作。

第一，继续扎实推进党建工作。一是提高政治站位，全面落实党建主体责任。支部将按要求完成改设党委工作，组建公司党委领导班子，并根据党委建制的要求，重新构建一套系统完备、科学规范、运行有效的党建制度体系，推动党委工作规范化开展。同时，公司将在汇总股东意见的基础上完成公司章程的修订工作，把全面从严管党治党要求写入公司章程，落实党组织在公司治理结构中的法定地位，优化公司治理机制。二是推进党组织标准化建设，全面实施党建创新。支部将按照党建品牌创建实施方案的总体部署，紧扣党建品牌建设“三个目标”和2021年阶段目标，全面实施党建品牌创建举措。同时，支部将策划开展中国共产党建党100周年系列庆祝和纪念活动，完成“红色电影之旅”“红色教育之旅”“红色寻根之旅”的“红色之旅三部曲”系列活动，向党的100周年华诞献礼。三是面向发展新阶段，全面重塑企业文化。时任中国银保监会黄洪副主席在2020年中国信托业年会上指出，当前信托公司处于转型发展的关键时期，要实现高质量发展，关键要围绕受托人的中心地位建设守正、忠实、专业的良好受托人文化。公司党委将按照监管要求，围绕文化建设五年发展规划，强化党建文化对企业文化的引领，丰富企业文化内涵，加强企业文化宣传，努力为股东打造一个富有影响力和美誉度的子品牌。此外，公司党委将不断推进廉洁文化建设，进一步完善党风廉政体制机制建设，确保政治清明、干部清正。

第二，积极有序推进风险化解。公司将把风险项目处置放在突出位置，目前公司已成立了风险处置工作领导小组，明确了每个风险项目的牵头人及工作组成员名单，下一步公司要求各风险项目牵头人及工作组要按既定的制度流程、时间表、路线图，积极主动担当作为，深入项目一线，直接对接并动态掌握项目及交易对手的实时情况，确保信息传递真实有效，实现公司利益最大化的高效决策。牵头人及相关工作组成员的绩效考核也将与风险处置工作完成情况直接挂钩。2021年，公司争取化解主动管理类信托规模不少于20亿元，通过处置努力实现现金回收不少于 8 亿元。

第三，全面加强风险管理和内部控制。公司风险管理将以预防为主，根据市场及政策变化动态完善各项业务风控标准，牢牢守住准入关。业务创新，要坚持风控先行。要在边处置边发展的过程中，对出现的风险项目、暴露的风险苗头及投后管理中发现的问题持续反思，全面梳理公司风险管理和内控制度、流程中的问题和漏洞，研究制定解决方案，修改完善有关制度和流程，防微杜渐，及时堵住漏洞，切实吸取教训，引以为戒。

内部控制要按照全覆盖、制衡性、审慎性、相匹配原则，依托信息科技建设，确保内控制度贯穿决策、执行和监督全过程，涵盖各项业务流程和管理活动，覆盖所有部门、岗位和人员；组织架构设置要相互制衡，固有业务与信托业务分离，前台、中台、后台分离，涉及外部风险的各项事务双人办理、重要事项双人双岗办理。

存续项目管理要建立健全常态化风险排查、监测、预警、报告机制，及时跟踪、定期评估风险隐患及异常变化，做到风险早发现、早预警、早处置；建立复盘反馈机制，要把存续期发现的项目全生命周期中的问题反馈至公司相关部门，相关负责部门要据此动态完善事前尽职调查、事中审查和事后检查的管理制度和流程。

审计监督要严格履职，该发现问题未发现的是失职，发现问题不报告的是渎职。公司重点监督信托业务制度执行，确保每个环节都要严格执行，决不能有规不依；加强对创新业务审核及中后期管理环节审计监督；加强对不良资产处置工作全程审计监督，对尽职标准进行明确认定，严格按照岗位问责管理规定进行问责。把风控合规部门是否独立履职作为每年必审事项，并有权聘请外部审计机构。要通过审计监督，及时检视评估内部控制的有效性，并不断完善。

第四，继续加强团队建设。公司将建立并落实人员“能上能下，能进能出”的市场化用人机制，加强年度考核及结果运用，摒弃“老好人思想”和“大锅饭主义”，确保年度考核不走过场、不流于形式，对于考核结果为不能胜任的部门和人员，坚决予以裁撤淘汰。公司要严格选人用人标准，要求人品端正，富有干事创业精神，勇于担当作为，具备主动学习、熟悉了解市场、能够识别判断风险和解决复杂问题的能力；要更加注重人均效益，3 年内控制员工人数不超过 200 人。

公司的传统业务部门要优胜劣汰，逐步整合到 10 个部门左右，原则上每个部门年实现收入不低于 5 000 万元。新进团队要以标准化业务、股权投资和财富管理为主，培育新的利润增长点。争取 3 年内北京、上海、广州各设 1 个资产管理型业务部门，制定合作分享机制，鼓励传统业务部门与资管业务部门资源共享、协同合作。

公司的财富管理板块，在增资确定及资产供应到位的前提下，2021 年要争取完成上海、广州区域财富中心搭建，新进财富团队和人员要重点考察其股权投资和标准化产品的销售能力。未来 3 ~ 5 年，根据公司业务发展情况，择机在浙江、江苏、深圳等经济发达地区设立财富中心。

第五，动态把握业务方向。公司将顺应市场及监管政策变化，审慎开展非标增量业务，依托股东优势，大力拓展资产管理、服务信托及财富管理等新型业务。一是做精传统业务。公司在精选客户、精选区域、精选项目及精细化贷后管理的基础上，审慎开展传统非标业务。围绕战略核心客户开展全面、深入合作，提供综合金融服务。二是大力支持资产管理型业务。公司从定增业务切入，逐步将投资拓展和前移，并把二级市场投资业务培育成一项长期业务，逐步从被动服务型向主动管理型转变。发展标准化债券投资业务，守住风险底线（投研、信评、标的准入），提高资产配置能力，建立市场口碑。三是鼓励开展服务信托、家族信托、慈善信托业务。服务信托业务没有兑付风险，公司予以长期支持。加强与股东协同及核心客户合作，积极开展慈善信托业务，履行社会责任，助力品牌宣传。积极布局家族信托业务，为高净值客户提供财富管理和资产配置服务，增强客户黏性，为资产端提供长期资金来源。四是做大做强财富管理业务，目标是把财富中心打造成利润中心。公司依托国有股东背景，做大做强财富管理业务，争取用 3 年时间将直销规模做到每年 200 亿 ~300 亿元。积极拓展金融同业资金渠道，争取用 3 年时间使金融同业代销及直接认购资金达到每年 200 亿元。五是做好业务协同，探索合作机会。公司积极与股东及兄弟单位开展业务协同，在资产端与资金端两个方向，在标准化业务、非标转标、股权投资、不良资产处置、并购重组、服务实业等领域，围绕金融服务整合、资金与资产供给、专业服务提供、市场信息共享、交易设计、事前风险判断、事中风险管控、事后风险处置等方面，展开深入合作，共控风险，互利共赢。

第六，适时推进增资扩股。据统计，截至 2019 年末，全行业 68 家信托公司平均注册资本为 41 亿元，行业中位数为 35 亿元。本轮增资以后，公司注册资本为 14.85 亿元，升至行业第五十八名，但与行业平均及中位数水平仍存在较大差距。在融资类信托压降背景之下，为拓宽发展空间，推动业务转型，同时更好地满足监管部门对净资本审慎监管的要求，公司将继续推动资本公积及未分配利润转增注册资本事宜，进一步增强市场竞争力。

东莞信托有限公司

一、2020 年经营概况

2020 年，东莞信托有限公司（以下简称公司）在东莞市委、市政府及监管部门的指导下，在各位及股东的支持下，紧紧围绕公司年度工作计划目标，稳步推进各项业务，不断完善法人管理，持续加强企业管理，实现健康平稳发展。

截至 2020 年 12 月末，公司管理信托资产总额为 686.21 亿元，比年初减少 50.68 亿元，降幅为 6.88%；净资产为 57.86 亿元，比年初增加 1.28 亿元，增幅为 2.26%。全年实现营业收入 11.61 亿元，同比增加 0.62 亿元，增幅为 5.62%。实现利润总额为 6.83 亿元，同比增加 0.2 亿元，增幅为 2.99%；实现净利润 5.16 亿元，同比增加 0.15 亿元，增幅为 3.07%。

近年来，公司积极落实监管要求，切实加快转型步伐，业务结构不断优化。从信托功能看，截至 2020 年 12 月末，公司融资类信托规模为 196.51 亿元，占比为 28.64%；投资类信托规模为 426.00 亿元，占比为 62.08%；事务管理类信托规模为 63.70 亿元，占比为 9.28%。从资金信托投向看（不含财产信托），截至 2020 年 12 月末，公司投向工商企业的资金为 289.74 亿元，占比为 42.44%；投向房地产业的资金为 101.14 亿元，占比为 14.81%；投向证券市场的资金为 80.23 亿元，占比为 11.75%；投向基础产业的资金为 9.57 亿元，占比为 1.40%；投向其他领域的资金为 202.10 亿元，占比为 29.60%。

二、创新业务案例

（一）标品信托业务

一是逐步完善证券投资信托产品线，不断提升权益类标品业务服务能力。在产品定位方面，公司通过不断的探索，逐步形成了股票多头产品、股票 FOF 产品、量化对冲产品、定期专户产品及债券自主投资五类产品，满足不同风险偏好客户的投资需求；在产品管理方面，充分总结分析近些年证券产品管理的经验，优选投顾，优化管理，提升产品的过程管理能力；在客户服务方面，不断提升专业化服务能力，建立专业化的服务客户的投资反馈及信息披露，强化客户对证券类产品的信心；自2020年以来，公司先后成立了公募基金FOF产品——众智组合3号、指数增强FOF产品——中证500指增FOF、配置类FOF产品——佳鑫1号、香港市场打新产品——ASWG，以及“添利1号”“添利2号”等产品。二是丰富优化投资策略及产品，努力拓展固收类标品业务新空间。在投资策略和渠道方面，2020年初，公司组建投资决策小组，根据公司标准化资产投资风控流程，持续扩充拟投证券主体库，实现“入库—投资”良性循环，同时逐步打开银行间及交易所逆回购交易网络，公司逆回购交易网络日趋成熟；在完善产品谱系方面，成立“天天优享”等现金管理类产品，丰富客户服务手段，为“聚富稳进1号”投资者推出“月月、双月、季季”产品，进一步完善标品固收投资产品体系。

（二）普惠金融业务

公司逐步完善普惠金融体系，力争培育新的利润增长点。自2020年以来，公司全面完善了普惠金融业务涉及的小微贷款、房产抵押贷款、汽车消费抵押贷款所需的操作规程与贷后管理类规章制度，不断优化业务系统，在立足湾区、服务本地的展业思路下，大力扩展普惠金融业务，并成功新增落地“苏宁金融1号、2号”“凯京”“君创1号、2号”“普惠3号、6号、7号”“马上消费1号、2号”“长安新生2号”等项目，新增规模超17亿元。

（三）服务信托业务

公司践行社会责任，回归信托本源，积极推动服务信托项目落地。2019年公司设立了专门的服务信托研究小组，并于同年10月落地了业内首单医学健康服务信托——东莞信托·惠信-1+X医学健康管理服务信托项目。自2020年以来，公司积极探索服务信托业务，针对不同场景寻求业务机会，并最终成功落地了“农薪保1号”农民工工资服务信托、暨大基金会服务信托等项目，同时以现有的服务场景为基础完成了公司服务信托IT系统的搭建。

（四）家族信托业务

公司加强家族信托组织机制建设，加快家族信托业务培育落地。2019年，公司在财富管理部内成立了家族信托业务小组，并不断强化组织建设，持续提供人力、物力、财力等各方面的支持，为公司家族信托业务发展奠定坚实基础。自2020年以来，公司通过培训与客户陪谈，培养家族信托意识，挖掘客户家族信托业务需求；同时在公司现有业务流程的基础上，着手搭建公司家族信托业务立项审批及投资流程；制度方面，目前已形成标准模式家族信托操作指引，通过标准模式，引导理财师，挖掘客户需求，培育家族信托业务。截至2020年末，公司已成立落地12单家族信托业务，合计规模为2.01亿元。

（五）其他创新业务

公司与东莞市金融局合作设立“莞企转贷专项扶持基金”，为实体企业提供金融转贷服务，截至2020年末，累计为212个客户发放贷款346笔，发放转贷资金达95.91亿元，有效缓解企业转贷困难、转贷成本高问题。新冠肺炎疫情暴发后，莞企转贷资金利率按转贷银行新发放的贷款利率下浮50%，为企业节省的融资费用达376.43万元。公司还与本土多家机构合作发起成立规模超17亿元的“东莞市上市莞企发展投资基金”，截至2020年末，先后为多家本土上市公司的大股东发放融资，累计放款金额达14亿元。

三、社会责任履行情况

（一）助力脱贫攻坚

公司积极开展扶贫工作，定期研究扶贫工作安排，多措并举对口帮扶韶关乐昌市三溪镇仕坑村、东莞市佛子凹村发展。春节前、“广东慈善济困日暨东莞慈善日”及中秋国庆前，组织到乐昌市仕坑村、东莞市佛子凹村开展扶贫慰问活动，累计开展扶贫慰问活动6次，给予驻村干部鼓励及指导，帮助贫困户解决实际问题，提升生活质量。仕坑村原存量贫困户38户124人已全部脱贫。

（二）助力抗疫稳企

新冠肺炎疫情发生后，公司在做好自身防疫防控措施的同时，心系疫区、迅速行动，积极响应中国信托业协会发起的慈善信托，捐赠资金50万加入“中国信托业抗击新型冠状病毒感染的肺炎慈善信托”。得知武汉医疗物质短缺后，公司积极发动员工募集资金。两天时间，共收到来自东莞信托领导班子全体成员及干部职工共430人筹集的善款154732.66元，捐赠到武汉市慈善总会发起的“新型冠状病毒防控专项基金”。公司还主动加强对疫情防控相关企业的金融支持，对有融资需求的企业开辟“绿色审批通道”，以高效优质服务满足企业需求。对疫情严重地区存量业务逐一进行排查，并根据客户情况和监管部门的指导意见，给予适当延期还款、减免利息费用、续作等专项支持。

（三）参与社会公益

公司组织开展“广东慈善济困日暨东莞慈善日”系列活动，捐款献爱心，慰问贫困户。通过慈善信托捐赠抗疫物资，关爱“星星的孩子”，彰显公司的责任与担当，树立了与善同行的正面社会形象。开展“与爱同行 童书募捐”活动，组织员工踊跃捐书，并携手广东省百蹊教育基金会，前往揭阳市揭西县溪西小学，开展爱心图书角的图书增补回访活动。与爱佑慈善基金会签署战略合作框架协议，共同培育公益市场，增强慈善资产收益。

四、2021 年发展规划

2021 年是我国“十四五”开局之年，公司管理层将清醒认识严峻的内外部形势，以“控风险、稳经营、促发展”为工作总基调，明确战略定位和工作重点，重点做好以下十个方面的工作。一是加强党的领导，完善公司治理；二是化解项目风险，守住风险底线；三是强资本实力，提升抵御能力；四是落实监管要求，做好“两项业务”压降；五是做强湾区业务，赋能实体经济；六是研究新兴业务，稳步探索布局；七是进一步做好信托银行专题研究；八是打造财富管理品牌，巩固财富管理业务优势；九是弘扬信托文化，强化合规建设；十是参与社会公益，肩负国有企业担当。

光大兴陇信托有限责任公司

一、2020 年经营概况

2020 年是极不平凡的一年，新冠肺炎疫情严重冲击社会经济生活，国内外形势高度复杂化，信托监管政策全面收紧。在此背景下，公司坚决贯彻落实党中央、国务院决策部署，主动适应新常态，锐意进取、奋勇向前，旗帜鲜明讲政治、注入了新动力，全力以赴战疫情、实现了新发展，立足大局显担当、拓展了新空间，蹄疾步稳促改革、增添了新活力，持之以恒谋转型、取得了新突破，居安思危守底线、夯实了新根基，综合实力迈上新台阶，向股东、员工及社会各界交出了一份难能可贵的成绩单。

一是在党建工作中持续加强、扎实推进。一年来，公司党委以习近平新时代中国特色社会主义思想为指导，不断增强“四个意识”、坚定“四个自信”、做到“两个维护”，锚定“双一流”目标，进一步加强党的领导，政治建设和业务建设取得一定成效。公司党委始终将政治建设摆在首要位置，把党的领导贯穿到日常工作的各个方面，切实履行好“一岗双责”，做实“五双”，肩负起管党治党的政治责任，努力发挥党委核心作用。落实从严治党要求，开展警示教育活动，积极营造风清气正的良好发展环境。

二是在经营大考中业绩良好、价值提升。面对严峻的发展形势，公司迎难而上，圆满完成全年各项经营发展工作任务。2020 年，公司实现营业收入 56.31 亿元，同比增长 34.52%；净利润为 26.11 亿元，同比增长 25.69%；净资产收益率为 20.58%；管理信托资产规模为 9 998.35 亿元，同比增长 35.61%；资产质量良好，固有资产不良率为 0.25%，信托资产不良率为 0.72%，远低于行业平均水平，未发生重大风险事件；公司综合实力再上新台阶，核心财务指标均排名行业前五位，荣获行业最高 A 类评级，实现争先进位，提升了价值创造能力；公司加快推进创新转型，获取 QDII 等创新业务资质，慈善信托备案数量突破 100 单大关，家族信托新签约规模超过 200 亿元，资产证券化项目存续规模达 1 600 多亿元，证券投资信托发行规模达 1 300亿元以上，重点创新业务位居行业前列，创新转型取得一定成效。

三是在风险防控中主动作为、坚守底线。公司科学制定风险管理政策制度，组织编制全面风险管理手册，开展风险管理专题研究，推进全面风险管理系统建设；契合信托风险特质，积极构建职责清晰、相互制衡、分工协作的全面风险管理机制，把住营销、审批、监督的三条防线；持续优化类别风险的监测预警，重视对重点领域、大额交易对手及即将到期项目的摸排，严防信用风险和流动性风险，严控增量风险；施行"一户一策"，以抓铁留痕的作风有序化解存量风险，2020年化解主动管理类不良资产7.67亿元，原甘肃信托历史遗留的事务管理类项目全部化解完毕，坚决守住不发生系统性风险的底线。

四是在企业文化培育中凝聚人心、塑造品牌。公司积极吸收信托行业"服务、民生、责任、底线、品质"的信托文化内涵，积极传承集团"家园文化、阳光文化、崇商文化、担当文化"的光大企业文化主旨与核心价值观，根据行业特征和自身特色，明确了"担当、和商、简致、善行"的公司文化主旨，有为能担，善为敢当谓之"担当"，和创共赢，商行天下谓之"和商"，大道至简，行稳致远谓之"简致"，臻于至善，厚德健行谓之"善行"；进一步健全企业文化管理制度，确保企业文化建设工作规范化、标准化、制度化发展；建立企业文化宣传队伍，通过多种形式开展公司企业文化宣传，讲好光信故事，传播光信好声音；积极参与集团"光大日"等各类大型文体活动，充分展现信托风采；品牌形象收获社会各界肯定，荣获稳健经营信托公司、最佳信托公司、最佳服务实体经济信托公司等殊荣，首次入围中国500强最具价值品牌，企业文化建设全面迈上新台阶。

二、创新业务案例

（一）行业首个自行研发的健康科学窄基特色指数

公司自主研发了行业首个面向生物医药产业的窄基特色指数产品。该产品特色显著，优势明显。一是深耕生物医药领域，聚焦行业趋势变化。公司聚焦于国家政策鼓励下良性发展的创新药、疫苗及生物制剂、药物及器械研发外包服务、高附加值医疗器械四大A股板块，基于大量的数据与产业研究，于2020年3月6日同步在万得资讯终端和公司官网上发布信托行业首个健康医疗精选行业指数——光大健康科学A8指数（以下简称A8指数）。二是市场表现优势显著，风险防控策略完善。自A8指数发布以来，表现显著优于市场上其他已发布的主流生物医药行业指数。以2018年8月8日收盘1 000点为基点，截至2020年12月31日，A8指数累计收益率为210.83%，年化收益率为90.41%，夏普比率高达2.82，相对沪深300医药指数的周胜率达67.77%。"光大健康科学A8指数基金1号集合资金信托计划"（以下简称A8指数产品）于2020年6月12日成立，截至2020年12月31日，信托单位净值为1.2149，年化收益率为38.83%。A8指数产品纳入的成分股均为市值较大、流动性较好的细分行业龙头股票，总市值逾

1.8万亿元，有效防范流动性风险。该产品为公司推进证券业务，实现专业化、差异化发展作出有益尝试，有助于公司转型发展。

（二）国内首组抗疫专项慈善信托创造行业“四个第一”

2020年初，新冠肺炎疫情发生后，在公司党委的领导下，第一时间响应党中央号召，公司全体员工冲锋在前，履职担责，以慈善信托的特色金融服务方式驰援疫区，在新冠肺炎疫情阻击战中发挥了重要作用，为新冠肺炎疫情防控作出了中央企业的积极贡献。

在2020年全国抗疫阻击战中，公司行动最早，落地疫情防控慈善信托数量与规模皆位居行业首位。2020年，公司共设立49单抗疫专项慈善信托，规模超过5 000万元，共筹集100万支医用手套、20万只医用口罩、2万套防护服、10辆负压急救车、10吨消毒剂、大型医疗CT机专用设备、危重呼吸机ECMO等各类急缺的医疗物资支援到疫情防控第一线。同时，公司发起设立了多单关爱医护人员信托，已慰问覆盖16 700多名抗疫一线的“白衣天使”。

公司抗击疫情专项慈善信托创造了四个行业第一，成为第一家设立完成抗击疫情的慈善信托、第一单医疗实物慈善信托、第一个发起旨在支持激励前线医护人员的“致敬白衣天使”慈善信托、慈善信托设立数量及金额行业第一，在国家需要的时候体现出了中央企业担当。

（三）主动参与中芯国际首发战略配售

中芯国际集成电路制造有限公司（下称中芯国际）是国家半导体行业的核心资产和龙头企业，是全球领先的集成电路晶圆代工企业之一，是中国大陆技术最先进、规模最大、配套最完善、跨国经营的集成电路制造企业。2020年5月5日，中芯国际发布公告拟在国内科创板申请上市。

2020年5月20日新冠肺炎疫情期间，公司实地调研了中芯国际，双方达成战略合作意向，启动并参与战略配售工作，在公司内部多个部门配合下，项目团队加速落地各项条款，在2020年7月初完成了投资缴款工作，认购1 449.38万股股份，成为中芯国际科创板上市的战略投资人，是投资名单中唯一一家信托公司。公司积极履行中央企业责任，通过主动参与中芯国际首发战略配售，以实际行动支持国家重大战略的实施，支持高新技术发展，服务实体经济。

（四）国内首单养老金融慈善信托

2020年9月5日，“光信善·养老金融慈善信托”在2020全球财富管理论坛上首次发布，标志国内第一只以养老金融为主题的慈善信托正式启动。

该慈善信托计划是国内首单聚焦养老金融的慈善信托，由中关村华夏经济学基金会作为委托人，公司作为受托人，中国养老金融50人论坛作为项目执行人发起设立，资金将用于支持养老金融50人论坛发展，旨在推动我国养老金融事业的发展，推进养老金融基础建设。

该慈善信托计划将利用"三位一体"的模式，充分利用各主要参与方的自身优势，致力于打造国内首屈一指的养老金融公益平台，不断地向我国养老金融领域提供支持，联结社会上的各方资源，建立更健全的养老体系服务，改善整体社会福利水平。

（五）国内首单专业保值增值慈善信托

公司成立了国内首单专业保值增值慈善信托——"益善宝"。"益善宝"产品只对民政部认可的公益慈善机构开放，目前已成功备案三单慈善信托，规模为1 900万元。本慈善信托收取的信托报酬、管理费等全部捐赠至光信公益基金会，基金会将该部分资金作为风险补偿金，支持本系列产品的持续发展。在投向方面，只投资纯债等标准化产品，产品安全性高。若产品存续期的年末或产品清算时，出现产品净值低于委托人出资额，光信公益基金会将向慈善信托拟捐助项目做一定捐赠，以协助委托人实现捐赠目标。公司目前已为昆山市慈善总会、江苏秉龙慈善基金会、甘肃省慈善总会、爱佑慈善基金会等提供慈善资产管理服务，累计投资规模超1.5亿元。

（六）"景瓷联"项目

公司以落实国家重点发展战略为指引，以支持国家实体经济发展为宗旨，积极探索通过股权投资的方式服务地方区域发展与产业升级，有序推动"景瓷联"项目，有效解决景德镇传统陶瓷产业IP缺乏系统性整合与输出、产业生产效率较低等痛点，结合集团协同优势，打造了具有光大特色的广义投行模式。

公司与景德镇陶瓷集团有限责任公司（景德镇市国有资产监督管理委员会下属企业）、拟孵化实体企业（创始人团队）三方成立合资公司——江西省景瓷联科技有限公司，三方持股比例分别为30%、36%、34%，规划总投资金额为15亿元，分期投放，按照合作方景陶集团的建议，首期1 000万元已经成立。

该项目以建造中国文化艺术、生产制造、陶瓷商业的基础设施为目标，致力于构建景德镇产业互联网，打造景德镇陶瓷产业供应链平台，通过"金融+产业+数字化"商业模式的创新，助力"新基建"，推动景德镇中小微陶瓷企业集约化发展。

三、社会责任履行情况

2020年，面对新冠肺炎疫情的冲击和复杂严峻的国内外形势，公司坚决贯彻落实党中央、国务院决策部署，锐意进取、奋勇向前，在实现新发展、迈上新台阶的同时，切实履行社会责任，为美好社会的繁荣发展助力同行，向股东、员工及社会交出了一份难能可贵的成绩单。

（一）积极响应中央号召，助力打赢抗击新冠肺炎疫情阻击战

自新冠肺炎疫情发生以来，公司党委坚决贯彻落实党中央关于推进疫情防控和经济社会发展各项决策部署，在实现全体员工零确诊、零疑似的同时，发挥信托制度优势，支持疫情防控，率先设立国内首单抗击疫情专项慈善信托和首单医疗实物救援慈善信托，并发起首个支持前线医护人员的"致敬白衣天使"慈善信托，累计共设立疫情相关慈善信托49单，总规模突破5 000万元，慈善信托设立数量及资金规模均为行业第一。慈善信托筹集超过100万支医用手套、20万只医用口罩、2万套防护服、10辆负压急救车、10吨消毒剂、大型医疗CT机专用设备、危重呼吸机ECMO等各类急缺的医疗物资支援到疫情防控第一线。公司投放复工复产支持资金约2 800亿元，降低生产疫区紧缺物资的相关企业融资成本50~100个基点。同时，公司组织全员积极为新冠肺炎疫情防控工作捐款逾400万元，以实际行动践行中央企业的责任和担当。

（二）彰显央企使命担当，全力做好脱贫攻坚工作

公司党委坚决贯彻落实党中央关于脱贫攻坚的决策部署，积极开展信托扶贫创新，探索产业扶贫长效机制，促进扶贫资源精准对接，助力中央脱贫攻坚重点区域甘肃省和政县、临洮县、迭部县和湖南省新化县、新田县、古丈县脱贫摘帽。截至2020年末，公司累计扶贫总投入838.88万元（含以慈善信托资金方式投入的92万元）。其中，消费扶贫为199.66万元，产业及民生扶贫为77万元，教育扶贫为189.79万元，向集团定点贫困县捐款360万元，向贫困母亲专项捐款12.43万元。公司与上海真爱梦想公益基金会合作，在湖南、甘肃等省的贫困地区共捐建5个"梦想中心"教室，开设"梦想课程"，投入资金为90万元，为超过10 169名孩子带去优质教育资源。

（三）认真履行受托人义务，维护受益人利益

公司以受益人利益最大化为原则，认真履行诚实、信用、专业和有效管理信托财产的受托人义务，全年为受益人分配收益571.2亿元，同比增长48.4%，充分履行了受托责任，为投资者实现了财产保值增值。

四、2021年发展规划

（一）2021年工作指导思想及总体目标

2021年是具有特殊重要性的一年，"十四五"开局、全面建设社会主义现代化国家新征程开

启，也是“做优、做精、做实中国一流信托公司，实现稳健发展”新征程的起步之年。公司将以习近平新时代中国特色社会主义思想为指导，全面贯彻党的十九大和十九届二中、三中、四中、五中全会精神，认真落实中央经济工作会议、“全国两会”、信托监管工作会议及集团2021年工作会议要求，立足新发展阶段，贯彻新发展理念，服务新发展格局，聚焦具有信托特色的资产管理和财富管理业务，提高发展质效，确保“十四五”开好局，以优异成绩庆祝中国共产党建党100周年。

一是坚持稳中有进，实现业绩稳健增长。公司将按照稳中有进的发展基调，保持良好向上的发展态势。

二是突出创新驱动，加快业务转型发展。公司从监管导向、客户需求和资源禀赋出发，加快推进业务创新转型，特别是对于证券投资信托、资产证券化、家族信托等信托本源业务及监管鼓励的业务方向，加大突破力度，做大业务规模，提升收入贡献，打响市场品牌。

三是聚焦管理提升，全面开展精益管理。突出向管理要效益的目标，全面开展精益管理工作。公司将以深化改革为抓手，以建言献策为手段，集中在业务审批效率、数据治理、绩效管理、中后台服务质量等重点、难点问题方面实现突破，提高发展质效。

四是强化风险防控，坚守经营发展底线。公司完成各项监管要求，实现合规经营；推进存量风险项目化解，做好项目准入把关，严格管控新增大额风险；按照集团“三线四墙”风险管控战略，进一步加强全面风险管理体系建设，保障稳健经营发展。

（二）2021年具体工作举措

第一，坚定方向，建设中国一流信托公司。公司将坚定“做优做精做实中国一流信托公司，实现稳健发展”的目标，依托光大集团金控平台优势，贯彻新发展理念，构建发展新格局，发挥信托制度“唯变不变，资源整合”的优势，聚焦资产管理和财富管理主业，走专业化、特色化、数字化、品牌化发展道路，打造治理水平更佳、综合服务更优、市场竞争力更强、运营效率更高、风险管控更好、品牌影响更广的优秀信托公司。

第二，创新求变，聚焦资产管理和财富管理。一是做强资产管理业务。公司要转型升级住房金融信托、基础设施信托等传统业务，加快发展证券投资信托、资产证券化业务、家族信托等战略业务，探索发展服务信托、养老信托、绿色信托等培育业务。二是做优财富管理业务。公司要明确客户定位、丰富产品服务、优化管理机制、提升科技赋能，打造成为客户信赖、品牌突出、产品服务卓越的一流综合金融服务提供商。三是做实固有业务。公司要坚持固有资金支持信托业务创新转型发展，突出资产配置重点领域和方向，有效控制业务风险。

第三，精益管理，突出深化改革驱动力。一是强化信息科技支撑作用。公司要结合转型发展需求，抓紧实施信息科技建设规划，加大科技投入，提高科技建设成效。二是增强全面风险管理能力。公司持续优化风险偏好、风控体系、内控建设和激励约束机制，健全全面风险管理顶层设计和机制体制，加快全面风险管理信息系统建设，夯实全面风险管理基础，提升各类风险监测能力。三是优化人力资源管理体系。公司坚持市场化原则，优化薪酬和绩效管理等基本制度，建立完善人才交流培养机制，完善长期激励机制，建立科学合理、差异化的考核体系，实现优胜劣汰。四是提高内部基础管理能力。公司将以业务发展为核心，优化业务流程管理，提高中台、后台人员服务意识，强化投研能力建设，完善投研体系，搭建投研平台，提升产业、金融市场发展趋势的洞察力，有效支撑投资决策和风险管控。

第四，协同发展，主动融入集团大战略。一是主动融入集团发展大局。公司发展要以集团整体战略为核心，贯彻“集团适度多元，子公司专业化经营”发展原则，找准自身定位。公司要聚焦业务板块，回归信托本源，打造具有信托特色的业务板块和产品体系，实现与其他兄弟公司的差异化发展，为集团高质量发展增添更大动力。二是积极参与集团协同发展。公司将充分利用集团内部的产融、融融优势，整合好内部资源，根据集团各兄弟企业的特点和比较优势，发挥信托制度跨市场特点，合力创新银信、保信、证信合作模式，打造具有光大特色的名品，实现协同发展，增强市场竞争力。三是持续提高价值贡献。按照“稳中求进，聚焦管理提升，突出创改驱动，助力经济循环，实现高质量发展”的集团总体工作要求，确保圆满完成集团下达的全年各项考核任务，做好年度分红，实现经营发展赶超其他兄弟公司，在集团内部争先进位。

广东粤财信托有限公司

一、2020 年经营概况

2020 年，广东粤财信托有限公司（以下简称公司）在监管部门的正确指导、股东单位的大力支持和全体员工的共同努力下，落实新冠肺炎疫情防控工作部署，积极推进业务转型及专业化建设，提升内部管理精细化水平，取得了较好业绩。

截至 2020 年末，公司资产总额为 2 801.64 亿元，其中信托资产规模为 2 705.20 亿元，自营业务资产总额为 85.16 亿元，其他资产规模为 11.28 亿元；累计实现业务收入 15.02 亿元，同比增长 23.84%，其中实际信托手续费及佣金收入为 6.01 亿元，同比增长 6.02%；实现利润总额 11.31 亿元，同比增长 15.36%。

公司于 2020 年下发了《广东粤财信托有限公司部门专业化建设方案》，以战略先行、专业化、客户中心、良性竞争、协助配合为原则，以不动产信托、资本市场、政信银信合作、普惠金融、结构金融、基础设施等市场业务及家族信托、绿色信托、债券承销、资产证券化、固收业务等战略业务作为划分，针对不同业务类型明确专业化建设方向、路径及目标，业务专业化建设取得一定成效。

“资管新规”后，特别是《信托公司资金信托管理暂行办法（征求意见稿）》颁布后，标准类资产业务是监管鼓励和市场业务方向。公司顺应行业趋势，迎合监管导向、回归信托本源，积极发力标准化业务。截至 2020 年 12 月末，资本市场业务及资产证券化业务规模为 1 570.12 亿元，占比为 58.09%，贡献信托报酬为 1.76 亿元，占比为 29.26%。同时，公司颁布《关于加快落地集合资金信托计划的试行方案》，方案创造性地通过优先使用额度及价格奖励，鼓励业务部门加快投放投资类集合资金信托计划。

二、创新业务案例

（一）主动管理证券投资业务取得突破

2020 年 6 月，公司成立多种策略配置型投资类信托计划——“粤财信托 · 粤选有财 FOF 配置型集合资金信托计划”，是公司首只实质主动管理的 FOF 产品，旨在通过多元化的资产配置、多元化的投资风格、多元化的子管理人，实现信托计划单位净值的稳健增长，是公司业务从被动管理向主动管理转型的有益尝试，已初步建立起管理人筛选、投资、管理及绩效评估的体系。2020 年，公司已初步完成大固收产品线的布局，涵盖现金管理产品、纯债净值产品和“固收 +”产品等“大固收”系列产品，产品业绩较为稳定，业绩均跑赢当前市场相应指数，且风险可控。此外，公司加强与券商、私募管理机构合作，逐步推出 TOF、大宗交易产品、收益凭证产品，成立多只指数增强型收益凭证项目，进一步丰富产品种类。

（二）资产证券化业务稳步开展，形成粤财特色

2020 年末，公司资产证券化和类资产证券化业务余额为 698. 94 亿元，其中 2020 年新成立 39 个（类）ABS 项目，新增规模为 449. 97 亿元。2020 年公司与惠州农商银行、清远农商银行、中山农商银行等粤港澳大湾区机构合作开展类资产证券化业务，项目落地 100 多亿元，间接支持了粤港澳大湾区企业的发展，在广东省农信体系中形成粤财特色。

（三）家族、保险金信托产品持续优化，服务能力提升

2020 年，公司家族、保险金信托业务产品线持续优化升级，已形成保险金信托“保盈”系列（1. 0 模式）和“保鑫”系列（2. 0 模式）、“粤信”系列现金管理类家族信托、“粤恒”系列股权类家族信托的主要产品体系；正式上线家族信托业务系统，家族信托、保险金信托及慈善信托的全周期业务数据将在系统内进行封闭管理，服务能力进一步提升；加强外部渠道培育、专业机构合作及市场客户培育，2020 年 12 月成功举办 2020 大湾区家族财富管理服务机构研讨会——全景演绎家族信托治理与所有权结构价值，充分展示信托公司在家族财富，尤其是家族经营性产业的传承的定位，并与专业机构充分探讨架构的价值、家族信托治理的价值，有效提升公司家族信托业务市场影响力。

三、社会责任履行情况

2020 年，公司继续大力推进消费者权益保护工作。一是公司原消费者权益保护委员会与董

事会下设的信托委员会合并，成立信托与消费者权益保护委员会，实现了由经营层下设到董事会下设的治理层级提升；二是持续完善消费者权益保护制度体系，2020 年制定或修订了呼叫中心管理办法、客户服务手册、产品发行消费者权益保护审查指引、金融知识宣传教育指引、消费者权益保护工作考核细则等制度，三是积极开展线上线下金融知识宣传教育活动，按照监管部门、中国行业协会的统一部署分别组织开展了“3·15 消费者权益保护日”“防范非法证券期货”“防范非法集资陷阱”“打击恶意投诉举报违法违规行为，依法合理维权”“金融知识普及月 金融知识进万家 争做理性投资者 争做金融好网民”等活动，并认真组织全体员工进行了消费者权益保护专题培训及培训测试；四是不断完善投诉处理流程，进一步修订了投诉处理制度，建立了较为全面的投诉处理应对机制。

公司积极探索“慈善 + 金融”的创新与改革，为委托人与公益慈善事业搭建桥梁，于 2016 年设立了广东省首单慈善信托计划——“德睿慈善信托计划”，信托财产优先使用于广东省内的扶贫济困项目。自设立省内首单慈善信托以来，公司加快推进慈善事业的步伐，2017 年至 2019 年，先后设立“广东省扶贫开发协会粤财扶贫慈善信托计划”“润泽慈善信托计划”“爱蕾慈善信托计划”“扶贫济困慈善信托计划”“金侨教育助学慈善信托”“小蜜蜂乡村阅读公益助学慈善信托”“青少年发展基金会公益助学慈善信托”“定点帮扶 1 号慈善信托”等慈善信托，已成立慈善信托计划规模总计 1845 万元，信托计划投向包括扶贫、助学、医疗公益研究等领域，用金融为慈善事业贡献坚实力量。公司严格按照《中华人民共和国信托法》《慈善信托管理办法》等监管制度规范进行业务开展和存续期管理，并定期走访慈善项目了解慈善信托资金运用效果，出具慈善信托管理报告，做好信息披露工作。2020 年，公司接受民政局牵头的慈善信托业务评估，对“德睿慈善信托计划”“广东省扶贫开发协会粤财扶贫慈善信托计划”进行现场检查，评估结果均为 A 级，公司慈善信托管理过程的规范性和社会效益得到认可。

2008 年，公司在国内首创设立了“亚洲开发银行贷款广东节能减排促进项目资金信托计划”，资金规模为 1 亿美元。作为中国政府与亚洲开发银行合作的首个节能项目，以 6 个月同期基准利率下浮 10% 的优惠利率支持广东省企业开展节能减排改造项目。目前，已累计为 47 家企业发放贷款 17.36 亿元，带动企业总投资 50.01 亿元。合作项目从 2013 年开始陆续多次获亚洲开发银行“高度成功项目”“最佳表现贷款项目奖”“可持续发展奖”等奖项。已完工项目每年可实现节电 17.5 亿千瓦时，相当于每年可减少消耗标准煤 50 多万吨，为广东省电力、钢铁、化工、纺织印染等诸多行业，以及可再生能源应用领域创造了显著节能效益。2019 年公司成功发行主动管理型的绿色信托产品——“粤财信托·珠光绿色鼎能一期集合资金信托计划”，2020 年公司成立“粤财信托·绿色鼎能二期集合资金信托计划”，通过先进绿色冷源新技术及智能能效管理技术的应用，有效降低能耗与减少碳排放，推动商业物业绿色改造，有力支持绿色金融发展。2020 年，公司成立的“粤财信托·绿金 1 号第一期财产权信托计划”，帮助委托人广东绿金融资租赁有限公司利用其融资租赁应收账款在北京金融资产交易所发行国内首单租赁类绿色债权计划、粤港澳大湾区首单绿色债权融资计划——20 粤绿金租赁 YS001，利用资产支持债券服务环保产业开辟了新的融资渠道。

2020 年，新冠肺炎疫情对国家经济社会造成巨大影响。公司在落实各项防疫举措的同时，积极履行金融企业责任，发挥信托制度优势，推出八大金融服务措施，助力打赢新冠肺炎疫情防控阻击战，包括加大对疫情防控物资相关领域企业的融资支持力度；为受疫情影响较大的地区企业提供差异化、优惠的金融服务；支持受疫情影响较大的行业企业恢复正常生产经营或实现平稳过渡；建立防疫业务“绿色通道”，建立、启动涉疫情防控业务的快速审批通道，并优先提供财富资金支持等。2020 年，公司成立“粤财信托·粤财金租·支持南沙抗击新冠肺炎慈善信托”“粤财信托·2020 抗击新型肺炎慈善信托计划”“粤财信托·建粤 2020 抗击新型肺炎慈善信托计划”3 单抗疫相关慈善信托项目，捐赠金额共计 311.4 万元，此外，公司利用自有资金捐资 450 万元，较好地支持援汉援鄂医疗工作人员防疫保障、学校复学及医疗研发。2020 年，公司共为 30 家企业办理延期还本付息，涉及本金利息达 18 亿元，为 802 户小微企业延长授信额度，有力地帮助了企业复工复产、缓解资金困难。

四、2021 年发展规划

2021 年公司将坚持标准化、权益化、净值化、基金化、国际化的“五化”发展方向，以国家改革开放提速、社会经济转型升级、粤港澳大湾区建设加快推进所提供的战略机遇为依托，因势而为，做大做强标准化业务，加大权益类业务比重，逐步形成“标 + 非标”两条腿走路的业务格局；大力推进财富管理转型，发展家族信托、跨境理财等业务。

（一）聚焦粤港澳大湾区，提升服务实体经济能力水平

“十四五”时期，在国内大循环为主体、国际国内双循环相互促进的新格局下，信托业对加速构建新发展格局、促进我国经济的高质量发展大有可为。一是根据“十四五”规划布局积极拓展基础建设业务机会，如公共卫生、物流、城市轨道交通、5G、数据中心、新能源汽车充电桩、环保、市政、污水处理等领域的基础设施建设项目；二是继续稳妥推进普惠金融业务发展，深入拓展供应链融资业务，借助科技优势提升服务能力，着力提升对工商企业与中小企业的投融资服务；三是积极挖掘城市更新改造业务机会，提升不动产投资能力；四是积极开发绿色信托新业务模式，推动商业物业绿色改造等绿色信托业务复制推广，推动绿色信托成为公司新的业务增长点；五是发挥集团联动优势，通过投贷联动、股权跟投等模式进入新能源、医疗和大健康、电子和信息等战略新兴产业领域；六是积极探索非标转标业务。

（二）以资本市场业务为重心，大力提升资产管理能力

根据“资管新规”要求，以资本市场业务为核心的标准化业务是资管机构转型的最主要方向。2021年，公司将大力加强标准化资产管理能力建设，通过完善组织架构与激励约束机制、加强人才队伍建设和系统支持，建立主动投研能力；遵循从配置到交易，从固定收益到权益、混合类、从间接配置（MOM/FOF）到直接配置、从机构客户到个人客户的发展路径，持续提升主动管理能力，把握资本市场改革开放的重大机遇，并结合私募投行业务发展，大力提升公司资产管理能力。

（三）全面加快主动管理能力建设，强化核心竞争力

一是落实研发引领，建立健全研究体系。对标公募基金，建立全流程的证券投资研究体系；建立产品创新机制；积极申请各类创新业务资格。二是围绕核心客户，以专业化提升服务价值。深入贯彻“以客户为中心”的理念，紧紧围绕粤港澳大湾区，深入挖掘省内“一核一带一区”及省外部分重点地区政府、产业和企业的资金和资产需求。三是加强运营管理，提升精细化、专业化水平，按不同业务类型组建相应专业运营管理团队，推进智能运营，构建数字化运营平台。

（四）加快转型步伐，持续推进财富体系建设

一是加强信托客户会员服务体系建设，紧紧围绕高净值客户，多渠道创新客户服务手段，增强客户黏性；二是做好产品定位及管理，充分了解资金端的产品偏好和需求，为公司在资产端产品的创设提供有益的依据和建议；三是转型资本市场产品销售，循序渐进地引导客户接受资本市场产品；四是从产品销售向真正的财富管理迈进，与家族办公室密切联动，为客户提供财富规划、家族信托、慈善信托等服务。

（五）加强风险防控，把好合规底线

公司大力推进风险文化建设，树立“追求过滤掉风险的真实效益”“风险管理创造价值”“人人都是风险官”“天天都是风险日”的风险管理理念和文化；推进风险管理标准化建设，及时梳理、完善、优化各项业务管理制度和操作流程，及时修订各类展业指引，明晰项目审查要求；推行业务尽职调查报告、立项审查、合同文本标准化模板，提升项目评审效率及项目质量。

国联信托股份有限公司

一、2020 年经营概况

2020 年，国联信托股份有限公司（以下简称公司）主要经营指标及主要工作如下。

（一）主要经营指标

2020 年，公司实现营业总收入 62 957 万元，同比减少 46 774 万元；实现利润总额 55 492 万元，同比减少 8 818 万元，实现净利润 47 818 万元，同比增加 4 918 万元（2019 年营业收入及利润总额高是由于当年对无锡农村商业银行股权投资会计核算方法调整形成）。

2020 年末，公司资产总额为 56.53 亿元，较年初增长 4.76% 左右；净资产为 49.60 亿元，较年初增长 9.73% 左右；信托资产规模为 698.21 亿元，较上年有所下降，主要是因为监管政策变化对展业的限制以及通道、融资“两项业务”的持续压降。

（二）主要工作回顾

2020 年，信托监管持续加强，展业逻辑深度改变，行业面临重大洗牌，信托行业面临前所未有的生存发展压力。在此背景下，公司一方面加强合规风险管控；另一方面积极布局业务创新转型，围绕 2020 年目标任务，努力推进各项工作。公司在业务发展、企业改革、党的建设等方面重点开展以下六个方面的工作。

一是紧扣调结构的经营主题，努力创新转型。其一，继续大力压降通道及融资业务。根据监管要求，信托公司要坚持去通道目标不变并逐步压缩融资类信托业务。根据监管下达的 2020 年“两项业务”101.46 亿元的压降指标，公司排定压降计划，充分沟通争取，努力完成压降任务。考虑到压降计划的项目均存在期限长的特点，且交易对手提前还款意愿不强、提前结束有困难，经与委托人、交易对手等反复沟通协商，目前公司已以辞任受托人方式完成相关压降工作。其二，全力发展标品业务谋转型突破。非标转标是大势所趋，在信托行业纷纷开始布局标品业务的当下，公司实现了标品业务领域的提前布局。自引入标品专业团队开展标品业务以来，公司全力发展标品业务，从机制、制度、人员、系统等各方面做好建设与配套。截至2021年末，“添惠”系列合计规模为14.78亿元。为尽快打开代销渠道，实现规模上量，2020年，通过艰辛的努力，最终推动实现了国联证券、江苏银行的代销工作，后续争取将已经实现代销的规模做大，真正发挥作用，同时争取尽快实现其他银行代销落地。其三，探索开展非标转标ABS、ABN、ABCP业务。公司积极探索开展非标转标类业务，并探索服务信托下业务的模式，在ABS、ABN、ABCP等业务上探索开展。公司已对非标转标业务进行了产品设计，ABN及ABCP业务各落地一单，各业务部门都对合作客户进行了梳理摸排，积极沟通挖掘，全力推进非标项目转标操作的尝试。其四，坚守信托本源服务实体经济。公司紧紧围绕深耕无锡、产业强市的战略方针，结合自身资源禀赋，回归信托本源，支持实体经济。在和本地实体企业合作上，摈弃单纯的提供资金的粗放式合作，围绕企业转型和产业升级，定制包括融资服务、项目方案、资源嫁接、产业整合等在内的综合金融服务方案，助推了隆达金属、天奇股份等企业的转型升级。此外，在2020年初新冠肺炎疫情防控的关键时刻，公司主动响应政府号召，为抗击疫情贡献金融力量，在国联集团资金支持下向红豆集团发放1.7亿元信托贷款并给予利率优惠，对部分即将到期但受疫情影响的企业贷款给予展期，确保企业运行。

二是持续推进市场化改革，进度较原计划落后。公司的改革方案于2019年末经无锡市国有资产监督管理委员会审批通过并报江苏省政府国有资产监督管理委员会，根据原定改革计划，应于2020年起全面启动实施市场化改革。2020年，公司组织召开了全体职工大会对改革宣贯动员，统一思想，凝聚共识；董事会审议通过了职业经理人管理办法，做好了制度准备；对“三会一层”权责进行了梳理，明确权力界面清单；成功引进了1名职业经理人，该专业团队主要开拓标品信托业务，相关产品成立并发行，在非标转标的行业发展趋势下，公司实现了标品业务领域的提前布局，以“添惠”系列产品为切入口，公司开始尝试全员营销，奖惩结合，以充分调动广大员工的积极性，激发活力与动力，为全面市场化改革做好准备。公司虽然做了不少努力，但由于多种因素叠加，改革进度比原计划滞后，主要原因如下：第一，新冠肺炎疫情对业务各项工作的开展造成了一定程度的影响；第二，监管政策调整，行业发展态势发生巨大变化，此前基本确定意向的职业经理人与后续发展方向不匹配，需重新寻找；第三，中国银保监会对于信托公司股东资质的要求进一步提高，寻找到完全符合监管要求又符合公司发展需要的战略投资者的难度加大。根据变化的新形势，公司目前又对改革方案进行了进一步优化，将于近期完成。公司将寻找匹配行业发展趋势和公司发展需要的职业经理人，早日组建完成职业经理人队伍，并在全公司开启真正市场化的改革。

三是全力处置风险项目，提升合规风控水平。目前，闽兴医药案件仍处于侦查阶段。截至2020年末，该案件的仲裁取得了重要突破，裁定福建协和医院承担55%责任，后续将继续根据刑事案件的推进进一步努力追偿。结合无锡银保监分局现场检查提出的意见，公司逐条制定切实可行的整改措施，从制度、办公场所管理、员工行为管理、项目管理等各方面着手整改完善，构筑更加严密的防控体系严堵漏洞。结合监管关于风控、合规等各方面的专项活动要求，公司开展了全方面的梳理、自查、整改，切实做好事前防范、事中控制、事后监督和纠正，形成更加健全的内部约束监督机制，构筑更加严密的防控体系，切实提升内控和合规风控水平，保障健康稳定发展。

四是加强信息科技建设，提升公司管理效能。由于原有业务系统已不能满足发展需求和监管要求，从2019年开始，公司开始了业务信息系统的重建工作，自2020年1月恒生业务系统上线运行一年来，随着监管政策的改变和业务转型发展的需要，公司在信息系统建设上不断加大投入，抓好IT建设提升运营服务效率，让科技赋能。目前，系统建设工作有序推进，后续将根据发展需要进一步加强金融科技的应用，借助服务方式和手段的创新，提升运营水平，优化客户结构，增强发展动能。

五是研究制定“十四五”规划，科学布局谋发展。2020年是“十三五”规划的收官之年，也是“十四五”规划紧锣密鼓谋划之年。公司成立了“十四五”规划编制小组，进行了充分的行业调研和研究分析，结合行业发展态势及监管导向，根据公司自身实际，在全面推进综合改革的前提下，以人才强本、机制开道，明确业务发展路径，制定了总体比较契合公司发展的、既有战略引领作用又具有可操作性的、切实有效的规划。根据初步制定的“十四五”发展规划，公司将以服务新发展格局下实体经济高质量发展和服务人民美好生活需要为目的，以股东综合资源为依托，以打造特定业务领域具有行业核心竞争优势为目标，努力发展成为业务结构合理、风险可控、品牌良好、能持续健康发展的有特色的专业金融服务商。计划到“十四五”末，公司综合实力达到行业中位数。

六是夯实基层党建基础，打造党建特色品牌。2020年，公司深入贯彻学习党的十九大精神和习近平新时代中国特色社会主义思想，坚持全面从严治党，着力发挥政治核心作用。2020年，公司以“三会一课”为基石夯实基础促规范，以作风建设为重点“一岗双责”作表率，以纪检监察为抓手精准警示全覆盖，以新冠肺炎疫情防控为契机先锋模范勇担当，以规划制定为中心科学布局谋发展，根据中心工作重点抓党建，让抓好党建促发展，对组织设置、制度建设、主题活动等内容统一规范、提升内涵，不断夯实抓基层强党建的基础。此外，公司把信托文化建设作为党建特色名片，开展系列活动，普及信托文化，普及金融知识和风险意识，宣扬诚信文化，让公众加深对金融、对信托的了解。

二、创新业务案例

（一）非标业务创新情况

一是引导企业通过公开市场开展融资活动。2020年初，对于红豆集团提出的融资需求，公司通过对红豆集团全方位尽调，本着支持实体经济发展的初衷，向红豆集团提出改变原有传统的非标融资、通过交易所发行私募债进行融资的方案。公司发行集合信托计划投资了红豆集团发行的首期私募债5亿元。这一模式不仅规范了企业融资行为，通过公开市场产品的投资也使募集资金的最终使用情况更加透明和公开。

二是挖掘企业股权价值，支持硬核科技企业发展。隆达金属股份有限公司作为发动机、燃气轮机“两机”产业链核心原材料生产研发企业，在通过IPO谋求企业更好发展过程中，因大股东占用资金，对企业上市形成实质性障碍，控股股东需要引入合作方以解决该历史遗留问题。

公司对隆达金属及其控股股东作出了详细尽调，考虑到隆达金属是我国“两机”产业核心技术及原材料企业，未来成长值得期待，在对隆达金属股权作出评估后，基于支持地方经济及对隆达金属本身发展的预期，公司与隆达金属及其控股股东的实际控制人一起发起设立了SPV公司，共同发起设立有限合伙企业——无锡云上联信投资中心（有限合伙）（即云上联信基金）。公司以资金出资，隆达实际控制人以持有的隆达金属部分股权出资，既解决了企业相关资金需求难题，又通过云上联信基金持有隆达金属部分股权，分享公司发展成果。

（二）标准化业务创新

一是证券投资类信托。2020年1月，公司成立首只债券投资类主动管理产品——添惠1号债券投资集合资金信托计划，2020年3月陆续正式对外募集认购。截至2021年3月末，标品信托规模为27.02亿元。目前，公司“添惠”系列分为：主要面向机构客户的“添惠1号”（100万元认购起点）、主要面向零售客户的“添惠02号”系列（信托直销和证券代销）及其他银行代销的“添惠”系列。“添惠”系列产品的特点包括：第一，产品为纯债券及固定收益基金投资的集合资金信托计划，同时面向个人、企业和同业募集；第二，产品为净值型，投资者按净值申购，分活期型和定期（1~24个月均有）型；第三，定期型除随同活期型每天净值变化外，还设置了封闭业绩基准，即产品对不同期限资金区别定价，以同时兼顾收益和流动性。投资品种的选择严格遵守安全性和流动性的投资原则，审慎选择投资工具和交易对象。

二是资产证券化业务。自“资管新规”落地及“资金信托新规”征求意见稿发布以来，各家信托公司都在积极推进证券化受托业务，以及探索通过资产证券化的方式进行非标转标业务。在证券化受托业务方面，2020年，ABN及ABCP业务各落地1单，在证券化非标转标业务方面，各业务部门也都对合作客户进行了梳理摸排，积极沟通挖掘，全力推进非标项目转标操作的尝试，并争取早日落地。其具体情况如下。

无锡财通融资租赁有限公司2020年度第一期定向资产支持票据信托（ABN）。无锡财通融资租赁有限公司（以下简称财通租赁）于2020年3月10日取得中市协注［2020］ABN19号注册通知书。根据注册材料，财通租赁注册的ABN金额为30亿元，注册通知书项下首次发行

14.79 亿元，公司为本次资产支持票据的发行载体管理机构，募集资金用于财通租赁新增租赁项目的投放。票据情况如表 1 所示。

表 1　无锡财通融资租赁有限公司 2020 年度第一期定向资产支持票据情况

产品	评级	规模（万元）	占比（%）	预期到期日	摊还方式	付息方式
优先 A1	AAA	70 000.00	47.34	2020 年 11 月 26 日	过手摊还	按季度支付
优先 A2	AAA	50 000.00	33.82	2020 年 11 月 26 日	过手摊还	按季度支付
优先 A3	AAA	21 000.00	14.20	2022 年 5 月 26 日	过手摊还	按季度支付
次级	NR	6 863.31	4.64	2022 年 11 月 26 日	—	—
	合计	147 863.31	—	—	—	—

无锡财通融资租赁有限公司 2020 年度第一期定向资产支持商业票据信托（ABCP）。无锡财通融资租赁有限公司（以下简称财通租赁）于 2020 年 3 月 10 日取得中市协注［2020］ABN19 号注册通知书。根据注册材料，无锡财通融资租赁有限公司注册金额为 30 亿元，本次发行的定向资产支持商业票据规模为 14.99 亿元。公司为本次资产支持商业票据的发行载体管理机构，募集资金全部用于财通租赁新增租赁项目的投放。票据情况如表 2 所示。

表 2　无锡财通融资租赁有限公司 2020 年度第一期定向资产支持商业票据情况

产品	评级	规模（万元）	占比（%）	预期到期日	摊还方式	付息方式
优先级	AAA	142 400.00	95.01	2021 年 3 月 11 日	固定摊还	按季度支付
次级	NR	7 476.20	4.99	2021 年 3 月 11 日	—	—
	合计	149 876.20	—	—	—	—

三、社会责任履行情况

公司自成立以来，始终坚持合规经营、诚实守信的基本原则，根据地区经济发展的要求，发挥信托联结三个市场的优势，积极投身地方经济建设和社会事业的发展，为地方经济和社会事业发展提供了有力的金融支持，助推无锡“产业强市”战略实施，在无锡乃至长三角地区建立了一定的品牌和声誉。

一直以来，公司坚持稳健投资的经营风格，将风险控制放在第一位，发行的所有已到期集合信托产品均按合同约定顺利兑付，实际收益率均达到预期，有效保护了投资者和受益人的合法权益不受损害。

公司始终秉承客户价值优先理念，强调以客户为中心，不断努力提升服务水平，依托国联综合金融平台，在为企业量身定制一揽子金融产品和服务的同时，为百姓的财富收入增长提供了重要的投资渠道。

在 2020 年新冠肺炎疫情期间，公司根据各级政府和监管部门的决策部署，把疫情防控和金融服务保障作为最重要的工作来抓，全力以赴应对疫情和支持企业复工复产，为打好疫情防控和稳定经济发展贡献力量。

公司主动响应政府号召，对生产疫情防控物资的相关企业加大金融支持力度，积极对接需求，提高审批效率，缩短投放流程，给予利率优惠。

为响应国家应对新冠肺炎疫情防控所需，缓解疫情防控物资供给紧缺压力，无锡某大型企业集团将原有生产线转变为防疫工作需要的物资生产线，勇担社会责任。针对这一情况，公司主动为抗击疫情生产企业“输血”，发放1.7亿元信托贷款，有效解决卫生防疫物资生产企业的资金缺口，切实用金融力量支持企业投入抗击疫情的战斗中。该项目从立项到投放，仅用时3个工作日，且严格落实收费减免政策，给予利率优惠，利率下降1.5个百分点。

对逐步复工的实体企业，公司根据资金需求，在合规且风控到位的情况下，适度放宽政策，开启“绿色通道”，满足企业合理融资需求。同时，对近期将到期的项目进行梳理，主动和企业沟通对接，了解实际情况和困难，对近期到期但受疫情影响的项目给予了适度展期，与企业携手，共渡难关。

此外，公司积极履行企业社会责任，积极响应中国信托业协会倡议，出资50万元参与“中国信托业抗击新型肺炎慈善信托”，第一时间投入对湖北防疫的帮扶救助工作中。

四、2021年发展规划

2020年是“十三五”收官之年，2021年是“十四五”开局之年。根据初步拟订的公司“十四五”发展规划，2021年，公司将坚守打造有特色的专业金融服务商的发展方向，围绕打造特定业务领域核心竞争优势的目标，把转型发展作为第一要务，努力让“十四五”开好局。

2021年，公司将下大决心、花大力气推动公司全面的改革，让机制保障发展，将谋新布局、用真功夫努力实现业务的转型。公司将集中资源和能力，夯实私募投行业务基础，实现资产管理业务尤其是标品固收业务的突破。

一是继续压降通道及融资业务规模。预计一段时间内，压降通道和融资类信托业务规模都将是监管的趋势，公司将通过加大主动管理与压降存续两手抓，持续做好这一工作，确保业务结构指标符合监管要求。二是集中资源做大标品信托业务。公司继续多渠道寻找资金做大标品业务规模，一方面，在发挥自身动能的同时，打开区域、引入团队；另一方面，打开银行代销渠道并真正发挥作用，实现规模上量发展。在标品业务上规模的同时，向特色化努力，将该业务板块做成国联特色。三是夯实私募投行业务基础。非标债权业务已经走入困境，受到监管的全面限制，在这一传统业务领域，要寻找符合监管要求和适合市场发展的路径，转变传统操作模式，对存量非标债权客户需求进行深挖，给客户提供综合解决方案，巩固传统业务基础，为业务转型创新提供保障。同时，围绕“产业强市”及“综合金融服务商”战略，结合自身资源禀赋，用好国联集团资源、用好已有深度合作的无锡上市公司资源，提升主动管理、资产管理、财富管理，开拓非传统权益类的私募投行业务，向投融并举转型。四是探索开展特定消费场景的服务信托。公司将回归信托本源，结合资源禀赋，探索服务信托模式下的管理模式，挖掘可以发挥信托服务功能的领域，在目前已开展相关研究的消费场景和领域加大探索和研究力度，争取在一些特定领域作出特色、形成优势、打出品牌。

国民信托有限公司

一、2020 年经营概况

2020 年，国民信托有限公司（以下简称公司）面对新冠肺炎疫情不断反复、宏观经济受到冲击和监管环境更加趋严等多方面不利影响，公司通过充分预判外部形势，提前谋划布局，灵活调整展业策略并围绕“改革、转型、发展”的总目标，聚焦资产管理、服务信托、财富管理三大核心领域，有序推进各项工作，并取得了积极成效。一是完善治理架构和提升内部管理水平，以可靠的信托产品和优质的金融服务稳步增强自身的核心竞争力，进一步提升公司品牌信誉度，努力实现客户利益和股东价值的最大化。二是高度重视风险防控，不断强化风险管理，持续增强中台风险控制与运营管理人员力量，从项目审批、中后期管理、法律合规、风险监测和应对协同等方面，不断加强管理水平，全年无新增主动管理类风险项目。三是根据监管政策的变化，广泛学习信托同业的业务转型经验，积极引进创新型业务的专业人才，不断提高业务团队展业能力，经营业绩稳中有进。四是加强金融科技建设和内部管理提质增效，为公司持续稳定发展进一步奠定了坚实的基础。以“改革、转型、发展”为总体战略方针，坚持稳中求进、严守风险底线的总基调，通过全面加快转型创新、全面做强本源主业、全面推进风险防化和全面建设高素质专业化人才队伍，实现公司高质量发展，为客户提供最佳的综合金融服务。截至 2020 年末，公司资产总额为 34.75 亿元，实现营业收入 5.81 亿元，净利润为 2.25 亿元，同比增长 19%。

二、创新业务案例

自 2020 年 9 月新一代本币交易平台——债券匿名拍卖（X－Auction）在中国外汇交易中心上线以来，公司在遵守相关法律法规和交易中心制定的交易规则下，作为该平台的首批用户之一，积极参与平台内拍卖交易，根据实际操作体验，就平台内交易细则和使用中发现的问题向中国外汇交易中心提出了详尽的改进建议。

公司充分利用该交易平台，合法合规地参与到低流动性债券交易流通、匿名拍卖应用等业务中，并获得了中国外汇交易中心颁发的“交易机制创新年度之星”奖项。

三、社会责任履行情况

（一）社会公益方面

2020 年，为抗击新冠肺炎疫情，公司第一时间响应中国信托业协会倡议，捐资 50 万元认购“中国信托业抗击新型肺炎慈善信托”，公司积极落实中央各项疫情防控决策部署，彰显金融机构的担当。随着国家有序推动复产复工，公司主动调整业务部署，加大向受新冠肺炎疫情影响严重的地区倾斜，加大服务实体经济力度，报告期内，公司累计成立投向工商企业、基础设施、教育、卫生、社会保障和社会福利业的信托规模约 382 亿元。

2020 年，公司从教育扶贫、医疗扶贫入手，借助慈善信托模式，充分发挥信托机构从事社会公益慈善事业的优势。报告期内，公司向设立于陕西延安、湖南宁乡、四川甘孜州的永续乡村教师奖励公益信托受益人发放公益资金逾 170 万元，组织三地政府及教育部门召开乡村教育专题研讨会，为贫困地区的基础教育发展经验交流提供平台。此外，公司还积极拓展公益类信托服务领域，与北京常春藤高端医疗人才联盟达成成立专项改善中西部医疗公共服务水平的慈善信托合作意向，信托规模为 60 万元。报告期内，公司与甘肃省临洮县达成捐赠协议，捐资 30 万元用于支持该县下辖康家集乡药用花卉基地灌溉系统改建工程。

2020 年，公司作为受托管理人，完成国内首例依托司法和解程序集中化解违约债券风险的财产权信托项目；协助某大型企业完成破产重整财产权信托项目。同时，公司在家族信托等服务信托领域和资产管理领域也实现了业务突破。

2020 年，在严格执行合规标准的前提下，公司借助金融大数据技术，稳健推动普惠金融业务开展，推动国内个人消费市场发展。

（二）践行企业对员工的责任方面

公司一直坚持以人为本，维护员工合法权益，关心员工福利和成长。公司通过调研并结合实际情况，制定具有市场竞争力的薪酬激励政策，吸引并留住优秀人才，持续提高人才队伍质量。公司继续坚持激励与约束并重原则，逐步调整和完善薪酬体系和激励机制，提升全员的合规风险意识，打造积极进取的工作氛围，实现人员的优胜劣汰。公司通过建立管理序列、专业序列双通道职业发展体系，优化人员结构，为员工提供可持续发展的职业发展路径。公司注重员工培训，培训课程内容与业务转型、工作技能提升、企业文化培育和员工职业素养紧密结合，强化员工对转型创新知识的学习和掌握，努力提升员工综合素质。公司通过开展各类文体活动，丰富员工业余文化生活，增加员工对企业的归属感，提升企业的凝聚力，促进公司和谐发展。

（三）普法宣传活动方面

报告期内，公司积极有序开展普法工作，巩固员工合规经营理念，同时继续推进公司普法宣传活动的社会受众面和影响力。在员工普法宣传教育方面，公司积极开展监管信息传达工作，密切关注与行业相关的法律法规、监管政策等信息，及时向员工进行传达，提高员工合规风险识别能力；通过举办专项培训、网站专栏宣传等方式，提升公司员工合规理念及合规文化建设。在反洗钱宣传方面，公司积极开展内部征集反洗钱宣传作品活动；组织员工参与人民银行反洗钱处举办的“预防洗钱风险，助力金融安全”反洗钱知识答题活动；通过在公司办公地点、公司微信公众号、公司网站播放等多种形式发布反洗钱宣传法律知识及经典案例，提高社会公众洗钱风险防范意识，提高对反洗钱工作的认知度、支持度。在宪法宣传方面，公司于“12·4”国家宪法日及宪法宣传周系列宣传活动期间，在公司办公区及公司网站播放、发布宪法宣传内容，组织观看公益宣传片，并举办宪法知识竞赛。

（四）消费者权益保护工作

2020年，公司修订了《国民信托有限公司消费者权益保护工作管理办法（修订》，进一步完善了公司消费者权益保护工作管理体系：公司董事会承担消费者权益保护工作的最终责任，是消费者权益保护工作的最高决策机构；监事会对董事会、高级管理层开展消费者权益保护工作的履职情况进行监督；高级管理层负责消费者权益保护战略目标和政策的有效执行。

2020年，公司接到消费者投诉事件共计12件，其中来电投诉2例、来访投诉4例、监管转办投诉6例，投诉总量同比下降55.56%，绝大部分消费者投诉均已得到妥善处理。公司继续秉持公益性、实效性、服务性和持续性原则，不定期地组织开展对社会公众的金融知识宣传教育活动。因新冠肺炎疫情防控的需要，为更便捷、更有效、更全面地向公众传递金融知识，2020年公司以线上宣传为主、线下宣传为辅，组织多样化的宣传教育活动，印制、发布金融知识宣传材料、宣传短片、宣教视频累计700余份。

公司持续推进消费者权益保护工作，已将消费者权益保护工作纳入公司治理各环节，已初步建立起消费者权益保护工作管理架构及工作机制，保证消费者权益保护工作正常开展。公司还将遵循“预防为先、教育为主、依法维权、协调处置”的原则，不断完善与公司业务发展相适应的消费者权益保护工作管理机制，依法维护消费者的合法权益。

四、2021 年发展规划

2021 年，在宏观经济下行压力和同业竞争愈发激烈的形势下，公司将在持续推动落实各项改革措施、不断提升经营管理水平的基础上，进一步增强主动管理能力建设，打造多元化资金渠道，确保各项监管指标稳健合规，为高质量发展进一步夯实业务能力基础和人才储备基础。公司重点强化全流程风险管理，防范存量项目风险和操作性风险的发生。公司加强中后台投研体系建设，充分洞察业务机遇，有效指引公司展业方向。全力完成“两压一化”任务，提升核心经营指标。公司不断增强自身专业化水平，与重点布局领域形成具有公司特色的核心竞争力：在资产管理领域积极开展标准化、净值化业务探索；在服务信托领域拓宽服务范围、提高服务质量；在财富管理领域不断提升专业化及复合型团队建设、增强客户黏性，逐步打造自有财富品牌。

国通信托有限责任公司

一、2020 年经营概况

2020 年是“十三五”规划的收官之年，是统筹推进新冠肺炎疫情防控和经营发展的特殊之年，也是近年来宏观经济金融形势最为严峻复杂的一年。面对新的监管和市场环境，公司认真落实监管要求，围绕集团下达的发展目标和工作任务，攻坚克难、凝心聚力、抢抓机遇，顺利完成 2020 年目标任务。

截至 2020 年末（未经审计数据），公司总资产为 100.90 亿元，总负债为 36.20 亿元，净资产为 64.70 亿元。公司存续 398 个信托项目，实收信托规模 1 794.50 亿元。1～12 月，公司实现营业收入 12.07 亿元，利润总额为 6.15 亿元，净利润为 4.2 亿元，净资产收益率为 6.71%。公司全面完成监管各项指标要求。

二、创新业务案例

（一）中国信托业抗击新型肺炎慈善信托

2020 年武汉暴发新冠肺炎疫情，为助力打赢疫情防控阻击战，中国信托业协会公开倡议，吹响信托业抗疫“集结号”，开启信托业全力以赴共战新冠肺炎疫情新篇章。2020 年 1 月 25 日，中国信托业协会与公司组建慈善信托推进工作组；同年 1 月 26 日，公司担任受托人发起设立“中国信托业抗击新型肺炎慈善信托”，并于当日完成备案登记，信托目的为疫情防控和救助；2020 年 1 月 28 日，短短三天共有 61 家信托公司作为委托人参与捐赠，募资规模达 3090 万元。为健全慈善支出决策程序、加强决策科学性，慈善信托设置委托人管理委员会（以下简称管委会），对慈善信托管理运用及慈善支出事项进行决策，管委会由 61 家信托公司委托人表决产生。公司以书面形式向管委会推荐慈善项目，另外聘请专业律师事务所担任监察人。本次参与该慈善信托的托管行、受托人、律师事务所、监察人均未收取任何报酬，慈善资金全部用于慈善事宜。

该慈善信托成立后，本着求快、求实的原则，公司严格筛选慈善捐赠对象，加快实施，精准投放，助力打赢疫情防控阻击战。在疫情最严重的时期，慈善信托财产运用方向为向定点医疗系统捐赠医疗物资、设备及资金，积极支持雷神山、中南、协和、同济等医院的重大工程建设，累计运用资金 1 664.008 万元。在疫情防控常态化阶段，慈善信托财产运用方向逐步转向疫情后的防疫保障、抚恤因疫情而破碎的家庭、公共卫生等方面，累计运用资金 522.329 万元。截至 2020 年末，本信托累计向受益人捐赠慈善资金 2186.34 万元，捐赠对象 26 个，涉及武汉、孝感、黄冈、襄阳、十堰、随州等重点地区的 14 家定点医院、8 家防控指挥部、1 家卫生健康局、1 家基金会、1 家社会工作联合会、1 家慈善组织。

“中国信托业抗击新型肺炎慈善信托”用 6 天的时间就从纸面变为现实，创造了信托业的“小汤山速度”，这体现出中国银保监部门、中国信托业协会及全行业的高度信任和支持，每一笔慈善资金运用都体现了信托人的行业担当和行动。慈善信托财产的高效运用受到媒体、社会及政府的高度评价，收到对中国信托业协会及公司表示感谢的感谢信超过 100 封。下一阶段，公司将在监管部门及中国信托业协会的指导下，秉承受人之托、忠人之事的原则，努力把“中国信托业抗击新型肺炎慈善信托”打造成疫情防控类慈善信托行业标杆。

（二）尊享指数增强 1 号集合资金信托计划

近年来，资本市场改革动作频频，进程明显加快，二级市场投资价值不断凸显，居民资产配置权益市场已是大势所趋。目前较多投资者已在指数投资方面进行布局，其中中证 500 指数以其具备的未来成长空间尤其受到关注。

2020 年 11 月，公司首单指数增强收益凭证信托产品——“尊享指数增强 1 号集合资金信托计划”顺利上线发行，为客户提供新的投资选择，满足客户多样化配置诉求。该指数增强收益凭证信托产品挂钩中证 500 指数，收益结构为“中证 500 指数浮动收益 + 增强收益”，为投资者尤其是看好 A 股市场中长期走势的投资者提供了全新的投资方式，客户在参与市场的同时还可获得增强收益。

增强收益根据市场行情报价，买入时点不一增强收益不同。指数增强信托的底层资产为证券公司发行的收益凭证，因此凭证发行公司的信用能力是评判该类信托风险的重要标准。本次公司信托甄选的合作公司为国内头部券商，主体信用评级均为 AAA 级，具有较强的收益凭证履约兑付能力。此外，相较于直接投资指数基金，指数增强信托通过增强收益率安排，为投资提供安全垫。

公司紧跟市场和客户需求变化，全力谋求转型发展，加快推进 FOF、指数增强信托等资本市场业务，近期相关产品陆续上线，为客户提供丰富的资产配置选择。后续，公司将进一步丰富证券投资领域产品条线，满足客户多样化配置诉求，致力于成为人民美好生活的服务者。

三、社会责任履行情况

一是坚决落实新冠肺炎疫情防控要求，第一时间组织106名干部职工下沉20个社区，累计工作时长达1.88万个小时，助力社区疫情防控。二是设立“中国信托业抗击新型肺炎慈善信托”和“黄鹤振羽抗击新型肺炎慈善信托”，助力疫情防控和复工复产，共计投入超3 000万元，支持雷神山、同济、协和等省内26家防疫一线机构。三是积极落实监管要求，坚定践行金融使命，持续创新金融服务方式，继续推进民企纾困基金，加一步加大实体经济服务力度。截至2020年末，公司投向实体经济信托规模为749.88亿元，占存续项目总规模的比例达41.79%，2020年新增投向实体经济信托规模为387.78亿元。四是积极参与公益慈善事业，深入农户和扶贫企业考察，积极对接采购滞销农产品，助力脱贫攻坚。凭借良好的工作成效，公司先后荣获“卓越社会责任金融机构”等荣誉称号。

四、2021年发展规划

2021年是中国共产党建党100周年，是“十四五”开局之年，也是公司实现高质量发展的关键之年。公司认真学习贯彻落实监管部门、中国信托业协会和集团工作要求，以“奋斗+落实”的精神，稳步推进各项工作，全力打好“十四五”开局之年首战。

（一）党建引领

一是把党建与公司治理紧密结合。发挥党建引领作用，把方向、管大局、保落实，坚持将党中央宏观金融政策及监管要求贯穿公司发展始终，坚定转型发展决心，坚决落实执行到位，使党的政治优势与公司高质量发展有机结合。二是把党建与风险防控紧密结合。充分发挥党的领导政治优势，严格落实去通道、去嵌套、限非标等监管要求和工作部署，防范新增风险、化解存量风险，坚决打好防范化解金融风险攻坚战。三是把党建与队伍建设紧密结合。充分发挥党管干部、党管思想的政治职能，引导全员贯彻党的金融政策方针，严格遵守法律法规和监管制度。

（二）强化能力

一是做优做强传统业务。围绕新型城镇化建设需求，升级房地产、平台等传统资金信托业务，做好集中度管控，提升主动管理比例和项目质量。聚焦长三角、粤港澳大湾区等重点地区，集中资源投放国内优势区域。加大与头部企业深度合作，防范行业、区域分化风险。二是做大做实创新业务。加快创新业务资质，重点推进服务信托、慈善信托等标品业务。从风险小、回撤少的产品入手，小步快跑、逐步深化，在时机成熟的情况下，探索资产管理事业部模式，提升投研能力和专业水平。三是做精做细财富管理。以客户为中心，丰富家族信托等产品体系，打造全资产配置平台，为客户定制化配置资产。建立客户分级维护体系，加大重点客户维护力度，增强低成本资金获取能力。加强与投资人教育和适当性管理，提升净值型产品销售能力，打破刚兑，坚定践行监管导向。四是做专做深投研能力。加强与外部优秀研究机构的合作，建设资本市场投研队伍，建立债券投资库、白名单，完善客户准入标准，提高自身投研能力，着力将投研能力转化为专业评审能力。

（三）压降风险

一是构建涵盖转型业务的全面风险管理体系，强化穿透管理和项目精细化管理，杜绝风险盲区。二是提升内控质量。主动对标“资管新规”和监管规定，通过合规守法经营创造利润。加强内部审计监督。三是全力迎战风险压降。加强队伍建设，压实主体责任，根据项目特点分类施策，确保公司卸下历史包袱，轻装上阵。

（四）管理提升

一是构建高效管理机制。持续加强机制建设，提升公司专业能力和效率。二是补齐金融科技短板。深入推进金融科技应用，强化金融科技赋能。三是加强信托文化建设。坚定践行受托人文化，用文化凝聚各方力量，提升全员思想意识和公司发展竞争力。

杭州工商信托股份有限公司

一、2020 年经营概况

2020 年，受到新冠肺炎疫情暴发、非标融资规模压降等多种因素叠加影响，杭州工商信托股份有限公司（以下简称公司）面临着异常严峻的经营形势。面对诸多压力和困难，公司始终保持战略定力，秉承“专业、精致、恒久”的经营理念，以党建促发展、以创新破困局，积极开拓资本市场业务，加快财富管理业务转型升级，加强合规管理和风险管理，推进业务和管理的基础设施建设，各项工作有序开展。2020 年，公司实现营业收入 114 043 万元，利润总额为 85 034万元，净利润为 64 039 万元（注：合并口径）。

2020 年，公司上下齐心协力，拼搏奋进，获得了中央精神文明建设指导委员会授予的“全国文明单位”称号、浙江省人民政府办公厅授予的“金融机构支持浙江经济社会发展三等奖”、金融时报社“2020 中国金融机构金牌榜·年度最佳稳健成长信托公司”、证券时报社 2020 年度“优秀财富管理品牌”、上海证券报社“‘诚信托’行业文化奖”、《浙商》杂志社“2020 浙商最信赖金融机构”、杭州市民政局授予的“最美慈善人”等众多荣誉和奖项。

二、创新业务案例

（一）积极布局资本市场业务

2020 年，公司积极布局资本市场标准化信托业务，落地多单证券投资项目，推出不同策略的 FOF/TOF 产品、指数增强收益凭证信托产品、短期理财现金管理类产品等多个创新产品，丰富了公司的产品线，为客户提供了更加丰富的投资选择。

（二）迭代升级财富管理高端账户

2020 年，公司对财富管理产品和服务体系进行升级改造，针对客户的个性化需求及风险收益偏好，量身定制财富管理高端账户，形成了“瑞德”“瑞致”“瑞泰”三大系列产品，升级后的高端账户产品在客户需求分析、投资策略拟定、外部资产投资、信息披露规范等方面均有质的提高。

（三）实现家族信托业务模式创新

2020 年，公司积极推进家族信托方案标准化，推出了“嘉和汇”家族信托系列，拓宽委托资产类别并尝试组合管理，扩大客户需求覆盖面，丰富投资模式选择，扩充投资领域范围。

（四）大力发展慈善信托业务

2020 年，公司加大慈善信托业务的创新发展力度，发起设立慈善信托项目 13 个，业务数量及募集资金规模均比 2019 年提升近 4 倍，涵盖抗击疫情、扶贫、教育、医疗、社会救助等多个领域。2020 年 1 月，公司响应中国信托业协会发出的倡议，发起设立“中国信托业抗击新型肺炎慈善信托”并捐赠 50 万元认购该慈善信托；同年 4 月，公司联合杭州市图书馆事业基金会成立“温暖阅读慈善信托”，创新运用“信托 + 基金”模式成立“山凤凰慈善信托”助力贫困女生完成学业。公司通过加强与“母亲微笑行动”和杭州辖区慈善总会等机构的持续合作，发起设立“阳光”系列“灯塔行动”等慈善信托，对唇腭裂贫困儿童、社区矫正困难家庭、贫困学生等特殊群体给予帮扶。

（五）持续探索绿色信托业务

2020 年，公司在发展和推广绿色住区、助力绿色基础设施升级以及保护生态环境等方面持续创新绿色信托产品与服务模式，注重提高绿色金融服务能力，助推经济高质量、可持续发展。2020 年 3 月，公司推出“鸿利 19 号”集合资金信托计划，资金用于城镇污水处理工程项目，实现社会效益、环境效益及经济效益的相统一；同年 4 月，公司存续的“之江 1 号”生态保护慈善信托捐赠 30 万元，用于公益林地认养及苗木购买、种植；2020 年 7 月，公司推出“盛世 17 号”集合资金信托计划，资金运用于绿色住区共建项目。

三、社会责任履行情况

公司积极践行支持实体经济高质量发展、满足人民群众对美好生活向往的行业使命，以开拓创新、稳健经营的专业风格积极拓展信托业务，以客户为中心，创造价值、守护价值，以不断创新的产品和高质效的服务，助力客户实现长期成功。公司始终坚持经济效益和社会效益相统一，认真履行企业的社会责任，大力发展慈善信托，开展爱心助学、帮扶弱势群体、精准扶贫、乡村振兴等活动，向社会持续奉献温暖的力量。

（一）服务实体经济

公司积极响应防疫抗疫、支持复工复产的号召，服务供给侧结构性改革，支持实体经济发展。2020 年，公司为多家企业提供延期还本付息的金融服务，减免利息金额超过 700 万元，批准延期付息金额超过 1 000 万元。

（二）服务和回报客户

公司通过持续打造资产管理平台和综合服务平台，努力提高金融服务水平，为客户获取稳健的财产性收入。2020 年，公司管理的信托产品及项目风险可控、运营规范，信托业务结构持续优化，在信托投资者回报率（客户的加权平均实际年化收益率）、信托报酬率、业务的拓展与创新等方面表现突出。2020 年 9 月，公司正式获批受托境外理财业务资格，进一步拓展了业务版图，更好地满足了本地金融机构和投资者的境外投资需求。

（三）支持脱贫攻坚事业

公司连续 13 年参与杭州市“联乡结村”帮扶活动，2020 年向杭州建德市梅城镇捐赠 30 万元，大力支持贫困农户的脱贫产业；公司以信托贷款方式支持“三农”事业，2020 年多次通过固有资金发放流动贷款，支持某农产品公司拓展供应链并引导农户走上产业化道路，目前该公司已由单纯的贸易公司转型为自产自销的跨产业链经营公司；公司连续 5 年与丽水市遂昌县湖山乡中心小学贫困农村学生捐资结对，2020 年 5 月 29 日公司党政工团及爱心员工代表完成全校学生“六一微心愿”爱心活动；同年 6 月，公司通过员工募集、购买新书等方式，向杭州市淳安县鸠坑乡中心小学捐赠图书 3 000 余册，积极开展教育扶贫活动。

四、2021 年发展规划

面对机遇和挑战，公司将在风险防控、业务布局、内部管理、党建及企业文化等方面，夯实公司转型发展的坚实基础。

（一）强化风险防控

在业务风险防控的针对性管理方面，公司将在加强各类业务的合规风险管理基础上，梳理风险评判框架，分类施策。在提升全面风险管控能力方面，公司将不断优化风险管理的制度、流程和方法，将风险管控内嵌于业务开展和管理的各个环节，以及前台、中台、后台的相关部门，健全内控合规管理机制，加强前台、中台、后台的有效监督制衡。

（二）优化业务结构

在资产管理业务方面，公司将做精非标融资业务，做大非标投资业务，加快发展资本市场业务。在财富管理业务方面，公司将从销售自身产品向为客户提供资产组合配置转型，从保值增值向全能金融顾问转型。在服务信托业务方面，公司将加大研发力度。在慈善信托业务方面，公司积极发动政府机关、慈善机构、客户等各界力量，大力推动慈善信托业务发展。

（三）升级管理能力

在资金信托新规等监管政策环境下，公司将配合战略布局、业务优化和业务拓展，改造并重构公司的决策体系、运营体系和系统支持，加强内部协同，支持业务转型和管理升级。同时，推进数据治理，积极探索加速数字化转型，实现科技对公司资本市场业务、家族信托、投资决策、运营管理和风险管理等方面的支撑作用。

（四）加强党建及企业文化工作

公司将以固定主题党日、“走亲连心三服务”等为载体，加强党的组织建设，打造优秀党建品牌；以落实全面从严治党主体责任为发轫，认真执行“一岗双责”，加强党风廉政建设；继续实施“六个之”凝聚力工程，提升公司团队凝聚力。

公司将以庆祝公司成立35周年为契机，围绕“叁拾吾初心 臻信致百年”主题，完成“35爱发声、35有礼了、35信博雅、35铸荣光”等系列活动，扩大公司品牌的社会影响力。

公司将围绕信托文化建设总体目标，结合企业文化和品牌建设，落实2021年“信托文化普及年”的各项要求和相关工作安排，牢固树立“受人之托，忠人之事”的信义理念，坚持“专业、精致、恒久”的经营理念，通过在“服务、民生、责任、底线、品质”方面实施“五个深化”，聚焦客户、业务、管理、品牌“四维打造”，着重培育委托人文化、受托人文化和合规文化，夯实受托人定位根基，打造具有鲜明公司特色的信托文化品牌。

湖南省财信信托有限责任公司

一、2020 年经营概况

截至2020年末，湖南省财信信托有限责任公司（以下简称公司）的资产总额达117.59亿元，负债总额为45.74亿元，资产负债率为38.90%，净资产为71.85亿元。公司全年实收信托余额为1 303亿元，新增信托产品规模921亿元，其中集合项目为356亿元，单一及财产权项目为565亿元。

2020年，公司实现营业收入13.59亿元，净利润为6.46亿元，其中信托业务收入为7.36亿元，固有业务收入为6.23亿元。

二、创新业务案例

案例：三一供应链金融综合服务解决方案

2020年，公司围绕产业链中的核心企业大力拓展供应链金融业务。三一供应链金融综合服务解决方案是公司为三一重工股份有限公司（以下简称三一重工）提高对上游的支付效率设立的综合服务信托计划，通过实现合同签订、应收账款动产登记、应收账款转让、发票开立等环节全流程的电子化，大幅提高三一重工对上游的支付效率，巩固其核心企业地位；全流程实现线上审批和闭环操作，申请融资"T+0"日可到账，融资效率高且每笔业务可追踪，保障了安全性。通过该交易体系，三一重工与其全国各地的供应商均实现了共赢。

三一重工供应链金融业务是公司实践"精干主业、精济实业、精耕湖南"发展方略的重要突破，为公司战略转型回归信托本源，探索多样化服务型信托业务奠定了良好基础。截至2020年12月末，公司供应链金融业务存续规模为38.75亿元。未来，公司将进一步深化战略转型，依托湖南财信金控集团"一站式"综合金融服务，满足客户多元化需求，服务实体经济发展。

信托项目基本情况如下。

2019年中旬，公司获悉三一重工正在筹备组建湖南三一金票科技有限公司，目的是将向上游供应商支付商票和银票的传统支付模式转变为支付三一金票，供应商如需进行融资，由三一重工或三一集团出资受让上述的三一金票。

在得知三一重工的需求后，公司为其量身定制的信托计划（湘财瑞 2019 -7 号、湘财瑞 2019 -8 号），由三一重工、三一集团将自有资金委托公司设立单一资金信托，信托资金指定用于受让经三一重工、三一集团筛选的各级生产供应商持有的经三一重工、三一集团确权的应收账款，应收账款债务人为三一重工绝对控股的下属公司，应收账款自开立之日起附无条件付款承诺。公司作为受托人履行信托事务管理职责。三一供应链金融信托交易结构详见图 1。

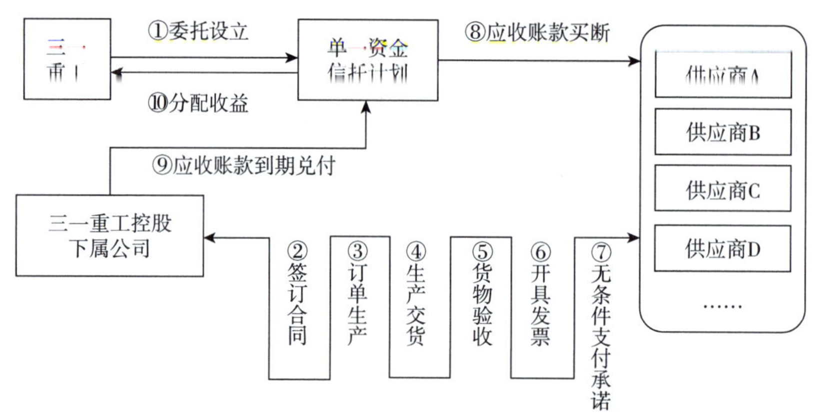

图 1　三一供应链金融信托交易结构

该体系实现了供应商、核心企业、财信信托、商业银行、人民银行的无缝对接，做到了每笔业务可追踪、全流程电子化、封闭可自动化，申请融资可满足“T +0”日到账，大幅提升了供应商的融资效率。三一供应链金融信托运行流程详见图 2。

“湘财瑞 2019 -7 号”“湘财瑞 2019 -8 号”信托计划于 2019 年末成立，经过前期的系统调试，在 2020 年第一季度末实现批量化放款。2020 年第四季度，三一重工作为上市公司基于财务报表优化的考量，提前结束“湘财瑞 2019 -7 号”信托，与三一集团作为联合委托人成立“湘财瑞三一金票信托”，进一步扩大供应链金融信托规模。截至 2020 年 12 月 31 日，累计向供应商实现放款 8 007 852 787. 21 元，供应商综合融资成本为年化利率 4. 5%，在 2020 年为供应商节约财务成本超过 2 500 万元。

“三一供应链金融信托项目”的类型，是公司与三一重工、三一集团开展的第一种类型的项目，截至 2021 年 2 月末为公司带来 49. 87 亿元的新增信托资金规模。2020 年，随着公司与三一重工的合作进一步深入，三一旗下子公司湖南中宏融资租赁有限公司分别与 2020 年 6 月、9 月、11 月委托公司成立“湘财瑞 2020 -10 号”“湘财瑞 2020 -14 号”和“湘财瑞 2020 -17 号”财产权信托，委托财产规模分别为 28. 83 亿元、45. 00 亿元、117. 73 亿元。三一重工的关联方湖南中发资产管理有限公司委托公司分别成立“湘财瑞 2020 -9 号”“湘财瑞 2020 -11 号”单一资

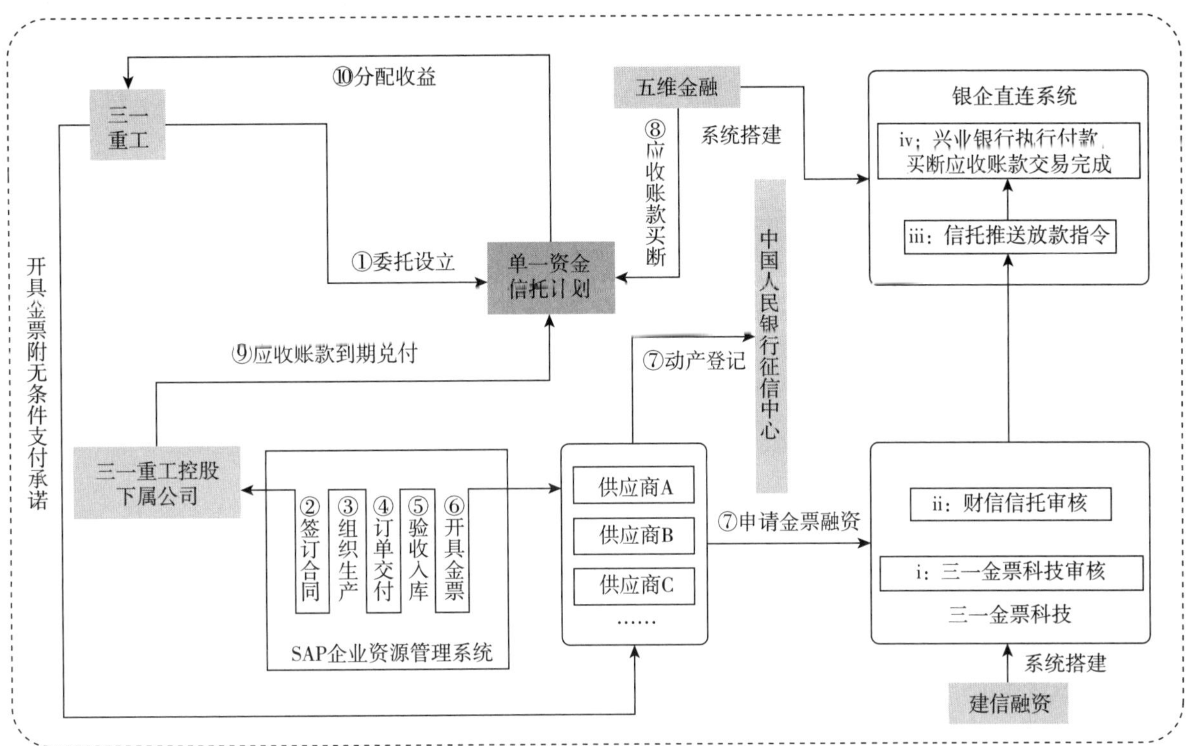

图2　三一供应链金融信托运行流程

金信托，委托资金规模分别为6 200万元、5 600万元。2020年12月，三一重工委托公司成立三一金票2020年度资产支持商业票据信托（银行间交易商协会最新推出的标准化短融产品ABCP），项目规模为13.92亿元，目前已完成内部评审正式报送协会，预计于2021年4月正式发行。

在《证券时报》主办的“2020（第十三届）中国优秀信托公司”评选中，“财信信托—三一供应链金融综合服务解决方案”荣获“2020年度优秀服务信托奖”。

三、社会责任履行情况

公司在支持实体经济发展的同时，高度重视公益慈善，履行社会责任。一是支持实体经济建设发展。2020年发行信托计划筹集资金1 303亿元，缴税6.31亿元，服务地方经济社会发展。二是积极服务人民美好生活。2020年，公司为投资者创造收益67亿元，保障了投资者资金的安全和增值。三是慈善信托项目公益事业。公司运行“湘信·善达农村医疗援助公益信托计划”，共募集援建资金2 643.72万元，累计援建21个县的135个村卫生室和7个乡卫生院。运行“自强助学金慈善信托计划”，共捐助了480名高三考入大学的贫困学子。2020年，“自强助学金慈善信托计划”助学金还向对口的湖南、海南8所学校在校学生和教职员工直系亲属中参与抗疫一线的27名医护人员专项奖励27万元，为抗疫医护人员送去了真诚的关怀与慰问，并致以最崇高的敬意。四是积极开展各项公益活动。公司向“湖南省财信公益基金会”捐赠200万元，用于对湖南省防范新冠肺炎疫情的帮扶救助；向“中国信托业抗击新型肺炎慈善信托”捐赠50万元，用于对湖北省防范新冠肺炎疫情的帮扶救助；上调2020年2月发行的固收类产品预期年化收益率，并将公司收取的部分信托报酬计提善款，向湖南省财信公益基金会捐资；发动员工为抗击肺炎疫情捐款14.5万元；开展“微光大义，致敬白衣天使”志愿者活动，走访慰问援鄂医护人员。五是大力支持消费扶贫。公司通过集体购买和个人购买相结合的方式，在湖南省消费扶贫中心采购特色扶贫农产品41万元；支持十八洞村的扶贫项目，定制十八洞村矿泉水作为公司会议接待用水，助力精准扶贫。

四、2021年发展规划

（一）战略规划

公司依托财政与湖南财信金融控股集团（以下简称集团）背景，围绕集团“精干主业、精济实业、精耕湖南”的发展方略，不断完善公司治理结构，严守合规经营底线，提升发展质量、风控水平与综合金融服务能力，以更好地服务实体经济为着眼点，加快推进业务转型，回归信托本源，最终实现从“资源型”企业向“能力型”企业迈进。

（二）业务发展规划

围绕集团“精干主业、精济实业、精耕湖南”的发展方略，公司业务发展规划将继续深入贯彻集团“转”的战略部署要求，坚持以服务地方经济社会发展为宗旨，推动地方国有企业合作业务提质升级，培育主动投资管理能力，逐步完善投资类产品体系，持续推进业务稳步转型，塑造服务信托专业化优势，积极开展供应链金融、资产证券化、家族信托等创新业务，努力实现发展质量和效益双提升。

第一，信托业务。一是夯实传统业务，稳定收入基础。公司须进一步夯实传统业务发展，增强主动管理能力，促进传统业务提质升级，创新业务展业模式，稳定传统业务的收入基础。一方面，公司压缩融资类业务规模，推进传统业务从量变到质变升华；另一方面，创新业务发展模式，加速推进非标转标。同时，公司逐步回归信托本源，积极发力服务信托，壮大公司资产规模；保持战略定力，持续加快向财富管理业务转型。二是发力标品、服务信托，逐步增加受托资产规模。打造净值化产品体系，逐步突破资金募集渠道；利用客户信息优势，做大净值型固收类标品信托规模；以非标转标为起点，发力资产证券化业务；做大供应链金融规模，多角色进入供应链场景；尝试账户管理服务信托业务。三是推动发展家族和慈善信托业务，回归信托本源。其共分为三个阶段。第一阶段：快速启动和推进阶段。内部架构搭建主要包括家族信托团队搭建和内部相关制度流程制定；形成财信家族信托解决方案体系，打通渠道合作，初步形成财信家族信托业务市场口碑和品牌。第二阶段：夯实巩固，能力提升阶段。系统建设，不断优化业务流程；与银行、保险、券商等机构建立深度合作；研究和延伸家族信托受托内涵和方案架构创新（如受托资产类别的丰富、受托架构方案的创新等）；初步完成家族信托体系搭建：内部建立信托经理、投顾、资产配置的架构，外部建立税务咨询、医疗健康等专业机构和客户增值服务体系。第三阶段：能力升华，行业地位奠定阶段。财信家族信托业务规模处于行业中上水平，形成稳定的收入；财信家族财富品牌在信托行业独树一帜；金融科技系统水平大幅提升，客户体验升华。预计未来三年为家族信托业务发展的第一阶段，公司将夯实基础，为财富管理转型打好基础。

第二，自营业务。公司固有业务定位为收入的稳定器和创新业务孵化器。公司固有业务部门的发展方向是成为一个具有较好主动管理能力的、独立的大额资金管理部门，通过投资配置，获取可观的自有资金投资收益，并帮助推动公司信托创新业务的发展。2021 年公司自有业务发展以落实集团“金牌工程”任务和配合信托业务创新发展为主要目标，重点投资配置公司固收类信托产品、适量投资权益类市场和保持适当的流动性资产，做大公司总资产规模。

第三，产品营销。公司将持续加大营销拓展的力度，建立更有效的营销策略和营销体系，从营销传统市政类产品向净值化产品销售转型，从高度依赖个人向个人与机构兼顾转型。继续加强机构客户的拓展力度，多措并举找资金，加强金融机构“代销 + 直投”，并逐步改变过去先有项目再销售的模式，尝试采取“以销定产”的方式，根据客户的投资需求和风险偏好量身定做资产，为项目发行提供坚实保障。

华澳国际信托有限公司

一、2020 年经营概况

截至 2020 年末，华澳国际信托有限公司（以下简称公司）信托资产管理规模为 842.28 亿元。其中，存续主动管理资产规模为 243.96 亿元，主动管理占比为 28.96%，较年初提高近 9 个百分点。

2020 年，公司全年实现收入总额 11.13 亿元，同比增长 0.80%；实现营业收入 10.37 亿元，同比增长 4.35%；实现拨备前净利润 5.80 亿元，同比增长 2.85%；全年新增计提不良资产拨备 2.05 亿元，拨备后净利润为 4.24 亿元，同比增长 38.63%。

（一）坚持稳中求进，信托主业提质增效，业务转型初见成效

“凡事预则立，不预则废。”2020 年，公司准确把握市场趋势，紧跟监管调控步伐，科学把握业务发展步骤，合理安排相关计划指标，化“被动为主动”，取得“向结构调整要效益”阶段性成绩。一是实施“强主体、强项目”的风险策略和业务策略，实现“一降双提升”即信托总体规模下降，主动管理占比和信托报酬率提升。二是坚持底线思维，精准调控各类额度。三是坚持精益求精，加快布局优质资产。四是坚持系统谋划，夯实标品业务发展基础，奠定好业务转型基础。

（二）坚持底线思维，代销渠道稳量，直销能力升级

面对新冠肺炎疫情反复、信托行业负面事件、资本市场财富虹吸效应增强等诸多变化，公司坚持底线思维，坚持以客户为中心，及时调整财富发行策略，准确识变、科学应变、主动求变，加强直销能力建设，巩固代销合作渠道，2020 年实际募集考核资金规模 179.14 亿元。一是继续保持与兴业银行、海通证券、中金财富等战略客户的深度合作，新增平安银行、重庆农村商业银行、西部证券股份有限公司 3 家合作代销机构。二是提高主动产品吸引力，通过财富 APP、营销号、直播等形式配合线下客户活动，满足客户了解公司、了解产品的需求。三是坚持

受益人利益最大化，提升财富管理竞争力。

（三）坚持进中向好，加强流动性管理

2020 年，公司成功经受外部冲击，流动性管理有量的改变，也有质的提升。在确保整体流动性的情况下，主动压降固有杠杆率，优化固有投资结构，保持投资收益总体稳定，增强公司逆周期的底气，支持信托业务转型发展。

（四）合规水平继续提升，信托资产质量保持良好

2020 年，公司健全全面风险管理体系框架，严防信用风险和合规风险，补齐审批制度和流程短板，推动“融资向投资、非标向标品、事务管理向服务信托”转型。一是加强三道防线能力建设，强化前台业务风险防范首要责任，压实风险合规、运营等中台部门的管理责任。二是及时做好与监管的沟通与汇报，配合监管做好年度现场检查、全面风险排查等工作，确保各项监管指标符合监管要求。三是改进业务评审质效，提高风险合规投票占比，完善风险管理相关制度及审查标准，加快补齐标品信托相关审批制度。四是持续开展“合规创造价值”提升活动。五是加强内部审计监督，切实提升公司整体内控水平。

（五）积极践行向管理要效益，提升战略保障支撑能力

2020 年，公司认真做好新冠肺炎疫情防控基础工作，为客户及员工提供安全、健康的环境，及时提升移动办公保障能力，保障公司各项系统平稳运行。以促进业务发展为目标，持续完善资源配置与考核评价机制，激发团队展业热情。以数据治理和流程优化为抓手，提高运营服务管理水平和数据质量。积极开展信托文化建设系列活动，促进组织进化和文化转型，营造良好内部氛围。

2020 年，公司先后荣获《证券时报》评选的“2020 年度优秀财富管理品牌奖”、《中国经营报》评选的“2020 优秀信托公司”“2020 卓越竞争力财富管理品牌”、中国财经峰会评选的“2020 杰出品牌形象奖”、上海市浦东新区人民政府评选的“2019 年度浦东新区金融业突出贡献奖”等奖项。

二、创新业务案例

2020 年，公司坚持“稳发展、控风险、强基础、促转型、增效益”的经营策略，在巩固传统信托业务的同时，注重培养和提升创新能力，加快推进业务转型。在家族信托、标品信托、股权投资信托业务等创新业务方面均有所发展。

（一）家族信托

为促进家族信托业务发展，推动财富管理业务转型发展，2020 年第三季度公司正式设立家族信托办公室，结合公司业务发展实际情况及财富客户群体特征，积极探索家族信托的可持续、可复制化模式，协同内外部资源，制定业务流程规范、营销及操作指引、标准化信托合同等，搭建并推出了“臻至”系列家族信托产品。截至 2020 年末，公司已成立 4 单家族信托产品，公司财富管理业务创新转型取得初步成果，也为公司后续开展家族信托积累了实践经验。

（二）标品信托

2020 年公司加快推进标品信托业务转型发展。设立标品业务专业部门，并快速引进标品业务专业人员，逐步搭建完成标品业务专业团队和投研体系。同时，围绕标品业务转型需求，对标品业务的流程、系统、制度等基础设施进行完善和补充。2020 年 11 月，公司成功落地首单债券投资集合信托产品。截至 2020 年末，公司已落地标品信托项目数个，存续规模数十亿元。公司将不断丰富标品业务产品线，打造华澳特色标品信托业务，持续推进从非标向标品转型的经营目标。

（三）股权投资信托

2020 年公司持续推进“从融资向投资转型”的转型策略，积极引导信托业务部门转变思路、勇于创新，鼓励业务部门围绕公司在房地产业务领域积累的丰富经验，优选主体和项目，积极探索和开展房地产股权投资业务。截至 2020 年末，公司已新增落地多个房地产股权投资项目，投资规模数十亿元。

三、社会责任履行情况

2020 年，公司积极贯彻国家宏观调控政策，发挥金融杠杆作用，充分发挥信托制度优势，创新业务模式，将金融资本引入实体经济，促进民生改善，助力经济发展。在开展业务的过程中，公司向国家政策支持的绿色产业、生态农业、中小企业等领域靠拢，以实际行动支持社会可持续发展。同时，公司落实监管要求，按照反洗钱风险防控、预警和处理程序，健全反洗钱工作体系，有效履行反洗钱企业义务和社会责任，为维护金融稳定贡献力量。

2020 年，公司实际缴纳企业所得税 19 448. 67 万元、个人所得税 3 205. 71 万元、增值税 26 878. 85万元、城建税 1 881. 52 万元、教育费附加税 1 343. 94 万元、印花税 4. 85 万元、车船税 0. 88 万元，共计 52 764. 43 万元。

公司信托资产管理规模为842.28亿元，从行业集中度来看，主要投向基础产业和工商企业等实体经济领域。其中，投向基础产业类的信托管理规模为304.4亿元，占公司信托业务分布首位，占总规模的36.14%；投向工商企业类的信托管理规模为251.48亿元 占比为29.86%。

公司为受益人创造信托利润为63.39亿元，实际分配信托收益为68.91亿元。

新冠肺炎疫情暴发后，公司积极加入由中国信托业协会倡议、国通信托有限责任公司发起的“中国信托业抗击新型肺炎慈善信托”，投入慈善专项资金50万元；积极倡议捐款，助力疫情防控，公司党总支及8个支部的党员累计捐赠14 529元款项。此外，部分党员还积极向慈善基金会捐款，自发性捐款累计7 000元；公司工会向企业所在地上海浦东新区捐赠了2 160瓶酒精消毒液等防疫物资，向奋战在抗击疫情一线的工作人员提供物资支持。

四、2021年发展规划

2021年，公司将坚守受托人的根本定位，坚决回归信托本源，坚持信托法律关系，做精做细信托主业，打造“小而美、精而专”的信托公司。以实施资金信托新规为契机，形成“自上而下”和“自下而上”的有机结合，完善顶层设计，激发基层创新，提高风控水平和治理水平，加快推动公司从融资向投资转型、从非标向标品转型、从事务管理向服务信托转型，实现高质量发展。

华宸信托有限责任公司

一、2020 年经营概况

2020 年，华宸信托有限责任公司（以下简称公司）在各级主管、监管部门的指导下，努力克服诸多困难，做好新冠肺炎疫情应急处置和常态化防控，科学制定发展规划，以强化内部管理、抓好风险防范化解、探索业务转型等重点工作为抓手，全面推进经营工作，取得较好成效。

截至 2020 年 12 月末，公司资产总额为 10.15 亿元，负债总额为 0.73 亿元，所有者权益总额为 9.42 亿元。净资本为 6.57 亿元，净资本占各项业务风险资本比率为 728.64%，净资本占净资产的比率为 69.76%，均符合监管要求。

2020 年，公司全年实现营业收入 14 410.87 万元，发生营业支出 11 420.17 万元，实现利润总额2 890.73万元，实现净利润 2 251.66 万元。

（一）及时响应，做好新冠肺炎疫情防控

2020 年初，我国突发新冠肺炎疫情，公司第一时间成立疫情防控领导小组，迅速决策，高效响应，全面部署公司疫情防控工作，及时建立应急预案，动态掌握员工健康状况及行动轨迹，灵活调整工作安排，确保疫情防控和公司运转两不误，稳步有序推进复工复产，做好全年疫情防控常态化工作，有效保障员工生命安全。

（二）科学规划，制定发展战略

公司通过对公司定位和未来监管要求分析研判，公司确立了“一体两翼”的发展战略思路。即立足内蒙古，服务实体经济，服务中小企业，服务中产客户，以财富管理为主体、资金信托和服务信托为两翼，以财富管理为核心业务，以资产管理为基础业务，做专财富管理，做强资产管理，做精服务信托，以供应链金融和互联网金融为平台，打造成为具有较强资产管理能力的财富管理机构，走市场化、专业化、精细化和特色化发展之路。

（三）练好内功，强化内部管理

公司根据监管意见全面梳理、检视近几年来各类检查中发现问题的整改落实情况，查漏补缺，巩固整改成果。继续推进内控制度体系梳理完善工作，有效增强制度合规性、一致性、操作性，并加强内部审计力度，组织内审部门开展各类专项审计，及时发现问题，切实落实整改，做到"补短板、强弱项"。同时，强化信息系统建设，弥补发展短板，为公司下一步经营管理、业务发展做好技术支撑。

（四）因情施策，防范化解风险

2020年初，公司逐个项目制定了切实可行的风险化解方案，做到责任人明确、行动步骤明确、实施方案明确，公司存续的6个信托风险项目处置工作都取得了不同程度的进展。同时，为实现全面风险管理，公司将存续潜在风险项目和个别出现未如期回收信托报酬情况的项目也都列为防范和化解项目，制定化解方案，及时清收所欠信托报酬，有效化解风险隐患。2020年，公司没有出现新增风险项目。

（五）稳中求进，探索业务转型

公司一方面稳妥推进政信类传统业务，积极与部分盟市对接，支持当地基础设施建设，并探索业务合作模式，支持地方政府化解存量债务；另一方面大力探索创新前沿业务领域，对绿色信托业务、家族信托业务、标品信托业务、互联网金融业务进行了积极尝试。

二、创新业务案例

公司充分发挥党组织引领作用助力脱贫攻坚，2020年成功落地了聚焦于扶贫领域的服务信托产品——"华宸·绿洲金融消费扶贫预收款服务信托计划"，该业务依托服务对象"金融消费扶贫＋产业扶贫＋科技扶贫"的经营模式，充分利用信托制度优势，进行消费扶贫资金账户管理，成为公司首单服务信托项目。

三、社会责任履行情况

报告期内，公司严格遵守国家法律法规，认真贯彻执行国家经济金融政策及各项监管要求，大力支持实体经济发展。坚持诚信经营，自觉履行纳税义务，严格按照税法规定及时、足额缴纳各项税款。主动落实金融机构反洗钱反恐怖融资、案件防控和消费者权益保护责任，不断完善工作制度体系，设置公共教育宣传区，并结合线上方式积极开展金融知识宣传，引导消费者树立正确的投资理念。2020 年，公司开展了“3·15 金融消费者权益日”“防范非法集资宣传月”“消费者权益保护案例比赛”等活动，取得了良好的效果。

新冠肺炎疫情期间，公司在做好自身疫情防控工作、保障正常运转的同时，一方面，迅速响应中国信托业协会号召，捐款参与“中国信托业抗击新型肺炎慈善信托”，第一时间驰援湖北疫情防控工作；另一方面，组织广大党员干部和职工群众成立志愿者服务队，按照地方网格化管理的统一安排，下沉社区协助做好疫情防控工作，并广泛宣传疫情防控知识、防控措施，为打赢疫情防控阻击战营造了良好的舆论氛围，受到了社区和居民的好评。

此外，公司同步推进慈善信托助力脱贫攻坚，除前述服务信托外，还发起设立两单慈善信托，规模共计 100 万元，分别用于支持内蒙古察右中旗、察右后旗“市场型防贫保”保费缴纳和产业升级。公司作为地方国有金融企业，在履行社会职责、落实脱贫攻坚任务方面，一直努力作为，积极发挥作用，创新信托业务模式为扶贫注入了新的元素。

四、2021 年发展规划

2021 年是“十四五”开局之年，也是公司转型发展的关键之年，公司全面统筹，认真分析研判，沿着发展战略规划的方向，重点从以下几个方面发力，做好全年各项工作。

（一）强化信托业务能力

公司将全面落实“资管新规”和资金信托新规，坚决不做监管套利的通道业务，坚决不做期限错配的资金池业务，坚持资金信托和服务信托两手抓，统筹推进。公司的非标融资主要围绕化解地方政府隐性债务、地方政府基础设施建设、中小企业供应链金融业务开展；标品信托在资产端寻求与领先的私募基金合作，打造适合不同风险投资偏好的标品信托产品系列，在资金端围绕机构客户和个人客户的财富管理需求特点，推荐符合投资者风险偏好的标品信托。在服务信托方面，公司将重点推进家族信托业务，建立健全配套制度流程，创建公司家族信托品牌。在绿色信托方面，公司将围绕内蒙古自治区节能减排、生态建设等项目开展融资信托，积极探索与 IPC 的合作，建立绿色信托操作标准和流程，积极发展碳汇信托，积极参与国内外公益组织的绿色信托合作。

（二）优化内部组织架构

一是迅速做强财富中心，坚决按照受托人的定位，作为机构和个人客户的财富管家，而不是把客户仅仅作为销售对象。二是进一步加强标品信托部门建设，逐步打造债券、股票和期货资产配置的产品创设能力。三是继续增强信托业务部门和绿色信托、家族信托部门力量。四是组建服务信托部门，做好业务流程和产品设计，试点开展一些产品。五是进一步加强风险管理部、法律合规部、信息科技部的力量配备，为前台业务拓展提供高效、专业的支撑。

（三）深化人事薪酬制度改革

按照国有企业改革三年行动方案，公司加快推行市场化聘用合同范围，推动市场化用人制度改革。施行内部竞争上岗，中层管理人员及各层级员工都可以进行双向选择，激发内生动力。进一步完善绩效考核体系，根据业务的不同特点设置差异化的考核体系，重点考核经营业绩和重点工作。继续完善兼顾内部公平和市场竞争的薪酬体系，在薪酬分配上体现“责任与利益一致、能力与价值一致、业绩与收益一致”的目标。

（四）搭建全面风险管理体系

公司重点加强信用风险、市场风险、流动性风险、操作风险、法律风险、声誉风险六大风险管理板块建设。根据监管要求和业务发展，持续对公司风险管理各项制度进行查缺补漏，适时调整修订现行风险管理制度，建立覆盖业务全流程的风险管理体系。同时，继续下大力气推进存续风险项目的化解工作，积极探索综合运用非诉清收、诉讼清收、融资方重组等多种方式稳步推进处置，加强与信托保障基金公司、资产管理公司等市场主体合作，在依法合规的前提下探索风险处置的新模式，加快处置进程。

（五）提升科技支撑能力

公司将积极学习借鉴头部信托公司的科技架构，做好科技发展规划，运用大数据、互联网、区块链、云计算、人工智能等信息技术，为公司转型发展提供强大支撑。在业务端，及时建设迭代业务全流程管控信息系统，优化客户体验，提高运营效率和风险管控能力。

（六）推进信托文化建设

公司将进一步明确信托文化核心要义，一是我们的使命：“服务绿色发展，当好财富管家”。服务绿色发展就是要坚决践行习近平总书记对内蒙古重要讲话和指示批示精神，为全区绿色发展发挥好融资服务和信托服务功能；当好财富管家就是适应居民财富管理的多样化需求，成为居民各种财产的忠实守护者。二是我们的宗旨：“基于信任，忠于托付，创造价值，传承财富”。三是我们的愿景：“为企业融通资金，助力成长；为客户创造价值，传承财富”。四是我们的价值观：“守正、信义、忠实、专业、创新”。推动全体员工将这几项作为自己在工作中的座右铭，内化于心、外化于行，具体体现到公司的各个岗位中。

同时，加强清廉金融文化建设，切实学习领会《中国银保监会办公厅关于预防银行业保险业从业人员金融违法犯罪的指导意见》精神，自上而下、层层传导，切实防范各类案件风险隐患，确保不发生案件风险事件。

华鑫国际信托有限公司

一、2020 年经营概况

2020 年，华鑫国际信托有限公司（以下简称公司）积极应对新冠肺炎疫情的冲击和经济下行风险暴露的各种严峻挑战，紧紧围绕贯彻落实中国华电集团“五三六战略”和创建世界一流能源企业实施方案的部署要求，坚持“稳健发展、转型升级”主线，落实“调结构、控风险、稳规模、提效益”四大任务，在经营业绩、风险管控、队伍建设、业务创新等各方面均取得了优异的成绩。2020 年，公司首次荣获信托行业最高评级——“A 级信托公司”；荣获金融时报社评选的“2020 金龙奖·年度最佳稳健成长信托公司”奖项；荣获“中国华电集团 2019—2020 年度文明单位”称号，连续第五年荣获中国华电集团“信息化 A 级企业”；连续第三年荣获北京市西城区发展和改革委员会评选的“年度西城区经济社会发展综合贡献奖”。

截至 2020 年末，公司资产总额为 107.30 亿元，同比增加 29.81 亿元；所有者权益为 91.21 亿元，同比增加 29.57 亿元；负债总额为 16.09 亿元，同比增加 0.24 亿元；净资产收益率为 12.29%，同比提升 1.99 个百分点。2020 年，公司实现营业收入 16.68 亿元，同比增长 30.13%；利润总额为 11.40 亿元，同比增长 32.55%；净利润为 8.03 亿元，同比增长 22.81%。在营业收入中，信托业务收入为 12.04 亿元，同比增长 25.84%；固有业务收入为 4.64 亿元，同比增长 42.77%。

（一）抓好疫情防控和复工复产，保持安全稳定良好局面

公司严格落实各项防疫工作要求，做好新冠肺炎疫情防控和复工复产，未出现疑似、确诊病例和无症状感染者。公司积极参与“中国信托业抗击新型肺炎慈善信托”，捐款 50 万元。公司协助华电国际电力股份有限公司发行了 15.51 亿元的专项防疫债，并认购 7 700 万元。

（二）信托业务亮点纷呈，转型升级效果显著

截至 2020 年末，公司管理信托资产规模为 2 458 亿元。其中，主动管理类信托规模为 1 175

亿元，占比为48%。公司先后获批固有股权投资业务资格和受托境外理财业务（QDII）资格，在资产证券化、标品固收、私募债、永续债、股权投资等创新业务方面表现突出。

（三）风险管理扎实有效，呈交“疫情大考”满意答卷

新冠肺炎疫情期间，公司及时调整项目操作流程和风控会审批流程，确保审查审批及信托展业有序运转。同时，强化全面风险管理，消除潜在风险隐患，开展了四次全面风险排查，信托资产风险比率低于行业平均水平。

（四）财富短板快速补齐，有力夯实转型升级基础

2020年，财富募集资金规模共计305亿元，较上年增长49%。其中，机构代销为114亿元，增长61%；机构直投为101亿元，增长91%；自然人募集资金为90亿元，增长13%。

二、创新业务案例

2020年，公司积极进行业务创新和经营转型，服务实体经济，回归信托本源。公司按照监管机构要求，压降融资类、事务类金融同业规模400余亿元，主动管理类产品规模2020年末占比为48%，较上年末提升11个百分点，主动管理能力进一步提升。

公司积极发展标准化产品、资产证券化、家族信托、股权投资等创新类业务。公司成立了具有市场独创意义的资产支持专项计划，落地了首单永续债项目，开发了多个私募债主动管理项目；拓展了首单作为特殊目的发行载体的ABN项目，资产证券化累计储架规模约500亿元；新增了多个家族信托产品。公司积极申请创新业务资质，先后获批固有资产股权投资业务资格、受托境外理财业务资格，并获批QDII投资额度1亿美元，为推动创新业务的发展，奠定了良好基础。

三、社会责任履行情况

（一）坚持合规自律，依法规范经营

公司严格遵守各项法律法规，认真落实监管要求，积极推进内部控制体系建设，加强自律管理；严格按照有关法律、法规、规章要求，履行信息披露义务；自觉履行纳税义务，依法及时足额纳税；恪守社会公德和商业道德，遵守信托行业自律有关规定，积极践行《信托公司社会责任公约》；履行反洗钱义务，自觉维护国家金融秩序和金融安全；秉承“受人之托，代人理

财”的契约精神，忠实履行受托责任。

（二）坚持回归本源，服务实体经济

公司把服务实体经济作为转型发展的立身之本、发展之源，不断完善业务发展规划和市场策略，充分发挥信托擅于整合多种金融工具、灵活设计交易结构等优势，着力满足新时期实体经济多样化、深层次的发展需求。截至2020年末，公司投向工商企业、基础产业、房地产等实体经济的信托资金规模占比约80%，较2019年末增长近4个百分点。

（三）发挥专业优势，支持公益事业

公司热心参与社会公益事业，积极开展捐款赈灾、捐资助学及扶危济困等公益活动，成立慈善信托，促进经济社会和谐发展。2020年，公司积极参与由中国信托业协会发起设立的“中国信托业抗击新型肺炎慈善信托”，并捐款50万元。

（四）宣介信托知识，提升服务水平

公司组织开展了“金融知识进万家”系列消费者权益保护活动，全力打造投资者信任品牌，采取了现场厅堂“微沙龙”宣传、举办讲座、制作知识折页、现场咨询服务、微信公众号宣传及录制说唱等多种形式，向广大金融消费者、投资者、网民普及基础金融知识和风险防范技能，引导投资者了解信托、理性投资。

（五）重视消费者权益保护工作，维护投资者和受托人利益最大化

公司高度重视消费者权益保护工作，持续健全消费者权益保护制度，制定了《华鑫国际信托有限公司投资者适当性管理办法》，规范投资者适当性管理要求，明确向投资者推介风险识别能力和风险承担能力相匹配的产品。深化消保理念，严格筛选交易对手，加强营销过程管理，全面提升服务水平，切实保护消费者合法权益。2020年，公司按期、足额清算信托项目，确保了投资安全及受益人利益最大化。

（六）保护股东权益，促进国有资产保值增值

2020年，公司实现净利润8.03亿元，国有资产保值增值率为111.33%。

四、2021年发展规划

2021年，公司的总体思路是：适应国家经济形势、行业趋势和监管要求，坚持“稳健发展、

转型升级”主线，进一步增强主动管理、财富管理、风险合规、投研结合、科技赋能、标品投资六项能力，持续优化公司经营管理体制机制、业务发展模式、人才队伍结构，确保全面完成各项任务目标，实现“十四五”良好开局。

（一）突出抓好信托业务提质增效

公司严格遵守监管机构监督指导，始终牢记受托人定位，夯实受托人基础，履行受托人义务，为服务实体经济和社会民生持续创造价值；做大支撑盈利的信托业务基本盘，稳健恢复固有投资优势锻长板，打造“非标＋标准”的双核驱动力；发力产融结合，从组织、机制、资源配置等各个方面提升对产融业务的保障力度；积极发展具有直接融资特点的资金信托，拓展证券投资、家族信托等服务类信托业务；积极申请银行间债券承销资格和股指期货交易等衍生产品交易业务资格。

（二）突出抓好固有业务稳健转型

公司牢固建立底线思维，将防控风险放在首要位置；优选交易品种和交易对手，坚持分散化投资；优化投资布局和配置策略，合理配比固收和权益占比；主动出击资本市场优势领域，丰富资本市场业务类型；加强投资研究，主动发掘性价比高的项目。公司加强固有资金管理，坚持精耕细作、优中选优，盘活存量资金，实现收益最大化。

（三）突出抓好风险管理坚守底线

公司继续坚持“风控优先、风控第一”原则，以打造“百年老店”的心态与举措，持续强化风控合规体系建设，进一步巩固防线、筑牢底线；加强前台、中台、后台的协调配合、制衡监督，修订完善各类管理制度、业务流程、操作规程和风控制度，强化事前预警和事中控制；坚持项目风险前置管理，主动研究交易对手，做好现场核查，完善尽职调查；充分留足安全边际，防范负向冲击。

（四）突出抓好财富管理争创品牌

公司转变财富思维，坚持“以客户为中心”，从财富产品、营销渠道和专业人才三个方面加大建设力度，全力以赴提升财富管理能力；拓宽财富渠道，继续加大银行代销渠道的拓展力度，在机构直投方面狠下功夫；对于上线财富管理系统，做好财富 APP 的推广引流，提升营销管理、渠道管理、客户管理、绩效考核的信息化水平；打造财富品牌，完善财富管理制度，形成高效、稳定的营销管理机制。

（五）突出抓好经营管理增强动力

公司坚持以“十四五”发展规划为战略引领，及时调整经营管理举措，确保战略目标有效实现；坚持以实现受益人合法利益最大化为目标，培育和树立具有华鑫特色的信托文化；坚持科技赋能，对TA、资管、估值、财富、运营等系统进行优化升级，进一步提升信息化水平和支撑保障能力。

（六）突出抓好队伍建设强本固基

公司将完善人才队伍结构，重点引进标准化业务、QDII等高精尖人才；鼓励业务团队聚焦细分领域、做精做专，打造差异化、专业化、特色化人才队伍；注重梯队人才培养，搭建科学、合理的职业发展通道和人才成长机制；持续优化前台、中台、后台岗位配比和岗位序列，完善选拔机制；推行轮岗制度，培养一专多能、懂业务、会管理的综合人才；不断完善与薪酬水平、业务性质、风险水平相匹配的绩效管控机制。

吉林省信托有限责任公司

一、2020 年经营概况

2020 年，面对异常严峻复杂的国际国内经济形势和新冠肺炎疫情冲击，吉林省信托有限责任公司（以下简称公司）上下认真贯彻落实中央和省委、省政府决策部署，全面践行新发展理念，积极推动高质量发展，坚持稳中求进、稳中有为，有效应对重大风险和转型发展的双重挑战，运营总体平稳。全年实现营业收入 24 849 万元，实现净利润 2 441 万元。

（一）聚焦主责主业、推进转型升级

一是稳定规模、拓展主业。一年来，公司集中精力组织市场深度开发，保持信托规模、收入的总体稳定。截至 2020 年末，公司存续管理信托计划 122 个，规模为 459. 74 亿元，实现信托报酬 2. 01 亿元。全年新增信托项目 31 个，规模为 183. 97 亿元；清算项目 69 个，规模为 367. 47 亿元。二是调整结构、转型升级。公司认真落实“两项业务压降”、房地产规模管控等监管要求，加快推进业务结构、收入结构的优化调整。2020 年，压降房地产规模 6. 73 亿元，压降金融同业通道业务 64. 84 亿元，压降通道业务 173. 52 亿元，基本完成了压降任务；融资类业务较年初下降 33. 76 亿元。主动管理类信托规模占比由 36. 79% 提升至 49. 68%，信托综合报酬率由 0. 3% 上升至 0. 4%。同时，大力推进业务创新，积极布局标品业务。三是夯实固有业务、强化保障功能。一年来，公司在保证风险可控的前提下，统筹运作自营贷款、资金市场、担保、证券等固有业务，业务的质量和收益保持了较好水平。自营贷款业务以支持省内中小微企业的短期融资需求为主攻方向，解决企业燃眉之急。截至 2020 年末，贷款余额为 9. 17 亿元，利息收入为 9 933 万元，全年累计发放贷款为 20. 93 亿元。加强了对参股、控股企业的股权管理，认真履行股东职责，投资收益保持稳定，实现分红收入 1. 16 亿元。资金市场业务扎实做好资金渠道的开发维护，有效满足公司流动性需求，累计融入资金 155. 51 亿元，自营债券交割量为 151. 2 亿元，实现利润 307. 68 万元；证券业务紧跟资本市场动态，准确把握市场机会，实现收入 1 770. 54万元，投资收益率为 59. 08%。担保业务实现收入 126. 75 万元。

（二）加强风险防控，维护稳定局面

一是加强风险管理。公司认真落实监管要求，开展全面风险排查，梳理风险隐患，逐项整改落实，堵塞风险漏洞。积极做好内控管理制度评价工作，查找制度缺陷，落实合规性要求，进一步完善岗位职责、工作流程等风控体系。加大制度的执行和检查力度，不断强化制度的约束力和权威性。二是严控新增风险。公司严格执行业务审批操作流程，强化业务的尽调、合规、风控、投评的审核把关，2020 年合规审查项目 147 个，风控审查项目 146 个，提高项目准入门槛，确保新增项目符合内控要求。前移风险防控关口，对存续项目风险做到“早发现、早介入、早处置”，进一步强化动态跟踪和贷后管理，及时掌握企业的经营变化，有效识别、预警和防控风险。2020 年，公司新增项目未出现风险问题。三是公司多措并举推动风险项目的处置和化解。

（三）践行使命担当，应对疫情冲击

自新冠肺炎疫情暴发以来，公司认真贯彻落实中央和省委、省政府决策部署，快速响应监管部门号召，积极履行企业社会责任，在扎实做好公司防疫工作的同时，把支持疫情防控、提供金融服务保障、帮扶企业复工复产作为头等大事，迅速行动、精准施策，为战疫情、稳经济作出积极贡献。一是大力支持防疫物资供应企业。公司帮助吉林大药房药业股份有限公司解决储备防疫物资资金，开辟“绿色通道”，主动下调利率，为企业减轻财务负担。二是优化金融服务。公司对受疫情影响较大的企业做到不抽贷、不断贷、不压贷，第一时间成立工作组深入企业了解实际经营情况，研究解决信托本息兑付问题，努力维护委托人利益的同时为企业解决实际困难。三是主动减费让利。公司对吉林省受疫情影响比较严重的实体企业给予最优惠利率政策，减轻企业财务负担，支持企业复工复产。四是开展抗疫公益行动。公司投入“中国信托业抗击新型肺炎慈善信托”专项资金 50 万元用于湖北地区的疫情防控；向吉林省抗疫一线捐款 60 万元，购买防疫口罩 20 万片；公司全体党员积极响应号召，抗疫捐款 31 600 元，以实际行动助力疫情防控。

（四）强化内部管理，补齐弱项短板

一是完善公司治理。吉林省财政厅向公司选派了两名经验丰富、政策能力较强的股权董事和监事，为完善公司治理增添了力量。董事会设立关联交易委员会，完善董事会职能，加强对控股公司的股权管理，指导完善公司治理，强化资本约束。监事会顺利完成换届工作，不断提高“两会一层”履职的有效性。二是加强人力资源管理。公司做好关键和紧缺岗位的人才引进，抓好员工培训，集中开展了 15 场党性教育、专业能力等专题培训，充分利用网络信息平台开展线上培训，提高员工队伍整体素质。完善绩效考评机制，坚持激励与约束并重，进一步调动各

个岗位的积极性和创造性。三是加强审计监督和法务审查。2020年，公司开展21项专项审计检查工作，法审合同协议文本3547份，有效发挥了内控监督作用。四是加强信息科技支撑。公司新建标准化数据EAST4.0报送系统和二代征信系统，满足监管部门对数据报送的要求，完成CRM、网上信托、投资APP系统联调测试和验收，提升客户体验和服务水平，扎实做好18个已运行信息系统的维护，确保高效、安全、平稳运行，实现了信息技术对业务拓展和风险管理的支撑。

（五）加强政治建设，扎实推进党的建设

一是学习贯彻党的十九届五中全会和习近平总书记视察吉林重要讲话的重要指示精神。制定《落实习近平总书记指示批示精神和党中央、省委重大决策部署情况工作台账》，邀请中共吉林省委党校专家开展习近平总书记视察吉林重要讲话重要指示精神专题培训4次、党的十九届五中全会精神专题培训2次，推动总书记重要讲话重要指示精神和全会精神落实到位、深入人心。二是全面做好接受吉林省委巡视工作。公司把接受巡视监督作为一次重大政治体检，主动配合、自觉服从巡视组安排，全面真实汇报工作，实实在在反映问题，认真完成巡视组交办的各项任务，为巡视组真实了解情况、高效开展工作提供便利条件，顺利完成吉林省委巡视工作。三是强化党建责任落实。公司坚持党建与经营同谋划、同部署、同落实，坚持民主集中制原则，严格党内政治生活，组织修订《公司党委前置研究讨论重大经营管理事项清单》，对公司党委决策事项和程序予以研究明确。抓好基层基础建设，督促各支部落实“三会一课”、主题党日等制度，加强党员干部的教育培训，组织集中学习90余次。四是深入推进党风廉政建设。从严落实党风廉政建设“两个责任”，认真落实“一岗双责”，中共吉林省纪律监察委员会、吉林省监察委员会派驻公司纪检监察组正式挂牌成立并开展工作。加强廉政警示教育，深刻吸取违纪违法案件的教训。对各党支部和控股企业开展巡察，进一步发现问题、解决问题、改进工作。从严执纪问责，对1名违法违纪干部给予降职处分，形成有力警示和震慑。五是落实扶贫攻坚工作。公司在提前一年实现安图县龙山村、山泉村全体贫困户脱贫的基础上，将扶贫重点放在巩固脱贫成果，带动脱贫人口稳定增收上，2020年投入资金41.7万元，支持产业扶贫项目、促进消费扶贫，并向两村捐赠急需防疫物资，支持疫情防控。

二、创新业务案例

2020年，公司将慈善信托的运作管理方式进行了创新，采用“慈善信托＋防返贫保险”的模式实现了信托公司与保险公司首次合作，共同推进吉林省金融扶贫及防范返贫工作。

三、社会责任履行情况

（一）坚持立足本省、服务吉林经济导向

公司将加大资源整合力度，提升服务地方经济的精准性、有效性，大力引进域外资金参与吉林省经济建设，疏通金融进入实体经济的渠道。加强政信合作，积极对接各地政府，加大对中小微企业的支持力度，着力破解民营企业融资难、融资贵问题。

（二）积极做好“六稳、六保”工作

公司积极履行吉林省属金融企业社会责任，把支持疫情防控、提供金融服务保障、帮扶企业复工复产作为头等大事，为企业提供低贷款利率、无信托报酬的金融服务，认购抗疫慈善信托50万元，捐款60万元购买抗疫物资，支持吉林省内企业复工复产。

（三）加强风险防控，维护稳定局面

2021年，公司把防范化解风险作为重中之重，妥善处置和化解各类风险。一方面，加强风险管理，严控新增风险项目；另一方面，多措并举推动风险项目的处置和化解。

（四）巩固脱贫攻坚成果，助力乡村振兴发展。

2020年，公司通过捐赠吉林省慈善总会向包保的安图县龙山村投入养牛扶贫资金30万元，投资9万元扶持安图县龙山村、山泉村庭院经济发展，增加农民收入。同时，公司响应省政府号召，积极开展消费扶贫工作，发动工会、职工购买对口帮扶村生产的木耳、蜂蜜等产品。

四、2021年发展规划

2021年，公司将以习近平新时代中国特色社会主义思想为指导，全面贯彻中央和吉林省委、省政府决策部署和中国银保监会监管会议精神，坚持稳中求进主基调，坚持依法依规、转型发展，坚持回归本源、专注主业，以防范和化解重大风险为重点，以推动高质量发展为主线，以改革创新为动力，全面深化从严治党，不断完善公司治理，在新起点上推动公司改革发展实现新突破，为新时代吉林省全面振兴、全方位振兴贡献力量。

昆仑信托有限责任公司

、2020 年经营概况

2020 年，昆仑信托有限责任公司（以下简称公司）坚决贯彻公司党委和董事会的工作要求，准确判断形势，精心谋划部署，果断采取行动，付出艰苦努力，全体干部员工坚守“低风险偏好”理念，扎实推进“四大战略”，坚决打好“四大攻坚战”，实现“十三五”的圆满收官。截至 2020 年末，公司资产总额为 145. 26 亿元，净资产为 139. 86 亿元，全年累积实现营业收入 20. 60 亿元，实现净利润 12. 63 亿元。

（一）直面考验、攻坚克难，经营业绩稳步增长

新冠肺炎疫情发生后，公司将疫情防控作为头等大事来抓，防控工作领导小组靠前指挥、周密部署，防控办公室统筹协调、勇挑重担，各部门履职尽责、严防死守，全体员工全力支持、默默奉献，员工及家属健康平安，实现零疫情目标。公司一手抓疫情防控，一手抓复工复产，动员和带领全体员工主动作为、积极进取，充分激发各方面提质增效潜能，实现企业平稳运行，经营业绩稳步增长。

（二）把握机遇、稳中求进，创新创效再上台阶

一是证券投资适时把握股市调整机会，抓住机遇，为公司创效作出贡献；二是金融股权投资收益稳定；三是成立家族信托办公室，发行“嘉享”系列产品；四是规范运作慈善信托，累计助学、助医、助困 162 万元；五是稳妥推进绿色金融攻坚战，制定绿色金融行动规划，统筹绿色金融业务管理。

（三）内强管理、外重服务，产融业务全面提升

一是政策倾斜，单列指标，增大考核权重；二是主动跟进，实施网格化服务，积极与主业及产业链客户对接；三是统筹推进，前台、中台、后台协同配合，产融业务顺利推进；四是利

用互联网平台，新辟处置低效无效资产渠道，助力集团所属企业回收资金。

（四）拓宽渠道、深挖潜力，提质增效成果显著

公司聚焦优化增效、降本增效和经营增效，坚决打赢效益实现保卫战。一是编制年度业务规划，明确业务方向；二是扎实推进提质增效专项实施方案，细化工作措施，层层传递压力；三是在各成熟领域深耕细作，在新业务领域不断探索；四是积极应对监管压降规模要求，研究探索标品业务新模式，有序推进非标转标，努力提升信托规模；五是加强资金精细化管理，提高资金效率和效益；六是坚决打赢风险防控化解攻坚战，完善防控机制，深挖经验教训，实施动态跟踪与监控，加强应急响应与应对，存量资产处置取得积极进展。

（五）勇闯市场、提升服务，品牌形象稳步提升

一是自我加压，寻求转型，发行首个净值化组合投资产品——“昆通财富 1 号”；二是完善服务平台，规范信息披露，研发手机客户端 APP，了解客户诉求，提升服务质量；三是完善营销制度，开展营销行为专项治理，持续提升消费者权益保护工作水平；四是改版公司微信公众号，创新漫画、案例等喜闻乐见的宣传形式，丰富服务特色，打造品牌形象。公司累计发行“昆仑财富”系列产品 183 个，累计发行规模为 690 亿元，合格投资者达 12 300 人。

（六）不断完善、持续改进，风险管控更加优化

一是坚持专业化分类审核，总结八大业务指引和十五类业务合规要点，严把业务入口关；二是制定公司全面风险管理办法及风险防控与应急预案，持续完善内控体系；三是强化风险监控，开展专项排查、压力测试，强化日常跟踪、舆情监测和风险预警；四是稳步推进法治建设，分类分项落实集团公司法治建设要求，探索完善适合自身发展的法治建设体系，持续深化依法治企力度和成效；五是推进案件防控、征信和反洗钱管理体系建设，宣贯监管要求，提升系统功能，全员协同参与，多角度、全方位提升管理水平；六是扎实开展市场乱象整治“回头看”和各项检查审计意见整改落实，全年实施 8 项专项审计、4 项离任审计、3 项强制休假和轮岗检查。

（七）苦练内功、强化基础，内部管理更加坚实

一是规范公司治理，初步完成“十四五”规划编制；二是推进降本增效，销售及管理费用同比下降 1%，其中五项费用同比下降 29%；三是强化信托项目核算与管理，狠抓监管报表质量，确保资金安全；四是强化信息保障，推进核心业务系统二期、两地三中心机房升级建设，加强数据治理，提升分析效果，持续完善信息系统功能；五是加强综合管理，修订采购、招标

管理制度，理顺管理界面，规范管理流程；六是加强队伍建设，持续深化全员岗位练兵，丰富培训形式，开设线上学习专区、云课堂，全年完成各种培训项目41个，累计培训2 000余人次；积极推进三项制度改革，实施按季度考核，完善薪酬体系，员工薪酬随绩效持续增长。

二、创新业务案例

一是适应监管导向，落地了“昆仑标品投资I号集合资金信托计划”“昆通财富1号集合资金信托计划”等标品项目，在标品投资方向进行了有益尝试，为公司未来进一步发展标品业务及“非标转标”业务模式奠定了一定基础；二是继续大力发展产融业务，成立产融基金，规模为100亿元，主要投资于产融项目、新能源、新材料、绿色金融等领域，以及符合国家重点产业指导方向的企业或项目；产融基金成功落地银川中油燃气股权并购项目，开创了公司开展燃气业务并购的先河，是公司在民生产业投资领域的重要实践，也是公司与昆仑燃气在城市燃气运营终端开发领域的首次合作；三是成立家族信托办公室，设立了2单家族信托业务，实现了公司家族信托业务零突破，为公司打造新的业务增长点奠定了良好基础。

三、社会责任履行情况

公司着力塑造“诚信稳健、分享共赢、服务社会、造福民生”的企业品格，以实际行动履行国有企业社会责任。

公司依托中国石油良好的品牌资源和雄厚的资金优势，为宁波市提供全方位的金融服务，全力支持宁波市经济发展。公司继续发挥“昆仑爱心一号”助学慈善信托、“昆仑爱心二号”助困慈善信托、“昆仑爱心三号”助医慈善信托等三个慈善信托作用，助力贵州、宁波等地区的教育教学、养老助残等事业，让慈善之光温暖更多心灵。

2020年，面对突发的新冠肺炎疫情，公司响应上级号召，积极组织党员、干部、员工参与抗疫捐款、无偿献血等活动。公司积极参与脱贫攻坚战，通过消费扶贫、金融企业扶贫帮困暖冬行等方式帮助贫困地区脱困。各级党组织、群团组织还通过主题党日、主题团日、志愿服务等形式积极参与社会公益环保事业。

公司多次荣获“浙江省优秀金融企业”、宁波市“纳税50强企业”、鄞州区“突出贡献企业”和“五星级骨干企业”称号。2019年荣获“宁波市鄞州区慈善之光”荣誉称号。2020年荣获“2020CSR竞争力——中国企业社会责任评选”年度社会责任贡献奖。

四、2021 年发展规划

2021 年，公司工作要求是：深入学习贯彻党的十九大和十九届二中、三中、四中、五中全会精神，在公司党委领导下，坚决落实集团公司和中油资本工作部署，提高站位、树立信心、紧盯一流、规范发展，严格落实监管要求，坚持严控风险、稳中求进工作总基调，增强转型发展的机遇意识和责任意识，做优做强传统业务，做专做精产融业务，做实做大转型业务，着力构建传统、产融、转型业务“三足鼎立”、互相促进、良性循环格局，服务实体经济，建设百年老店，确保“十四五”规划迈好第一步，见到新气象。

一是紧跟集团规划，推进产融业务贡献升级。公司把握发展机遇，明确定位目标，注重研究谋划，逐步形成特色，积极扩大规模和效益。

二是坚持双轮驱动，促进市场业务稳步增长。公司加大传统业务整合升级力度，巩固资产证券化优势，大力开展标品业务，把握资本市场投资机会。

三是持续规范完善，提升股权管理专业水平。公司加大股权投资业务开拓力度，完善决策流程，强化专业化管理，探索市场化改革，打造绿色、新能源合作利益共同体。

四是强化集中管理，发挥资金创效最大优势。公司实施资金集中统筹管理，拓宽资金来源渠道，优化资金使用效率。

五是聚焦体制机制，全面提升整体管理效率。公司将完善组织架构，提高运转效率；优化制度流程，提高决策效率；强化监督落实，确保执行效果；加大科技投入，完善信息系统。

六是强化责任落实，推进风险化解取得实效。公司将加强统筹领导和管控，是加快风险项目处置，强化全过程风险管控，健全监督问责机制。

七是实施全员营销，全力提升公司品牌形象。公司着力提升战略合作客户营销能力，加大昆仑财富品牌销售力度，充分利用信息化手段，持续优化消保工作体系。

八是强化运营保障，持续提升基础工作质量。公司加强法治建设，加强发展研究，加强财务管理，加强审计监督，加强综合管理。

陆家嘴国际信托有限公司

一、2020 年经营概况

2020 年，陆家嘴国际信托有限公司（以下简称公司）实现净利润 11.52 亿元，2020 年末存续信托规模为 2 159 亿元。净资产收益率为 18.89%，全年实现营业收入 19.36 亿元，其中，信托业务收入为 13.76 亿元，固有业务收入为 5.1 亿元。

（一）统筹谋划降规模，聚焦策略提质效

一是落实监管要求，融资业务降规模。2020 年 6 月，中国银保监会发布 27 号文，将融资类信托作为信托公司七大整治要点之一，这是继监管压缩通道业务规模、管控房地产信托规模之后提出的更高要求。面对核心业务受限、信托收入承压的新形势，公司统筹谋划、主动作为，努力减少业务压降对公司正常经营的影响，精准落实监管要求，全面完成 2020 年规模压降任务：截至 2020 年末，在房地产业务规模控制在 717.60 亿元的基础上，融资业务和金融同业通道业务分别压降至 686.66 亿元和 618.59 亿元，压降比例高达 36.58% 和 21.66%。

二是运用聚焦策略，深耕细作提质效。从展业区域来看，公司深入贯彻“双主场”战略布局，不断提升长三角、山东半岛区域业务占比。公司充分发挥“聚焦策略”，将房地产交易对手聚焦于公司白名单等核心客户，将基础设施业务集中在长三角、青岛等核心区域。在有效控制业务风险的前提下，适时调整区域和交易对手集中度管理，最大化拓宽展业区域的业务机会。通过聚焦区域、聚焦客户，公司在信托业务规模受限的情况下，有效提升信托报酬，实现净利润快速增长。截至 2020 年末，投向长三角区域的信托资金规模为 961.7 亿元，占比为 44.53%；投向山东半岛区域的信托资金规模为 219.6 亿元，占比为 10.17%。

三是遵循市场导向，调整结构抢先机。在融资额度受限的背景下，公司以市场为导向，因势而变，积极探索由融转投、非标转标的业务模式，及时推出房地产股权模式、武汉金融资产交易所挂牌的私募债投资模式，将公司持有基础设施债券业务进行非标转标，通过监管认可、市场接受的产品结构调整，抢占了市场先机。公司新增信托规模为 1 282.4 亿元，其中投资类信

托规模为464.8亿元，同比增长177.97%，规模占比为36.25%，较上年同期增加了24.72个百分点。

（二）营销体系立体化，直销能力上台阶

公司围绕上海和青岛“双主场”和“长三角战略重地”，设立浙江财富中心并下设私人财富杭州部、宁波部，同时设立私人财富苏州部，进一步增强在重点区域的覆盖面和影响力。目前，私财团队扩充至20个，理财经理为103人，2020年新增直销规模253亿元，新增客户数为1 762户，其中个人客户数为1 687户，同比增长10.84%。

一是营销管理工具多样，团队效能持续提升。公司进一步丰富营销管理工具，管理效能不断提高。根据不同条线设置差异化绩效考核方案，引导理财经理实现客户分层经营。采用区域投放、配比发售、小额奖励、包销定价等新型管理工具手段，增强项目去化能力。加强营销培训体系建设，提升销售能力和销售技巧。

二是产品体系不断丰富，发行管理逐步完善。公司积极尝试产品转型，在原有基础设施和房地产项目的基础上，积极推动弘裕、ABS、家裕沪晓（T+1）、TOF等新型产品，产品线不断丰富，满足客户对不同类型、不同期限产品的资产配置需求。科学管理产品排期、定价和额度分配，有效提升发行效率和去化速度。

三是完善客户分层管理，有效提升客户体验。公司定期对客户投资需求和产品偏好进行深入分析，提供差异化信托服务。新冠肺炎疫情期间，及时推出“陆信说”云讲座，为客户分析宏观经济、行业动态；持续推出“走进陆家嘴”系列客户活动，各区域财富中心也因地制宜地组织丰富多样的客户活动；上线积分商城，从“消费、健康、娱乐、公益扶贫”等多角度服务高净值客户，增强客户黏性。

（三）强化协同聚心力，整合资源促共赢

一是资金端加强业务协同，引入体系资金。公司积极引入体系内机构客户资金，为成员企业提供个性化资产配置服务。2020年共引入体系内资金32.71亿元，其中陆家嘴集团资金为5亿元，国泰人寿资金为8.8亿元，青岛国信资金为6.3亿元，青岛银行直投资金为5.5亿元、代销资金为7.11亿元。公司以信托计划为载体，为股东提供优质的金融服务，满足股东的资金运用及产品配置需求。

二是资产端发挥各方优势，推进创新转型。公司充分发挥信托与其他成员企业在资源禀赋和专业技能方面的比较优势，共同推动创新业务落地。公司与国信旗下的久实融资租赁有限公司达成业务合作，落地久实租赁ABN项目；与国信旗下的青岛银行合作，发行首单CLO产品；与上海陆家嘴金融发展有限公司合作，向“陆金发扶困慈善信托”追加认缴8万元。

（四）协同主业谋发展，资金运用提效能

公司固有资产投资规模为79.6亿元，实现收益5.09亿元。一是发挥过桥功能，提升项目落地效率。累计提供过桥资金136.1亿元，直接开展贷款业务4笔，规模为18.638亿元，快速锁定优质资产，提高放款效率。二是发挥种子作用，支持创新业务发展。为债券投资类项目提供10.7亿元资金支持，为ABS业务提供底层资产13.9亿元等。

（五）建章立制强内控，合规风控铸体系

一是动态优化风险策略，提升市场响应速度。公司采取“聚焦核心，优化风险”的风控策略，对集中度管理和风控流程进行更新优化，提升风险管理效率。对基建类业务集中度管理政策进行更新，在有效控制风险的前提下，最大限度地获取展业区域的业务机会。结合房地产项目交易对手的信用等级，设定不同的集中度要求，打造差异化风控体系。针对核心房地产客户，配置专人跟进，实施针对性的风控策略和个性化的服务手段。

二是推进合规文化建设，坚决筑牢合规底线。公司采用多种方式提升全体员工合规意识，包括反洗钱宣传、合规检查、培训、法律法规学习等，严格落实法律法规要求，营造“知合规、懂合规、守合规”的合规文化氛围。加强内控建设，制定有效制度地图；优化业务流程，提升内部管理效率。深入开展反洗钱工作，年度反洗钱监管评级由B级提升至BBB级，取得历史最好成绩。

三是积极配合监管检查，优化完善内控水平。公司以监管部门各项检查为契机，配合完成10次风险排查和5次专项检查，对存在的问题加强整改、查漏补缺。积极响应EAST报表报送，全面提升数据质量治理。加强内外审计工作，对慈善信托、数据质量、反洗钱、关联交易和绩效管理等进行专项审计，完善内控体系。

（六）筑基固本优服务，降本增效出效益

一是强化战略绩效管理，完善对标管理体系。公司战略管理有效推进，2020年共制定26项年度战略指标，分解至16个部门，做好战略闭环管理。发布信托文化、绿色信托五年发展规划，组建领导小组。强化对标管理，采用实地调研、线上访谈、年报分析等方式，持续跟进对标公司及头部公司，为公司战略转型提供借鉴。公司积极参与中国信托业协会课题《中国信托业服务实体经济专题研究报告（2019—2020）》，并入选重点课题。该课题作为信托业年会会议材料之一，由中国信托业汇编出版。

二是加强财务制度建设，优化财务资源配置。公司加强全面预算管理，完善公司顶层绩效考核制度，优化利润中心绩效考核方案，提升财务资源配置效率。拥抱金融科技，推进财务智能化处理，优化设计估值模型、减值模型等。落实青岛市、区产业扶持资金4404万元，获得增资补贴500万元。公司被评为“纳税信用等级A级企业”“金融企业绩效评价优秀（AA）级”称号。

三是加强金融科技赋能，助力经营效率提升。公司结合战略规划及金融科技发展趋势，制定信息科技三年战略规划，推动智能化、移动化发展。公司自主研发新一代客户端APP，在新冠肺炎疫情期间为客户认购产品提供有力支持。智能风控系统实现迭代升级，智能机器人平台三期建设不断扩展银行覆盖范围，推进EAST4.0、CRM5.0、家族信托等系统建设，助力业务发展和数据质量提升。公司向上海金融业联合会申报的课题《基于大数据的信托公司智能风控研究与应用》，获得上海金融业改革发展优秀研究成果二等奖。

四是围绕公司发展战略，打造专业人才队伍。一是把握重点，根据战略转型方向，加强人员结构调整。完成浙江财富中心、家族信托办公室、资本市场部等团队人员搭建，实现员工能进能出机制常态化运行，制定任职资格体系，完善招聘及晋升标准。二是塑造亮点，以人才培养为基础，以集团对干部调研为契机，加强线上线下培训相结合，2020年组织培训31场，持续提升干部队伍质量。三是提升效能，以业务转型、运营成本控制及提升内部效能为出发点，优化绩效评价体系，细化考核机制。

二、创新业务案例

2020年，公司力推战略驱动业务，整合股东资源，取得积极成效。一是成功发行3单资产证券化产品，规模合计65.7亿元，其中与青岛银行合作成立的首单CLO项目规模为41.7亿元；二是成立家族信托“世颂弘远16号”，并设立家族信托办公室，进行业务体系搭建；三是落地首单艺术文化类慈善信托业务，成功发行青岛平度扶贫慈善信托，积极践行社会责任；四是新设标准化业务团队，完成弘裕产品标准化净值化改造。

三、社会责任履行情况

信托公司肩负着服务实体经济、为民创造财富的责任和使命。陆家嘴信托致力于推动慈善公益活动的开展，2020年公司继续向上海欣州六里劳动服务公司的征地困难职工提供经济资助及生活帮扶。2020年，公司发起成立“弘远5号青岛平度扶贫慈善信托”，用于向青岛市平度市崔家集镇陶家屯村村委建设西红柿大棚，建成后部分收益向该村贫困户进行扶贫捐助。公司成立“弘远6号”艺术文化慈善信托，为上海部分家庭经济困难的青少年学生赠送“市民音乐会”演出门票，为他们提供近距离接触高雅艺术的机会。

2020 年，公司获得业内权威媒体评选的多个重要奖项，包括《经济观察报》授予的“2020 卓越影响力信托公司”，《中国经营报》授予的“2020 卓越财富管理信托公司”“2020 金牌资管风控力”奖，《上海证券报》评选的“‘诚信托’成长优势奖”“2020 年度山东知名品牌”，青岛银保监局颁发的“金融知识进万家活动先进单位”，青岛市崂山区授予的“突出贡献企业”称号等。

新冠肺炎疫情期间，公司大力支持品牌合作企业复工复产，冠名赞助“东方市民音乐会”全年演出，赞助青岛大剧院“2020 国际艺术汇”系列演出，为演艺场馆复工复产、提升公司品牌形象、改善客户关系起到积极作用。

四、2021 年发展规划

随着“资管新规”和资金信托新规的陆续颁布实施，信托行业将由高速增长转向高质量发展。2021 年是“十四五”规划的开局之年，也是公司三年战略规划的收官之年，面对新发展格局，公司要坚决贯彻新发展理念，主动走出“舒适区”，抢抓“十四五”开局的新机遇，充分依托股东背景和资源禀赋优势，积极推动“六大转型”，力争 2021 年净利润不低于 12.06 亿元。同时，依法合规做强，提升市场排名，锚定行业头部，实现高质量转型倍增。

公司 2021 年工作思路是围绕“非标向标品、融资向投资、市场驱动向战略驱动、产品中心向客户中心、单一融资向多元化组合、业务支持向科技赋能”的六大转型，以“拥抱变革，守正创新”为宗旨，提升体系协同能力，强化转型行动能力，优化专业资管能力，打造财富管理能力，以战略规划为引领，以风险控制为基石，以坚守合规为底线，以精益管理为依托，以信托文化为支撑，推进公司高质量转型倍增。

2021 年，公司的重点举措是以“三个统筹”为着力点，着眼全局，协调推进，做好统筹资金与资产、统筹标品与非标、统筹表内与表外，以“五项经营”为落脚点，因势利导，精益求精，做强“经营区域、经营客户、经营风险、经营人才、经营品牌”，为公司实现高质量转型倍增打下坚实基础。

山西信托股份有限公司

一、2020 年经营概况

（一）收入情况

2020 年，山西信托股份有限公司（以下简称公司）实现营业收入 41 724.36 万元。其中，固有业务收入为 25 663.42 万元，占比为 61.51%；信托业务手续费收入为 16 060.94 万元，占比为 38.49%。

（二）利润情况

2020 年，公司实现净利润 2 016.34 万元，完成预算 1 660 万元的 121.47%。

（三）资产状况

截至 2020 年末，公司资产总额为 33.01 亿元，负债总额为 15.02 亿元，净资产为 17.99 亿元，净资产规模比年初的 19.28 亿元减少 1.29 亿元。

（四）信托资产情况

截至 2020 年末，公司管理的信托资产规模为 389.44 亿元，较年初的 373.01 亿元上升 4.4%。其中，主动管理类资产规模为 164.87 亿元，占比为 42.34%；被动管理类资产规模为 224.57 亿元，占比为 57.66%。

二、创新业务案例

（一）消费金融类信托业务初具规模，助力人民美好生活

公司消费金融类信托业务已逐渐形成稳定模式，持续服务于我国扩大内需战略，为引导消

费、支持消费贡献金融力量。2020 年，公司发行服务于医美、教育的消费金融类信托产品规模约为 7.3 亿元。下一步，公司将继续推动服务于 3C 产品、5G 手机消费等多样化消费需求的信托项目落地。

（二）绿色信托业务持续发力，服务环保生态新蓝海

公司以实际行动支持绿色发展，做大做强绿色信托业务。其中，循环经济系列财产权信托，专门服务于资源循环再利用行业、企业，为供给侧淘汰和化解过剩产能贡献金融力量；某集合资金信托计划，专门支持吕梁市某生物有机肥生产基地建设，为当地生态工程助力。

（三）投资类信托业务稳扎基础，探索业务发展新方向

公司积极探索投资类信托业务发展路径，新增规模为 41.81 亿元，存续规模为 67.70 亿元。发行永续信托规模为 80 亿元，发行 FOF 基金信托产品，积极响应监管导向，对标准化、净值化产品开展有益探索。

（四）金融科技进一步融合，业务发展提质增效

公司积极推动金融科技融合发展。一是通过自主开发的“晋盈汇”APP，实现了投资人线上签约及“双录”功能，有效拓宽了产品发行渠道。二是公司消费金融放贷系统完成了内部测试及验收，拟于 2021 年投入使用。

三、社会责任履行情况

2020 年，面对新冠肺炎疫情带来的复杂影响，公司积极响应国家号召，不断提升金融服务质效，在支持实体经济方面持续发力，服务“六稳”“六保”。公司坚持回归本源，按照“区别对待，有扶有控”的差别化政策，通过债权、股权、权益投资、产业基金等多种方式，稳步推进重点领域的金融服务；坚持深化供给侧结构性改革与山西转型综改试验区建设有机结合，关注转型综改、重点工程项目，金融服务涉及民生保障、基础设施建设、节能环保、产业转型升级等领域；积极发展普惠金融、消费金融，加大对薄弱领域和薄弱环节的支持力度，服务人民美好生活；巩固发展绿色金融业务，服务环保生态工作需要。

（一）服务实体经济，支持“抗疫”及“六稳”“六保”工作

公司坚持回归信托本源，将服务实体经济作为一项重点工作常抓不懈。截至 2020 年末，公司共为各类工商企业提供信托资金规模 351.07 亿元。其中，为山西省转型综改建设相关 40 多家

企业提供资金支持161.22亿元，为山西省重点工程建设提供信托资金0.50亿元。

面对新冠肺炎疫情带来的复杂影响，公司重点做好两项金融支持工作。一是金融支持中小微及民营企业发展，响应国家激发市场主体活力、发展普惠金融号召。截至2020年末，公司共为中小微企业提供信托资金192.59亿元，为民营企业提供信托资金112.65亿元，有力地支持了相关企业复工复产及经营发展。二是做好对受困企业的金融帮扶。公司为受疫情影响较大、有发展前景但暂时受困的企业，根据实际情况制定纾困帮扶方案，做到不抽贷、断贷、压贷，及时办理展期或无还本续贷；为武汉某企业减免部分贷款利息，与企业共渡难关；开展商铺租金减免工作，主动减免了公司名下湖北省、太原市部分商铺租金，为企业纾困解难。

（二）发展普惠金融，服务人民美好生活

公司消费金融类信托业务已逐渐形成稳定模式，持续服务于我国扩大内需战略，为引导消费、支持消费贡献金融力量。公司积极探索用于个人经营用途的房屋抵押贷款融资模式等普惠金融产品，服务于更广泛的市场主体，丰富其融资渠道、模式，提升金融服务的可得性、满意度，为大众创业、万众创新贡献金融力量。

（三）发展绿色信托，服务环保生态需要

公司以实际行动支持绿色发展，通过做大做强绿色信托业务，为绿色行业、生态工程提供金融助力。其中，循环经济系列财产权信托积极响应国家关于供给侧结构性改革的决策部署，专门服务于资源循环再利用行业、企业，为淘汰落后及化解过剩产能工作提供金融支持，与时俱进地为新兴行业、中小型企业破解融资难题。

（四）发挥企业力量，热心社会公益

公司多次组织、参与防疫抗疫捐款捐物活动，开展精准扶贫工作。连续多年，公司工会组织全体员工参与山西省“送温暖、献爱心”捐助活动，捐款用于困难群众临时性生活救助。经专项考察，公司与山西省慈善总会一致决定，通过慈善信托为刚搬入兴隆湾社区移民新村的贫困老人们捐赠电热锅。防疫抗疫期间，公司党委组织党员干部进行专项捐款，公司团委组织青年员工向山西省青少年发展基金会进行捐款等。

（五）推进金融知识普及，保护消费者合法权益

公司始终将普及金融知识作为消费者权益保护工作的重要环节，公司领导带头参与，全体员工热烈响应，开展了“3·15消费者权益保护教育宣传周”活动、“金融知识万里行”活动；根据《山西银保监局办公室关于开展2020年金融联合宣教活动有关事项的通知》及相关监管要

求，开展了2020年金融知识宣传服务月活动，举办了“金融知识普及月 金融知识进万家 争做理性投资者 争做金融好网民”的“四进”活动。公司将金融知识普及作为重点工作常抓不懈，取得了良好的社会反响，获得了群众的一致好评。

（六）坚持以人为本，助力员工发展

公司秉承“以人为本”的理念，关注员工合法权益保障。根据国家各项劳动法律法规政策，公司实行全员劳动合同制管理，严格按照国家规定为员工缴纳“五险一金”，定期组织员工进行健康体检，员工按规定享有带薪年休假、产假、婚假、丧假等假期。公司坚持党管干部原则与市场化原则，把握正确的选人用人导向，建立“能上能下”的市场化考核机制，强化监督管理，注重合规意识与风险管理能力的培养，全面提升员工队伍的品德素养与专业技能，建立起良性用人机制。公司通过多元化的培训体系，不断加强员工队伍建设，通过积极构建多渠道职业发展通道，鼓励员工积极进取，增强员工的自信心和创造力；通过多形式、多内容的培训活动与交流研讨会议，丰富员工的眼界与认识；通过开展丰富多彩的文体活动，构建和谐的职场氛围。

四、2021年发展规划

（一）主动适应转型发展要求，构建有重点、有特色、有新增长点的业务体系

一是要履行好国有金融机构的社会责任与历史使命，支持实体经济高质量发展，在支持国家战略、支持先进制造业等重要领域拓展业务，持续做好对山西省重点专项工作的金融支持。二是推动业务布局优化升级，业务重点由融资类信托向投资类信托倾斜，由债权类信托向股权类信托倾斜，探索开展标品信托业务，不断提升主动管理能力。三是积极开展消费金融业务，响应扩大内需战略，支持居民教育、3C产品等消费需求，不断加深与金融科技公司、优质消费平台的合作，强化金融与科技的融合发展。四是做大做强绿色信托业务，尤其关注生态环保行业需求，审慎创新，探索金融支持用能权、碳排放权交易，支持碳达峰、碳中和工作路径。五是加大对科技创新的金融支持，更多向“六新”行业、企业倾斜，拓展金融服务的深度与广度。六是要实现差异化发展，在公司层面，依托自身资源禀赋、区域经济优势，在煤炭、能源、化工、高端装备、新材料等领域找到产融结合点，开发具有区域经济特征的差异化、特色化信托产品；在部门层面，从开展同质化业务转向深耕特色化、专业化业务，找到未来业务转型方向。

（二）提升全面风险管理能力，持续做好风险防范处置工作

要构建巩固全面风险管理体系。一是持续加强风险防范教育，增强风险防范意识，全面提

高员工的风险识别能力和防范意识。二是切实提升风险防控能力，加强内部控制体系建设，改进风险控制手段，提高风险管理质效。三是继续严控增量风险，将事前、事中、事后风控工作做实、做细，筑牢安全防线。四是积极化解存量风险，开动脑筋，解放思想，推动风险化解工作取得更大进展。五是加大问责力度，把握好严管与厚爱的平衡点，强化对各种违纪、违法、违章行为的责任追究，从源头上预防风险的发生。

（三）做好信托文化建设，强化受托人职责担当

公司将继续做好信托文化建设，培育守正、忠实、专业的受托人文化，要牢固树立受托人意识，牢记支持实体经济高质量发展、满足人民群众对美好生活向往的使命，养成遵规守纪、埋头实干、勤勉尽责的习惯，提升全面风险管理能力、专业化资产管理能力、综合化管理服务能力、信息科技支撑引领能力，推动公司高质量转型发展。

（四）持续提升市场化水平，巩固核心竞争力

公司将继续提升基础管理水平及市场化程度。一是继续完善制度流程，构建权责明晰、监督有效的内部管理机制。二是继续推进市场化改革，激发员工干事创业的积极性。三是继续重视金融科技力量，加大信息科技投入，强化信息科技对业务的支撑和引领作用，推动科技与业务深度融合，提升核心竞争力。

上海爱建信托有限责任公司

一、2020 年经营概况

2020 年是极其不平凡的一年。面对新冠肺炎疫情冲击及极为复杂的国内外宏观环境和监管形势，上海爱建信托有限责任公司（以下简称公司）在全体干部员工共同努力下，不忘初心，攻坚克难，努力探索转型发展道路，不断提升经营管理水平，实现了良好的经营目标。

（一）审时度势，稳健经营，实现良好经营业绩

一是落实监管要求，完成压降指标。公司完成通道类业务压降指标，优于行业压降的力度；完成融资类信托业务压降指标。严控房地产业务规模，建立可持续管控长效机制，2020 年房地产规模始终控制在监管要求以下；提前完成非标资金池整改任务，非标资金池全部清退，提前 1 年完成整改。

二是优化业务结构，提升经营业绩。2020 年，公司面对巨大转型发展压力，一方面，严格落实监管压降指标，提升主动管理能力，做好传统业务升级改造；另一方面，精心布局、精准施策，加快业务转型，积极开展证券投资等标品业务，家族财富管理业务精心谋划，全面启动。公司全年实现营业总收入 24.77 亿元，实现净利润 12.11 亿元；ROE 达 15%，优于行业水平。

（二）精控规模，优化结构，深耕核心业务

一是交易对手以成长性中型客户和区域深耕型核心客户为主。公司通过交易模式、风险控制手段、期间管理方面的优化，满足中型客户需求，增加客户群体，降低单一客户的集中度。同时，进一步深化与区域深耕型核心客户的战略合作关系，存续规模占比接近 30%。

二是业务模式不断丰富，涵盖股权投资、股债结合等多种金融解决方案。从业务模式看，公司着眼客户需求，除传统融资方式外，积极尝试开展以股权投资为进入点，股债结合的综合金融解决方案及资产证券化等综合金融服务体系的投行类业务，通过业务链的协同和价值延伸，推动传统领域的业务模式转型。

（三）创新机制，以第二曲线为抓手，推进转型

一是加速推进标品业务。其一，产品线布局日趋丰富。2020年公司紧密跟踪权益市场的热点和趋势，适时推出了可转债、FOF、TOF、指数增强、对冲打新等净值化产品，全年各种策略信托计划合计发行数量达12个，总募集规模达8.10亿元；其二，投资业绩表现不俗，总体达到了产品预设的收益风险目标；其三，投研能力和中台支撑体系建设在实践中不断磨合提升，为系统性、规模化推进标品业务打下了良好的基础。

二是精心谋划家族财富管理业务。家族财富管理业务是公司未来的战略级业务。为此，公司成立联合家族办公室和联合家族财富研究小组，制定家族财富管理业务的顶层设计方案，同时积极引入律师事务所、会计师事务所等优秀合作机构，为后续大规模开展家族财富管理业务奠定良好的基础。

三是做精现金管理类业务。现金管理业务作为流动性管理工具，在提升客户黏性等方面发挥着重要作用。2020年，公司现金汇裕产品按照"资管新规"要求稳步推进改造，产品上层从报价式改为净值化运作，后续将对下层信托做进一步改造，并积极推进新的期限结构产品。

（四）强化风险管理，严控资产质量，促进稳健经营

一是全面梳理风险体系，推进制度建设。公司完成风控体系再造各项制度的编制工作，内容涵盖公司项目立项管理、项目尽调与审批、交易对手授信管理、期间运营管理、资产分级分类及制度管理等三十余项。

二是加强集团交易对手分析与评价。公司高度重视对交易对手的研判及深入了解，持续推动集团客户授信管理工作。公司修订了《集团客户授信管理办法》等相关制度并发布集团客户尽调模板，一方面，守住了风险底线；另一方面，在优质房企推广方面，助力发掘公司与交易对手合作契合点。

三是持续优化舆情监测管理。2020年，公司对风险条线持续优化并完善舆情预警机制，对重要交易对手进行每日舆情监控及风险预警，从信息来源、筛选查证、分析挖掘等多维度进行发力，构建公司内部独有的舆情预警体系。

四是推进各类专项检查，提高主动防御能力。为积极响应监管指引，加强主动风险防控，2020年，公司及时开展三十余项各类监管或集团公司内部检查与排查，包括每季度全面风险排查、每季度信托资产五级分类、新冠肺炎疫情期间的各项专项排查、消费金融类业务排查、临期业务兑付风险排查、房企美元债兑付风险排查、交易对手流动性风险梳理等。

（五）党建引领，服务大局，助推企业战略落地

一是加强党员思想政治教育，开展支部主题活动；二是积极推进党员工作室和党员认领项目工

作，目前已有两个党员工作室成立挂牌，党员认领项目“举个栗子”专栏获得好评；三是在抗击新冠肺炎疫情过程中，党团员带头积极捐款，全体员工捐款近 80 万元；四是创设“爱·学堂”线上微课，持续提升组织学习活力；五是以“爱·智慧”合理化建议征集为抓手，激发员工主人翁意识，助推经营管理水平不断提升；六是推动群团组织资源共享、协同合作，努力形成“一体化”格局。

二、创新业务案例

案例一：创新型养老地产项目

养老财产权信托是指养老机构投资商（初始委托人）将其养老资产（一般而言为养老项目公司股权或产权）委托公司设立财产权信托，财产权信托初始委托人和受益人均为投资商，后续投资商将财产权信托受益权转让给市场有真实养老需求的若干消费者，相应地，消费者向初始委托人支付受益权转让对价。公司作为受托人选定专业机构运营养老资产提供养老服务，消费者可以以受益人大会等方式决定是否续聘或新聘养老机构，以维护和保护自身权益，公司则按照信托合同和交易合同约定受托持有并管理养老资产。该项目的交易结构如图 1 所示。

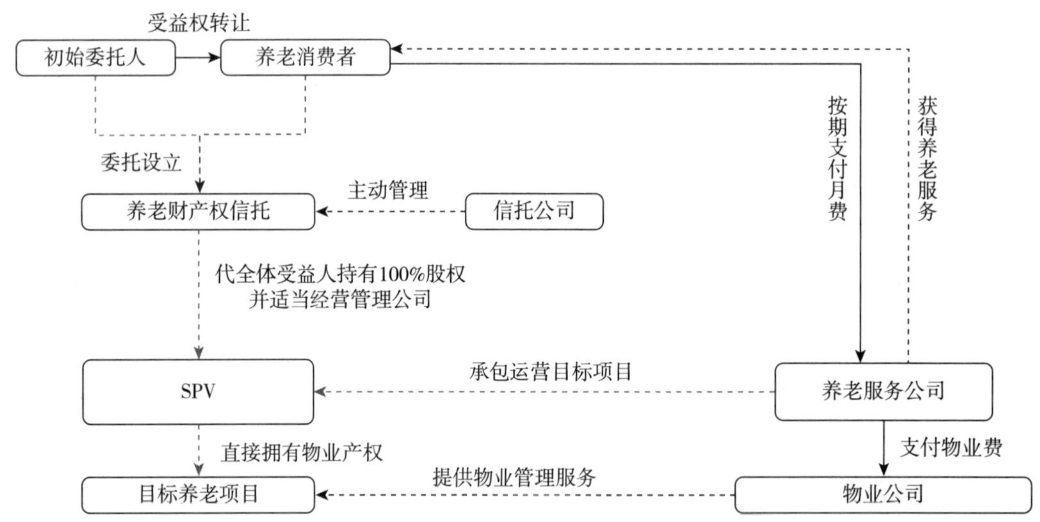

图 1　创新型养老地产项目交易结构

案例二：资金类家族信托业务

（一）营运模式

展业策略。截至 2020 年第一季度末，国内家族信托的存量规模已超过千亿元。公司建议采用先规模后效益的展业策略，通过“家族信托＋专属优质产品”绑定营销的模式，先尽快做大业务规模，建立起行业地位，再逐步向真正传承类家族信托转化，提供包括全权委托、资产配置、顾问咨询、财富传承及税务筹划等各种增值服务，提升业务综合收益。

客户肖像描述。客户以金融资产作为受托资产设立家族信托，受托资产价值不低于1 000万元。

基本风控模式。通过信托合同条款及法律架构设计预防法律、合规及受托人声誉风险。

在线运行流程。建设家族信托业务系统采用线上运行方式对家族信托业务流程实现统一管理。

（二）盈利模式

成本支出。一是人力成本。业务初期，人力成本包括家族信托顾问、事务管理经理及投资顾问。可试业务开展情况逐步增设。二是系统成本。此成本为家族信托业务系统。

收入构成。一是营业收入。信托管理费为0.1%～0.5%/年，管理期限为10年及以上。二是隐性收入。其包括投资顾问费、销售佣金、投资业绩报酬等。

盈亏平衡（点）分析。信托业务初期阶段为做大家族信托管理资产规模、树立品牌形象，按信托管理费0.3/年估算，预计受托管理资产规模达20亿元为业务盈亏平衡点。随着受托管理规模增大及信托管理费率的逐步提升，后续信托管理费将线性增长且逐年累加。

压力测试。在极端情况下，家族信托项目提前终止清算、或变更受托人。

三、社会责任履行情况

公司坚定战略，以“守正创新、合规经营、提质增效、转型发展”为经营指导思想，努力提升经营管理水平，将社会责任理念融入发展战略、经营管理与日常工作中，在支持实体经济、改善民生、客户服务等领域积极践行信托行业的社会责任。一年来，公司不断推出预期收益率较高、风控措施到位的集合信托产品，受到市场欢迎，使新老客户获取较好的理财收益，持续提升客户满意度。2020年，公司蝉联“上海市级文明单位”称号，并连续获评《证券时报》《上海证券报》《21世纪经济报道》《金融时报》等多家权威机构颁发的“年度突破成长信托公司”“管理团队奖”“年度优秀信托公司”“年度最佳财富管理信托公司”等资管界荣誉。公司在做好疫情防控、保障金融服务的同时，通过多方渠道联系筹集医疗物资，采购10万套防护服紧急驰援武汉，缓解一线医疗物资急需的压力。公司还积极响应中国信托业协会倡议，捐资50万元加入“中国信托业抗击新型肺炎慈善信托”，信托资金已第一时间投入对湖北防疫新型肺炎的帮扶救助工作。

四、2021 年发展规划

（一）持续做精核心业务，夯实公司基本盘

一是灵活精准，合理施策，确保融资类、地产类业务规模管控合规有效；二是坚定不移布局养老地产及相关服务领域；三是适时整合业务团队，提升整体作战能力。

（二）积极探索资本市场业务，提升公司持续盈利能力

一是优化固有业务结构，适当提升权益投资比重，二是建立以银行为核心的标品业务生态圈；三是树立大类资产配置的财富管理品牌。

（三）财富端持续赋能传统核心业务，全面升级产品结构、财富队伍、线上渠道

一是以客户为导向的财富产品升级，构建“非标＋标准”“固收＋权益”的大类资产配置体系；二是以数字经营为导向的线上渠道升级，科技赋能财富管理；三是以高品质服务为导向消费者权益保护、销售合规品质管理。

（四）全面布局家族财富管理业务，打造家族财富品牌

一是拓宽获客渠道，做大家族财富业务规模；二是提升专业能力，做精家族财富业务品质；三是塑造品牌形象，做出家族财富业务特色。

（五）增强合规意识，提升全面风险管理能力

一是落实监管检查意见，提高整体合规管理水平；二是提升房地产股权投资的风险管理能力；三是构建标品业务风险管理体系，稳步探索转型创新；四是加强风险预警机制，完善不良资产处置程序。

（六）强化科技赋能，提升数字化经营能力

2021 年，在科技规划上，公司围绕整体业务精细化管理和转型发展的主要任务，重点发力数字化获客、数字化服务、数字化风控及数字化决策四大核心业务领域。

（七）坚持党建引领，打造高效组织和人才队伍

一是政治引领，文化聚力，围绕中心促发展；二是战略驱动，培育人才，增强核心竞争力；三是注重效率，强化协同，勇担使命建新功。

天津信托有限责任公司

一、2020 年经营概况

（一）主要经营指标情况

截至 2020 年末，天津信托有限责任公司（以下简称公司）管理资产总额为 2 380.85 亿元，比年初增长 5.92%；全年实现营业收入 9.78 亿元；实现利润总额 5.05 亿元；税前新提取拨备和预计负债为 2.82 亿元，年末公司各项准备达 25.59 亿元。2020 年末，公司所有者权益为 62.23 亿元，较年初增加 4.93 亿元。

（二）信托业务稳定增长

2020 年，面对新冠肺炎疫情带来的严峻考验，公司在严防信用风险的前提下，注意做好流动性风险管理，持续推进业务转型创新，主动调整业务结构，经过共同努力，信托业务保持稳定发展态势。截至 2020 年末，公司信托资产总额为 2 291.15 亿元，同比增长 5.73%，全年实现信托业务净收入 4.42 亿元。信托项目累计实现收入 139.89 亿元，实现净利润 98.83 亿元，累计利润分配 85.75 亿元，继续为委托人创造了稳定的信托收益，增加了委托人的财产性收入。

（三）自营业务稳健转型

2020 年末，公司自营资产为 89.7 亿元，同比增长 11.17%，实现各类自营业务收入总额 5.37 亿元。

公司继续积极协调天弘基金及其他股东单位，对余额宝等货币基金产品的合规运行给予支持，为天弘基金争取和创造宽松的发展环境。积极参加中车金融租赁有限公司年度股东会，支持其混合所有制改革和业务发展。

2020 年，公司自营证券业务重心从固收市场转移到权益市场，分享了权益市场的行情，固收类、权益类资产均取得了较好的投资收益。在大类资产配置方面，不断优化资产配置三因素模型，对各类资产进行合理资金配置。针对权益类资产，逐步摸索建立了以宽基指数为基础，辅助重点行业主题基金及重点关注个股增强收益的三层次投资框架体系，形成了定性与定量相结合的基本投资策略。

（四）风险管控不断增强

2020年，公司全面贯彻国家法律规定和监管机构文件规定，按照国家打好防范化解金融风险攻坚战的要求，进一步强化风险管理工作。顺应监管导向，全面深化合规经营理念，遵照“实质重于形式”和“穿透”审查原则，严格做好各类业务的合规审查。坚持严格的项目准入审查，深化项目运行期间双线管控，严防新增信用风险，死守不发生流动性风险底线，稳定公司管理资产质量，促进公司持续、健康发展。

项目准入管理方面，公司加大了项目风险前置审查力度，提高了项目审查质量和效率。一方面，加强前置风险审查力度，加大业务尽职调查深度，提升预审专业化水平，强化风险防控预案的真实性和可操作性；另一方面，提升项审会经营决策质效，完善项审会合议机制，将业务、预审与项审会有机结合起来，形成既对立又统一的审查方式，最大限度地实现公开、公正、透明的集体审查、决策原则。

在项目后期管理方面，公司不断加强存量业务管控，规避各类风险发生。一是做好以资金用途检查、业务常规检查、资产风险分类、到期前检查和重大预警为主要内容的项目后期管理工作。二是组建资产管理部，强化风险处置委员会评审机制，制定切实可操作的边缘资产差异化处置方案，强化边缘资产转化工作，切实提升资产质量。三是建立全面风险排查常态化机制，做好监管机构要求的专项风险排查治理。

二、创新业务案例

2020年，公司在消费金融产品、资产证券化、净值化产品等创新业务方面取得了新的进展。新业务已经成为公司业务转型的突破口和新的增长动力，为公司可持续发展奠定了坚实的基础。

（一）普惠小微业务快速发展

公司持续扩大和深化与银行、基金、保险、券商等相关机构的深入合作，积累客户资源，拓展业务边界，不断完善信托放款加资产流转的普惠小微业务模式，做大规模。2020年新增规模1 500亿元以上。

（二）资产证券化业务加速发展

公司进一步加强与各主承销商合作，推动银行间债券市场ABN业务的发展。2020年累计新增ABN业务39期，新增规模460亿元；存续ABN业务38期，规模约为440亿元。2020年8月，成功发行了首单ABCP产品，在行业中处于领先水平，填补了公司资产证券化业务的空白。

（三）净值型产品线逐步建立

公司发行设立“2020日盈添金1号集合资金信托计划”和“尚信1号集合资金信托计划”，信托资金主要投向权益资产与衍生品组合。两个产品的设立进一步丰富了公司净值型产品线，满足了中等风险偏好客户的理财需求。

三、社会责任履行情况

（一）认真贯彻落实党中央国务院“六稳”“六保”政策

2020年，公司认真贯彻落实党中央、国务院“六稳”“六保”政策，着重在稳金融、稳投资、保市场主体等方面有所作为。遵照中国人民银行、财政部、中国银保监会、中国证监会、国家外汇管理局联合下发的《关于进一步强化金融支持防控新型冠状病毒感染肺炎疫情的通知》有关精神，在风险可控的前提下，对履约意愿良好、短期存在还款困难的企业，公司积极与企业就展期方案进行磋商，切实了解企业需求，提供精准服务，尽量减少企业中间续贷资金周转压力和费用支出；对受新冠肺炎疫情影响暂时无法付息的企业采取延长付息期间等举措，与企业共度时艰，支持实体经济复苏。公司累计对13户企业、合计规模15.77亿元融资本金办理了展期手续；对2户企业、11.8亿元融资按期归还后给予了续贷支持；对7户企业、合计规模22.8亿元融资给予了延迟付息的措施。公司以实际行动帮助企业克服了复工生产的融资难题，促进其稳定生产与经营。

公司响应上级机关和监管部门关于支持小微企业若干文件精神，公司充分发挥信托优势，推动金融支持民营和小微企业各项政策措施落地见效，对小微企业在融资方面给予大力支持。2020年，运用信托资金和自营资金，通过贷款等融资方式，向小微企业提供资金支持达28.17亿元。

（二）恪守受托人职责，履行受托人义务

2020年，完成清算兑付信托项目本金1 559.02亿元、信托项目收益85.75亿元，涉及224个信托计划。其中，划付资金为1 351.62亿元，涉及189个信托项目，其余分配以权益返还方式完成。公司尽职履行受托人义务，全部按时清算兑付。

（三）注重消费者权益保护，做好反洗钱工作

公司始终注重消费者权益保护工作，2020年主要做了以下几个方面的工作：一是认真执行公司的《信托产品投资者权益保护工作办法》等规章制度，做好消费者保护各项工作，不断提高客户服务水平。二是健全消费者投诉工作的反馈与化解机制，规定反馈时间，积极处理投诉，妥善化解矛盾，维护消费者合法权益。三是按照监管规定，编制独立的风险申明书，对或有风险作出全面提示，向客户进行充分的产品风险提示，同时做好“双录”工作。四是积极开展公众金融教育活动。公司组织开展了2020年“3·15”金融教育宣传周、防范电信网络诈骗宣传、防范非法集资宣传月和征信宣传月等活动。

2020年，公司积极执行中国人民银行反洗钱工作的各项要求，认真做好可疑交易的甄理和分析，及时向人民银行天津分行上报公司反洗钱报告。积极开展反洗钱培训，组织相关部门员工参加由中国金融培训中心、人民银行天津分行组织的2020年第八期金融业反洗钱培训；组织全体员工参加反洗钱知识测试，提高员工反洗钱专业知识水平。

（四）热心公益事业，真心扶困济难

一是继续坚持定点帮扶。公司党委响应党中央号召，积极打好脱贫攻坚战。2020年，公司继续派出两个定点帮扶工作组，在天津市静海区中旺镇东小屯村、西小屯村和唐官屯镇亚家庄村开展对口扶贫工作。2020年，公司累计支付各项帮扶资金276.86万元，启动村内道路、排水管线、村路两侧硬化等修建工程。截至2020年末，东小屯村及西小屯村村内道路、西小屯村雨水管网已修建完毕，西小屯村路灯安装完毕；亚家庄村村西路两侧实施了硬化，村北环路两侧修建了路沿和排水沟，村小学改造了暖气管道，购买清理垃圾用铲车，并对亚家庄村低收入困难户发放一次性补助金。

二是积极捐款支援抗击新冠肺炎疫情。2020年初，公司积极响应中国信托业协会倡议，捐资50万元参与设立“中国信托业抗击新型肺炎慈善信托”。公司党委组织党员自愿捐款，支持新冠肺炎疫情防控工作。全体在职党员、发展对象及部分退休党员参与捐款，共募集款项2万余元。

三是通过慈善信托扶困济难。公司不断探索“金融+慈善”的新模式，设立了“天信世嘉·信德众志成城抗击新型肺炎01期慈善信托”“天信世嘉·信德精准帮扶”07期、08期、09期、10期、11期、12期慈善信托、“天信世嘉·信德扶老助困03期慈善信托”等9单慈善信托，资金合计245.695万元。

四、2021 年发展规划

2021 年，公司将以习近平新时代中国特色社会主义思想为指导，紧紧围绕服务实体经济、防控金融风险、深化金融改革三项任务；紧紧围绕上实集团“再次国际化、深度资本化、聚焦大健康、拓展新边疆”的发展战略，坚持稳中求进的工作总基调，进一步推进与上实集团深度融合；顺应监管要求，坚定产业信托战略方向，以资本约束为导向，优化产品体系、营销体系，构筑产业、财富、同业三大朋友圈，实现全国化、市场化、专业化、协同化的业务布局；紧紧围绕年度经营目标，比照行业标杆，积极推进转型创新发展，不断提高经营效率和水平，实现公司高质量、可持续健康发展。

（一）推进法人治理结构完善，夯实公司发展基础

公司正加速推进法人治理结构完善，为新一届董事会和高管层正常履职创造条件。目前董事会已完成换届，公司已向中国银保监会天津监管局递交了新提名董事的任职资格核准申请，待监管批准后，将尽快召开新一届董事会会议，并依据会议决议向监管部门报批拟任董事长、总经理等高级管理人员的任职资格，推动公司经营管理尽早步入正轨，为公司发展夯实基础。

（二）积极推进全国化布局，逐步推进业务转型发展

公司的业务开展将紧紧围绕上实集团的战略布局，推动集团产业板块业务与天信金融板块业务的深度融合，将公司打造成为产业金融的信托典范。同时，加大信托业务由融资向投资转型的力度，以客户为中心，以产业深耕为抓手，提升客户综合服务能力和信托业务主动管理能力，做产业客户全生命周期的金融服务提供商。为此，公司将快速推进异地机构建设，积极探索融产结合业务模式；同时大力发展标品业务，着力扩大资产流转业务规模，进一步提升普惠金融业务服务能力，持续深化服务信托业务拓展，积极拓展代销及直销渠道，并适时启动国际化战略。

（三）持续强化风险管控，进一步完善风险体系建设

公司进一步完善、优化风险和业务管理体系，做好业务发展与风险防范的平衡，建立有效的风险防控机制，从准入端把控新业务风险，对存量业务要落实好“两项业务压降”等监管要求，扎实推进业务转型发展工作。建立健全适合公司转型方向、适应上实融产结合要求，且具有公司特色的全面风险管理体系，对经营中的各类风险进行有效识别、计量、监测和控制。完善优化以风险管理为中心的业务前台、中台、后台三道“防线”，进一步加大边缘资产化解力度。

（四）努力构建市场化体制机制，优化提升运营管理水平

公司将以提升经营业绩为导向，以业绩考核结果为基础，完善薪酬考核激励机制；进一步加速融入融通融合，推进新老机制有效衔接；持续深化人力资源基础管理，夯实发展内功。继续加强信息资源整合及数据管理，推进制度梳理和完善，不断强化综合服务管理。

万向信托股份公司

一、2020 年经营概况

2020 年，万向信托股份公司（以下简称公司）围绕战略转型，在经营决策、制度建设、金融科技支撑、全面风险管理等方面都取得了长足的进步，并在人民银行 2020 年金融机构综合评价中首度获评 A 级。截至 2020 年末，公司资产总额为 38.69 亿元，净资产为 31.13 亿元，全年实现营业收入 15.67 亿元，净利润为 6.57 亿元，资产状况良好，经营状况稳健。

（一）资产管理业务有保有压，净值类转型成效初步显现

2020 年，公司严格按照监管“三增三降”的要求，进一步压降主动融资类业务、通道业务规模，顺利完成“两压一降”指标。全年新增主动管理类资产规模 399.91 亿元，占比达 58.25%，主动管理水平进一步提升。

2020 年，公司净值类产品体系得到了较大的丰富，基本形成了公募 TOF（组合）、私募 TOF（组合）、短期理财三大类产品系列，存续净值类项目不断增加，募集能力显著提升，存续规模稳步增长。与此同时，公司推出大盈智评（周评）报告及大盈私募基金指数，以不断提升净值类产品的选择能力和市场研判能力。为建立长效机制，公司完善了证券运营部组织架构，逐步理顺和优化相关业务流程，为后续加快推进权益投资和标品业务打下基础。

（二）财富管理转型创新有成效

公司加强财富在业务转型中的引领，以业务转型升级为导向，多举措并行有效推动转型创新。通过调整财富考核绩效政策，设立战略指标；发布财富经理赋能方案，从产品、专业、科技及服务四个方面强化平台赋能作用；积极打造学习型团队，推出“资管云”平台学习、家族信托业务阶段性学习计划，开展多场创新类产品培训及考试；组织全体财富经理参加基金从业资格考试；加强转型创新业务激励，实施转型创新业务竞赛方案，加强业务培训及交流，邀请产品私募管理人、公司内部管理团队开展投资交流会等，让财富管理转型初见成效。

（三）坚守合规底线、健全风控管理机制

公司持续健全风险管理机制，完善业务管理要求，推进业务合规开展，不断夯实风险管理防控基石。

2020 年，公司根据市场变化及监管最新政策及时调整风控要点，对风险准入指引进行动态更新，有效运用风险预警、压力测试等各种工具，做好风险审查工作。公司注重风控管理以查促改，以改促变，及时把握风险全貌。全年积极开展多项业务专项排查工作，不断完善细化风险管理基础工作。

促进公司战略转型，加强各类信托产品创新。在积极开展存量业务结构调整的同时，公司加强创新业务研究和政策支持，除按季更新业务指引外，制定并发布《房地产股权信托基本原则（试行》等创新业务的制度及细则；研究设计了低风险组合产品，丰富净值类信托产品线；制定了《家族信托股权投资业务指引》和家族信托投资策略报告。

（四）做好文化建设及员工培训

公司积极落实行业文化建设及清廉金融文化建设要求，传承万向核心价值观，倡导“立身诚信，立业为公”让员工意识形态与公司发展战略相辅相成。

公司加强员工行为管理，制定《员工行为管理办法（试行）》，修订《员工行为守则》，发布《员工违规兼职案例和行为要求》，完善员工行为管理及日常行为排查机制，开展员工行为管理专项评估，增强全员合规意识。公司还加强合规风险教育，全年组织了两次全员信托业务合规及资格考试，安排各类内训和外训，加强员工对业务知识和合规管理的掌握和理解。

（五）持续推进品牌形象建设

公司注重品牌建设，将做好客户服务、提升客户体验为财富发展要点。2020 年，公司相继举办 3 场“西溪财富论坛 高管云直播”活动、12 场多地区巡回的“大盈投资策略报告会”系列对客活动、年终私董会暨董事长晚宴活动、2 场大型财富沙龙活动；开展晒年味、女神节、母亲节、“六一”亲子等线上活动，取得了较好的客户反响和品牌效应，成功打造公司财富品牌。

2020 年，公司品牌知名度和美誉度持续提升。公司获评《中国银行保险报》“2020 年度社会责任优秀传播案例”；“千岛湖水基金项目”被中国公益慈善项目大赛组委评选为“2020 中国公益慈善项目大赛”银奖；“湖畔魔豆慈善信托”分别被《上海证券报》《证券时报》评为“2020 年度优秀慈善信托计划产品奖”及“‘诚信托’最佳慈善信托产品奖”。

二、创新业务案例

（一）主动应对环境变化，积极转型发展

2020 年，公司积极转型发展证券投资类信托，推出全国首只“机器人”投顾公募基金组合信托计划，充分发挥股债混合大类资产配置、组合产品风险分散及智能机器人板块优选算法的优势，达到分散风险、获得平滑稳健收益的目的；发布大盈 TOF 指数，用于跟踪公司发行的证券投资类产品业绩表现。

（二）积极探索服务信托发展

2020 年，公司慈善信托累计资助次数为 1 237 次，累计资助规模为 7 742.61 万元，备案规模为96 837.13万元，备案规模居行业首位。受托数量共计 54 单，其中规模全国 TOP10 项目 3 单。公司推出的湖畔魔豆慈善信托、水源地保护项目和千岛湖水基金多次荣膺各类奖项。

2020 年，家族信托累计新增 17 单、存续 36 单，累计存续规模为 10.22 亿元。公司成功落地全国首单复合型监护支援信托，迈出了我国“信托 + 监护 + 遗嘱”融合创新的重要一步。公司已初步形成“颐养计划”养老金服务信托方案，与福寿园、中国清明网合作生前契约服务信托及“50 启”幸福生活信托计划均在稳步推进之中。

（三）科技金融领域业务创新

公司持续提升自主研发能力，为业务发展提供支撑。2020 年，实现在线设立资产配置的“超级账户”、统一业务合同、简化线上操作，实现客户一站式资产配置需求；优化完善系统功能，支持日日盈、周周盈、大盈智能组合投资等 TOF 类新业务开展，支持公司业务战略转型。

提高自动化水平，提升中台运营能力。公司完善资金交收系统与投资管理系统，实现电子交易指令、批量划款、自动勾兑、电子回单下载、跨基金公司快速转换等功能，提高项目运作效率；完成大盈对公 APP、新版大盈展业 APP、家族信托 APP 模块、智能远程双录、电子签约、积分商城等功能开发，强化移动端运营；完成项目管理平台期间管理、信保基金收付管理、业务部门绩效考核等模块开发；重构房地产项目监测底层数据库结构，提高项目管理效率。

三、社会责任履行情况

（一）齐心协力助抗疫

助力抗“疫”，共克时艰。面对突如其来的新冠肺炎疫情，公司积极响应中国信托业协会倡议，出资50万元，连同员工爱心捐款，共计60万元，参与设立“中国信托业抗击新型肺炎慈善信托”，助力一线疫情防控工作。

（二）加强金融服务实体经济力度

公司以回归信托本源为导向，不断优化资金投向结构，在经济社会发展的重点领域和薄弱环节合理分配金融资源，助力实体经济。截至2020年末，公司投向民营经济的固有业务余额为24.34亿元；投向民营经济的信托业务余额为795.60亿元，占比达81.49%，为推动实体经济提质增效。2020年，公司被浙江省人民政府办公厅评为“2019年度金融机构支持浙江经济社会发展三等奖”。

（三）大力发展服务信托、促进社会和谐

公司加强慈善信托领域的研究合作，与中国慈善联合会共同建立慈善信托研究基地，对慈善信托热点问题和重点政策开展研究，作为主笔撰写《2020年度中国慈善信托发展报告》。

开展绿色金融，探索可持续发展之路。善水基金信托持续通过环境友好型种植、经营及自然教育活动，改善水源地生态环境，倡导科学的环保理念，促进当地农户增收，支持乡村振兴发展。

（四）消费者权益保护教育工作有成效

公司始终将消费者权益保护教育服务作为长效工作机制，履行好“卖者尽职”义务。2020年，公司进一步强化消费者权益保护专项制度体系建设、细化各项消费者权益保护工作要求，将消费者权益保护工作要求纳入公司下个三年战略规划；修订消费者权益保护相关制度10个。积极开展金融知识宣传与教育工作，充分发挥新媒体作用，线上累计发布金融知识宣教文章28篇、消保微视频21个，线下开展33场主题宣教活动，覆盖普通市民、学生群体、工厂工人等人群；组织全员消费者权益保护专项考试等，将消费者权益保护工作贯穿于战略规划、机制建设、执行实施等方面。

（五）保障员工权益

公司全面维护职工权益，建立健全具有竞争力、市场化的薪酬体系，完善科学的绩效考核机制，为员工提供良好的职业发展通道。公司关心员工成长，组织开展各类培训，继续实施“青年英才计划”推动公司各项经营的人才培养。鼓励员工结合自身工作需要进行进修，提升员工职业能力和综合素质。同时，公司不断完善内部沟通机制，给予每一位员工关怀和信任，与员工平等对话，为员工创造良好的工作环境。

四、2021 年发展规划

2021 年，公司将以“信托即责任”为理念，以“受益人利益最大化”为宗旨，成为中国最受信任的财富管理机构。

公司主要经营指标达到行业前位水平，成长为中国优秀信托公司。

公司加强党的领导和党的建设，把党的领导融入公司治理各环节，推进党建与公司治理有机融合。

公司秉承万向“讲真话、干实事”的企业精神，贯彻落实“守正、忠实、专业”的信托业文化建设要求，建立风清气正的企业文化，围绕“守正创新、特色优先、服务至上、人才为本”的十六字方针，将文化建设与发展战略、经营管理、品牌塑造相结合。

公司将巩固财富在业务转型中的引领作用，构建客户分群及产品分层体系，发挥金融科技能力，提升客户服务水准。

公司优化业务结构，建设投资能力，加强金融机构间合作。压缩通道业务，探索服务信托；发展慈善信托，成为国内领先的慈善信托机构。

公司将建立健全新形势下的风险防控措施，通过量化管理提升风险控制能力。培养战略转型所需人才，建立与转型相适应的员工激励机制。

西部信托有限公司

一、2020 年经营概况

2020 年，西部信托有限公司（以下简称公司）积极顺应监管政策和大资管行业变化新趋势，继续秉承“稳健经营、持续发展”的经营理念，统筹推进新冠肺炎疫情防控和经营发展的各项决策部署，坚持稳中求进，积极在转型中追求价值，业务发展成效明显，经营管理工作实现阶段性突破。

（一）克艰奋进，公司经营保持总体平稳

2020 年 1 月至 12 月，共实现营业收入 10.03 亿元，完成年度目标的 124.24%；实现利润总额 5.69 亿元，完成年度目标的 127.95%；截至 2020 年 12 月 31 日，公司共管理信托项目 425 个，信托规模为 2 902.87 亿元。从以上数据来看，公司在经济下行和持续压缩传统信托业务的严监管大背景下，通过提质增效实现了经营收入的稳定增长，2020 年公司还荣获了第十三届“诚信托—成长优势奖”。

（二）三年发展规划为公司长远发展确立新方向，“信息科技”与“创新研究”为业务转型提供新动能

为加快转型，公司在认真分析未来经济和监管环境变化趋势的基础上，一是出台了第二个三年发展规划，并于 2020 年 11 月完成了注册资本金增至 20 亿元的增资计划；二是全面启动公司信息系统升级改造工作；三是创新研究部自 5 月组建运营以来，为各类创新业务、行业专题研究、创新业务资格的申请，提供了必要的研发支持。

（三）多措并举，大力推进信托业务转型与重点创新业务的开展

公司不断充实创新型人才，革新组织架构，创新业务品种。一是在组建创新部的基础上，还在财富中心增设了家族信托办公室；二是紧盯关键转型业务，实施重点突破，先后落地成立了两只债券类集合产品和一单房地产股权项目，首单家族信托及专户理财业务的成立，极大地

丰富了客户资产的多样化配置和不同需求的满足。此外，公司在非标转标、私募债券投资及权益类 TOF 产品的开发方面，也做了有益的尝试。

（四）加快转型，不断提升固有业务投资效能和财富体系的运营质效

2020 年末，公司总资产为 68.14 亿元，净资产为 56.5 亿元。一是固有业务的开展始终坚持以确保自有资金的安全性和公司经营的流动性为第一要务，同时在协同信托主业发展的前提下，努力提升自身盈利能力。截至 2020 年末，固有业务共累计实现各项收入 1.98 亿元。二是财富管理中心紧跟业务发展及转型步伐，以"加快业务转型、提升发行能力、加强团队建设、提高运营效率、优化客户管理"为工作目标，推动各项工作高质量开展。全年通过直销共募集信托资金 118 亿元，其中销售符合监管导向的债券投资类产品为 6.31 亿元。

（五）强风控、促合规、重期间，持续提升公司全面风险与精细化管理能力

一是制定了《全面风险管理三年发展规划》，确立了"行稳致远、崇实创新、诚信专业"的风险管理理念；二是搭建了合规管理体系与框架，制定了合规管理办法，合规审核的质效、乱象整治、反洗钱与案件防控等能力均得到提升；三是修定《项目期间风险监控管理办法》，特别是新制定的《项目期间管理工作质量考评办法》，对进一步提高期间管理精细化工作效能和提升项目期间尽职管理工作质量发挥了积极作用。

二、创新业务案例

（一）西部信托·家族信托业务

2020 年 11 月，公司成立了首单家族信托——"西部信托·恒鑫系列 LWY703 号家族信托"。该项目委托人刘女士为公司财富直销客户，时年 37 岁、离异、父母健在、育有一女。该委托人是某企业主，曾病重（危）现已康复。设立家族信托的目的为将企业资产与其个人资产隔离；抚育未成年女儿、赡养老人；家族财富传承。交易结构为：刘女士将其持有公司的信托受益权委托公司设立"西部信托·恒鑫系列 LWY703 号家族信托"，指定公司对信托财产进行投资管理，投资标的为现金类产品、资管产品或标准化资产等。信托规模不低于 1 000 万元，无固定期限，封闭期为 2 年，如委托人在世，在封闭期内不进行财产分配。受益人为刘女士（委托人）、委托人之女与委托人之母，并设置初始监察人为委托人之母。信托期间受托人根据投资管理方案对信托财产进行投资管理，按照信托利益分配方案对信托利益进行分配。信托到期时，通过底层投资资产的变现实现现金回流，对受益人进行分配，实现信托退出。

该项目创新点：一是作为信托公司的本源业务，项目符合监管导向，且该项目为公司第一单家族信托业务，具有重要意义；二是家族信托具有较强的协同效应，可有效支持公司资产端创新业务的开展；三是本项目为后续公司积极开展家族信托等财富管理业务积累了经验。

（二）西部信托·主动管理组合债券投资信托业务

2020 年 5 月，公司成立了首单主动管理组合型债券投资信托业务——“西部信托·永宁 1 号债券投资集合资金信托计划”。本信托为标准化、短期限、投资类、固定收益类、自主管理类集合信托产品。底层资产为沪深交易所、银行间发行的标准化资产，全部投资债券等固定收益类资产，面向合格投资人重点发行期限为 90 天、120 天、150 天、180 天的信托单位。本信托主要投资公司存量城投或国企客户发行的债券，短债投资为主，控制信用风险；对投资组合、投资规模、投资比例、投资节奏、资产久期动态管理，联动公司财富，控制流动性风险。

该项目创新点：一是符合行业及公司转型方向。从“资管新规”等制度及监管导向来看，标品业务属于信托转型重点方向之一。本信托为公司组合债投资业务初次尝试，也是公司首单成立的短期限组合债产品。二是符合公司标品业务转型切入点。本信托从固定收益类资产做起，并聚焦地产债和城投债。依托非标业务经验，对两领域可进行有效的信用风险评判、控制。三是可与标准化业务联动。随着本信托规模逐渐增大，可与公司资产证券化等创新业务联动，更好地促进公司业务转型。

三、社会责任履行情况

（一）精准扶贫方面

2020 年，公司帮扶的杨武村虽已脱贫，但公司仍坚持人员不撤离、帮扶力度不削弱。一是积极推动产业发展，提升造血能力。公司帮助杨武村申请中央财政资金 50 万元、申请产业扶持资金 5 万元，为杨武村经济发展和贫困户收入增加提供动力，同时，积极联系苹果管理专家开展果园技术培训活动 2 场，参与培训人员 120 人次；公司出资 8 万余元，协助杨武村安装太阳能路灯，提升杨武村群众生活水平。二是开展消费扶贫，采购贫困地区农副产品 20 余万元、爱心超市捐款 1 万元。三是协助完成了杨武村传统村落国家级传统村落的申报工作。

（二）疫情防控方面

公司将新冠肺炎疫情防控工作纳入重要日程，作为国有控股金融企业，积极响应中国信托业协会倡议，向“中国信托业抗击新型肺炎慈善信托”项目捐赠 50 万元。全体员工累计捐款 4

万余元支持疫情防控工作，做到“两个维护”，以实际行动践行社会责任和使命。

（三）公益事业方面

长期以来，公司鼓励员工积极参与志愿服务，以此来提升员工的社会责任感。2020 年，公司先后开展了公益捐赠活动、“绽放战疫青春 坚定制度自信”等系列活动，以实际行动践行社会主义核心价值观，取得了良好的社会效果；组织了客户、员工参与的“劳动体验”“爱心体验”等扶贫活动，开展了“金融知识进万家、进农村、进校园”及“守住钱袋子 护好幸福家”系列活动，宣传金融知识、提高风险防范意识，确保金融安全。

四、2021 年发展规划

2021 年，公司将继续秉承“稳健经营和有质量发展”的经营理念，以“防风险、促转型、补短板、强管理”为工作总基调，依托已有的市场化改革机制为动力，加快推进公司业务转型与创新。

（一）结合自身的资源禀赋和外部市场变化，调结构稳增长，促进公司经营工作再上新台阶

公司依托市场化改革机制的动力，持续自我赋能于企业的发展和变革，一是强化风控和合规管理体系建设，确保存续信托项目的平稳运行；二是围绕“资管新规”等政策新要求，以公司三年发展规划为引领，以更加务实的工作作风，聚精会神做好转型；三是增强固有业务收益的稳定性和可持续性；四是持续关注并完善公司财富体系建设，逐步从目前单纯单一固收类产品的销售，向标准化产品及资产配置型产品销售的转变。

（二）以全面风险管理和精细化管理为抓手，有效提升公司整体发展质量

公司严控风险，把好传统融资类集合信托业务的准入关，同时紧密围绕公司业务转型，以风险防控为目标，对新的转型业务建立新的风险管控方式，持续提升公司的精细化程度；与此同时，继续加大信息科技方面的投入，加快补足信息科技短板，有效提升公司的业务创新能力与信息科技软实力。

（三）凝心聚力，提高协同效率，提升企业品牌影响力

为持续推动创新发展，增强内生动力，2021 年，公司一是进一步发挥绩效考核的指挥棒作用，同时优化人才结构，做好重点转型业务领军人物的引进工作；二是通过引进战略投资等持续增加注册资本；三是强化媒体、舆情及品牌管理，注重“君子文化”与信托文化建设的有机结合，树立具有“西部信托”自身特色的企业文化。

西藏信托有限公司

一、2020年经营概况

2020年，西藏信托有限公司（以下简称公司）积极谋求转型，继续深耕消费及零售、电讯、媒体及科技、集成电路和半导体、医药健康、教育、节能环保等领域，主动创新业务模式，采用投贷结合、股权投资、夹层融资等多种金融手段，提供适应市场新需求的金融产品和服务，有效搭建起资金市场和实体经济发展前沿的桥梁，支持战略性新兴产业及企业的发展。公司主动管理类信托规模为361.67亿元，占比为22.77%，较2019年末的16.04%提高了6.73个百分点，虽然主动管理类业务规模占比仍然偏低，但是公司主动管理类业务类型有所突破，业务结构有所优化。2020年实现营业收入8.25亿元，较上年增加0.29亿元，同比增长3.65%，再创历史新高。截至2020年末，公司资产总额达53.52亿元，净资产达49.56亿元。

（一）业务数据

截至2020年12月31日，公司存续信托项目总计429个，存续规模为1 443.37亿元。

从信托类型来看，单一信托有191个，受托资产规模为591.91亿元，占比为41.01%；财产权信托有82个，受托资产规模为478.40亿元，占比为33.14%；集合信托有156个，受托资产规模为373.067亿元，占比为25.85%。单一信托、财产权信托占比达74.15%。

（二）财务数据

截至2020年12月31日，公司总资产为53.52亿元，净资产为49.56亿元。全年实现营业收入8.25亿元，同比增加0.29亿元，涨幅为3.64%；税前利润为4.86亿元，同比减少0.69亿元，降幅为12.43%；税后净利润为4.28亿元，同比减少0.64亿元，降幅为13.01%；公司全年贡献税收3.36亿元，同比减少0.94亿元，降幅为21.86%（见表1）。

表 1　公司主要财务指标变化情况　　单位：亿元

项目	2020 年 12 月 31 日	2019 年 12 月 31 日	同比增幅（%）
总资产	53. 52	50. 13	6. 76
净资产	49. 56	46. 44	6. 72
营业收入	8. 25	7. 96	3. 64
税前利润	4. 86	5. 55	-12. 43
税后净利润	4. 28	4. 92	13. 01
全年税收	3. 36	4. 30	-21. 86

2020 年实现营业收入比上年同期增加 0. 29 亿元，主要由于本年二级市场总体行情较上年有所好转，公司累计实现的投资收益及金融资产公允价值变动带来的收益较上年同期增加 1. 46 亿元；利息净收入由于平均贷款余额的增加也同比增加 0. 15 亿元；但随着受托资产管理规模下降，信托业务收入同比下降约 0. 84 亿元；本年其他收益也较上年减少 0. 49 亿元，综合导致收入同比上升 3. 64%。营业支出较上年同期增加 0. 98 亿元，主要由于 2020 年公司基于审慎原则，对不良资产计提减值准备共计 1. 29 亿元，较上年增加 0. 99 亿元，上述原因综合导致税前利润同比减少 12. 43%，税后净利润同比减少 13. 01%。

二、创新业务案例

2020 年，为响应人民银行提出的“引导金融机构加大对实体经济特别是小微企业、民企支持力度”的号召，促进小微企业、民营企业在新冠肺炎疫情冲击下尽快恢复经营，助力业务发展，公司与广州信保数字科技有限公司合作，推出了针对中小企业的车险分期产品。其具体为：客户购买车险支付保费时，公司信托计划资金代为支付，然后分期偿还信托计划贷款。信托计划资金直接支付至保险公司。客户按期向公司偿还贷款及利息。该类产品的推出满足了中小企业运营的日常资金压力。

2020 年 12 月 20 日，公司设立“西藏信托—星源 25 号单一资金信托计划”，期限为“26 + 10”个月。截至 2020 年末，该项目共向 23 个小微企业发放 51 笔贷款，合计放款规模为 885. 91 万元。截至 2020 年末，该项目已累计向 56 个中小企业发放 240 笔贷款，合计放款规模 3 681. 99 万元。

三、社会责任履行情况

一是开展募捐活动。为抗击新冠肺炎疫情，2020 年 1 月，公司积极响应西藏自治区金融团工委的号召，助力“抗击疫情金融青年在行动”公益捐赠特别活动，开展公司员工捐赠活动，在不到一天的时间内，全体员工共筹得善款30 750元，为抗击疫情贡献力量。

二是捐赠抗疫资金。新冠肺炎疫情暴发后，中国信托业协会倡议发起设立“中国信托业抗击新型肺炎慈善信托”（以下简称专项慈善信托），公司在收到倡议后，第一时间征得了董事会同意，通过认购专项慈善信托的形式捐赠50万元，成为第二批加入专项慈善信托的信托公司。

三是助力脱贫扶贫。为帮助班戈县尼玛乡推动教育脱贫事业，切实减轻牧民小孩考上大学所带来的生活负担，公司对考上大学的部分贫困大学生捐赠联想电脑6台，共计24 900元。公司还助力“德吉康萨社区爱心帮扶专项基金”，帮助帮扶易地扶贫搬迁群众摆脱贫困、巩固脱贫、防止返贫，捐助经费12万元。

四、2021年发展规划

2021年是中国共产党建党100周年，是“十四五”的开局之年，也是西藏信托转型发展的关键一年，意义特殊，影响深远。公司将继续毫不动摇地以习近平新时代特色社会主义思想为指导，贯彻党的十九大和党的十九届二中、三中、四中、五中全会精神，深入落实西藏自治区财政厅、股东单位和监管机构的各项要求，统筹协调疫情防控和经营发展。2021年，公司发展的总体思路是“三稳、三抓、三强”，即稳业务、稳队伍、稳业绩，抓转型、抓规范、抓防控，强风控、强监督、强党建，全面开启公司高质量发展新征程。

（一）稳业务，持续发挥特色优势

在经济下行压力不断增大的背景下，叠加新冠肺炎疫情影响，持续发挥公司特色业务优势，确保公司主要业务稳定，公司主要做好以下三个方面工作。

一是推进小微普惠业务。为响应国家“普惠金融”的战略方针，落实党的十九大关于“深化金融体制改革，增强金融服务实体经济能力”的会议精神，公司坚持金融产品创新，把握“互联网+金融”机会，在消费金融领域积极开拓、不断深耕。

二是深挖投贷联动业务。创投债是国内领先的股权及债权相结合的创新投资方式，主要面向行业前景广阔、管理团队经验丰富、经营状况持续稳定的高成长企业提供贷款支持，并发掘潜在的股权升值机会。随着公司获得以固有资产从事股权投资业务资格，以及近年来的经验、客户的积累，2021年公司将在投贷联动业务方面继续发力，寻找优质投资标的。

三是探索股权投资业务。公司已与国际领先的华登基金、ICG基金等专业机构建立了合作关系，积累了较多的优质客户和丰富的业务经验。2021年，公司将对包括消费及零售、电讯、媒体及科技、集成电路和半导体、医疗健康、教育、环保行业进行持续关注，优选项目完成落地。

（二）稳队伍，持续优化组织架构

公司开展“定岗、定编、定员”工作，配合公司战略调整进一步优化公司组织架构及岗位人员匹配，打破业务部门壁垒，实现人力资源优化配置。搭建财富管理中心，下设私人财富部、机构资金部、营销支持部，增强资金募集能力，为公司加快业务转型铺平道路。全面上线人力资源管理信息系统，优化人力资源管理流程，提升工作效率，实现人力资源管理数字化。

（三）稳业绩，持续增强资本实力

公司坚持稳中有进总目标，力争在2020年业绩基础上实现小幅增长，持续扩大营业收入，降低资产减值损失，提高营业利润，推动公司净资产不断增加。同时，公司正调整注册资本增资方案，将适时召开股东会议进行审议，持续推动公司增资工作。此外，公司加快研究引进战略投资者，与金融、保险排名前十位、中央企业前20名有意愿持信托牌照的公司进行接触。通过引入战略投资者扩大公司资本持续补充能力，提高公司防范、化解风险的能力。

（四）抓转型，持续加快业务创新

信托公司转型是必然趋势，已成为行业及监管机构的共识。在当前经济环境、监管政策和公司通道类业务大幅缩减的背景下，加快公司业务创新转型迫在眉睫。公司将进一步提高投资研究能力，从宏观角度研究中国经济社会发展和制度变革的方向、中国经济结构调整和增长方式转变带来的投资机遇，并结合国家产业政策和区域发展政策等宏观政策，深入发掘具有良好发展前景的投资主题，为公司发展主动管理项目提供理论支撑。同时，依托自身禀赋和优势，积极探索业务领域，酝酿推进业务布局，持续深挖业务机会，在确保风险可控的前提下，持续加快业务创新转型。

（五）抓规范，持续落实监管政策

一是严格执行压降要求和规模管控。公司继续严格落实监管机构各项政策和要求，合理控制融资类业务、房地产业务和金融同业通道业务规模，积极推动业务转型，回归信托本源。

二是筛选优质房地产业务。公司积极响应国家宏观调控政策，总体限制对房地产项目的投入，在额度范围内进行房地产项目投融资。公司将房地产项目的重点落脚于国家政策支持的长租公寓、养老公寓、改善性住房等。同时为控制风险，将优先选择与公司长期合作的优质客户开展投融资业务，在坚持合规要求的前提下探索交易结构创新，在并购股权融资、商业地产、教育地产等方面进行探索和尝试。

三是创新服务实体经济。公司充分发挥信托灵活优势，结合各类民营企业、中小企业特点，通过提供投贷联动、股权投资、并购基金、定向增发等多种金融方案，解决民营企业、中小企业面临融资难、融资贵的问题。继续着力开展投贷联动、小额贷款业务，致力于服务实体经济，为实体经济发展添砖加瓦。

（六）抓防控，持续防范新冠肺炎疫情

鉴于国内新冠肺炎疫情呈现零星散发趋势，公司将持续做好疫情防控工作，密切关注疫情发展，适时调整防控手段，修订《公司关于“新型冠状病毒感染的肺炎”疫情应急防控工作预案》，将疫情防控常态化继续抓好抓牢，坚决保障员工健康安全和公司正常运转。

（七）强风控，持续完善风控体系

一是优化风险防控部门及职责安排。公司拟将风控合规部拆分为风险管理部、法律合规部，由风险管理部负责项目的事前、事中风险防控，对出现风险的项目由资产保全部进行专业化处理，从部门设置上提高对风险把控的关注度，推动存续风险项目的化解工作。

二是更新细化信托业务制度和流程。公司组织对信托业务制度和流程进行全面梳理，以风险防范为第一要求，针对各类业务最新特点，制定、更新或完善业务制度和操作流程。

三是以制度化、流程化完善风险管控机制。公司组织对信托业务管理流程管控制度进行更新，尽职调查要求更加扎实，贷后管理要求更加完善，力争实现全业务流程线上监控、线上审批、线上管理，做到信托业务的全流程管控。

（八）强监督，持续加强稽核审计

公司将增加内审专业人员，进一步扩充内审团队，在全年常规内部审计工作的基础上，根据监管要求开展专项内部审计工作，充分发挥内审作为第三道“防线”的作用，对公司各部门形成有效制约和监督。此外，启动内控建设咨询项目，确定内控短板及重点，强化内控体系不足之处，充分与各部门沟通，确保内控建设成果顺利落地。

（九）强党建，持续深化党建工作

公司党支部将坚持以习近平新时代中国特色社会主义思想为指导，深入学习贯彻党的十九大和十九届二中、三中、四中、五中全会精神，以及西藏自治区财政厅《党支部标准化建设实施方案》通知要求，推动党建工作理念创新、机制创新、手段创新，实现加强党的领导与完善公司治理有机统一。

一是抓学习，进一步用习近平新时代中国特色社会主义思想武装头脑；二是抓整改，将领导视察反馈问题整改作为加强党建的有利契机；三是抓活动，实现党建日常工作与企业文化建设有机结合；四是抓队伍，以组织建设和制度建设保证企业防风险、上台阶；五是抓作风，以纪律建设为国有企业健康发展保驾护航。

厦门国际信托有限公司

一、2020 年经营概况

厦门国际信托有限公司（以下简称公司）成立于1985年1月，2007年8月经原中国银行业监督管理委员会核准换发新的金融许可证。截至2020年末，公司注册资本为37.5亿元（其中外汇资本金1 500万美元），股东为厦门金圆金控股份有限公司（占股80%）、厦门建发集团有限公司（占股10%）和厦门港务控股集团有限公司（占股10%），三家股东均是国有全资企业。

（一）经营概述

截至2020年12月31日，公司净资产为55.09亿元，净资本为40.26亿元，固有总资产为76.14亿元，管理的信托总资产为2 210.77亿元，全年实现收入总额13.94亿元（其中，固有业务收入为5.37亿元、信托业务收入为8.57亿元），净利润为5.96亿元，上缴税收5.73亿元。

（二）公司使命

公司的使命是受人之托，忠人之事，服务实体，创造价值。

（三）发展愿景

公司的发展愿景是百年厦信、卓越受托。

（四）核心价值观

公司的核心价值观是担当、守正、创新。

（五）业务概况

公司立足厦门、深耕福建、融合两岸、布局全国，持续打造资产管理与投资银行、财富管理、服务信托三大业务体系的专业“护城河”，守正创新服务新发展格局，致力于成为国内一流的专业化信托机构。

在资产管理与投资银行业务方面，公司摒弃传统通道业务和信用风险承担融资类业务，依托对核心客户、核心区域、核心渠道的信用挖掘能力的历史积淀，运营产业金融和科技金融打造非标资产获取的新格局，积极构建服务型标品信托和自主管理型标品信托业务体系。

在财富管理业务方面，公司积极拓宽财富管理服务范围，完善产品销售和服务机制。公司围绕委托人财富服务和资产配置，打造财富管理独立业务形态，以家族信托为抓手发力高净值自然人客户财富管理，围绕保险机构、工商企业客户做专做强机构财富业务。同时，公司有序推动财富管理机构建设，强化本部客户、产品、配置能力枢纽，积极打造华北、华东、华南、西南四大特色财富管理中心。

在服务信托业务方面，公司积极探索支持政府机构治理能力现代化的标准化服务信托，打造公司特色服务信托品牌；同时致力于探索依托财产权信托受益权创设、流转和交易，大力推动创新企业间交叉授信、碳达峰与碳中和、金融机构非标资产流转等服务信托新业态财产权信托业务的开展。

在固有业务方面，公司不断推动新设金融牌照工作，做好战略管控型金融子公司的管理，切实发挥构筑主营信托业务护城河的协同效应。同时，积极培育公司全资产类别配置能力和专业投资顾问甄选能力，支持公司业务转型。

二、创新业务案例

得益于早动员、早谋划、抓过程、抓攻坚，公司在多个细分市场创造了多项全国首单的创新业务。

（一）服务信托

一是技改基金服务信托。公司配合厦门市政府机构，通过服务信托改财政拨款为贷款或股权投资，实现财政资金对社会资金的大杠杆比例撬动，支持厦门市制造业企业进行技术改造和增资扩产，引导金融机构信贷资金向具有产业升级能力的重点工业企业精准投放，创造性解决企业融资难、融资贵的难题。

二是文旅消费服务信托。公司首创以服务信托模式，管理运作厦门市文旅专项补贴资金，支持受新冠肺炎疫情影响的文旅产业复工复产，对在具有影响力的互联网平台销售的旅游、餐饮、交通等产品提供补贴资金，充分激发市场消费潜力。同时依托整合的交易数据，帮助文旅企业获得金融信贷服务。

（二）城市更新基金

公司创新运用投资银行业务工具，助力厦门市最大规模的城市更新基金项目成功落地。通过引入域外资金，为厦门市城市更新改造和跨越式发展开拓重要的中长低成本资金渠道。

三、社会责任履行情况

公司主动融入区域经济发展，大力支持厦门基础设施建设、重点工程建设，运用信托服务帮助实体经济“造血”；紧跟厦门市委、市政府和监管部门的要求，帮助地方财政资金、机构资金、个人家庭资金更顺畅、更高效地流向实体经济领域；专注主业回归本源，通过创新服务展示信托制度的优势；不断提升受托能力，以专业化、个性化的服务，赢得委托人的信任和尊重；深入践行科技金融与产业金融双轮驱动战略，运用大数据和云计算等技术优化审批风控、风险预警等方面的能力，不断迭代风控能力，始终保持对“受托责任”的敬畏之心。

（一）积极抗疫

新冠肺炎疫情发生伊始，公司迅速响应，首批捐赠 50 万元参与“中国信托业抗击新型肺炎慈善信托”，并向厦门一中“薪火相传，爱心接力”慈善团队捐赠 31 021 元，定向捐助湖北省黄冈市中心医院等机构。

（二）助力疫后经济复苏

公司在厦门市工业和信息化局、厦门市财政局、厦门银保监局的指导下，落地国内首笔技改基金服务信托，首期规模为 30 亿元，企业融资成本低至每年 3%，最长期限为 5 年，有效支持企业技术改造和增资扩产。

公司在厦门市政府、厦门银保监局、厦门市金融监管局的指导下，发起设立“春暖花开·康来厦门”文旅消费服务信托，并与知名旅游平台“飞猪”“口碑”签署合作服务协议。项目首期规模为3 500万元，全部用于对厦门市文旅企业的精准补贴，帮助厦门文旅产业打造新的增长点。

公司发起设立展鸿基金第 56 期，资金通过“厦门信托—守护厦门—战疫兴鹭单一资金信托”，用于厦门市国有企业防疫物资采购。

公司与京东合作的疫情防控 ABN——“北京京东世纪贸易有限公司 2020 年度第一期京东白条资产支持票据信托”成功发行，部分募集资金专项用于抗击疫情。

（三）提升受托能力 维护客户权益

面对新冠肺炎疫情，公司持续加快金融科技发展步伐，形成了针对小微企业主的贷款全流程服务、支付服务、电子合同、通知服务、安全服务等综合性服务体系。新冠肺炎疫情期间公司所有日常业务事项和非业务事项均实现线上远程办公，保障客户资金顺利交付。

公司通过官网、官方微信、财富 APP，借助地方官方媒体，加强投资者教育，普及信托知识，帮助投资者和社会公众树立“投资有风险”“高收益高风险”的投资理念，为打破刚性兑付奠定基础。

（四）慈善信托发挥公益力量

公司设立了“厦门信托—小蜗牛爱心托付慈善信托”，通过培训、讲座、帮扶等方式为身心障碍者家庭提供帮助，推动社会协助与监护服务体系的建立和完善，使“预则立”观念深入身心障碍者家庭，形成以家庭监护为主，社会协助与监护为辅、政府监护最终兜底的协助与监护网络，使身心障碍者家庭都能“老有所养，弱有所扶，幼有所托”。

（五）大力推进信托文化建设

公司制定了《厦门国际信托信托文化建设五年规划》，积极推动信托文化建设的重心向普通员工下沉，督促全体员工学习《信托知识百问百答》手册并举行测试，促使信托文化入心入脑。

公司制定了《基础岗位员工流动管理办法》，并组织了两场岗位资格考试，使基础员工向业务前台流动机制得到了完善，鼓励符合条件的基础岗位员工向更适合的业务岗位流动。

公司通过家访活动，关怀在职员工 8 小时以外的生活情况，向员工及家属积极宣传信托文化，扩大信托文化的影响力。

四、2021 年发展规划

2021 年，公司将进一步支持国家发展战略，主动融入以经济国内循环为主、国内国际双循环的新发展格局。公司坚持回归信托本源，强力服务实体经济，把握国家治理体系和治理能力现代化中蕴含的历史机遇，切实参与到新旧动能转换、供给侧结构性改革等国家大政方针中，深刻理解并大力弘扬信托文化，按照打造百年厦门信托和成为受尊敬的卓越受托人的愿景，结合“我与卓越厦信”OKR 体系的导入，在公司上下达成转型发展的广泛共识，推动五大转型：一是从传统的渠道驱动型业务向核心客户、核心区域、核心渠道自主开发业务转型；二是从传统的非标债权资产创设者向全资产类别（尤其是标品资产）投资者和配置者转型；三是从传统的全资金信托业务公司向资金信托与服务信托并重的公司转型；四是从传统的“销售型＋综合拓展型”财富管理向“配置型＋综合拓展型”财富管理转型；五是在控股股东金圆集团整体金控板块中的作用从传统的独立展业节点向全国展业中枢节点转型。

一是严格执行监管要求，周密部署。公司逐层压实压降责任，坚决完成压降任务，辩证看待压降带来的内外部机会，以此为契机实现公司整体业务结构优化，做实、做深、做透核心资源。

二是明晰信托业务方向与固有业务任务。公司继续实践科技金融与产业金融双轮驱动战略，构建非标资产获取、资产证券化与组合投资、销售与财富管理三大业务循环，围绕厦门新一轮跨越式发展及两岸融合发展的战略机遇期，在服务信托方面做到切实落地。固有资金将为公司转型创新业务提供阶段性资产配置，支撑标品信托业务的快速增长，并实现固有与信托业务在该方面的协同效应，为公司可持续发展打下坚实的基础。

三是加强全面风险管理。在全流程内控管理体系搭建已取得阶段性成果的基础上，公司进一步加强风险管理，建立有效把控业务转型期风险的业务决策体系，建立风险管理经理负责制的风控合规体系，管控再融资风险，做好内控核心工具的标准化工作。

四是加快推进各项配套体系建设。在巩固2020年薪酬改革和业绩归因体系建设成果的基础上，公司进一步推进组织架构调整，优化绩效管理体制，并通过健全和完善金融科技体系、运营管理体系和财务管理体系，为公司业务的转型发展提供有力支撑。

雪松国际信托股份有限公司

一、2020 年经营概况

雪松国际信托股份有限公司（以下简称公司）原名中江国际信托股份有限公司，2009 年 3 月重新换牌登记，2019 年 6 月更名为雪松国际信托股份有限公司。截至 2020 年末，公司注册资本为 30.05 亿元，现有股东 10 家，其中前三大股东为雪松控股集团有限公司、江西省金融控股集团有限公司和江西省江信国际大厦有限公司，分别持股 21.43 亿股，占比为 71.3005%；持股 6.24 亿股，占比为 20.7559%；持股 1.59 亿股，占比为 5.2951%。公司从业人员 1 075 人，除设有前台部门 18 个信托业务部门和财富管理中心外，还设有中台部门 4 个，后台部门 8 个。

截至 2020 年 12 月末，公司管理的信托项目共计 247 个，实收信托余额 802.03 亿元。其中，主动管理类信托项目有 183 个，实收信托余额为 394.54 亿元；事务管理类信托项目有 64 个，实收信托余额为 407.49 亿元。

公司经营业务稳步发展，风险化解成效显著，监管指标全面完成；同时进一步凝聚了共识，进一步完善了各项内部治理，使得公司在面临突如其来的新冠肺炎疫情及动荡的外部经济环境中，在坚持党的领导方向、坚持监管指引方向、坚持雪松特色方向中砥砺前行。

（一）业务经营情况

一是新增业务稳步发展。2020 年公司新成立信托项目 73 个，总规模为 351.3 亿元，新成立信托项目中资金投向为基础产业为 57.7 亿元、证券市场为 46.11 亿元、金融机构为 42.79 亿元、工商企业为 170.44 亿元、房地产为 34.26 亿元。

二是监管目标全面完成。2020 年公司实现主动管理融资类业务资产余额压降目标达成率 100.04%；金融同业通道业务规模目标达成率为 101.37%；房地产信托业务余额无新增。

（二）风险处置情况

公司按照“信心不移、目标不变、力度不减、方式灵活”的处置原则，形成了“统筹资源、全面推进、分类施策、精准作为”的工作思路；将原资产保全升级为特殊资产经营管理中心，并下设“借新还旧”、AMC、现场催收和“以物抵债”四个专项风险处置小组，通过驻点清收、司法保全、法律诉讼、资产处置等多措并举处置化解风险项目。公司加大了风险项目处置力度，投入大量人力、物力处置和化解项目风险，迅速扭转了此前负面舆情不断、投资者聚众维权事件频发、公司声誉严重受损的不利局面。一是强力推进风险排查及处置工作。公司重新划分风险项目类别，针对各个风险项目研究具体处置方案，实行“一案一策”，分组分工、责任到人，并派专人坐地催收。二是通过诉讼等手段追索信托计划原债务人、变现担保物权、向资产管理公司转让债权等多种方式有序化解项目风险。三是强化投资者安抚工作。公司对风险项目每两周披露一次处置进度，加强与投资者的沟通；2020 年 6 月启用新的 400 客服热线，配置专业客服人员，7×24 小时全天候服务。

在监管部门的指导下，公司努力化解公司存量风险项目。截至 2020 年 12 月末，12 个主动管理类风险项目已全部化解，收回本金 146 799 万元，35 个项目部分化解，收回本金 147 727 万元；有 11 个事务管理类风险项目已全部化解，规模为 222 200 万元；为 2400 多名投资者挽回损失。

（三）内部治理情况

公司充实了领导核心，重新修订了公司章程，明确了“三会一层”的决策权责，强化了公司股权管理要求，并将党的领导与公司治理相结合写入公司章程；选聘了新的董事及监事。董事会起草制定了公司三年战略规划，有序推进增资扩股工作；设立了六个专业委员会，选聘专业委员会委员，制定专业委员会工作细则，并召开 3 次专业委员会会议；董事会承担风险处置主体责任，多次召开会议对风险处置、股权管理、重大关联交易、高级管理人员任免等重大事项进行决策。

公司监事会制定了监事会工作规划，并实施监督职能。对董事、高级管理人员履职情况开展评价；组织审计监察部开展公司内部控制评价工作；督促公司内控体系的建立和完善，推动公司依法合规经营。

公司吸取过往历史风险项目的教训，建立与转型发展相适应的内部控制体系。在机制建设方面，更新业务决策制度，由业务决策委员会审查表决项目，战略性把关业务方向；修正完善了一系列制度流程，坚持防控优先的前瞻策略，提高新业务准入门槛；优化法律风控中心，下设风险管理一部、二部、三部和法律合规部，修正完善了一系列制度流程，提高工作的实时性、专业性和针对性。公司推进信托文化落地生根，成立了信托文化建设专项领导小组，在业务管理中贯彻“受人之托，忠人之事”的原则。

公司构建了由董事会及其下设的审计与风险控制委员会、经营管理层下设的业务决策委员会、首席风险控制官、法律风控中心、审计监察部等部门组成的风险管理体系。董事会及其下设的审计与风险控制委员会是风险管理架构的最高决策机构，业务决策委员会对业务进行审议和决策，首席风控官负责公司经营、业务管理中的合规与风险管理事务，法律风控中心在首席风险控制官的领导下负责具体的风险管理专职事务。审计监察部负责业务审计和专题审计项目，负责制度监督、问责处罚和内控评估及纪委监察工作。

（四）业务转型情况

2020 年公司坚定按照监管要求，回归信托本源，大量压降事务管理类业务，大力推进开展主动管理型项目；按照监管要求压降融资类业务，充分发挥信托公司专业理财能力，推进一批股权投资、证券投资信托项目，优化了公司信托项目结构；成立标品专项工作小组，成立创新研究小组，积极拓展标品投资信托业务；大力布局财富管理中心，成立家族信托办公室，第一只“松茂 1 号”家族信托业务正式报备。

（五）党建工作情况

2020 年公司将党的建设与民营企业管理有机结合。公司将党委隶属关系迁转至集团公司党委，组织学习党的十九届四中全会精神，进一步强化思想武装；加强民营企业党组织建设，重组优化了党支部和流动党员，与街道各级党组织积极开展党建共推、组织共建和活动共办，进一步增强组织凝聚力。

二、社会责任履行情况

（一）守法合规稳健发展

2020 年，公司始终沿着合法合规道路，沿着坚持党的领导方向，沿着坚持监管指引方向稳健发展。2020 年，公司在进一步完善公司治理的基础上，开展了一系列常规和专项的合规风险排除，包括但不限于开展非法集资风险专项排查，杜绝非法集资案件风险；开展涉嫌涉黑涉恶线索或案件全面摸排核查，防范涉黑涉恶案件风险；开展江西银行保险业涉非涉稳风险专项排查工作，维护金融稳定；开展非法野生动物贸易风险排查，防范非法野生动物贸易风险；开展“非法金融放贷专项整治建立健全长效机制行动”，防范操作风险和案件风险；开展关于 2020 年银行业保险业市场乱象整治“回头看”自查工作，促进公司合规展业；开展反洗钱和反恐怖融资内部检查，防范洗钱案件风险；开展消费者权益保护工作内部检查，防范侵害投资者权益的案件风险等。

在金融消费者权益保护方面，公司组织开展“3·15”消费者权益保护教育宣传周活动，提升消费者风险防范意识，线上发布各类宣教资讯的点击量累计达2 029人次，充分向消费者展示了金融合规、案例警示、反洗钱知识、金融消费者权益保护等多个内容，进一步提升消费者风险意识。公司开展了消费者权益保护工作突发事件应急演练活动，对消费者金融信息保护突发事件情景模拟处置应对，提高突发事件应急处置能力。在全公司组织开展消费者权益保护工作内部检查，检查的内容包括但不限于产品的信息披露和服务提供情况，以及消费者个人金融信息保护情况等。

（二）积极支持实体经济

2020年，公司始终坚持回归信托本源的基本定位，积极履行金融机构的社会责任，特别是在“资管新规”的正确引导下，优化资源配置，从而服务实体经济，推动经济高质量发展已经成为完善资管市场成熟发展的行业共识。公司充分利用自身优势，回归本源，助力实体经济发展。

（三）积极助力脱贫攻坚

慈善信托是助力脱贫攻坚的新途径。在扶贫工作中，公司充分利用慈善信托灵活的制度优势，创新项目模式，提升扶贫工作成效。2020年1月，在南方周末公益研究中心的组织协调下，公司携手中国社会福利基金会南方周末公益基金、雪松公益基金会、姚基金，共同发起“紫金县紫城镇升平小学操场修缮扩建公益项目”。该项目采用“慈善信托+专业解决方案”模式，由公司设立“大爱雪松1号慈善单一资金信托计划”，共同为升平小学建造了全新的球场，满足了师生教学运动需要，也解决了旧操场的安全隐患问题。

2020年新年伊始，新冠肺炎疫情牵动全国人民的心。2020年1月25日，大年初一，公司通过广州市慈善会向武汉市慈善总会捐赠1 000万元资金，并向武汉市红十字会捐赠医用物资，包括一次性医用外科口罩4万个、N95口罩5 000个、防护服200件，用于武汉市防控疫情。广州市慈善会表示，公司是首家向武汉市进行大额捐赠的信托业企业。同时，公司党委也向全公司党员发出倡议，号召广大党员发挥先锋模范作用，积极参与党员募捐活动，以实际行动支援疫情防控工作。在不到半天的时间内，115名党员共捐款15 990.66元。

三、2021年发展规划

2021年是我国现代化建设进程中具有特殊重要性的一年，也是国家“十四五”规划开局之年，是党和国家两个一百年的历史交汇之年，公司总体工作要求是夯基础、提质效，调结构、促转型，兴文化、树品牌，明确战略愿景，树立核心理念，坚持“三个方向”，加强“五化建设”，着力推动公司转型发展再上新台阶。

公司战略愿景是致力于成为社会信赖、监管认可、同业尊重的最具价值创造力、最具持续成长性的卓越信托公司。

公司核心理念是为社会提供最优金融服务，为员工搭建最好发展平台，为股东创造最大综合价值。

公司将始终坚持党的领导方向，坚持监管指引方向，坚持雪松特色方向，在专业化、规范化、信息化、精细化、特色化方面加强建设，上下齐心、全面治理、持之以恒实现发展规划。

浙商金汇信托股份有限公司

一、2020 年经营概况

2020 年，浙商金汇信托股份有限公司（以下简称公司）在中国信托业协会、股东、监管机构的悉心指导和大力支持下，在全体员工的共同努力下，真抓实干，攻坚克难，狠抓重点，突破难点，在业务创新、财富管理、管理提升等各方面出实招、下功夫，取得了来之不易的良好工作成效。截至 2020 年末，公司资产总额为 26. 93 亿元。2020 年实现营业净收入 5. 10 亿元，实现利润总额 1. 43 亿元。截至 2020 年末，公司管理信托资产规模为 779. 60 亿元。

（一）战略规划锚定新方向

在对信托制度发展规律和逻辑、中国信托业发展特点和趋势、监管要求和导向、自身优势和劣势进行充分论证的基础上，公司提出战略转型方向是以客户为中心发展成为独具特色的财富管理旗舰机构。公司业务定位的核心要素为：一是立足客户需求，坚持创新发展。二是深耕浙江，面向全国。三是实施“服务 + 产品”双向路径驱动。一方面，以家族信托为核心，构建全流程、高效能、能提供客户完美体验的财富管理服务平台；另一方面，培育发展特殊资产投资信托、证券投资配置信托、私募股权投资信托等自身特色业务产品，不断提高为客户配置产品的能力。四是打响三大业务系列品牌，即“家业鼎丰”家族信托、“浙金财富”“汇”字头专业产品（汇鑫—特殊资产、汇裕—证券投资配置、汇锦—私募股权、汇城—基础产业、汇业—不动产金融等）。五是重构与业务运作相匹配的业务经营专业化、客户资源高端化、组织管理系统化的“三化一体、协同发展”的运营体系。六是通过财富管理服务提升和特色业务专业运作，引导、汇聚高净值客户的财富资金，有效配置到不良资产化解、资本市场发展、企业并购重组等重点领域，服务于实体经济和国家、地方重大战略。

（二）转型发展实现新突破

2020 年，公司明确“1 +5”重点创新信托业务，“1”是指家族信托；“5”是指特殊资产投资信托、证券投资配置类信托、私募股权投资信托、基础产业投资信托、房地产投资信托五条创新业务线。家族信托重点推进平台驱动的信托服务和配置驱动的理财服务，逐步推进综合驱动的家族服务；基础产业投资信托重点推进基础设施建设的标品投资、与中央企业等专业运营商合作的基础设施建设股权投资两类产品；房地产投资信托重点推进单一项目股权投资、投资基金、并购重组支持三类产品；特殊资产投资信托重点推进与社会投资人合作收购、单户金融不良资产收购、困境地产投资三类产品；证券投资配置类信托重点推进以证券投资为基础资产、各种策略及风险收益组合的TOF产品；私募股权投资信托重点探索“数字经济”“生命健康”相关方向的业务机会，逐步筛选并聚焦若干个细分行业和特定领域进行深耕细作。截至2020年末，“1+5”创新信托业务均取得良好突破。

公司持续推进财富管理升级，坚持以客户为中心，加大客户服务内容和方式方法创新，上线“浙金财富汇”APP（第一期），借助信息科技手段，采取远程“双录”、线上路演、微信公众号、各类线上客户活动等多种途径，不断提升服务效率和客户体验。公司持续做好包括合规销售、“双录”、反洗钱、消费者权益保护等相关工作。

（三）管理提升展新风貌

经过两年的管理提升活动，公司内部管理得到了较好提升。法人治理进一步完善，董事会、监事会作用发挥更加明显；人力资源管理更加科学，培训逐步体系化；信息技术水平进一步提升，支撑能力显著增强；审计监督更加有效，覆盖面广，整改效果明显；费用管控更加规范，节支增效成效良好；安全生产工作不断规范化、体系化，安全防护能力不断提升；公司乔迁新址，办公环境焕然一新，全体员工精神面貌显著提升。

二、创新业务案例

截至2020年末，“1+5”即家族信托与特殊资产投资信托、证券投资配置类信托、私募股权投资信托、基础产业投资信托、房地产投资信托等五条创新业务线均取得实质突破，公司业务转型的开局取得预期良好成效。其中，公司自2020年初开始尝试特殊资产投资信托业务，截至目前已落地浙金信托汇鑫1号、3号、5号特殊资产投资集合资金信托计划等信托项目，首单“汇鑫”系列信托产品完成清算，实现业务全周期流程运作。上述业务具体的业务模式包括不良债权联合收购、地产项目破产共益债投资等。现将“汇鑫1号特殊资产投资集合资金信托计划”案例介绍如下。

（一）交易结构

“汇鑫1号特殊资产投资集合信托计划”（以下简称信托计划）交易结构如图1所示。

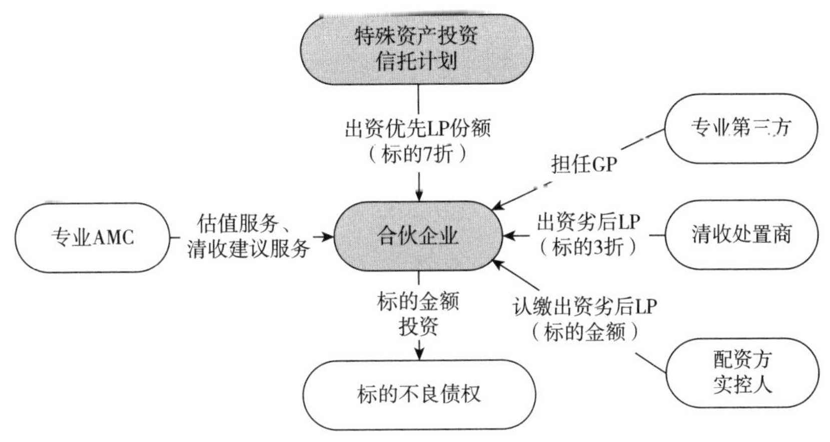

图1　信托计划交易结构

（二）信托计划概括

信托计划规模为5 000万元，期限为18个月。信托资金用于出资浙金信托指定方担任GP的合伙企业优先级LP份额，劣后方以1 700万元出资合伙企业劣后级LP份额，合伙企业以各方出资中6 600万元受让标的收益权方式以实现对标的不良债权的投资。

（三）投资标的

标的不良债权是根据法院民事调解书裁定、本金金额为6 710万元的不良债权。根据裁定文件，经计算截至2019年11月28日，标的不良债权本金余额为6 710万元，利息余额为4 113.18万元，合计本息余额为10 823.18万元。根据债权价值分析报告，标的不良债权抵押物土地市场价值为13 500万元，考虑变现折扣，抵押物可回收金额为8 640万元。

（四）核心风控措施

项目正常清收处置不如预期，公司有权将标的不良债权在公开市场挂牌出售，按照业内的经验，通常2~3周可成交。

三、社会责任履行情况

2020年，公司在支持绿色金融、节能减排、服务实体经济等方面积极履行社会责任。在日常经营过程中坚持低碳运营，提倡绿色环保。公司持续加强对消费者金融知识的普及和权益的保护工作，努力共创和谐金融环境。

（一）发展绿色金融，践行环保责任

2020 年，公司继续坚持推进绿色金融工作，在原有业务的基础上拓展新的绿色金融业务。截至 2020 年末，公司存续的绿色金融信托共 8 个，信托规模共计 16.252 亿元：其中，投向节能环保的项目 2 个，规模为 3.5 亿元；投向自然保护、生态修复及灾害防控的项目 3 个，规模为 7.45 亿元；投向绿色林业开发的项目 1 个，规模为 3 亿元；投向资源循环利用的项目 1 个，规模为 2.3 亿元；投向改善和保护生态环境的基金会的慈善信托项目 1 个，规模为 20 万元。公司通过绿色信贷金融产品的开发，积极引导社会资金投向符合产业政策和环保政策的项目，实现了较好的经济效益和社会效益。

（二）支持供给侧结构性改革

2020 年，公司支持科技企业发展的信托项目存续 1 个，信托规模为 0.25 亿元，是支持高新技术制造业企业；支持传统产业转型升级的信托项目共计 15 个，合计信托规模为 29.88 亿元，主要是支持浙江省及江苏省各种产业园区发展的项目，如湖州省际承接产业转移示范区浙北（安吉）物流园项目、核心驱动科技标准化厂房项目、现代化生物科技产业园区建设、创业孵化基地建设等项目，促进传统产业转型升级，带动园区经济发展；支持发展绿色信托项目共计 7 个，信托规模合计 16.25 亿元，主要涉及浙江、江苏及四川三省的水利基础设施和环境保护设施建设，以及节能环保相关的新能源行业。

（三）助力公益事业，积极传播正能量

2020 年，公司共发起公益捐款 57 万元，其中 50 万元参与发起设立“中国信托业抗击新型肺炎慈善信托”，投入对湖北新冠肺炎疫情防控的帮扶救助工作；5 万元支持公司发起成立“浙金・大爱无疆系列 1 号慈善信托”；向浙江省慈善联合总会捐款 2 万元，用于救助新冠肺炎疫情期间生活困难的群众。

2020 年，“六一”儿童节前夕，公司向“浙金・恒大教育助学慈善信托”儿童受益群体——山东省济南市历城区柳埠镇闫家小学的孩子们赠送了一批盒装精美画笔，给他们送去关爱和祝福。

2020 年，公司党委和工会还组织员工共捐款 18 万余元，其中 9 万余元用于支持疫情防控工作、慰问抗疫英雄何旭峰家属、救助疫情致困群体；近 9 万元用于发起成立公司慈善信托。2020 年 3 月初，因新冠肺炎疫情，杭州用血告急，公司工会协同组织杭州、北京两地 19 位员工无偿献血6 000多毫升，受到浙江省和北京市相关部门的高度赞扬。2020年7月，公司工会积极响应号召，向国贸集团帮扶对象——四川省仪陇县购买特色农产品近6万元，助力脱贫攻坚。

四、2021年发展规划

2021年，公司将继续坚持稳中求进，坚定守正创新，以战略规划为指引，以党的建设为统领，进一步加快实施增资扩股，进一步加紧处置存量风险，进一步加深全面风险管控，进一步加速推进业务转型，进一步加大管理提升力度，全力巩固来之不易的良好局面，全力推动更快更好的转型发展，坚决打赢公司“十四五”首年的转型发展攻坚战。

中国金谷国际信托有限责任公司

一、2020 年经营概况

2020 年新冠肺炎疫情全球蔓延，对国际国内经济带来较大冲击。面对复杂严峻的外部环境，中国金谷国际信托有限责任公司（以下简称公司）努力把握发展机遇，积极拓展业务发展空间，深耕特色化协同业务，深挖优质客户需求，多维度拓展资金渠道，维护投资者利益，以市场化改革为契机，全面推动各项工作发展。截至 2020 年末，公司受托资产规模为 1 430 亿元，营业收入为 4. 9 亿元（预算口径），实现净利润 1. 15 亿元。

（一）以加强党建为引领，全面推进公司市场化改革

公司以习近平新时代中国特色社会主义思想为指导，继续深入学习贯彻党的十九届四中、五中全会精神和中央经济工作会议精神，全面落实党建工作责任制，深入推进党风廉政建设，全面推进控股股东中国信达资产管理股份有限公司（以下简称中国信达）党委关于公司市场化改革的战略部署，以鼓励市场化和强化协同为战略方向，制定公司组织架构调整方案，打造信托业务市场化 MD 职级效能管理体系，改革薪酬与绩效考核体系。

（二）以深化协同为根本，实现规模收益双提升

2020 年公司将协同业务作为转型的重要抓手，新冠肺炎疫情期间，公司及时抓住大型企业集团危机救助、金融风险化解、上市公司纾困等领域的机会，主动与中国信达相关部门及各分子公司进行沟通，积极开展协同业务。2020 年，新增协同业务 29 笔，规模为 270 亿元，同比增长 46%，其中新增协同业务收入5 758万元，同比增长 89%。

（三）以提高主动管理能力为目标，积极加快转型发展

公司持续强化优质客户战略，围绕优质客户深挖业务机会，全力推进项目落地。全年新增主动管理类信托收入 1. 03 亿元，同比增长 31%。新增客户质量持续优化，2A 级及以上客户占

比达91%，其中3A级客户占比达60%；区域策略紧密围绕国家政策导向，投向长江经济带、粤港澳大湾区、环渤海经济区的占比为65%，中西部省会城市占比为34%。

公司持续强化自身专业服务优势，深挖上下游业务机会，在资产证券化业务领域持续发力，积极合作头部银行、券商和大型企业客户，在CMBS、REITS领域实现了突破性进展；慈善信托业务方面传承与创新并举，持续服务社会民生。

（四）以强化财富管理建设为抓手，自主发行规模再创新高

在自主发行方面，应对新冠肺炎疫情影响，公司及时推出了网上信托签约，确保了产品发行及服务不间断；金谷财富网站正式上线，进一步拓展了公司获客渠道；线下销售网络新筹建了杭州、广州、郑州等地区的区域财富中心。全年自主发行新增规模创三年新高；渠道资金方面完成年度计划的151%。

（五）以完善体制机制为保障，不断夯实运营管理基础

公司持续推进合规体系建设，扎实开展市场乱象整治“回头看”、房地产业务专项排查等工作；以年度监管意见整改、中国信达党委巡视意见整改为契机，以整改促提升，推动建立长效机制；全年新增、修订《数据治理规程》等46项管理制度，完善公司内控体系。公司持续加强全面风险管理体系建设，推行客户内部评级作为信用风险管理的重要补充手段；建立风险项目管理台账，持续跟踪化解进度，推进数字风控建设；定期开展压力测试，动态调整流动性风险管理策略，完善应急预案；组织开展风险排查，不断摸排存量项目风险状况；对负面舆情进行实时监控，切实做好声誉风险分析及处置。持续推进信息化建设，优化核心业务系统，完成盈丰全流程信托业务系统的开发、测试、部署等工作；推进监管数据标准化工作，通过核心业务系统升级解决数据源头录入和数据审核问题，提升监管数据录入统一性、标准化；升级CRM系统相关模块，实现了与财富网站、营销APP系统联动。

二、创新业务案例

2020年，公司持续培育以受托管理为特点的服务信托及体现社会责任的公益信托，加速资产证券化、慈善信托等本源业务发展动能。

资产证券化业务，继续强化自身专业服务优势，抓住经济下行期企业和金融机构盘活资产、化解风险的需要，深挖上下游业务机会，全力扩大市场份额，全年新增规模439亿元，同比增长74%，占全部新增规模的47%。年内成功设立“疫情防控专项仓储物流资产支持专项计划”、市场首单且为唯一一单用于武汉本地疫情防控的商业房地产抵押贷款支持证券项目，实现了REITs

产品作为投资工具而非原始权益人融资工具的价值。公司以标的物业经营收入作为基础资产的两单 CMBS 项目双双荣获了 2020 中国不动产证券化“年度杰出 CMBS/CMBN 前沿奖”。

公司的慈善信托业务，2020 年新增设立 3 单，规模为 1 458 万元。一方面，延续“信达大爱”系列慈善信托品牌，以产业扶贫方式为全面脱贫注入源头活水，扩大帮扶地区至 17 个省、自治区、直辖市，累计惠及群众超万人；另一方面，开创性设立全国首单群众性互助慈善信托，利用群众性互济互助，实现为不特定人群提供医疗保障，利用信托制度、金融工具造福社会和人群，在“大慈善”领域进行了有益的探索和实践。

三、社会责任履行情况

2020 年，面对新冠肺炎疫情冲击，公司切实提高政治站位，主动调整业务策略，携手中国信达相关单位先后对钢铁、建筑、商贸、煤炭、物流、文旅、航空等受疫情影响严重行业的困难企业提供危机救助及债务风险化解，以实际行动助力“六稳”“六保”。同时，公司积极响应号召，向湖北省慈善总会捐款 30 万元，用于湖北省新冠肺炎疫情防控工作；全体党员自愿捐款 16 600 元，用于慰问战斗在疫情防控斗争一线的医务人员、基层干部群众等。

公司坚决贯彻党中央、国务院关于打赢脱贫攻坚战的决策部署，积极履行国有金融企业的使命担当，创设“信达大爱”慈善信托品牌，将扶贫责任与信托功能有机结合，践行国家精准扶贫方针，以产业扶贫方式为全面脱贫注入源头活水。2020 年，新增慈善信托 3 单，规模为 1 458万元；截至 2020 年末，公司共设立慈善信托 9 单，合计规模超 3 300 万元。

公司不断完善员工关爱体系，推动员工与企业共同成长。通过不断完善培训体系、保障员工职业健康、开展员工文体活动及员工帮扶等，切实增强员工福利，保障员工权益。

公司积极践行低碳环保理念，设立绿色信托产品支持绿色产业发展；利用科技手段，完善信息系统建设，拓展线上金融服务，推广电视电话会议；倡导绿色办公，在办公场所设置回收废旧电池纸箱，在打印室、卫生间张贴标识，引导员工树立节能环保理念；积极开展环保公益活动，组织垃圾分类宣传活动，引导员工逐步养成垃圾分类意识，形成珍惜资源、节约能源的生活习惯。

四、2021 年发展规划

2021 年是“十四五”开局之年，也是公司市场化改革关键之年。公司将持续加强党建经营深度融合，坚持全面实施市场化改革工作总基调，以“弘扬信托文化，强化合规建设”为主线，进一步深化战略协同业务，强化财富管理建设，提升运营管理效率，健全风险管理体系，推动公司高质量发展。

（一）坚持党建经营深度融合，全面落实市场化改革举措

公司以习近平新时代中国特色社会主义思想为指导，学习贯彻党中央重大决策部署，强化责任担当，促进工作落实，将中国信达党委及公司党委的重大决策部署落实到经营管理工作中，推动党建经营深度融合。进一步推动公司决策机制、用人机制、经营理念、企业文化等全方位市场化，全面实施市场化 MD 职级效能管理体系，全面提升公司发展动力。

（二）全面深化战略协同，持续推动业务转型

公司进一步创新产品模式，推动信托业务和中国信达主业深度融合；打造具有鲜明特色的标品类产品，在做大规模的基础上逐步提升经营效益；积极开展服务信托，强化在资产证券化领域的优势，拓展家族信托、慈善信托。

（三）全面推动财富团队建设，持续提升财富管理水平

公司将全面加强高净值客户营销，注重中国信达集团内部交叉销售，维护并拓展代销银行合作；加快重点城市与核心区域财富管理中心建设，市场化招聘专业销售人才，提升公司自主营销水平；持续拓展银行代销渠道，推动业务规模放量增长。

（四）丰富风险管理手段，完善全面风险管理体系

公司加强流动性管理；打造专业化、差异化评审，有效平衡发展速度与质量；强化投后管理；加强合规建设，全面落实各项监管要求；切实发挥审计监督职能，提升内部审计监督效能。

（五）全面打造市场化人才队伍，提升信息化管理水平

公司将健全人才选聘和晋升机制，形成结构合理、素质优良的专业化人才队伍；推进投行化岗位效能体系建设，动态管理、能上能下、能进能出。公司将加大科技投入，促进信息系统与业务发展相适应，实现以科技促业务、以科技控风险、以科技强管理。

中国民生信托有限公司

一、2020 年经营概况

截至 2020 年末，中国民生信托有限公司（以下简称公司）全年实现营业收入 198 097 万元，全年实现净利润 −38 923 万元。公司资产总计 1 332 487 万元，所有者权益总计 994 075 万元。公司净资本为 63. 72 亿元，净资本与风险资本比值为 140. 97%。

公司管理资产规模为 2 133 亿元，主动管理类资产规模为 2 013 亿元，占总规模的 94%。

2020 年，公司全年工作中表现突出的亮点主要集中在落实股权管理监管要求、完善项目评审工作、探索业务发展新思路、全面开展风险排查、优化组织架构、推进信托文化建设和公司品牌建设六个方面。

（一）落实股权管理监管要求，公司治理进一步提升

2020 年，公司根据《中国银保监会信托部关于做好〈信托公司股权管理暂行办法〉实施相关工作的通知》，从完善公司治理制度建设、董事会专门委员会设置整改、外部监事选聘等多个方面，逐项开展《信托公司股权管理暂行办法》的整改落实工作。公司对公司章程进行了修订，董事会专门委员会新增关联交易控制委员会，信托委员会调整为消费者权益保护及信托委员会，并对相应委员会的职能进行了修订。通过对《信托公司股权管理暂行办法》的落实，实现了公司章程与监管制度的同步，强化了公司治理机制建设。

公司根据《中国银保监会办公厅关于持续做好银行保险机构股权和关联交易专项整治扎实开展“回头看”工作的通知》（银保监便函〔2020〕852 号）要求，公司对照“回头看”要点开展全面深入的即查即纠、立查立改工作。按照“资本不实、股东不实”排查要点内容，对虚假注资等六类违法违规情形进行了重点排查，圆满地完成了此次股权和关联交易专项整治“回头看”工作。

（二）完善项目评审工作，确保业务发展不受疫情影响

一是公司通过规范化远程尽调降低新冠肺炎疫情对公司业务发展的影响。2020 年，面对突

如其来的新冠肺炎疫情影响和极为复杂的经营环境，公司在秉持“内控优先、制度先行”的基础上，及时出台特殊时期远程尽调业务操作细则，保证了特殊时期新业务的正常开展，降低了疫情对公司业务的不利影响。

二是公司审查前置、稳字当先，上会审批效率保持较高水平。公司前置风险合规审查，坚持“稳”字当先，杜绝项目带病上会，提高了过会项目质量。截至 2020 年 12 月 31 日，主动类上报项目共计 630 笔，总规模为 8 062.43 亿元。同期，公司召开项目评审管理委员会会议共计 88 次，上会审议项目总计 251 笔，总规模为 3 557.64 亿元，上会项目审批通过率为 84%，与上一年基本持平。

三是在风险可控的前提下，公司努力提升过会项目落地率。公司前台、中台、后台各部门通力协作，在风险可控的前提下，努力提升过会项目落地率。截至 2020 年末，公司累计新落地项目 280 个，新落地项目累计放款规模为 953.20 亿元，较 2019 年的放款规模增长 259.30 亿元，增幅为 37.37%。已审批通过项目落地率首次超过 40%。

（三）探索业务发展新思路，转型工作取得积极成果

公司认真落实监管要求，制订并有序推进融资类业务压降计划、房地产业务压降计划、通道业务压降计划、非标转标资金池业务压降计划和大型集团集中度压降计划，确保各项压降工作达到监管要求。同时，围绕回归信托本源、发挥牌照优势、服务实体经济的核心，积极探索以多种形式开展投资类业务，开展了指增系列产品、量化产品、定增基金产品等，深入研究再融资政策、标准化债权认定规则、中资美元债市场等新的业务领域，对资金信托新规进行研究解读。公司大力发展慈善信托、家族信托等业务，并取得了阶段性成果。

（四）全面开展各项风险排查，加大问题资产处置回收力度

2020 年，公司在根据监管要求认真开展季度全面风险排查工作和市场乱象整治“回头看”专项治理工作，并结合《2019 年度监管意见书》认真开展整改的同时，主动开展了内部专项风险排查工作，对自有资产及受托管理资产进行系统性排查，摸清风险底数，聚焦重点风险项目、统筹资源、协调处置。公司采取包括催收、查封、冻结、扣押、诉讼等司法手段在内的一系列处置措施，逐步实现风险资产的有效化解，履行受托人职责，维护委托人权益。2020 年，公司在多个风险项目的处置上取得了积极进展。

（五）进一步优化组织架构，提升运营效率

在行业调研的基础上，公司对高级管理人员的分工，前台、中台、后台部门设置和职能定位进行了多次优化调整，进一步明晰职能及业务边界，厘清管理权限和业务流程，提升运营

效率。

截至2020年12月31日，公司共设有31个一级总部、117个二级部门，公司在岗员工584人，从职能结构上来看，信托业务、财富业务与中后台人员配比约为1:2:1；学历结构本科以上的占97%、硕士以上的占50%；平均年龄为34岁，人员相对年轻有活力。公司团队在全年工作中得到了进一步的锻炼成长，优势部门继续高歌猛进，曾经的后发部门迎头赶上，公司整体业务发展能力得到了极大的发展。

（六）积极推进信托文化建设和公司品牌建设

公司认真落实监管部门关于加强信托公司信托文化建设的要求，以《信托公司信托文化建设指引》为纲领，推动了信托文化建设工作落地实施，切实助力公司可持续健康发展。公司通过打造品牌直播节目、录制“民生会客室”专题视频等方式，塑造专业化品牌形象，提升公司知名度和美誉度，设计制作公司吉祥物“民生一诺”及相关衍生品，丰富公司品牌形象；公司先后获得《财经》《证券时报》等知名媒体评选的14项具有行业影响力的荣誉奖项。

二、创新业务案例

（一）跨境投资业务

跨境投资业务是公司持续关注的业务领域之一。公司旨在抓住海外优质资产投资机会，进一步满足投资人海外资产配置需求。公司根据美元债市场行情，深耕美元债投资业务，截至2020年末已初具规模。基于过往成功运作经验及审慎投资原则，该项目以标的债券的持有到期作为主要投资策略，优选大型基金公司、投行等作为合作机构，并以优质的中资企业境外债券为投资标的，由公司进行主动决策和投资管理，在投资实施前对标的债券主体进行严格信用风险甄别，同时通过方案设计强化风险控制，尽量规避市场波动风险与到期退出的信用风险。

（二）家族信托业务

改革开放诞生了中国第一批以企业家为主的高净值人群，中国经济的持续成长，带来了高净值家庭数量和财富体量的快速积累。而伴随中国创富一代逐步步入退休阶段，中国高净值家庭财富传承需求日渐凸显。2018年，中国银保监会首次在官方文件中明确界定了家族信托业务，为家族信托业务的发展奠定了坚实的政策基础。在房地产、通道等传统信托业务开展压力较大的情况下，信托公司都在积极探索具有可持续性的业务模式和盈利模式，家族信托成为未来重点关注的方向。公司顺应时代潮流，高度重视家族信托业务发展，2019年设立公司一级部门——家族信托总部，组建专业团队，建章立制，创新产品服务，积极开展营销服务。截至2019年末，累计受托服务家族信托客户73户，受托资产规模（AUM）达11.3亿元。2019年家族信托业务主要服务模式创新在于金融资产收益权装入家族信托服务，既能保障委托人金融资产的灵活配置管理，又能实现资产隔离保护的法律架构保护。通过家族信托结构设计，公司帮助委托人实现债务隔离安排，规避婚姻、继承等方面风险；通过家族信托的组合投资，有效分散投资风险，满足不同风险偏好投资者的需求，以专业的信托产品服务为基础，结合法律、税务、子女教育等方面增值服务，全方位满足家族客户需求，为客户提供一站式家族财富管理及传承服务。

三、社会责任履行情况

公司始终秉持“得益于社会，奉献于社会”的核心价值观。2020年，在严防风险底线的前提下，公司坚持回归本源、服务实体经济的发展思路，致力于为优质企业和客户提供多样化金融服务，同时积极拥抱新兴产业，响应国家扶贫号召。2020年，公司在各类评奖中屡获殊荣，得到了社会各界的认可。

2020年，公司继续以服务实体经济为己任，深化航运领域布局，集中利用国际航运市场成熟的投融资模式，以多元化金融业务为依托，在非标准化资产管理（船舶资产）领域进行投融资服务。公司经历了3年多的运营，共计投资25艘干散货船舶，并实现了部分船舶的退出，持有船舶吨位超200万载重吨，已形成了从资产购置到出售的交易闭环。公司拥有专业的家族信托团队，为高净值客户提供更优质的金融服务，积极推进公司家族信托业务发展。2020年，公司首单以家庭为单位交付资产规模过亿元的项目成功设立，刷新了公司在家族信托业务交付规模上的新纪录。

2020年，公司在展业过程中始终践行普惠金融的理念，重视发挥作为金融机构的社会责任，积极尝试以开展慈善信托的方式助力脱贫攻坚工作。“中国民生信托·甘肃临洮民生精准扶贫慈善信托”将50万元专项资金用于临洮县龙门镇廿铺初级中学操场建设项目和临洮县康家集乡赵家咀学校操场建设项目；公司设立的“中国民生信托—民生有爱救助疫灾公益信托”将部分资金捐赠给武汉协和医院，并以50万元资金参与了中国信托业协会倡议发起设立的“中国信托业抗击新型肺炎慈善信托”；公司设立“中国民生信托·2020年度交大高金语言筑桥慈善信托”，慈善资金最终用于资助云南丽江和四川大凉山地区在“特殊教育学校”支教的优秀青年教师及优秀聋人大学生教育帮扶等；公司在中国银保监会的指导及中国信托业协会的组织协调下，在内蒙古察右后旗第一中学设立了“中国民生信托定点扶贫教育基地”，捐资45.8万元，帮助内蒙古察右后旗第一中学建设高标准录播教室，并在2020年顺利完工；公司设立“中国民生信托—2020立德树人慈善信托”，资金主要用于合作高校的奖学金、助学金项目；公司通过天津自贸试验区智恩公益组织发展中心，对精准扶贫对象青海省尖扎县当顺乡古什当村进行了第二次扶贫捐款。

在职工权益保护方面，2020年共组织员工培训6场，参训1 046人次，培训主题覆盖企业文化、政策制度、业务技能、合规管理等；2020年，受新冠肺炎疫情影响，公司采购了外部线上学习平台，帮助员工及时学习金融专业知识、了解信托行业前沿发展、实时解读监管政策，截至2020年末，全员累计学习课程4 185节，累计学时为383个小时。员工通过参与各项专业培训，增强了能力，提升了认同感与归属感。公司通过为员工提供节日慰问、生日祝福、疾病慰问、婚育礼金，以及组织丰富多彩的员工活动等，提升员工福利水平，同时还为员工投保了补充医疗保险、意外伤害险两种商业保险，每年组织员工进行健康体检，每月为员工提供午餐补贴和通讯补贴等，新冠肺炎疫情期间还为员工购买了口罩、酒精、消毒液等防疫用品。

在客户和消费者权益保护方面，公司始终坚持“以客户为中心”的服务理念，忠实履行受托责任要求，不断深化客户服务体制改革，提升客户服务品质。公司不断完善消费者权益保护机制建设，修订了《中国民生信托有限公司消费者权益保护工作制度》《中国民生信托有限公司客户投诉处理流程》等制度，公司进一步优化投诉解决机制，通畅客户问题受理渠道，积极解决消费者提出的各类问题。公司高度重视金融知识普及活动，认真履行金融机构义务，围绕2020年的“3·15”消费者权益保护教育宣传周与“金融知识普及月 金融知识进万家 争做理性投资者 争做金融好网民”主题活动，认真筹备宣传物料，充分利用线上及线下多种宣传形式，力求内容实用、形式新颖。活动期间，公司通过官网、公司APP、微信公众号、短信等渠道积极向金融消费者宣传宣教，不断提升消费者的风险防范意识和自我保护能力。

四、2021年发展规划

从长期趋势看，与中国崛起相绊相生的对外政治、经济领域的“对抗”难以完全回避，对内经济结构调整带来的“阵痛”长期存在，不确定性与营商环境变迁相伴而行。时代潮头机遇与挑战并存，在双循环经济发展新格局中，以高端智造国产替代、科技成果转换、新基建（数字、信息基础设施）、大消费等为代表的结构性机会将为中国经济注入新的活力，2021年中国经济有望实现较高增长水平。

在金融领域方面，从中央政府及监管层面，通过宏观货币工具运用、金融政策组合拳调节资本市场投放水平，通过微观监管政策调整引导金融供给侧结构性改革持续推进，倡导金融业回归服务实体经济的初心。在信托行业，面对日益纷繁复杂的金融市场环境，监管政策调整引领信托公司回归本源，以信托文化建设入手，强调守正、忠实、专业的信托受托人文化；同时带动信托理念宣传调整，倡导卖者尽责、买者自负的务实态度。从整体来看，信托行业服务实体经济质效能得到不断提升，全行业的风险意识及风险管理体系建设进一步加强，稳健经营能力进一步提升。

面对时代变局，公司决心与国家同呼吸、共命运，积极应对市场环境的剧烈变化和行业的激烈竞争，判大势、谋全局，在严控风险的前提下，坚持突出重点，稳中求进。公司继续坚持“财富、投资、投行、资管、融资”五大市场定位，重点打造好“自主投资能力、资产管理能力、财富管理能力”三台公司发展的“发动机”，将公司打造成为具有差异化、专业化、盈利化特征的投资银行管理型金融机构。

2021 年，公司要顺应新资管时代的发展趋势，加速回归信托本源，持续提升主动管理能力，充分调动自身的资源开展业务，深化新旧动能的转换；要持续检视自身内控管理水平及业务发展方向，及时发现并积极解决存在的问题，以确保公司持续、稳健地发展。

在双循环经济发展新格局中，公司构建基于专业能力提升的主动管理能力体系，践行守正、忠实、专业的受托人文化。在稳步发展优势传统业务的同时，公司将进一步着力发展证券投资、股权投资、资产证券化、家族信托（慈善信托）等信托业务，助力国家实现经济高质量发展。

（一）加强自身建设，完善公司治理结构

一是公司坚决贯彻监管部门在关联交易、信息披露、反洗钱、投资者保护等方面的规定。

二是公司将适时梳理评估下属各专门委员会的履职情况，根据需要及时适当调整，切实发挥专门委员会的作用。

二是公司根据公司章程的规定和公司经营发展需要，做好授权机制的优化。

（二）探寻未来商业模式，明确公司发展路径

面对纷繁复杂的境内外营商环境，金融生态在经济、政策的调整中面临重构，信托行业面临着规模和收入的双重压力，公司未来的发展思考主要有以下三个方面。

一是发展方向。2021 年，公司要在既有发展和成果的基础上进一步调整优化业务侧重点，坚持“两主两辅”，即标准化为主、非标为辅，投资为主、融资为辅的发展方向，逐步压缩融资类业务的比重，进一步强化风险管控，充分利用既有资质和投资工具，合理进行资源配置。

二是发展策略。公司要通过定制化、差异化的产品设计来获取客户，做到“强专业、强保障、强管理”三个维度的协调统一，提升公司的专业化水平。

三是发展节奏。公司要冷静思考，从追求速度转变为讲求质量，做好相对稳健的业务，逐步开展创新业务，在保持公司规模、收入、利润合理的情况下，实现公司健康发展。

（三）提升业务管理水平，打造核心竞争能力

公司要提高研判市场的能力，根据现有优势夯实基础，从社会需求找到创新点，丰富资产管理产品种类，继续发展财富管理业务，发挥信息科技的作用，不断提升专业化能力，使公司在行业中持续保持竞争力。

2021 年，公司将继续贯彻“总结、反思、优化、调整、改变、提升”的工作思路，促使业务管理能力和管理机制达到行业较为成熟的水平。既要不断提升存量业务的优良度，又要研究利用好各类金融工具，增加新的业务增长点。继续推动公司财富管理领域迈上更专业、更系统、更规范的发展道路，为客户提供多样化、专业化的财务管理产品，努力打造财富管理市场的高端品牌。

（四）恪守依法合规底线，筑牢风险管理堡垒

公司持续贯彻“前不越雷池，后不退维谷”的风险管理法则，保持清醒头脑，依法合规经营。公司应严格落实各项监管政策要求，健全预防和处置机制，坚决不触碰红线。公司必须坚持“行稳致远”的发展理念，加强合规体系建设，促进形成全员参与、人人合规的体系及文化；要夯实风险管理的城墙，从优化规章制度和风险管理机制出发，持续完善覆盖信用风险、市场风险、流动性风险在内的全面风险管理体系，严防重大风险事件的发生。

中建投信托股份有限公司

一、2020 年经营概况

2020 年，中建投信托股份有限公司（以下简称公司）以习近平新时代中国特色社会主义思想为指导，深入贯彻落实党的十九大和党的十九届二中、三中、四中、五中全会精神，积极响应行业政策，把握国企特性、金融属性、服务本性，坚持稳中求进，立足本源、专注主业、做精专业，持续探索和推动业务转型。

公司经过 40 余年的发展，已成为治理体系规范、经营业绩稳健、主动管理能力优良的现代化金融企业。公司业务齐全、产品丰富、服务完善，涵盖股权投资、标品投资、债权融资、财富管理、慈善信托、家族信托、服务信托等领域。公司坚持构建综合金融服务体系，不断提升服务实体经济质效，助力人民群众财富保值增值。

2020 年，公司实现营业收入 22.49 亿元，净利润达 5.44 亿元。

（一）聚焦转型发展，服务实体经济

公司积极应对新冠肺炎疫情影响，坚持稳健经营理念，强化综合管理服务能力建设，提升服务实体经济能力。积极服务国家战略，支持“六稳”“六保”。落实稳投资稳金融要求，服务京津冀协同发展、长江经济带发展、粤港澳大湾区建设、长三角一体化发展、黄河流域生态保护和高质量发展五大国家战略区域，2020 年投放的政府基建项目规模为 53.8 亿元。强化实体经济支持力度，涉及民营企业和中小企业信托项目 193 个，合计规模为 199.5 亿元。加快培育资产证券化、债券投资、股权投资等转型业务，创新业务管理规模占比为 38.1%。

（二）优化运营管理，提升管理水平

围绕转型要求，公司从体制机制、人员队伍、文化建设等方面提升管理水平，为公司业务转型提供坚实的基础保障。重点优化人才队伍，完善激励约束机制。根据业务转型方向，加大人力资源及薪酬资源向标品业务、投资类业务等转型业务重点配置。持续深化全面风险管理体

系建设，强化风控组织体系，新设审批部，构建包括风险、合规、审批、运营、投后、资管等专业化组织架构，提升风险管理水平，构建基础管理不断完善与转型业务稳健发展的良性循环。

（三）强化文化引领，优化品牌建设

公司全面启动信托文化五年建设工作，组织开展“正直力量，诚信信托”系列培训，将信托文化建设与公司治理、经营发展有机融合，以信托文化建设助力业务转型发展。公司首度推出“线上”思享会直播活动，深度挖掘受众需求，扩大活动影响力。公司加强行业与市场研究，出版《2020 行业研究报告》（蓝皮书）、发布地产信心指数报告 4 篇、参与研究课题 3 项。作为浙江省银行业协会信托公司工作委员会主任单位，公司牵头辖内 4 家信托公司制定《浙江辖内信托公司五年高质量转型升级行动总体纲领》。

二、创新业务案例

2020 年，公司密切关注宏观经济形势及信托行业发展变化，认真贯彻落实各项监管政策要求，加快推动业务转型发展，在资产证券化、债券投资业务、地产股权、资本市场、慈善信托、财富管理及家族信托等领域取得积极进展。

在资产证券化业务方面，公司积极发掘优质基础资产，打造涵盖融资租赁、商业物业、购房尾款、物业费、信托受益权等类别的资产证券化业务。2020 年，公司参与全国首单中国银行间交易商协会中小企业专项知识产权 ABN 项目，规模为 2.1 亿元。

在债券投资业务方面，公司持续强化主动管理能力，在债券市场产品设计、投资研究、信用分析等方面获得明显提升，进一步完善投向各行业的产品线，同时为国家战略行业及重点项目提供金融支持。积极推行金融抗疫，在认购疫情防控债、组织成立抗疫慈善信托、支持中小企业盘活存量资产 ABS 债券等方面作出贡献。2020 年，公司存续管理债券投资产品规模同比增长 173%。

在地产股权投资方面，公司依托在不动产投资领域的资源禀赋、行业积累及经验优势，逐步开展向非住宅类资产如商业综合体、写字楼、产业物流等子行业的探索与转型。推动从单项目基金到多项目组合基金至不动产细分子行业的方向发展，实现从单一资产品类到多元资产品类的配置组合跨越，为高净值客户打造地产权益类产品。

在资本市场投资方面，公司聚焦监管导向下的业务模式转型，探索开展标品类业务板块，通过完善严格的金融机构准入条件及筛选机制，加深与领先券商、优秀基金管理人等专业机构的合作，积极稳妥把握二级市场投资方向，2020 年陆续发行多单 TOF/FOF 类、创新类产品。

在慈善信托方面，公司充分发挥信托制度优势，设立抗疫慈善信托 10 单，参与认购中国信托业协会发起的抗疫慈善信托 1 单。2020 年，公司荣获由杭州市民政局颁发的“最美慈善人”称号，并获评中国互联网新闻中心主办的 2020 年“精准扶贫先锋机构”荣誉称号。

在财富管理及家族信托方面，公司持续丰富优化产品体系，推动形成不同期限、不同收益、不同风险偏好的产品，涵盖固定收益、现金管理类、股权投资类、资本市场权益类等相关领域的多元化产品体系，相继推出指数增强收益凭证类产品、私募证券投资类产品和地产股权投资产品等。公司积极拓展家族信托，深化以“万泉”个人服务信托和“鸿泉”家族信托业务为重点的家族信托体系，2020 年，家族信托账户数及规模不断增加，增速分别为 67% 和 217%。

三、社会责任履行情况

2020 年，公司秉承“价值创造、以人为本、和谐发展”的社会责任理念，立足发展中各利益相关方的普遍诉求，积极服务经济发展、产业转型、结构升级与社会进步的可持续发展大局，致力实现企业发展、员工发展、社会发展的和谐统一。

一是回归信托本源，积极履行企业发展责任。公司落实稳投资稳金融要求，服务京津冀协同发展、长江经济带发展、粤港澳大湾区建设、长三角一体化发展、黄河流域生态保护和高质量发展五大国家战略区域。2020 年设立政府基建项目规模 53.8 亿元。公司积极提升资本运营和资产经营能力，截至 2020 年末，公司总资产为 121.36 亿元，实现净利润 5.44 亿元，较好地实现了国有资产保值增值。发挥信托制度优势，积极服务实体经济，不断拓展中小企业融资渠道，降低企业融资成本。2020 年投向民营企业项目规模为 942.48 亿元。

二是坚持以人为本，认真履行员工发展责任。公司持续优化员工职业素质和专业能力培训体系，为员工提供多元共融的工作氛围和科学系统的培训发展体系，优化完善人才培养计划。研究完善员工社会保障体系，为员工提供稳定的就业岗位和合理的薪酬福利待遇，构建和谐劳动关系。公司广泛开展员工关爱活动，连续 4 年组织实施“员工入司周年”（星辰计划）文化纪念活动，推动和提升企业文化凝聚力，培育特色企业文化。

三是多措并举，保护金融消费者合法权益。公司认真落实消费者权益保护主体责任，进一步完善消费者权益保护管理体系。积极响应监管号召，开展“3·15”宣传周、“金融知识普及万里行”等宣教活动，并通过合规竞赛、专家授课、金融知识进校园等内外部宣教活动，大力提升消费者权益保护意识和工作能力。重视客户服务质效，积极回应客户诉求，持续优化完善产品设计、信息披露、客户服务等工作，有效提升消费者服务体验。2020 年，公司未发生侵害消费者权益情形。

四是践行社会公益，积极履行社会发展责任。公司充分发挥信托制度优势，2020 年累计设立慈善信托 10 单，参与认购中国信托业协会发起的抗疫慈善信托 1 单。截至目前，公司所设立的慈善信托项目涵盖扶贫、救灾、教育、关爱儿童、环境保护、抗击疫情等领域，充分践行《慈善信托管理办法》中五大慈善目的，助力推动公益慈善事业可持续发展。公司重点支持贵州省施秉县巩固脱贫攻坚成果，不断探索助力扶贫的长效机制。

四、2021 年发展规划

2021 年不仅是我国“十四五”的开局之年和两个百年目标交汇与转换之年，还是公司 2021 年至 2025 年发展战略规划的开局之年。公司将以习近平新时代中国特色社会主义思想为指导，践行国有金融企业职责使命，落实金融工作三大任务，准确把握新发展阶段，深入践行新发展理念，积极融入新发展格局，回归信托本源，做优做强主责主业，增强风险意识，夯实资产质量，提升战略执行力，强化精细化管理，为开篇谋划新一期发展蓝图开好局、起好步。

2021 年，公司具体工作安排是锚定“一个目标”，深耕“五大业务”，夯实“六大支撑”。“一个目标”，是指要对标公司已制订的新五年战略规划，确定积极进取的年度发展目标，咬定青山务求突破。“五大业务”，是指产业信托业务要转型升级，标品业务要重点拓展，财富管理业务要提升能力，股权投资业务要强化培育，固有业务要优化配置，这是新时代赋予信托行业的新要求，也是公司实现转型发展的必然选择。“六大支撑”，是指夯实风险管控支撑、运营管理支撑、人力资源支撑、投研能力支撑、金融科技支撑、品牌文化支撑，筑牢转型发展根基，全面提升精细化管理水平。

进入新发展阶段，公司将以高质量发展为中心，以资本实力强、风控能力强、管理规范为目标，坚持回归信托本源，践行信托文化，推动建设有质量、有特色、有品牌的国内一流资产管理平台。

中粮信托有限责任公司

一、2020 年经营概况

截至 2020 年末，中粮信托有限责任公司（以下简称公司）资产总额为 537 647.96 万元。

（一）短期经营策略

为了实现为广大金融消费者提供优质、高效金融服务的长期发展战略，2020 年，公司积极主动作为，转变发展方式，加快转型升级。公司在巩固和提升传统业务优势的基础上，大力发展投资信托、服务信托和财富管理，并召开战略研讨会，以战略为引领，确定了供应链业务、标准化业务、财富管理业务等重点业务发展方向。为适应经营转型需要、构建核心竞争力、提升专业能力，公司进行了组织架构及业务分工的优化调整。按照专业化、条线化原则，改组、设立供应链金融部、资产证券化部、证券投资部、创新业务部、特殊资产部、家族办公室、固收业务部等专业化部门；制定出台配套的管理政策、制度和流程，优化完善创新机制，推进相关创新业务的标准化和规范化，加快公司转型发展。

同时，公司通过优化内部控制体系，完善中后台部门的职责分工，使中后台的运营机制更加顺畅、管理更加严密、程序更加合理，形成了以管控公司业务风险为前提，以支持业务发展并以保障为核心的四大中心体系，即项目审查中心、合规管控中心、风险监测及预警中心、风险处置中心，推进公司的可持续发展。

此外，公司制定了数字化战略规划，根据需求特点及自身实际情况，建设更加全面的、服务公司发展战略的信息化技术体系，升级金融数字化，深耕金融应用场景，聚焦业务模式的智慧再造。公司已经上线财富端 APP，由登记过户系统（TA）、客户管理系统（CRM）和营销终端（APP/400/公众号/网站）组成的一体化业务运行体系已正式投入使用。

（二）所经营业务的主要内容

公司固有资产运用与分布表（母公司）如表1所示。

表1　　固有资产运用与分布

资产运用	金额（万元）	占比（%）	资产分布	金额（万元）	占比（%）
货币资产	6 258. 17	1. 27	基础产业	—	—
贷款及应收款	7 935. 12	1. 61	房地产业	—	—
交易性金融资产	358 668. 47	72. 63	证券市场	37 614. 14	7. 62
可供出售金融资产	—	—	实业	—	—
持有至到期投资		—	金融机构	275 470. 08	59. 48
长期股权投资	2 510. 00	0. 51	其他	180 756. 14	32. 90
其他	118 468. 60	23. 98	—	—	—
资产总计	493 840. 36	100. 00	资产总计	493 840. 36	100. 00

公司信托资产运用与分布表（母公司）如表2所示。

表2　　信托资产运用与分布

资产运用	金额（万元）	占比（%）	资产分布	金额（万元）	占比（%）
货币资产	56 761. 85	0. 36	基础产业	2 649 584. 68	16. 81
贷款	4 775 720. 57	30. 30	房地产	746 823. 71	4. 73
交易性金融资产	6 139. 07	0. 04	证券市场	892 909. 84	5. 67
可供出售金融资产	1 403 462. 42	8. 91	实业	6 869 944. 18	43. 59
持有至到期投资	155 204. 84	0. 98	金融机构	2 779 279. 70	17. 64
长期股权投资	5 052 081. 50	32. 06	其他	1 821 124. 05	11. 56
其他	4 310 295. 91	27. 35	—	—	—
信托总资产	15 759 666. 16	100. 00	信托总资产	15 759 666. 16	100. 00

二、创新业务案例

作为中粮集团控股的中央企业信托公司，中粮集团产业背景为公司供应链金融发展提供了场景和基础。为了牢牢锚定集团主业、服务集团主业，公司组建供应链金融部，打造供应链金融核心品牌业务，把建设农业全产业链金融服务能力作为核心竞争力建设方向之一，要求发展出匹配集团行业地位的特色供应链金融服务能力。供应链金融部成立之后即成功落地蒙牛集团单一事务管理类委贷业务7亿元。

随着信托公司转型发展的需要，且国家从战略层面支持建立健全多层次资本市场体系，优化融资结构，提高直接融资比重，压缩信托非标融资空间。公司积极转变融资类业务的发展模式，加快转型升级，大力发展投资信托、服务信托等创新业务。

（一）投资类信托业务

公司的固报价型产品“丰利”“丰利2号”正常运作，管理规模稳定增长；净值型“固收+”产品——“丰惠1号集合资金信托计划”已经立项落地。公司积极拓展资产证券化业务的资产类型，开展汽车金融ABS，积极探索并表ABN业务，落地ABS170亿元、ABN40亿元。证券投资业务有序开展，持续密切跟踪市场基本面、政策面和资金面，结合项目投资理念和投资策略进行灵活资产配置和交易。

（二）家族信托业务

2020年家族办公室已落地家族信托业务6单、在途5单；落地首单保险金信托业务，为客户资产传承，公司提供了以保险保障为核心的综合家族传承解决方案，以及全生命周期现金流和风险防范安排。

（三）慈善信托业务

公司在北京市民政局、北京银保监局的指导和鼓励下，2020年11月，“中粮信托·忠良慈光1号·2020年战疫关怀专项慈善信托”正式备案成立。

三、社会责任履行情况

公司坚持服务实体经济、服务民生、服务投资者，认真贯彻国家经济金融政策和监管要求，加快转型和创新步伐，满足客户多样化金融需求，积极践行企业社会责任；公司始终坚持依法合规、稳健经营，不断完善风险防控体系，有效履行受托人职责和义务，维护受益人利益最大化。

（一）回归信托本源，助力慈善信托

为响应中国信托业协会关于设立专项慈善信托抗击新冠肺炎疫情的倡议，公司积极参与助力疫情防控工作，履行社会责任，体现社会担当，经报集团相关部门批准，认购由中国信托业协会牵头、由国通信托有限责任公司担任受托人已发起设立的“中国信托业抗击新型肺炎慈善信托”第二期，认购金额为50万元，用于投入疫情防控阻击战。此外，为更好地发挥金融机构的专业优势，公司积极整合各类社会资源、践行社会责任、提供专业服务、不计自身报酬的开展战疫关怀专项慈善信托，为各界同仁的公益善心、善举提供专业的慈善信托服务，尽最大努

力为打赢疫情防控阻击战构筑坚强防线。2020 年 11 月，“中粮信托 · 忠良慈光 1 号 · 2020 年战疫关怀专项慈善信托”正式备案成立。该慈善信托款项将专门用于支持疫情防控和救治的相关机构，相关医护人员及其亲属，奋斗在卫生、交通、物流、公安、物资生产等防护和生产保障一线的人员及其亲属等，待疫情结束后可用于未来其他公共卫生事件中的一线医护人员专项帮扶。为体现对参与疫情防控和救治的广大基层医护人员及抗疫一线工作人员的关怀，第一批慈善信托受益人选取了北京朝阳区内从事与抗击新冠肺炎疫情相关工作的基层工作人员。首批善款已在 2020 年末发放至第一批受益人，让奋战在抗疫一线的工作人员感受到社会的关注和认同，第二批善款也将于 2021 年 3 月末前进行发放。

（二）注重消费者权益保护

公司始终秉承“忠实良益，信任托付”的消费者权益保护理念，积极做好金融消费者权益保护工作，切实履行为广大金融消费者提供优质、高效金融服务的社会责任和使命。2020 年，公司持续深化消费者权益保护各项工作。第一，坚持公司发展与金融消费者保护机制建设相结合。公司建立完善的金融消费者保护制度体系，形成一套有各部门联动、有章可循的工作机制。坚持“事前协调、事中管控、事后监督”的全流程管控。第二，坚持“矛盾不上交、就地化解”的投诉处理原则。公司重视倾听消费者声音，第一时间处理消费者的建议、咨询和投诉。2020 年，公司共受理各类投诉 11 起，均高效、高质予以处理，得到投资者的理解与认可。公司内部注意定期汇总分析，从消费者反映的重大、紧急、共性问题入手，推动产品、服务和业务流程的持续优化。第三，加强业务经营行为管理，发挥内部监督、纠偏作用，确保监管制度和要求的落实。公司对于消费者权益保护工作，定期进行总结与检查，确保各项工作合规、有效落实到位，责任到人。第四，持续加强金融消费者教育，引导科学健康消费。公司有计划地开展日常消费者教育与监管要求的集中宣教活动，以线上宣传为依托，结合线下活动，积极拓展受众群体，多元化、多渠道进行消费者金融知识宣教，有效提高了社会公众防范金融风险和消费者权益保护的意识。

（三）促进扶贫工作发展

公司存续的“中粮信托 · 安徽农担金寨猕猴桃产业扶贫‘劝耕贷’集合资金信托计划（第一期）”，累计向国家级贫困县——安徽金寨县的 11 个猕猴桃种植专业合作社、3 个家庭农场、1 个农业龙头企业发放信托贷款 2 050 万元，2020 年末该信托计划存续规模为 2 050 万元。通过该信托计划公司给国家扶贫地区金寨县的猕猴桃合作社提供了信托资金支持，有效地解决了金寨县猕猴桃产业融资难问题，并通过临时和固定用工、土地流转和入股的方式，带动建档立卡贫困户 300 户。由于该项目的支撑，联合国世界粮食计划署投资 450 万元，在金寨县完成建设 300

亩猕猴桃产业扶贫基地，连接150户在册贫困户共同发展，稳定增收致富，并成为贫困地区产业脱贫的典型。公司通过创新金融产品，有效地支持了大别山革命老区农业发展农村建设，助力国家扶贫战略，践行金融扶贫的企业责任。

（四）履行反洗钱、反恐怖融资宣传工作

公司遵照《中华人民共和国反洗钱法》《中华人民共和国反恐怖主义法》的规定，根据中国人民银行、中国银保监会发布的法规政策，在公司日常经营管理工作中认真履行各项反洗钱责任，不断完善和改进工作机制和规章制度，持续做好客户身份识别、可疑交易识别和身份资料保存等工作，进一步加强技术保障和人员配备，推动公司开展反洗钱工作改革发展。报告期内，公司根据最新法律法规和监管政策要求，修订、制定了一系列反洗钱、反恐怖融资规章制度，使制度体系进一步优化完善。公司根据现阶段业务规模和复杂程度，完成反洗钱、反恐怖融资组织架构及职责微调，使洗钱、恐怖融资风险管理组织架构更加合理，运行机制层次更加清晰。公司通过采购反洗钱、反恐怖融资信息系统，进一步完善对客户身份识别及交易记录保存等工作的信息化覆盖，保证系统安全性和稳定性的同时提升工作效率。公司通过线下宣传资料及公司网站、微信公众号等线上宣传渠道，进一步强化反洗钱、反恐怖融资宣传工作，不断提升客户对反洗钱、反恐怖融资工作的认识，取得了良好的宣传教育效果。此外，公司通过组织开展全员培训、专项培训等形式，确保公司员工知悉反洗钱、反恐怖融资工作要求，合规开展相关工作。

四、2021年发展规划

公司依托中粮集团，顺应国家战略，服务实体经济，坚持农业、产业特色化，积极探索、创新产融结合和农业金融新模式。公司秉承客户至上的经营理念，以高素质的人才为支点，以创新服务为手段，拥抱变革，回归本源，努力推进财富专业管理能力、风险管控能力和农业全产业链金融服务能力三大核心竞争力建设，致力于奉献优质金融理财服务，逐步发展成为有产业特色、有行业美誉的一流资产管理和财富管理平台。

面对激烈的市场竞争、复杂多变的各种挑战，公司于2020年3月明确了新三大核心竞争力建设方向。

（一）财富专业管理能力

财富专业管理能力是公司发展最关键因素，是第一核心竞争力。公司将持续建设财富专业管理能力（包括家族办公室），把财富管理作为业务发展的助推器，发展业务造血功能。

（二）风险管控能力

对于公司当前的发展阶段，风险管控能力是公司深刻把握信托业务实质和风险特征必须具备的能力。公司将持续建设风险管控能力，打造大中台，搭建风险管理架构，完善风险管理组织体系、制度体系和流程体系，培育先进风险管理文化，使得风险管理信息系统风控管控能力建设与业务能力紧密联系起来，不仅能跟得上行业及政策的变化，还要能前瞻性预测、判断，及时调整。

（三）供应链金融业务服务能力

公司把供应链金融部定位为公司第一部门，持续推进以供应链金融业务为主的农业全产业链服务能力建设。作为中粮集团下属信托公司，公司未来将充分发挥集团品牌效应和集团资源协同优势，依托集团产业背景，发展出匹配集团行业地位的特色供应链金融服务能力。这既是服务集团主业，走差异化经营之路的需要，也是监管鼓励的业务方向。

中泰信托有限责任公司

一、2020 年经营概况

截至2020年末，中泰信托有限责任公司（以下简称公司）资产总计49.44亿元，同比增加1.83亿元，增幅为3.84%；公司负债总计2.13亿元，同比增加0.27亿元，增幅为14.24%；资产负债率为4.31%，处于较低水平；所有者权益总计47.31亿元，同比增加1.56亿元，增幅为3.42%，公司整体资产实力进一步增强。

截至2020年末，公司受托管理的信托规模总计259.76亿元。其中，集合信托规模为64.51亿元，单一信托规模为165.94亿元，财产权信托规模为29.31亿元；从管理责任来看，事务管理类信托规模为191.44亿元，主动管理类信托规模为68.32亿元。

公司受托管理信托项目105个，其中单一信托项目71个，集合信托项目20个，财产权信托项目14个。

2020年，受到宏观经济、资产管理市场竞争激烈及公司集合业务受限的影响，全年公司实际提取信托报酬7 650.76万元，比上年同期的6 434.60万元增长18.9%。其中，单一信托提取5 481.18万元，占比为71.64%；集合信托提取1 567.02万元，占比为20.48%；财产权信托提取602.56万元，占比为7.88%。

二、创新业务案例

2020年，公司致力于提升主动管理能力及开展服务信托，不断提升客户服务体验。在宏观经济下行、抗击新冠肺炎疫情的大背景下，公司积极回归信托本源业务，服务实体经济。公司对内优化内部机制和流程，加强专业团队建设；对外积极拓展外部合作渠道。在客户开拓能力、资产配置能力、综合服务能力及事务管理能力日趋成熟的前提下，公司首单供应链金融业务报备通过并成立，公司具体服务内容主要包括但不限于对信托财产的运用涉及的法律文件面签核保；开立保管账户、监管账户；对借款人的征信、诉讼信息进行季度查询，出具季度管理报告向委托人披露；帮助委托人进行账户管理，闲置资金提供现金管理，完成信托存续期间资金的收付、分配和清算工作。在此单业务的存续期间，公司提升了主动管理能力，服务实体经济，并为后续业务创新打下了坚实的基础。

三、社会责任履行情况

公司坚持以“利益相关者”的丰富内涵和维度承担社会责任，并倡导将企业发展与企业社会责任相结合。我们关注并纳入企业社会责任承担中的“利益相关者”包括公司员工、客户、股东、监管机构、社区、合作伙伴、媒体、社会公众等。公司遵守法律法规和监管要求，坚持可持续发展，以专业能力支持实体经济发展、支持民生保障类实业的发展，妥善履职，维护客户权益，严格落实监管要求，积极应对媒体问询，支持所在社区各项工作，最终为员工的职业发展提供保障，为股东创造价值。

2020 年 1 月，新冠肺炎疫情暴发，公司关注疫情信息，迅速启动应急防范，成立疫情防控工作领导小组和工作执行小组，落实工作责任。报告期内，公司及时准备防疫物资，落实上海市各项防疫工作部署，确保员工有效防护。同时，公司通过弹性办公、远程办公等手段，确保人员到位、信息畅通，各项报表、报告准确及时，各项业务管理工作持续有效。公司还响应中国信托业协会关于设立“中国信托业抗击新型肺炎慈善信托”的倡议，捐款 50 万元，支持社会公益，履行社会责任。

报告期内，在社会公益方面，公司员工第六年参与纯山教育基金会的“鞋盒礼物”公益项目，为乡村儿童准备新年礼物。

报告期内，公司消费者权益保护工作委员会和消费者权益保护小组积极工作，公司组织“3·15”消费者权益保护日宣传活动、反洗钱宣传教育活动、2020 年“金融知识普及月 金融知识进万家 争做理性投资者 争做金融好网民”活动、防范非法集资宣传教育活动等，并在日常工作中审慎、妥善履行企业的社会责任，及时处理投资者的咨询、投诉及建议意见。2020 年是信托文化建设年，公司在报告期内完成了各内外部利益相关者的宣传引导工作，针对投资者，公司在 2020 年 9 月“投资者教育月”活动中，设置了专门的信托文化专题内容宣传。

四、2021 发展规划

（一）制定公司发展战略时考虑的因素简述

公司在制定战略时主要考虑以下三个方面的因素。

一是战略制定是否具有长期性。战略规划作为公司长期经营发展的主要纲领，对业务的开拓和实施起到了引领和推动的积极作用。在当前宏观环境复杂多变的大背景下，信托公司的发展战略不仅要着眼于三年至五年的短期发展，而且更要着眼于中长期布局，着力打造并提高自身专业能力。

二是业务布局是否具有均衡性。受新冠肺炎疫情影响，以房地产、基础设施等为主要领域、以非标债权融资为主要特征的信托主流业务面临着巨大挑战。未来，信托公司的长期战略布局需要着眼于多元化和均衡性的新要求。

三是转型创新是否注重实用性。转型创新成为未来信托公司发展战略的重要内容，但在新的宏观形势下，信托公司的转型创新与自身发展将更加紧密结合，其实用性也会更加凸显。

（二）当前发展战略简述

在业务层面，公司注重多元化及均衡化。一是业务领域的多元化。近年来，信托在工商企业、房地产、基础设施、证券市场、金融机构的资金配置领域随着市场形势变化和监管政策调整受到了不同程度的影响，如信托资金在同业金融机构配置的规模受限，房地产信托的监管力度不断加强，政信业务受地方平台负债水平和融资政策的影响而不断波动，工商企业领域中的小微金融和供应链金融仍有一定发展空间。若信托公司的业务布局集中在某一领域，将会面临集中度过高、受某一阶段政策影响过大、经营业绩波动的风险。因此，未来公司的业务布局正逐步走向多元化，以分散经济周期和监管政策带来的风险和冲击。二是长短期业务的均衡化。除了信托资金配置领域外，信托业务的收入贡献在长短期进行均衡化布局也十分重要。对于融资业务而言，其发展主要受到经济和政策的短期影响，因此开展此类业务需要抓住周期和政策机会，贡献较为短期的收入。对于以业务规模为基础、以管理费为主要收入的业务而言，做大规模、维持较长的期限，可以为公司贡献较为稳定的中长期收入。此外，在专业能力要求较高的股权投资、证券投资等领域，需要以更长的时间提升专业能力，从而获得较高的投资回报。因此，公司未来的发展战略需要根据业务特点进行均衡搭配，在时间上形成更为合理的收入结构，以获得长足发展。

在风控层面，公司逐步建立专业化的风险防控体系。在复杂的经济环境下，公司风险防控体系的重要性更加突出，风控体系的专业性要求也进一步提升。主要体现在以下三个方面。一是公司根据不同业务发展的内在要求，搭建分类、专业的风险防控体系，尤其是在公司业务条线逐步专业分化，风险管理的职能和岗位设置也进一步向专业化部门延伸。二是公司强化前期风险控制和中后期风险管理有机结合，采取有效措施实现二者有效结合，推动项目信息的顺畅传递及风险管理责任的有机统一。三是公司提高风险预警、缓释和处置的有效性，在中后期管理阶段建立风险预警机制。公司将提前预判项目风险，做好风险预案；在风险出现但未到期兑付时，建立风险缓释机制，采取各种手段缓释并化解风险；在项目风险形成之后，建立有效的风险资产处置机制，提高风险处置效率和回收效果，降低风险的不利影响。

在组织架构层面，公司设立精细化的考核机制。在过去几年中，公司的组织模式整体变化不大，多数通过增设、合并撤销机构进行组织架构微调。未来，在面临不确定性的背景下，信托公司对组织架构的弹性能力要求更高，一方面，追求扁平化，保证内部沟通效率，对市场保持敏感性和前瞻性；另一方面，需要前台、中台、后台的密切配合，满足业务创新和拓展的灵活性要求。公司正逐步建立与业务发展要求相匹配的考核激励机制。一是考核激励将更多体现业务类型的差异化，以价值创造为导向，分类建立以创新、质量、贡献为导向的激励机制，树立鲜明的正向激励导向；二是合理设置经营业绩及管理类考核指标，形成与经营业绩紧密挂钩的差异化薪酬决定机制，匹配相应奖惩制度，树立竞争意识；三是完善市场化激励机制，鼓励基层创新，可尝试探索中长期激励工具，建立风险共担、利益共享的机制；四是完善优化创新容错机制，宽容在改革创新中的失误错误，形成担当负责的文化导向。

中原信托有限公司

一、2020 年经营概况

2020 年是极不平凡、极其不易的一年。面对突如其来的新冠肺炎疫情及全球经济衰退、金融市场违约事件频发、信托行业监管趋严等复杂严峻形势，中原信托有限公司（以下简称公司）坚持以习近平新时代中国特色社会主义思想为指导，坚持党建引领，深化内部改革，激发公司活力，加强风险管理，破解发展难题，统筹做好疫情防控和经营管理工作，超额完成全年主要目标任务，各项工作取得积极成效。截至 2020 年末，公司资产总额为 2 148 亿元，比年初增加 255 亿元，增长 13.5%；实现总收入 8.72 亿元，完成年度目标任务的 137%；实现利润总额 4.17 亿元，完成年度目标任务的 118%。

（一）主要业务健康发展

在信托业务方面，公司加强信托业务营销管理，统筹业务开发与合作，开展“挖潜能、增绩效、促转型”劳动竞赛活动，抢抓业务机会，2020 年累计新增信托规模为 1 005 亿元，同比增长 43%；2020 年末信托规模余额为 2 025 亿元，同比增长 14%。在固有业务方面，公司做好 7 家参股单位股权管理工作，密切关注参股企业经营状况、重大事项，及时审议参股企业的重大决策，切实保障公司权益，全年实现股权投资收益 2.03 亿元。

（二）创新开展营销工作

公司提高创新类产品营销激励系数，提升销售人员营销积极性；优化网上信托功能，加大网上信托推广力度，提升客户满意度，提高客户认购积极性；优化信托受益权账户开户办理流程，组织实施专项开户活动，累计开立信托受益权账户 1 200 个，开通投资者综合服务 351 个，开户数量位居行业第一。

（三）风险管理坚守底线

公司调整风控理念，按照“审贷分离”原则和评审工作需要，调整项审会和投委会组成人员，修订项目评审办法等制度，优化评审流程，提高评审质量和效率；完善各类业务授信原则和准入标准，坚持评审标准和授信原则不动摇，按照“不出一单重大风险项目”的严苛标准，把好项目准入，筑牢风险防控第一道“防线”；大力推动合同标准化建设，提升合同质量，通过信息化手段对项目评审实行全流程管理，强化动态管控，提高管理质效。

二、创新业务案例

公司加强信托业务战略规划与统筹，通过增设创新部门、优化考核、引进人才、组织交流、加强培训等举措，提升信托业务创新、标品投资管理和高端财富管理与服务能力，大力发展资产证券化、消费信托、证券投资、房地产股权投资基金等转型创新业务，全年新增创新类信托业务规模 308 亿元，占新增总规模的 31%，较上年占比的 8.7% 大幅提高。

三、社会责任履行情况

（一）管理和服务责任

一是完善法人治理结构，落实“三重一大”决策制度。公司努力构建分工合理、制衡有力、监督到位、运行顺畅的法人治理结构，完成董事会、监事会换届，修订公司章程和三会议事规则，设立董事会关联交易控制委员会，进一步完善了股东会、董事会和高级经营层的分级授权体系，贯彻落实“三重一大”决策制度，细化了各个层级的职责边界、议事规则和决策程序。

二是全面履行各项抗击疫情职责。公司全面落实中央及河南省新冠肺炎疫情防控重要决策部署，统筹做好疫情防控和复工复产各项工作，促进公司业务稳健发展。公司成立疫情防控工作领导小组，以捐赠方式认购中国信托业协会专项慈善信托 50 万元，公司党委组织特殊党费捐赠活动，制定《中原信托有限公司新冠肺炎疫情防控工作实施方案》《中原信托有限公司新冠肺炎疫情防控工作手册》，健全监测、排查、预警等疫情防控工作机制。

三是完善内控体系，严守风险底线。公司严格遵循有关法律、规则和准则要求，按照“行为有规、授权有度、检查有力、控制有效”的内控合规总体要求，努力健全合规管理机制，积极开展合规管理工作，持续完善 180 余项管理制度，涵盖业务、资产、部门、人员及决策、执行、监督、反馈等各个内控环节，以对风险进行事前防范、事中控制、事后监督。

四是服务客户，建立完善产品服务体系。截至 2020 年末，公司累计管理信托财产 9 026 亿元，按时足额交付到期信托财产 7 001 亿元，累计向客户分配信托收益 913 亿元。报告期内，公司共开通网上信托约 1 500 个，通过网上信托签约 800 人次，签约规模约 19 亿元；开通信托受益权账户约1 200个；开通投资者综合服务超300个。报告期内，公司加强产品创新，推出定向增发和可转债、私募证券投资基金、房地产股权基金、网下打新、FOF等创新类产品，持续丰富产品类别，完善产品体系，为客户提供多样化投资选择。

（二）经济和诚信责任

一是对接国家发展战略，建设国内业务网络。公司积极谋划支持国家黄河流域发展、中部崛起等经济建设重要战略。一方面，充分发挥信托制度优势支持河南经济高质量发展，全年新增河南省信托融资461亿元；另一方面，在坚持稳中求进、深耕中原的基础上，逐步形成以郑州为总部，以北京、上海、广州、成都等中心城市为支撑，业务辐射全国的战略布局。

二是回馈股东，创造经济价值。公司在“控风险促发展，在发展中调整，在调整中发展”的经营思路下，回归信托业务本源，推动业务转型和营销体制改革，优化固有业务结构，推进信息化建设，2020年，公司实现净利润31 327.59万元。

三是履行反洗钱义务，营造风清气正的业务环境。公司贯彻落实反洗钱法律法规和监管要求，不断建立健全洗钱风险管理体系，持续推动各项反洗钱工作，提升社会公众反洗钱意识。公司持续完善反洗钱内控制度，通过开展洗钱风险自评估及可疑监测标准评估等工作，不断优化公司洗钱风险管理政策和流程。

（三）员工责任

一是保障员工基本权益，关注员工身体健康。公司不断完善薪酬保障体系，为员工个人发展提供多元化培训支持，努力畅通员工发展通道，优化员工成长成才环境，在招聘、录用、岗位调动、薪酬待遇、干部选拔任用等各环节坚持公开、公平、公正原则，公司倡导简单、和谐、开放透明的人际关系，保障员工重大事项的知情权、参与权和监督权。公司高度重视员工健康与安全保障，健全员工福利保障体系，完善员工后勤生活保障，定期组织体检、开展职业健康安全讲座和消防安全讲座，提升员工安全、健康意识，营造和谐、安全的内部办公环境。公司工会定期举行各类文体活动，传递积极向上的生活工作理念。

二是加强培训和团建，关爱女性员工和离退休员工。公司组织全员现场培训9次，参加外派培训项目42个，累计参训1 035人次。培训内容涉及市场与行业分析、风险合规管理、信托产品与业务创新、监管政策、信息系统、员工专业技能等多个方面，通过丰富多样的培训，不断提升员工综合素质，加强团队建设，实现员工与企业共同发展。报告期内，组织女性员工“三八节”活动和专项健康体检，将对员工关爱落到实处。坚持对老员工“三必访”和节假日慰问，提供生活保障和关爱。

（四）环境和公益责任

一是推行绿色金融，支持低碳经济。公司严格落实污染防治要求，杜绝高耗能、高污染项目，支持节能减排项目，有效引导更多社会资源配置绿色环保领域；加强内部节能减排管理，降低水、电、汽油消耗，努力减少自身运营对环境的影响；推行电子公文、信息文档、盖章签报电子流转、办理，提倡双面打印、双面复印，鼓励使用视频会议、电话会议等绿色办公方式。

二是竭诚服务社会，普及信托知识。报告期内，公司以服务客户为中心，忠实履行受托责任，积极推进消费者权益保护工作，服务客户资金的保值增值，满足客户多样化金融需求。

四、2021 年发展规划

2021 年在严控风险的大前提下，公司将一手抓利润增长，一手抓创新转型。公司将通过非标融投资业务做稳利润，通过标品投资和资产证券化做转型；做大标品规模，短期为非标融资业务争取空间，长期为公司业务转型打下基础；千方百计弥补发行短板，扩大销售渠道，特别是标品信托的营销渠道，为做大信托业务规模提供保障。

一是统筹发展与风控。公司将全力推进新增业务拓展，加快实现重点业务和收益较高的项目落地，着力提升转型业务规模，完善配套考核和资源配置；牢固树立危机意识和底线思维，以“不出一单风险”为目标，坚决杜绝新增风险，认真落实“控风险促发展，在发展中调整，在调整中发展”理念，奋力开拓业务转型发展。

二是统筹内涵式增长与外延式增长。一方面，公司将提高主动管理类项目在资产端的议价能力，资金端进行发行成本的合理压降，提升信托报酬率；另一方面，公司将大力拓展业务范围和业务量，在现有利润的基础上做加法，进一步增厚公司利润。

三是统筹规模与效益。为避免信托规模大幅下降，公司应着力优化规模结构，以资产证券化、证券服务信托、信保合作、非标转标、标品固收等业务为突破口，分类突破，以增量带动存量，在业务规模总体稳定、适度提升的基础上进一步提高结构的质量和效益，保持公司收入稳定向上。

四是统筹标品与非标。根据监管导向，传统非标业务规模持续下行是大势所趋，标品业务决定未来非标业务的拓展空间。公司业务结构将从过去的非标业务单一支柱尽快转变成标品与非标双支柱，实现标品业务与非标业务相互支持、相互促进，共同提升公司效益。

五是统筹资产与资金。公司将开拓代销渠道和机构资金，加快资金体系建设，提升资金来源及客户结构多样化，提前为股权投资、标品固收、权益投资、服务信托等业务的发展储备与之相匹配的资产配置能力，丰富服务手段和产品工具，增强外部渠道的合作意愿与黏性，增强各类客户的满意度和忠诚度。

六是统筹固有资金与信托资金。在固有资金方面，公司将进一步增强自身的资本实力，通过增资扩股方式为业务发展、结构转型和效能提升提供可靠的净资本支撑，更好地发挥固有资金对整体收入的“稳定器”作用。在信托业务方面，公司将强化内外联动，发挥固有资金对信托创新业务孵化的“杠杆效应”，支持培育新的业务增长点。

紫金信托有限责任公司

一、2020 年经营概况

2020 年，紫金信托有限责任公司（以下简称公司）全体干部员工坚守“行远者，必有信”的经营理念，秉持“责任、专业、开放、分享”的企业文化，以让融资更便利、让投资更安全、让财富传承更久远为使命，围绕“为客户提供定制式服务的财富管理人”的愿景，不断迈进建设“特征鲜明的细分市场领军企业”步伐。公司围绕地方发展需求，充分发挥信托制度灵活高效的特点和优势，通过多种方式，提供定制化服务，为基础设施建设、产业升级、民生事业、绿色金融、乡村振兴等提供有力支持。

2020 年，公司取得经营业绩“十连增”，全年实现营业收入 11.65 亿元，同比增长 5.61%；利润总额为 8.01 亿元，同比增长 12.23%；净利润为 5.80 亿元，同比增长 9.01%；净资产收益率为 13.53%，截至 2020 年末，公司资产总额为 52.22 亿元。公司获评 2020 金融界领航中国金融行业年度评选的“杰出文化建设公司奖”“杰出财富服务品牌奖”，以及“2020 年度优秀信托公司”“卓越风险控制信托公司”“区域影响力信托公司”“优秀风控信托公司”等荣誉称号，获评江苏省财政厅“管理会计优秀案例奖”、江苏省金融机构金融消费者权益保护评估 A 级、南京市鼓楼区“经济发展突出贡献单位”称号，获得中国信托业 2020 年信托知识竞赛团体第一名。

（一）提升能力，向市场要深度

一是磨砺资产管理能力。2020 年，公司各个业务单元均着力提升自身资产管理的专业化能力，公司资产管理水平得到有效提升；产业金融规模达历史新高，多工具服务能力进一步加强；不动产业务实现创新业务标准化、服务工具多样化，标志性业务驾驭能力显著增强；普惠业务产品线不断丰富，高频交易业务实现落地；资产证券化业务厚积薄发，逐渐成为公司未来业务新的枢纽和发力点；固定收入投资能力逐步提升、策略组合不断丰富。

二是构建综合财富管理服务能力。财富管理业务作为公司核心竞争力的重要组成部分，持续构建和强化综合财富管理能力，是公司实现成为“为客户提供定制式服务的财富管理人”愿景的必由之路。2020年，公司为投资人实现收益77.88亿元，公司成立10年来，收益分配总额已达540.54亿元，所有项目均如期兑付。

三是锤炼风险管理能力。公司落实“风控创造价值”理念，从产品设计、产品营销、尽职调查、信息披露、风险揭示、投后管理等全流程增强受托管理能力，消除受托履职瑕疵，内控机制上重点加强中后台部门对前台业务部门的制衡监督；优化激励约束机制，从制度上防范逆向选择和道德风险。在公司一贯的风控政策指引下，2020年，公司未发生新增风险事项，公司资产质量持续保持良好水平；净资本和风险资本满足所有监管指标要求。

四是打造信息科技支撑引领能力。公司按照“轻（轻资产）、重（重架构）、强（强平台）、优（优效能）”的发展策略，加强科技赋能。

（二）提倡实干，向市场要厚度

一是普惠金融业务提升业务质量，妥善应对疫情。公司以“助业”系列贷款项目开展个人经营性抵押贷款业务，风险防范与贷款发放并重，满足小微企业主、个体工商户、创业新市民等群体差异化的融资需求，为新兴产业的培育与发展提供助力。

二是固收投资对标市场补短板，依托禀赋做特色。公司构建具有自身特色的债券投资信评体系和标准，并在实践中得以应用；夯实江苏省内城投债领域信用风险判断的比较优势，细化、深化自下而上的投研能力，实现对投资标的企业的投前尽调全覆盖、投后管理全覆盖，构建自身专属特色。

三是资产证券化业务用好金融工具包，厚积薄发。2020年，公司创设的资产证券化业务规模达105亿元。目前公司已实现ABS、ABN、CLO等各类品种的全覆盖，以及交易所、交易商协会、银行业信贷资产登记流转中心有限公司等各类场所的全覆盖。在具体业务中，公司在支持基础设施建设、民生保障、绿色金融、促进消费等多个方面进行了积极探索。

四是彰显社会责任，展现良好社会价值观。公司持续创设“紫金信托·厚德”系列公益慈善信托，截至2020年已成立10期，募集资金共870余万元，救助患有恶性肿瘤、尿毒症、先天性心脏病、白血病等重大疾病的困难家庭患儿约500人次，帮助困难家庭300余个，以避免受助家庭因病致贫、返贫。

五是疫情面前显担当，助力打赢疫情防控阻击战。面对突如其来的新冠肺炎疫情，公司先后发起设立5期“厚德博爱抗疫慈善信托”，累计募集善款580余万元，执行公益项目15个，提供呼吸机、监护仪、消毒机、医用防护服、医用外科口罩、N95口罩等医疗物资。

（三）提高协同，向市场要宽度

一是坚持党建引领，凝聚发展合力。公司贯彻《中国共产党国有企业基层组织工作条例

(试行)》，优化党总支委员会关于公司经营管理重大问题的前置决策程序，坚持党建工作与生产经营深度融合，以企业改革发展成果检验党组织工作成效。

二是完善公司治理，提升资本实力。公司不断完善法人治理结构，强化科学决策程序，加强内控管理体系建设，将董事会下设的专门委员会增设并调整为战略规划委员会、审计委员会、风险控制与关联交易委员会、信托与消费者权益保护委员会、薪酬与提名委员会，各专门委员会分工更加合理，公司治理进一步规范。

三是宣贯信托文化，升华企业文化。2020 年是公司成立 10 周年，也是信托行业建设信托文化的开局之年，公司围绕相关主题通过系列举措融合宣贯信托文化与企业文化。

四是立足以人为本，优化人才体系。经过近一年的论证、调研，公司新的人力管理体系于 2020 年落地。新的人才管理体系强调“以能力定岗，以业绩定薪，以考核为手段”，横向打通职业发展通道，纵向拉伸发展空间，为员工创造更多的职业成长机会，激发员工干事创业内生动力，为公司专业能力提升奠定扎实智力基础。

二、创新业务案例

案例：以科技赋能，为客户提供数字化财富管理服务

（一）背景

近年来，信托行业注重财富管理能力建设的转型趋势日益明显。与之相对应的是客户对信托公司的要求也不再仅限于财富保值和增值，而是在产品配置多元化、资产信息披露监控、数字化资产管理能力、服务体验数字化等方面，提出了更高的要求。

2020 年初，突如其来的新冠肺炎疫情，促使公司在财富管理业务方面的远程化操作、数字化运作需求更加迫切。为此，公司加速了财富管理业务的数字化转型进程。

（二）做法

经过充分准备，公司于 2020 年 9 月依托微信推出紫金信托小程序，为客户提供“无线、无感、无忧”的一站式线上服务，为客户在传统的现场办理模式之余，开辟了新的服务模式。紫金信托小程序基于移动互联设计，综合运用了当下先进的云计算、微服务、人工智能、音视频流、数字证书等多种底层技术，以及人脸识别、电子合同、身份要素鉴别、H5 等应用技术，并通过微信小程序平台、二维码等实现更为友好的用户触达和体验。

（三）成效

一是方便客户获取服务。2020 年，有 1000 余名紫金信托客户完成身份证手机四要素验证。在此基础上，众多客户通过紫金信托小程序完成了微信绑定、通信地址、人脸核验、银行卡绑

定，并最终实现了5.17亿元的远程产品认购。

二是取得自主知识产权。作为信托行业首家非APP式全流程对外服务平台，它具备良好的先进性和独创性。公司自主研发拥有完全知识产权并获得“远程双录”“六度”两项软件著作权证书。

三是助力财富品牌建设。在数字化转型实践成果的助力下，公司财富管理品牌的认可度进一步提高，在“金融界·领航中国”年度评选中，荣获“杰出财富服务品牌奖”，公司也在中国人民银行南京分行开展的2019年江苏省金融机构金融消费者权益保护评估工作中荣获A级。

三、社会责任履行情况

公司以“服务、民生、责任、底线、品质”的信托文化为指引，不断丰富“责任、专业、开放、分享”的企业文化内涵，以“诚”为本，以“信”为基，在严格履行受托人职责的同时，将社会责任理念和要求融入公司发展，履行企业公民的社会责任。

作为客户信赖的伙伴，公司围绕“为客户提供定制式服务的财富管理人”的愿景，以受托人利益最大化为原则，持续强化综合财富管理能力，构建多元化产品体系，严格把控产品风险，用专业服务为客户的财富增值保驾护航，助力客户生活品质提升。

作为员工成长的家园，公司秉承“以人为本”的人才发展理念，专注打造员工职业成长通道，营造良好工作环境，促进员工与公司共成长。

作为地方国有控股企业，公司将为实体经济服务作为出发点和落脚点，充分发挥信托制度优势，创新业务模式，将金融资本引入实体经济，促进民生改善，助力地方经济发展。

作为社会的成员，公司积极回馈社会，2020年11月，在“紫金信托·厚德”系列慈善公益信托计划的基础上设立“紫金信托·厚德10号”慈善信托，充分发挥信托专款专用、封闭管理、信息披露严格、财产独立的平台制度优势，汇聚各方力量扶危助困，帮助困难家庭的大病儿童及残障儿童。2020年初，面对突如其来的新冠肺炎疫情，公司充分发挥信托制度优势，设立“紫金·厚德博爱抗击疫情”系列慈善信托，先后成立助医、社区帮扶、中日友好等5个慈善信托项目，借助慈善信托助力一线疫情防控与医疗救助。

四、2021年发展规划

2021年，公司将以党建为引领，加强信托文化建设，树立良好的受托人文化，推动公司高质量发展。按照“固收+”业务架构，“坚持赛道换工具”，通过优化组织，发挥传统优势，在熟悉的“赛道”里大力发展标品业务；“坚持方向换思路”，完善产品和服务体系，持续培育资产配置能力和线上服务能力，更好地满足客户财富管理需求，加快向财富管理转型。

协会发展与成效

第一部分　信托行业季度评析

2020年第一季度中国信托业发展评析

中国信托业协会特约研究员　简永军

2020年第一季度，新冠肺炎疫情暴发对全球经济产生了巨大的冲击和影响，海外金融市场大幅度波动。在党中央坚强领导下，国内多项政策及时果断介入，逆周期调节力度显著加强，我国经济和金融市场成功抵御住了境外金融市场大幅波动的冲击，目前各项经济工作逐渐恢复正常。新冠肺炎疫情发生后，信托行业发挥灵活金融功能优势，募资支持实体经济复工复产，并充分发挥信托制度优势，发起设立慈善信托积极驰援疫情防控。2020年第一季度，信托行业资产回落放缓，结构进一步优化，主营业务收入增速提升，占比进一步增加，提质增效特征明显。与此同时，我们也需要看到疫情对信托行业带来的挑战，在经济增速稳定压力加大、金融加速扩大对外开放和信托行业转型升级的重要关口，信托行业应坚持服务实体经济和人民美好生活的导向，迎难而上，化危为机，加快转型创新和业务破局，进一步推动信托行业的高质量发展。

一、信托资产规模回落放缓，结构调整变化明显

（一）信托业务规模

2020年，信托行业积极响应监管号召，持续压降资产规模，2020年第一季度信托业务规模依然延续着自2018年以来环比持续下滑的态势，但是降幅持续变缓。截至2020年第一季度末，全国68家信托公司受托资产规模为21.33万亿元，较2019年第四季度末的21.60万亿元小幅度下降1.25%，环比幅度较2019年第四季度末的-1.78%收窄0.5个百分点；同比增速为-5.38%，较2019年第一季度末的-12.0%大幅收窄（见图1）。

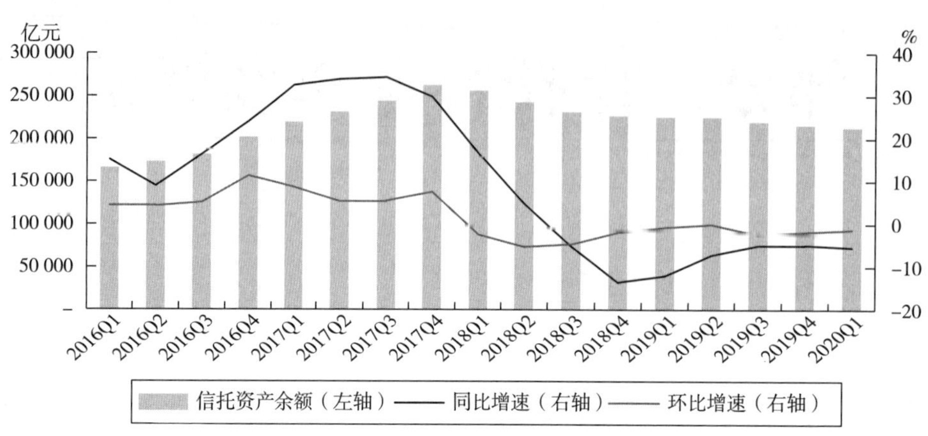

图1　2016Q1至2020Q1信托资产规模、同比增速及环比增速

（二）信托资金结构

从资金来源来看，截至2020年第一季度末，单一资金信托规模为7.68万亿元，占比为35.99%，较2019年第四季度末降低了1.11个百分点；集合资金信托规模为10.02万亿元，占比为46.99%，较2019年第四季度末提高了1.07个百分点；管理财产信托规模为3.63万亿元，占比为17.01%，与2019年第四季度末规模和占比基本持平。从信托功能来看，融资类信托余额为6.18万亿元，占比为28.97%；投资类信托余额为5.11万亿元，占比为23.94%，较2019年第四季度末提高了0.24个百分点；事务管理类信托余额为10.04万亿元，占比为47.09%，较2019年第四季度末降低2.21个百分点（见图2和图3）。

单一资金信托和事务管理类信托占比的持续下降，集合资金信托和投资类信托占比的不断提升，显示了信托行业正在持续推进结构优化和转型创新，效果不断显现。

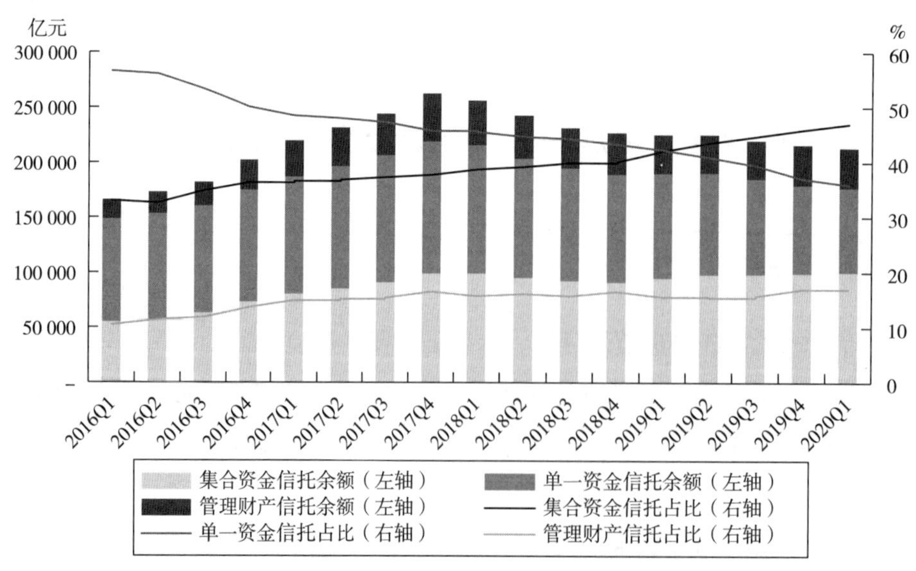

图2　2016Q1至2020Q1信托资产按资金来源分类的规模及其占比

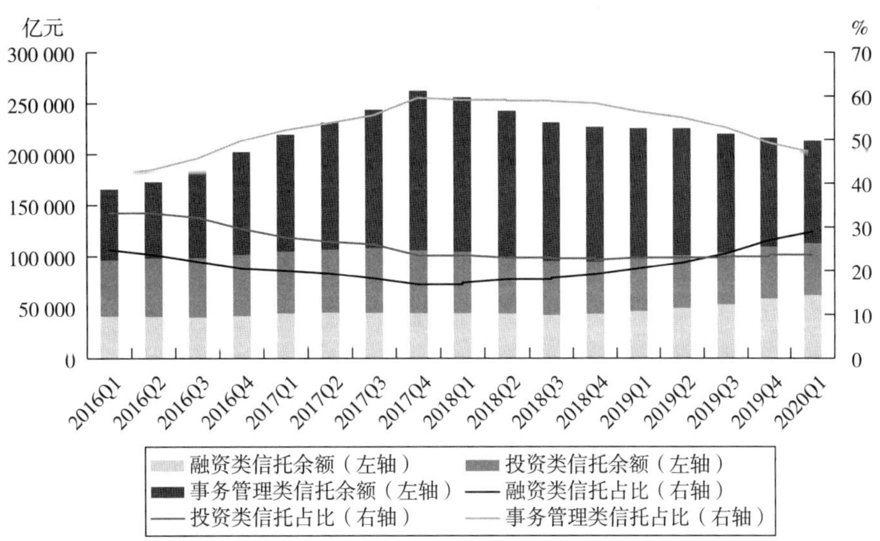

图 3　2016Q1 至 2020Q1 信托资产按功能分类的规模及其占比

（三）信托资金投向

服务实体经济转型升级，推动我国经济高质量发展，满足居民美好生活需求是信托业发展的使命和转型升级的方向。2020 年第一季度，信托业按照“六稳”和“六保”的要求，积极采取各项措施，稳步加大对实体经济和中小企业的资金投入，着重引导资金进入工商企业和基础设施领域，支持国家重大战略实施和企业复工复产，提高金融服务效率。截至 2020 年第一季度末，工商企业在资金投向中仍占据首位，基础产业、房地产、金融机构和证券市场分别位居第二至第五（见图 4）。

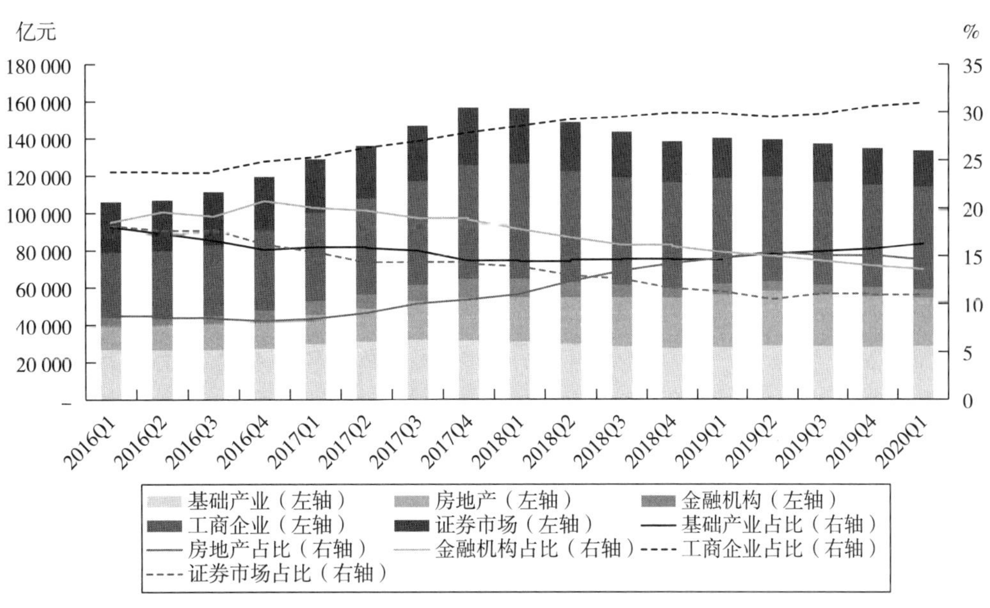

图 4　2016Q1 至 2020Q1 信托资产按投向分类的规模及其占比

1. 工商企业。自2012年第二季度以来，工商企业始终保持信托资金投向的第一大配置领域。2020年第一季度末，信托资金投向工商企业的信托资金总额为5.48万亿元，比2019年第四季度末略微减少52.09亿元；由于信托资产整体压降，工商企业信托占比较2019年第四季度末提升了0.38个百分点，达30.98%。从同比增速来看，工商企业信托较上年同期规模减小1 858.67亿元，但占比提升了1.18个百分点。工商企业信托规模占比的不断提升显示出信托结构不断优化，持续深化对实体经济发展、经济结构调整和企业复工复产的支持力度。

2. 基础产业。2020年，为了对冲新冠肺炎疫情造成的影响，扎实做好“六稳”工作，落实“六保”任务，宏观逆周期调节力度明显加大，基建项目投融资需求明显上升。截至2020年第一季度末，投向基础产业领域的信托资金总额为2.88万亿元，占比为16.27%，是信托资金的第二大投向领域；规模环比增加591.15亿元，占比环比提升0.55个百分点。从同比增速来看，2020年第一季度基础产业信托较上年同期增加了689.09亿元，增幅为2.45%，占比较上年同期增长了1.50%。自2019年以来，投向基础产业领域的信托资金占比持续提升，显示出信托业积极响应国家号召、落实宏观政策要求、支持新基建领域的发展，预计基础产业信托规模和占比会持续提升。

3. 房地产业。2020年，信托行业持续落实党中央“房住不炒”政策导向，持续降低对房地产信托的依赖程度，规模和占比都较2019年末明显收缩。2020年第一季度末，投向房地产领域的信托资金总额为2.58万亿元，较2019年末减少1 249.87亿元，较2019年第一季度末减少2 271.67亿元，幅度分别为-4.62%和-8.10%。从房地产信托占比来看，2020年第一季度末，房地产信托占比为14.57%，较2019年末和上年同期分别降低0.5个和0.18个百分点。2020年第一季度房地产信托规模和占比的下降，一方面是信托行业受到了疫情影响，在尽职调查等方面存在困难，影响了业务开展和落地；另一方面也充分说明信托业在严格落实党中央和中国银保监会对于房地产行业和房地产信托业务的发展要求，适度合理开展房地产业务，努力房地产市场平稳健康发展。

4. 金融机构。2020年第一季度末，投向金融机构的信托资金继续回落，去嵌套，降通道、治乱象效果进一步显现。截至2020年第一季度末，投向金融机构的信托资金总额为2.41万亿元，继续保持下行趋势；较2019年末减少974.88亿元，环比下降3.89%；较上年同期减少5 175.17亿元，同比下降17.70%；规模占比为13.60%，较2019年末降低0.36个百分点，较上年同期下降1.77%。

5. 证券市场。受国家大力鼓励发展直接融资和资本市场的影响，信托业加大对资本市场的研究和投入力度，加快转型创新，2020年第一季度末投向证券市场的信托资金总额为1.94万亿元，较上年末减少-180.97亿元，占比为10.97%，较上年末略微提升0.05个百分点。虽然投向证券市场的信托资金较2019年末略有下降，但占比开始有所提升。从内部结构来看，2020年第一季度末，投向股票的资金信托余额为4 710.84亿元，占比为2.66%，环比下降0.15%；投向基金的资金信托余额为2 459.60亿元，占比为1.39%，环比增长0.16%；投向债券的资金信托余额为12 241.27亿元，占比为6.92%，环比增长0.04%。投向股票的资金信托余额下降，投向债券和基金的资金信托余额增长，说明了信托行业不断巩固自身核心竞争力，在债券和大类资产配置领域持续发力，积极发展资本市场业务。当前，我国资本市场深化改革加速推进，未来发展空间十分广阔，信托公司要积极探索资本市场业务，发挥在固定收益领域的优势，贯彻大类资产配置理念，加快投研体系建设，提升主动管理能力。

二、信托行业经营业绩向好，资本实力稳步提升

（一）所有者权益

强大的资本实力是信托公司抵御外部风险，“行稳致远”的坚实基础。2020年第一季度，信托行业资本实力进一步增强。截至2020年第一季度末，信托行业68家公司所有者权益规模为6 429.06亿元，较2019年末增加112.79亿元，环比增长1.79%，同比增长7.90%。从所有者权益的构成来看，截至2020年第一季度末，实收资本为2 847.20亿元，环比增加4.8亿元，占所有者权益的比重为44.29%；未分配利润为1 923.90亿元，环比增加104.77亿元，占所有者权益的比重为29.93%；信托赔偿准备为295.39亿元，环比增加4.15亿元，占所有者权益的比重为4.59%（见图5）。在信托业务规模稳步下降的情况下，信托行业的实收资本、信托赔偿准备和未分配利润都保持稳健的增长，信托行业抵御风险的能力不断增强。

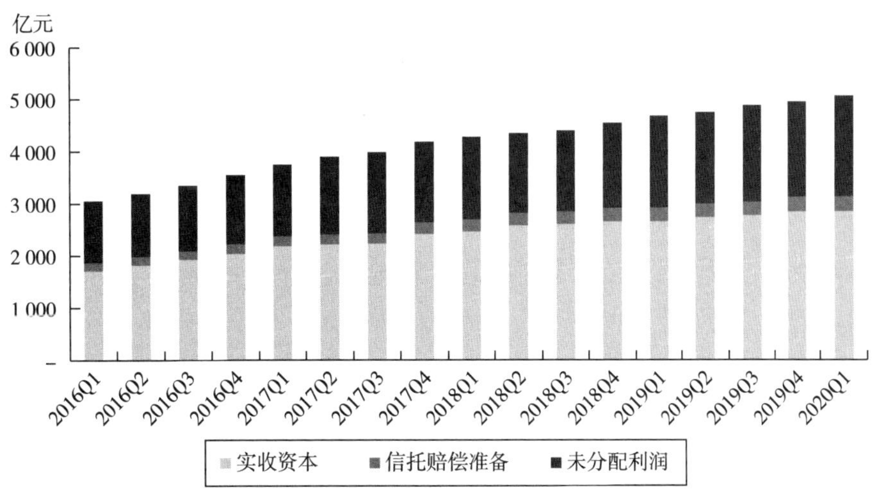

图5 2016Q1至2020Q1所有者权益趋势变动

（二）固有资产

截至 2020 年第一季度末，68 家信托公司固有资产规模达到 7795. 53 亿元，较 2019 年末增加 118. 42 亿元，环比增长 1. 54%；较 2019 年同期增加 525. 72 亿元，同比增长 7. 23%。从结构来看，投资是固有资产运用中的最主要的方式，截至 2020 年第一季度末，投资类固有资产余额规模为 6 245. 18 亿元，占比为 80. 11%；规模较 2019 年末增加 195. 85 亿元，占比提升 1. 32 个百分点。截至 2020 年第一季度末，固有资产中的货币类资产为 482. 38 亿元，同比增加 90. 58 亿元，增幅为 23. 12%；贷款规模为 408. 95 亿元，占比为 5. 25%（见图 6）。

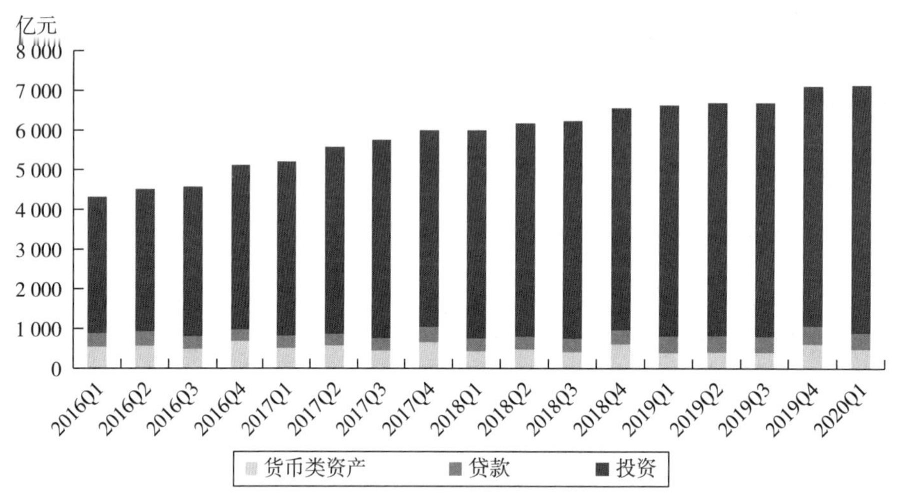

图 6　2016Q1 至 2020Q1 固有资产趋势变动

（三）经营业绩

2020 年第一季度，虽然受到新冠肺炎疫情的冲击，但信托行业加快转型升级的步伐，成功抵御住了经济和下行压力，经营收入和主营业务收入同比增长明显，主营业务占比进一步提升，提质增效进一步显现。2020 年第一季度，信托业实现经营收入 255. 65 亿元，较上年同期增长 10. 88%，增速较 2019 年末的 2. 93% 显著提升了 7. 95 个百分点（见图 7）。

从收入结构来看，2020 年第一季度，信托业务收入为 190. 59 亿元，同比增长 13. 16%，较 2019 年末的 12. 60% 增速提升了 0. 55 个百分点；信托业务收入占比为 74. 55%，较 2019 年末提升了 4. 72 个百分点，为近 4 年的第二高水平，仅次于 2018 年的 74. 80%；投资收益和利息收入分别为 45. 16 亿元和 12. 27 亿元，较上年同期分别下滑 4. 21% 和 2. 60%。从利润总额来看，2020 年第一季度，信托行业实现利润总额 166. 10 亿元，同比下滑 10. 2%（见图 8）。从总体来看，信托营业收入和信托业务收入同比回升幅度明显，充分体现出信托公司提升主业经营能力的效果不断显现。

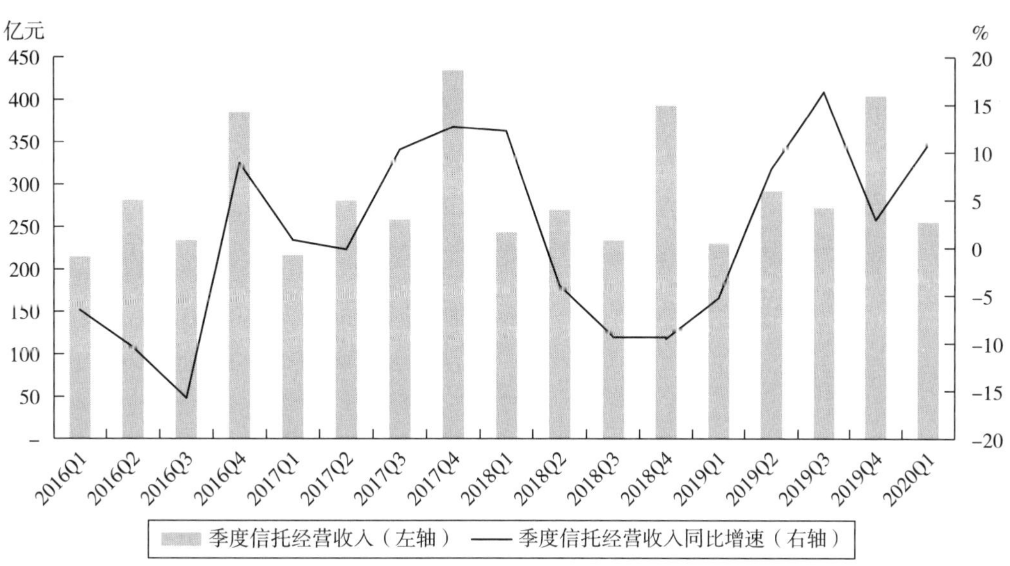

图 7　2016Q1 至 2020Q1 季度经营收入及同比增速

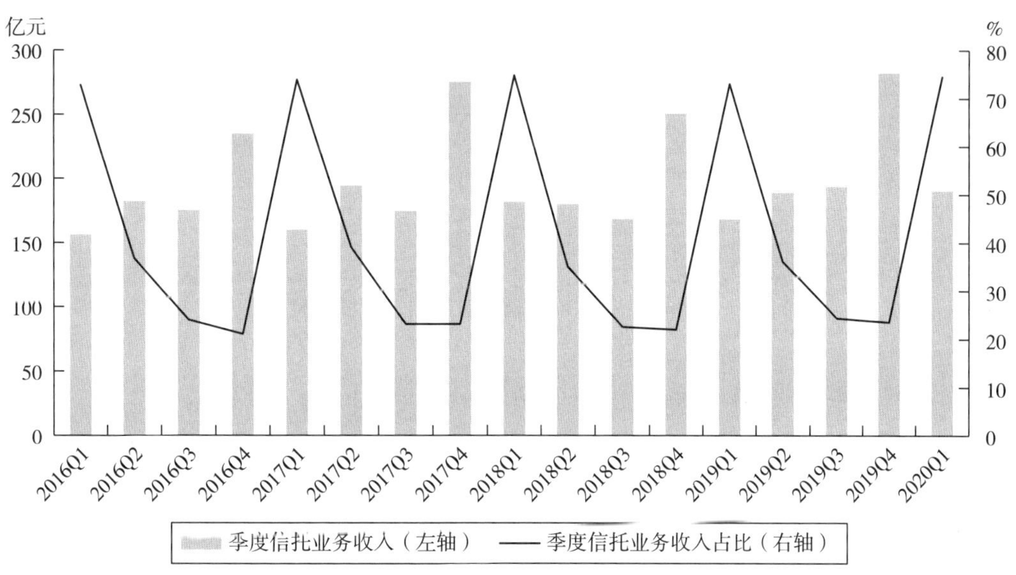

图 8　2016Q1 至 2020Q1 信托业务收入及占比

三、风险暴露仍在持续，但行业风险整体可控

（一）风险资产规模和项目数量呈增长态势

随着风险资产规模的增加及行业整体信托资产规模的压降，信托资产风险率也在持续提

升。2020 年第一季度末，信托业资产风险率为 3.02%，较 2019 年末增长了 0.35%；但环比增幅较 2019 年末的 0.57% 降低了 0.22 个百分点。从风险项目数量和风险资产规模的环比变动来看，2020 年第一季度末，信托业风险项目个数为 1 626 个，环比增加 79 个，增幅为 5.11%。2020 年第一季度末，信托行业风险资产规模为 6 431.03 亿元，环比增加 660.56 亿元，增幅为 11.45%。从同比来看，2020 年第一季度末信托项目数量和风险资产规模同比增幅分别为 61.63% 和 127.20%（见图 9）。

2020 年第一季度，在新冠肺炎疫情及监管部门加大风险排查力度的影响下，信托行业风险仍在持续暴露。但预计信托风险资产规模变化在 2020 年将趋平稳，行业风险整体可控。

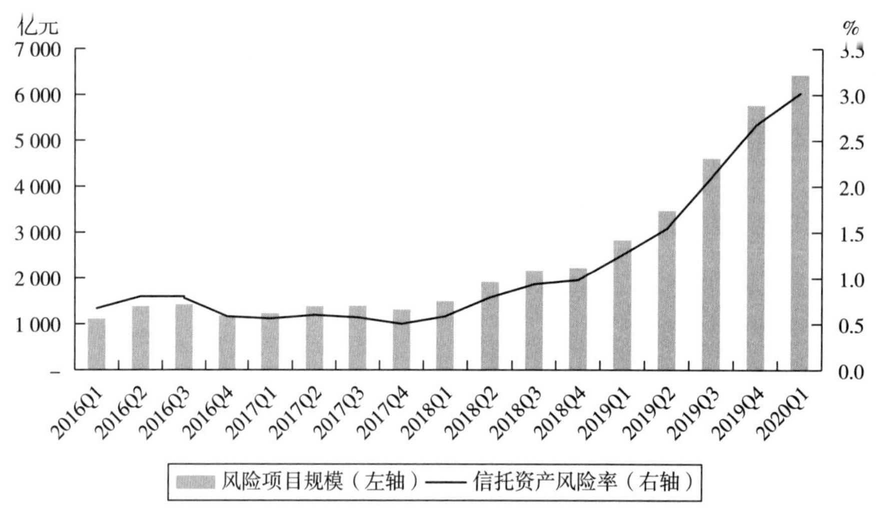

图 9　2016Q1 至 2020Q1 信托风险资产规模与风险率

（二）集合信托风险资产规模环比增幅明显下降

从信托行业风险资产分类来看，2020 年第一季度，三类信托的风险仍在提升。其中，集合信托风险资产规模为 3 948.83 亿元，较 2019 年末的 3 451.80 亿元增加 497.03 亿元，环比增长 14.40%，增幅较 2019 年末的 28.35% 明显降低，集合信托风险资产规模占全部风险资产规模的比重为 61.40%，占比较 2019 年末的 59.82% 提升了 1.58 个百分点；单一信托的风险规模为 2 414.08亿元，环比增加 150.99 亿元，环比增幅为 6.67%，占全部风险资产规模比重为 37.54%；财产权信托的风险资产规模为 68.12 亿元，较 2019 年末的 55.58 亿元增加 12.54 亿元，规模和占风险资产的比重都处于较低水平（见图 10）。

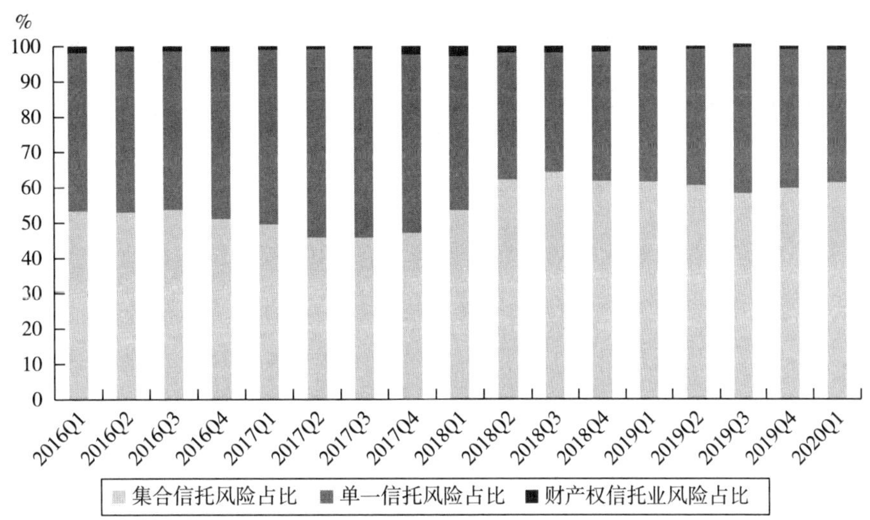

图 10　2016Q1 至 2020Q1 信托风险资产结构

四、助力疫情防控，加快高质量发展步伐

当前，我国新冠肺炎疫情防控“阻击战”取得了重大战略成果，但国际疫情持续蔓延使得国际社会不确定因素显著增多，企业复工复产和经济社会发展面临新的困难和挑战，这也给信托业带来了新的任务和挑战。面对国内外社会和经济发展的新形势，一方面，信托公司应大力弘扬信托文化，充分发挥信托的制度优势，踊跃设立慈善信托，汇聚社会慈善力量继续精准支持新冠肺炎疫情防控；继续加强对实体经济的支持力度，帮助企业复工复产和支持中小企业融资需求；另一方面，信托公司应顺应金融扩大开放、行业监管要求和大资管行业发展新趋势，改革组织架构和激励机制，调整业务结构，加速转型升级；逐步压降融资类信托业务，大力发展投资类、服务类和财富管理业务，构建信托特色的投研体系建设，提高主动管理能力，推动行业实现新一轮高质量发展。

（一）助力疫情防控，支持复工复产

疫情就是命令。自新冠肺炎疫情暴发以来，信托行业迅速行动，积极发挥信托制度在抗击疫情中的作用，尽快落实慈善信托，支持防疫一线，坚决打赢疫情防控阻击战。2020 年第一季度，全国共设立抗击疫情慈善信托 66 单，总资金规模达 1.43 亿元，主要用于支持关爱医护人员、援助医院抗疫、救助受灾群体、支持社区工作者、关爱疫区建筑农民工和湖北地区运输司机等，其中中国信托业协会倡导成立的“中国信托业抗击新型肺炎慈善信托”规模达 3 090 万元。未来，随着疫情防控进入常态化状态，信托行业将继续发挥慈善信托架构优势，积极引导

和筹集社会各界爱心资金助力受疫情影响严重的地区复工复产。同时，信托公司将继续通过设立疫情防控 ABS、认购疫情防控债、股权投资等方式，加大对实体企业的资金投入，全力支持受疫情影响企业的正常经营，为全社会的复工复产贡献信托力量。

（二）弘扬信托文化，坚定转型发展信心

信托文化是推动信托业稳健发展的最坚定力量。在 2019 年中国信托业年会上，监管部门计划从 2020 年开始连续用五年的时间，开展信托文化教育年、信托文化普及年、信托文化确立年、信托文化深化年、信托文化提升年的主题活动，在全行业开展信托文化建设工程，推动信托文化建设有步骤、有计划地向纵深开展，最终建成有中国特色的信托文化。弘扬信托文化功在当下，利在长远。目前，行业内多家信托公司已经制定了文化建设方案，坚定扎实推进信托文化建设，增强转型发展信心。

（三）压降融资类信托业务，逐步提升综合金融服务能力

在利率持续下行、扩大直接融资占比和信托融资类业务监管要求不断提高的背景下，传统的融资类业务模式已无法支持信托公司高质量发展的要求。信托公司应该积极主动作为，转变融资类业务的发展模式，利用信托公司在客户经营、信托贷款、受托服务、投资管理和财富管理方面的优势，打通融资类业务的链条，为客户提供一体化综合化的金融服务。在客户经营方面，信托公司应扩大自己客户服务范围，加大与工商企业和中小企业的合作力度，运用综合化的金融服务一方面为不同类型、生命周期的企业提供个性化的金融服务，另一方面还可以降低实体经济和中小企业的融资成本。

（四）加快转型升级，大力发展投资信托、服务信托和财富管理

投资信托、服务信托和财富管理是信托未来重要的发展方向。第一，信托公司要努力提高自身在资本市场和标准化产品方面的投研能力，丰富产品形式，以客户为中心，搭建从现金管理、债券投资、FOF/MOM、权益投资、私人股权投资等立体化产品线。第二，信托公司要加速回归本源，在家族信托、慈善信托、员工持股信托、遗嘱信托、企业年金信托等方面充分发挥出信托制度的魅力，大力开展服务类信托业务。第三，信托公司应从客户角度出发，在产品体系、渠道体系和客户经理体系三个方面加大建设力度，发展财富管理业务，为居民美好生活提供价值。

（五）优化组织架构和激励机制，提高“一体化”展业效率

信托行业具有跨市场经营和决策效率高的优势，但在经济下行压力加大、金融加速扩大对

外开放和大资管行业统一竞争的新形势下，信托行业主动管理能力需待提升，从“大”向“强”诉求也越来越强烈。2020 年 1 月颁布的《信托公司股权管理办法》从信托公司股东、信托公司和监管部门层面构建了“三位一体”的信托公司股权管理框架，进一步规范了信托公司的治理机制，提升了管理运作效率，为信托业务的转型升级奠定了坚实基础。信托公司应加快落实《信托公司股权管理办法》，在加大业务转型升级的力度和决心的同时，从基础制度和“四梁八柱”入手，针对不同类型风险属性的业务制定差异化的组织架构和激励机制；并借助金融科技的力量，打通前台、中台、后台在信息共享和决策共担方面的梗阻，提升“一体化、精细化”展业效率，增强大资管市场的核心竞争力。

（六）构建信托特色的投研体系，支持各业务板块高质量发展

投资类资金信托、服务信托、公益信托是信托业未来发展的三大业务方向，在实现高质量发展的过程中，虽然这些业务的风险属性和管理要求不同，但都需要扎实有力的研究进行展业支持，以提高展业的精准性、效率性和风险合规防控能力。有别于银行理财子公司、保险资管、证券公司和公募基金等其他资管同业，信托公司业务类型丰富，风险类别多样，信托公司需要积极探索构建符合信托业发展要求的投研体系，显著提高各业务板块市场竞争力。

（七）强化风控建设，筑牢合规底线

高质量的风控合规建设，是行业高质量发展的基础条件。在我国经济结构持续转型和信托行业持续发展过程中，信托行业前期积累的风险逐渐开始“水落石出”，这是行业高质量发展的必经过程，行业整体风险仍处于可控水平。当前，我国金融行业加速对外开放，各种风险因素将显著增加，“黑天鹅”“灰犀牛”事件可能不断出现，信托行业要以更大的力量强化风控合规体系建设，巩固各道“防线”，坚决筑牢底线，为信托公司回归本源、实现高质量发展打下坚实基础。

2020年第二季度中国信托业发展评析

复旦大学信托研究中心主任　殷醒民

2020年第二季度，我国统筹疫情防控和经济社会发展工作取得重大成果。经济稳步恢复，复工复产逐月好转，第二季度经济增长明显好于预期，经济结构持续优化。中国信托业坚持新发展理念，推动行业高质量发展，一是在压缩信托资产规模的前提下优化信托资金来源结构，第二季度末的集合信托与管理财产信托合计占比为65.37%，表明信托业的主动管理业务占比已接近2/3，是推动行业转型发展的实际成效；二是始终将服务实体经济置于重要位置，截至第二季度末，信托行业直接投入工商企业和基础产业的资金信托达8.46万亿元，占全部信托资金余额的47.88%，为实体经济提供了多元化的金融服务。当前，信托业运行平稳，风险整体可控。

一、信托资产规模平稳下降，资本实力不断增强

（一）第二季度信托资产降幅收窄，资金来源结构优化

对过去五年信托资产规模变动的分析显示，信托资产规模从快速扩张转为持续收缩，截至2020年第二季度末，信托资产规模为21.28万亿元，同比下降5.56%，比年初减少3 250.48亿元；环比下降0.22%，降幅收窄。这是自2017年第四季度以来信托业管理资产规模连续10个季度下降。从2020年两个季度下降数来看，2020年第一季度末比2019年第四季度末减少2 772.93亿元，2020年第二季度末比第一季度末减少477.55亿元（见图1）。

随着“去通道、去嵌套”监管政策的要求下，信托资产规模进入了平稳下降期，2019年第三季度末至2020年第二季度末的4个季度同比与环比增速下降较为平稳。

从资产来源来看，截至2020年第二季度末，集合信托规模为10.29万亿元，占比为48.35%，占比同比提升了4.78个百分点，比第一季度末的46.99%提升1.36个百分点。单一信托规模为7.37万亿元，占比为34.63%，占比同比降低了6.33个百分点，比第一季度末的35.99%降低了1.36个百分点。管理财产信托为3.62万亿元，占比同比提升了1.55个百分点，占比环比下降0.2%（见图2）。随着信托业持续推动业务转型，资金来源结构正在优化。

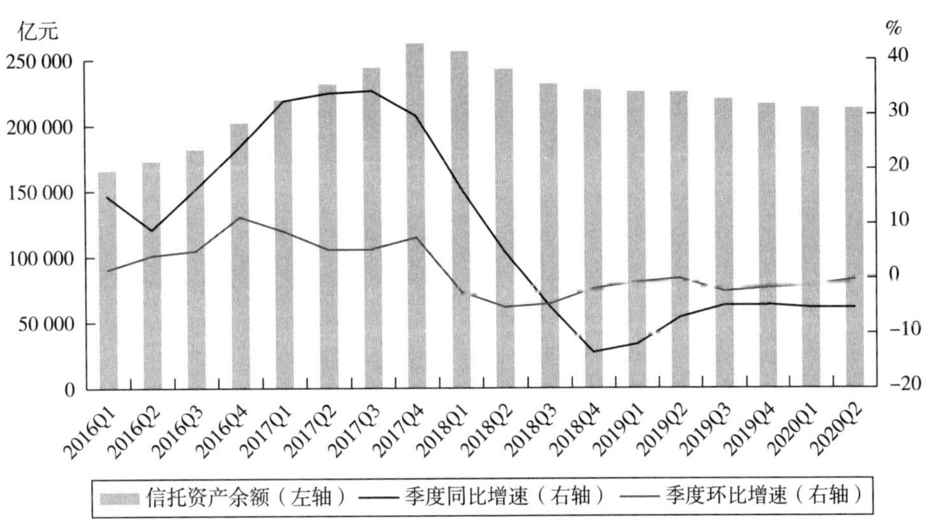

图 1　2016Q1 至 2020Q2 信托资产规模变动情况

一是 2019 年 6 月末，集合资金信托占比为 43. 57%，仅比单一资金信托占比的 40. 97% 提升了 2. 6 个百分点；到 2020 年 6 月末，集合资金信托占比已增长到 48. 35%，比单一资金信托占比的 34. 63% 提升了 13. 72 个百分点。

二是 2020 年 6 月末的集合资金信托与管理财产信托合计占比为 65. 37%，表明信托业的主动管理业务占比已接近 2/3，这是推动行业转型发展的实际成效。

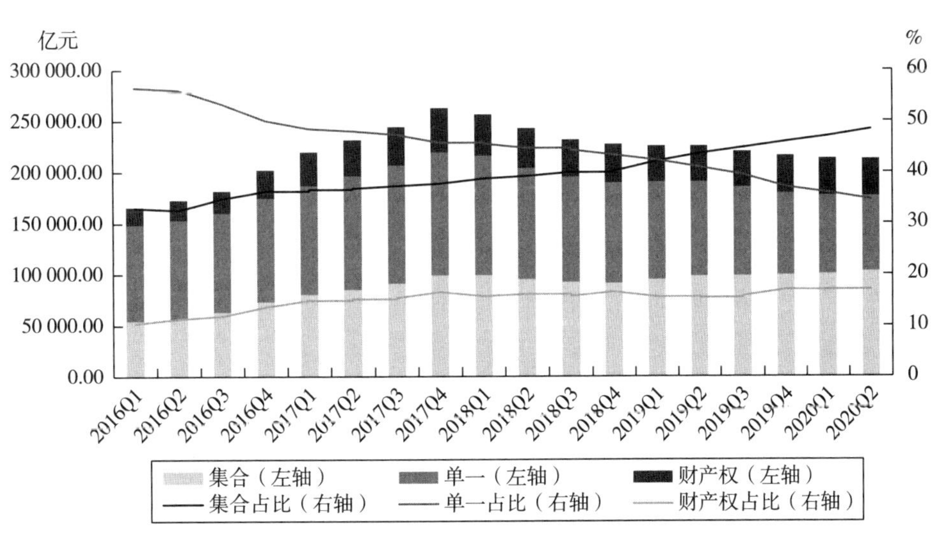

图 2　2016Q1 至 2020Q2 信托资产来源结构变动态势

2020 年上半年，集合信托市场持续升温，一方面，在融资类业务规模受到压缩和限制的背景下，信托公司大力发展标准化产品市场，短期内集合信托产品规模大幅上升；另一方面，随着疫情缓解和经济活动开始有序恢复，加上递延的市场需求，使集合信托产品增长。

分析新增信托数及其占比更能说明问题。图3比图2有关信托资产来源结构变动更能反映出信托业减少单一信托数量和占比所作的努力。2020年第二季度末，新增集合信托与财产信托合计占比为77.52%，确实表明信托业提高主动管理能力的成效是显著的。

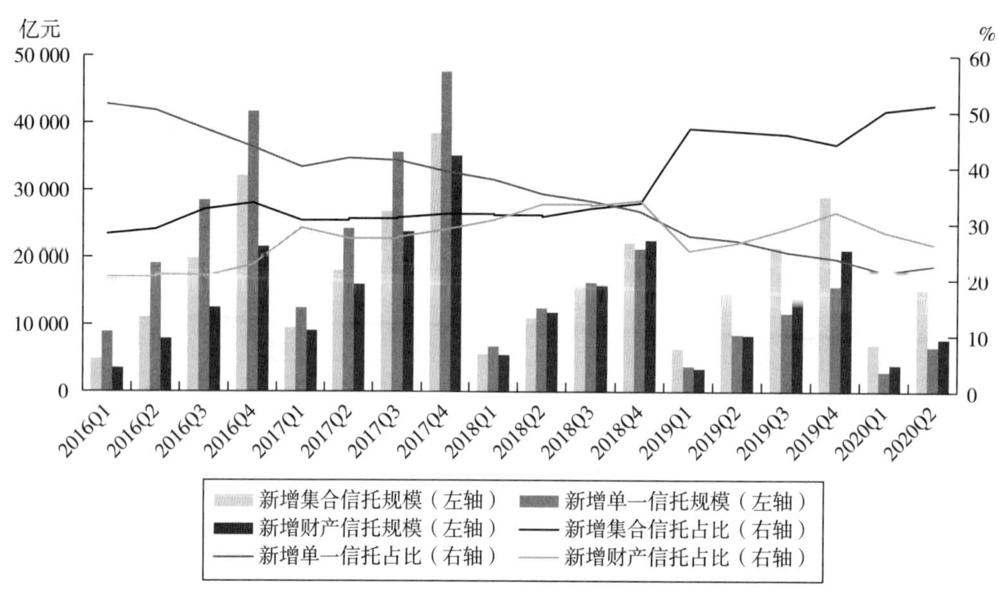

图3　2016Q1至2020Q2新增信托来源结构变动（当年累计值）

2018年第四季度末，新增集合信托占比为33.67%，新增单一信托占比为32.19%，新增财产信托占比为34.14%，几乎是三分天下。此后的6个季度则是差异很大的变动态势，2020年第二季度末新增集合信托为1.52万亿元，占比增长到51.19%，同比2019年第二季度末占比的46.46%提升了4.73个百分点，环比2020年第一季度末占比的50.19%提升了1个百分点。同期的新增单一信托为6 676.31亿元，占比为22.48%，同比2019年第二季度末占比的26.95%降低了4.47个百分点；2020年第二季度末新增财产信托为7 817.29亿元，占比为26.32%。从图3的曲线变动可以看出，新增集合信托占比与单一信托占比变动基本上是此消彼长，集合信托占比沿着上行线攀升。

从信托资产功能划分来看，截至2020年第二季度末，事务管理类信托为9.58万亿元，同比2019年第二季度末的12.42万亿元下降22.87%，环比第一季度末下降4.62%。事务管理类信托占比从2019年第二季度末的55.12%下降到2020年第二季度末的45.02%，降低了10.1个百分点；环比第一季度末降低了2.07个百分点。融资类信托为6.45万亿元，环比增长4.33%；第二季度末占比为30.29%，环比第一季度末占比的28.97%提升了1.32个百分点（见图4）。要引起重视的是，一方面，融资类信托是当前信托业主要的业务类型之一；另一方面，压降融资类信托业务是基本趋势。信托公司要响应监管要求，逐步压缩违规融资类业务，同时要加快业务模式变革，如提高标准化产品（包括股票、债券等）的配置比例，更应着力于提高标准化资产的投研能力和标准化资产产品的收益率，增强信托产品竞争力。

2020 年第二季度末，信托资产运用中的投资类资金为 5.25 万亿元，比第一季度末增加 1 481.10亿元。投资类信托占比一直呈现非常缓慢的爬升，2020 年第二季度末占比为 24.69%，同比 2019 年第二季度末上升 1.64 个百分点，环比第一季度末上升 0.75 个百分点。投资占比略有上升，显示出推动转型所取得的点滴进步。信托业要提升专业投资能力，就要转变多年来依靠“通道”获取收益的做法，业务模式的转变需要思路，信托公司要提高对市场变化的把控能力，分析新冠肺炎疫情冲击下新的投资机会，并在开展信托业务的同时紧紧围绕畅通资金流向实体经济的渠道上做文章。

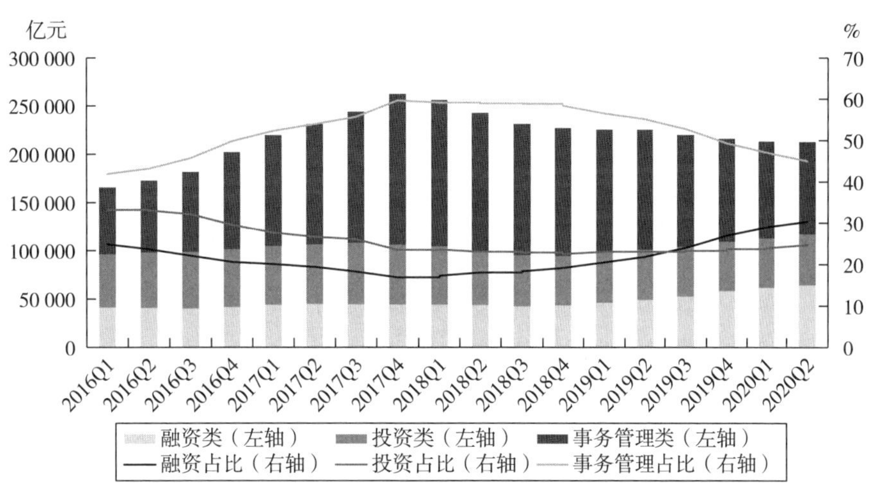

图 4　2016Q1 至 2020Q2 信托资产按功能分类的规模与占比

（二）固有资产保持增长，资本实力不断增强

信托公司资本实力增强，既有利于开拓新的业务，也有利于防控可能出现的各类金融风险。截至 2020 年第二季度末，68 家信托公司固有资产为 7 891.43 亿元，同比 2019 年第二季度末的 7 342.18亿元增长 7.48%，环比第一季度末的 7 795.53 亿元增长 1.23%。近年来，投资类在固有资产运用中的占比是上升的，2020 年第二季度末占比为 81.24%，比 2019 年第二季度末占比的 80.06% 和 2020 年第一季度末占比的 80.11% 是小幅上升的（见图 5）。

货币类资产为 409.75 亿元，同比略微增长 0.92%，环比下降 15.06%。在固有资产运用中的占比为 5.19%，占比同比降低 0.34 个百分点，占比环比下降 1 个百分点。贷款类资产为 476.84 亿元，同比 2019 年第二季度末的 409.31 亿元增长 16.50%，占比为 6.04%，略高于 2019 年第二季度末占比的 5.57%。

与证券公司和基金管理公司等金融机构相比，许多信托公司自身的投资能力较弱，应当加大“补短板”的力度。信托公司要借助于增强的资本实力去探索新的投资方式，为疫情防控和经济发展中急需资金的实体部门提供项目融资、股权融资、债券融资等多种方式，在实践中丰富固有资产的投资模式。

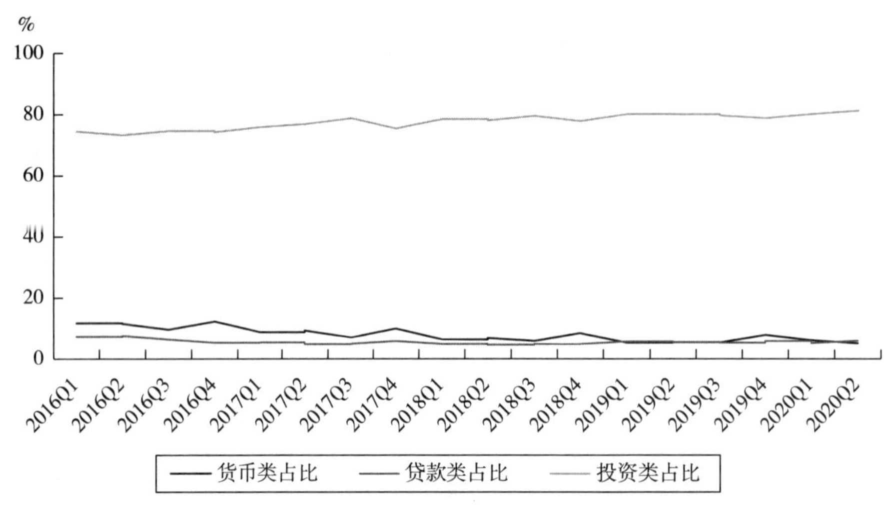

图 5　2016Q1 至 2020Q2 固有资产运用方式结构变化

从所有者权益的构成来看，截至 2020 年第二季度末，实收资本为 2847. 20 亿元，同比 2019 年第二季度末的 2 734. 15 亿元增长 4. 13%。考虑到同一时期的信托资产规模同比下降 5. 56%，信托业的资本实力不断增强。在一个不稳定性及不确定性较大的内外经济形势下，信托公司仍然要重视资本实力，这是抵御风险冲击的有力之盾。2020 年上半年，有多家信托公司正采取增资扩股提升资本实力的行动，预期下半年有更多的信托公司会加入增资扩股的行列中。

2020 年第二季度末，未分配利润为 1 967. 75 亿元，同比 2019 年第二季度末的 1 749. 05 亿元增长 12. 50%，环比第一季度末的 1 923. 90 亿元增长 2. 28%。

通常说来，宏观经济下行期间的金融风险会有所暴露。当前经济尚未全面恢复，疫情仍有较大不确定性，所带来的金融风险也存在一定时滞，信托业就需要提高信托赔偿准备，以应对和处置可能出现的更多风险点，在化解存量风险的同时，要防止新增风险。截至 2020 年第二季度末，信托赔偿准备金为 296. 01 亿元，同比 2019 年第二季度末的 266. 38 亿元增长 11. 12%，环比第一季度末的 295. 39 亿元增长 0. 21%。信托赔偿准备金占所有者权益比例从 2019 年第二季度末的 4. 45% 提高到 2020 年第二季度末的 4. 56%。第二季度末的信托赔偿准备金比第一季度末增加了 6 131. 11 万元，赔偿能力有了提升。

截至 2020 年第二季度末，信托业净资产为 6 492. 5 亿元，同比增长 8. 55%，风险抵补能力进一步增强。当下信托业风险总体可控，但一定要把可能的风险损失考虑进去。为此，信托业需要有足够的资金实力，备足了“弹药”才能提高应对未来风险的抵御能力。

二、信托业务运行平稳，第二季度业绩改善

2020 年上半年，在新冠肺炎疫情冲击下，信托业务开展暂遇困难，信托业坚持质量优先与风险可控的业务经营原则，紧紧围绕服务实体经济和提升金融服务效率方面来调整各项业务工作，构建和完善了多层次、多渠道、有特色的信托业服务实体经济的产品体系和服务体系，取得了明显进展。

（一）信托经营业绩稳中有升

2020 年第一季度信托业受到疫情及经济下行的冲击，业务开展受阻。第二季度随着疫情得到有效控制和复工复产的持续推进，信托业也逐步修复业绩。截至 2020 年第二季度末，信托业实现经营收入 550. 52 亿元，同比 2019 年第二季度末的 522. 95 亿元增长 5. 27%；第二季度营业收入为 294. 86 亿元，比第一季度的 255. 65 亿元增长 15. 34%。

2020 年上半年全行业 68 家信托公司的信托业务收入为 401. 34 亿元，同比增长 12. 23%；第二季度信托业务收入为 210. 75 亿元，比第一季度的 190. 59 亿元增长 10. 58%。2020 年第二季度末，信托业务收入占经营收入占比为 72. 90%，高于 2019 年第二季度末的 68. 38%。图 6 为 2016 年第一季度至 2020 年第二季度信托业务收入及其同比增速。

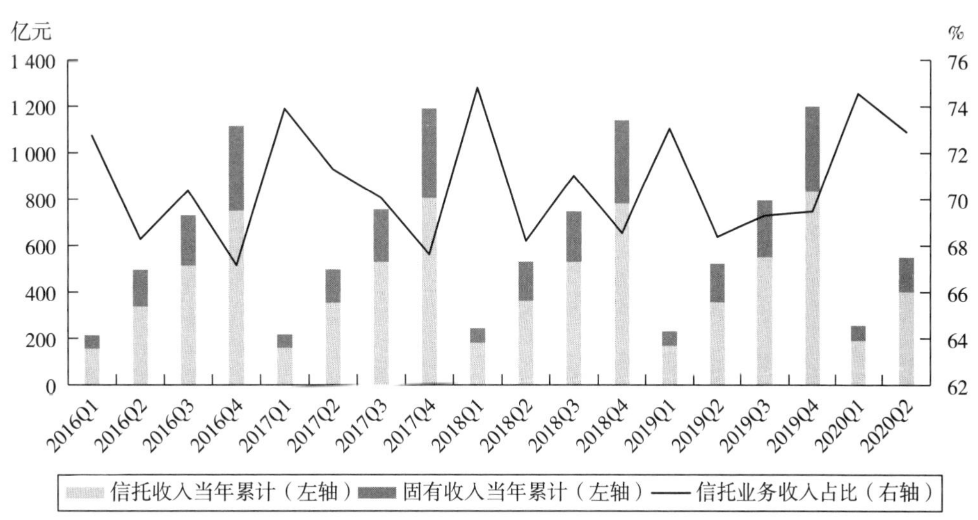

图 6　2016Q1 至 2020Q2 信托业务收入及其同比增速变动

在经营收入中，2020 年第二季度末的投资收益为 107. 52 亿元，同比 2019 年第二季度末的 126. 55 亿元下降 15. 04%。投资收益占比为 19. 53%，低于上年同期 24. 20%，高于第一季度末

的 17.66%。第二季度的投资收益有一个明显提高，达到 62.36 亿元，环比第一季度的 45.16 亿元增长 38.09%，比第一季度增加 17.2 亿元（见图 7）。

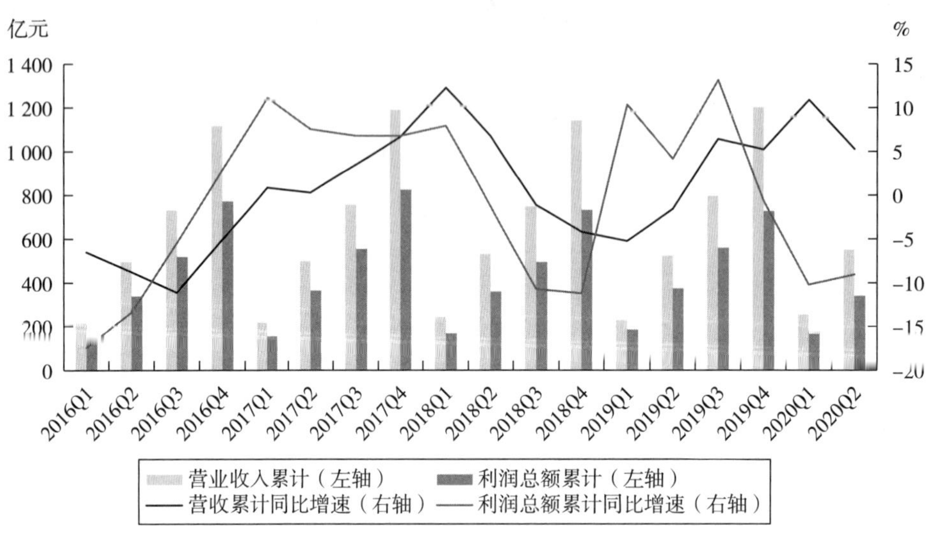

图 7　2016Q1 至 2020Q2 营业收入与利润总额当年累计值及其同比增速

（二）第二季度利润环比增长

2020 年第二季度末，信托业利润为 341.02 亿元，同比 2019 年第二季度末的 374.96 亿元下降 9.05%；第二季度利润为 174.92 亿元，环比第一季度的 166.10 亿元增长 5.31%，盈利状况保持良好。2020 年第二季度人均利润为 59.51 万元，同比 2019 年第二季度的 64.99 万元下降 8.43%，环比第一季度的 54.48 万元增长 9.23%。

2020 年第二季度利润增加是与防控新冠肺炎疫情的同时加快复工复产的经济运行态势改善有关，信托业不断落实中共中央和国务院的复工复产部署，攻坚克难，将原有信托项目按时推进与新项目设立更好结合起来，取得了稳定信托业务收入和促进利润增长的良好效果。第三季度、第四季度要乘势而上，把上半年的损失弥补回来，预期未来两个季度信托业的经营收入和利润将稳步提升。

根据各家信托公司年报，上半年盈利增速出现分化，信托公司之间差距较大，头部信托公司盈利优势显著；部分信托公司出现净利润下滑，少数信托公司跌入亏损行列，这类信托公司要扫清各类风险雷点，努力开拓新的业务，逐步实现业绩稳步改善。

（三）信托报酬率提升

2020 年第二季度末，68 家信托公司涉及的清算项目 1 685 个，年化综合实际收益率为 6.25%，同比 2019 年第二季度的 4.49% 要高。平均年化综合信托报酬率为 1.26%，比第一季度的0.66%高得多，这同信托业务结构转向主动管理能力提升有关。

三、服务实体经济取得新进展，关注资本市场新动向

金融要服务实体经济，实体经济是一国经济的立身之本，是经济发展的基本力量。自2016年以来，信托业服务实体经济部门的资金占比以一个较为快速的幅度在提升，工作力量正向实体经济部门加强。当前，信托业按照“六稳”“六保”要求，结合新冠肺炎疫情防控要求，推进生产生活秩序全面恢复，引导更多资金流向实体经济部门。

截至2020年第二季度末，资金信托为17.66万亿元，同比2019年第二季度末的19.05万亿元下降7.30%，环比第一季度末的17.70万亿元下降0.23%。从资金信托在五大领域的占比来看，2020年第二季度末的排序是工商企业（31.51%）、基础产业（16.37%）、房地产（14.16%）、金融机构（12.84%）、证券市场（11.71%）。鉴往而知未来。图8是2016年第一季度至2020年第二季度信托资产投向分类的规模及其占比，可以看到过去4个季度工商企业信托余额占比和基础产业信托余额占比持续上升，而证券市场信托余额占比在2020年第二季度出现微升。

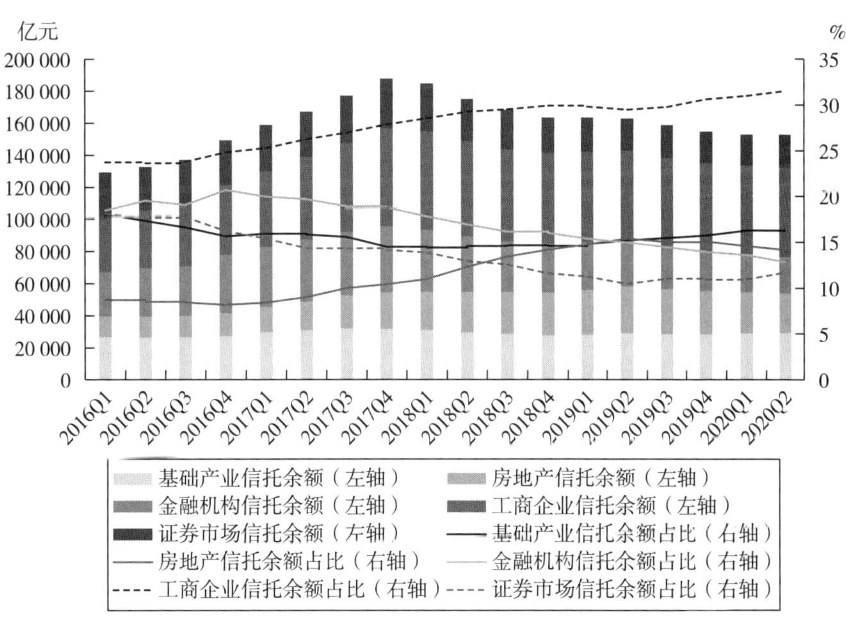

图8　2016Q1至2020Q2信托资产按投向分类的规模及其占比

（一）工商企业

资金信托流向工商企业有5.56万亿元，同比2019年第二季度末的5.61万亿元下降0.89%，

环比第一季度末的5.48万亿元增长1.46%。2020年第一季度和第二季度工商企业的资金占比是增长的，分别为30.98%和31.51%，这是信托业不断探索更好服务工商企业所做的不懈努力。同时，要看到在资金信托数下降的背景下也出现了资金信托流向信息传输、计算机和软件业的减少，2020年第二季度末为2 065.29亿元，同比2019年第二季度末的2 229.51亿元下降7.37%，环比第一季度末的2 197.19亿元下降6%。2020年下半年，信托业要通过强化服务意识，增加对制造业及新兴技术产业的资金支持力度，以实际行动来落实监管部门提出的支持制造业和中小企业资金需求的政策要求，为工商企业提供更切合实际、更高效的综合金融服务。

（二）基础产业

我国基础设施建设是国家战略与公众意愿相统一的时代工程，充分的基础设施网络可以提高生产率、改善环境条件、减少贫困等。通常来说，基础产业信托规模会受到财政政策和地方债务控制等相关政策的直接影响。近两年来，基础产业信托规模超越金融机构和证券投资，成为资金信托投向的第二大领域。2020年第二季度末的资金信托投向基础产业余额为2.89万亿元，与2019年第二季度末的2.89万亿元持平，环比第一季度末的2.88万亿元增长0.35%，支持力度并不因资金信托余额下降而递减，信托业推动信托资源向基础产业集聚取得了可喜进展。2020年第一季度经济运行受新冠肺炎疫情的影响较大，3月4日，中共中央政治局会议指出："要加大公共卫生服务、应急物资保障领域投入，加快5G网络、数据中心等新型基础设施建设进度"。第二季度的基建投资量逐渐上升，如2020年第二季度末的交通运输、仓储和邮政业的资金信托数为3 395.70亿元，环比第一季度的3 207.99亿元增长5.85%，显示了对部分基础设施部门的资金支持。第三季度、第四季度投向基础产业的资金信托将保持上升态势，要发挥新型基础设施投资在全面恢复经济运行中的"垫脚石"作用。

当前，信托业参与的大量新型基础设施项目正在进行，既稳住了经济发展的基本盘，又为当地社会发展创造了就业机会，改善了经济运行和民众生活。

（三）房地产

一直以来，房地产信托是备受关注的，信托业要降低对房地产信托的依赖。要坚持房住不炒的定位，落实房地产长效管理机制，促进房地产市场平稳健康发展。2020年第二季度末，房地产资金信托余额为2.50万亿元，同比2019年第二季度末的2.93万亿元下降14.68%，环比第一季度末的2.58万亿元下降3.10%。过去几个季度的房地产信托占比是逐渐下降的，2019年第四季度末占比为15.07%，2020年第一季度末和第二季度末占比分别为14.57%和14.16%。信托业要严格落实房地产行业发展要求，在风险可控的前提下适度合理开展房地产业务，可以在城市更新领域的资金支持方面有所作为。城市更新的内涵日益丰富，包括租赁住宅、养老住宅、商业物业改造等多种形式，信托公司可以创新金融产品和改善金融服务，通过债权融资、股权融资、资产证券化、组合金融服务等多种业务模式，充分发挥信托公司的制度优势和灵活架构，为新型城镇化和高质量城镇化融资体系探索新的思路和模式。

（四）金融机构

自2018年4月《关于规范金融机构资产管理业务的指导意见》实施以来，去通道、去嵌套的监管政策是要控制和减少金融同业的风险传染。截至2020年第二季度末，信托资金流向金融机构余额为2.27万亿元，同比2019年第二季度末的2.85万亿元下降20.35%，环比第一季度末的2.41万亿元下降5.81%。金融机构在资金信托中的占比已下降为第四大领域，2020年第二季度末占比为12.84%，同比2019年第二季度末的14.96%降低2.12个百分点，环比第一季度末的13.60%降低0.76个百分点。

金融理论与政策一直强调的主流观点是，金融机构必须服务实体经济部门。为此，信托业要对类似背离金融中介职能的所谓金融同业合作产品或服务保持高度的警惕之心，坚守服务实体经济的初心。

（五）证券市场

2020年第二季度，证券市场的信托资金流动发生了一些变化。2020年第一季度末，证券投资的资金信托数是减少的，2019年第四季度末和2020年第一季度末分别为1.96万亿元和1.94万亿元。2020年第二季度末增加到2.07万亿元，同比增长3.72%，环比增长6.49%。在证券投资的资金信托中，投向债券的余额为1.26万亿元，投向基金的余额为0.23万亿元，投向股票的余额为0.58万亿元。

2020年第二季度，一方面，稳健货币政策背景下的流动性保持合理充裕，集合信托产品的收益率存在继续下行的可能；另一方面，在经济增长好于预期的乐观情绪影响下，证券二级市场表现较为活跃，使资金进入资本市场的速度明显加快，有些信托公司布局权益类产品市场，并进行基于宏观分析的大类资产配置。面对资本市场的新动向，信托业要树立价值投资理念，成为促进资本市场发展、维护资本市场稳定的中坚力量。预期第三季度证券投资类产品的数量和规模会有较为明显的增长，信托公司需要把提高资金收益率与防控风险更好结合起来，在一个市场“热点”不断显现的环境下保持清醒的洞察力：走出进退维谷，才能进退自如。

运行良好的金融体系是经济稳定增长的关键因素，能够成功地将各类社会闲置资金转化为有利于提高生产率和生活质量的投资项目。在当前防控疫情和促进经济全面复苏的经济形势下，信托业要坚定服务实体经济和人民美好生活需要的信念，使信托业的经营效率、创新能力、服务水平取得新的成效。

四、做好下半年工作

当前，疫情防控局势平稳，经济运行基本恢复。信托业要坚持以金融供给侧结构性改革为主线，充分结合信托制度特点，全力以赴促进经济社会恢复正常循环，同时要深刻认识到以国内大循环为主体、国内国际双循环相互促进的新发展格局是未来几年的发展战略，信托业要提前进行资金布局，在服务实体经济尤其是支持制造业和中小企业方面迈出新的步子，努力完成全年发展目标。

（一）增强政治大局意识，明确服务实体经济的重点领域

经济决定金融，支持实体经济、服务实体经济是信托业的最基本要求。要做好信托业各项工作，必须创造性地贯彻落实统筹疫情防控和经济社会发展的工作要求，明确服务实体经济的重点领域，稳企业保就业，托住中国经济发展的基本盘。

其一，推动制造大国向制造强国转变是国家战略，既要加快传统制造业结构升级，又要不失时机地推进高端制造业发展，依靠和强化科技创新。过去几年来，信托业一直在不断加大对高端制造业项目的资金支持力度，要在新的内外经济形势下增强政治大局意识，服务制造业就是信托业的展业重点，第三季度、第四季度要确保新增资金信托更多流向制造业。为此，信托公司支持制造业发展和稳定制造业投资要有新的资金安排，只有增加制造业部门的资金信托数，才能在促进制造业技术能级提升方面作出应有的贡献。

其二，信托业是服务中小企业、稳定就业、促进经济平稳发展的重要生力军。从数量上来说，中小企业是市场主体的最大族群，加大对中小企业、民营企业的金融支持，因地制宜地推进普惠金融工作是金融供给侧结构性改革的重要路径之一。信托业要讲求顾大局，千方百计助力企业纾困，确保新增信托资金更多流向中小企业，这是信托公司的时代担当，责无旁贷。信托公司可以通过深度挖掘各产业链上下游中小企业的实际需求，设计灵活多样的金融模式，不断进行信托产品迭代和服务创新，促进服务中小企业从量到质的提升。

其三，在一个创新频出的科技时代，基础设施建设内容是动态演进的，蛛网般的地铁线、高铁线，不断夯实城市群生产率提升的基础，而5G、人工智能、工业互联网、物联网是新型基础设施建设的主要方面，是方兴未艾的投资领域。信托公司可以联合政府部门和其他金融机构设立股权投资基金或其他创新型的投资工具，着眼于新型基础设施建设。信托业在2020年第二季度增加了基础产业的资金信托数，在加快新型基础设施建设的国家战略指导下可以与推进重大区域发展战略所需要的资金需求相结合，城市群、都市圈的发展会形成基础产业的资金需求，当然是信托业响应国家号召的用武之地。

（二）要用好“资管新规”延期的“窗口”机遇

自2020年以来，新冠肺炎疫情对全球经济造成严重冲击，部分企业生产经营困难增多，监管部门决定延长《关于规范金融机构资产管理业务的指导意见》过渡期至2021年末。确实，这次疫情从资金端和资产端对信托业务产生了双向冲击，一些投资项目的期限安排面临调整，就需要统筹存量业务整改和创新业务促发展的关系。监管方向并未发生大变化，信托业要增强机遇意识，珍惜和抓住对冲疫情影响的政策调整窗口期，制订全新的战略规划，把握好节奏和力度，加快转型步伐不放慢，迅速构建起净值化产品体系和服务信托产品体系。赢得时间，拥抱未来。

（三）进一步提升行业资本实力

信托公司的增资意愿普遍增强，资本实力有待进一步提升。2020年5月，《信托公司资金信托管理暂行办法（征求意见稿）》将资金信托业务开展的规模限制与信托公司净资产挂钩。监管政策，见微知著，这使建立和完善资本补充机制、增加资本实力显得较为迫切。信托公司通过增加股东实际投入、减少分红等多个方面提高净资产规模，提高资金信托业务的相关额度，同时提高资金信托业务的风险承受力。上半年，有若干家信托公司增资扩股已进入增资扩股的操作阶段，从目前所获得的信息来看，会有更多的信托公司加入到增资扩股的队伍中。未动先谋，2020年的增资扩股，为2021年把握更多展业机会奠定了坚实的资本基础。

（四）科技赋能，加速转型

2020年初新冠肺炎疫情暴发，使诸多信托公司更加意识到科技对于展业的重要性，需要更多的大数据和信息整合，信托产品面向高净值客户，合格投资者在哪里，投资偏好怎样，是这次疫情无法上门拜访客户带来的问题。在常态化疫情防控的新形势下，信托公司要利用智能科技，推动业务模式创新，可以引入人工智能、区块链、云技术、大数据、移动互联网等最新科技，打造线上化、智能化的信托科技运营系统，为信托业务转型提供更加精准的科技赋能。

2020 年第三季度中国信托业发展评析

中国信托业协会特约研究员　邓　婷

2020 年第三季度，国家继续实行稳健的货币政策，财政政策保持积极，“六稳”“六保”的各项政策落实成效逐步显现，经济回升的基础得到了夯实，复苏力度进一步加大。第三季度 GDP 同比增长了 4.9%，增幅较第二季度提高了 1.7 个百分点；投资及出口的同比增速在 7 月都实现了转正，消费也在 8 月首次取得月度正增长。第三季度，信托业在监管机构的正确引导下，继续按照统筹疫情防控和经济社会发展的总体要求，在依法合规、风险可控的基础上有序开展业务。第三季度末，行业管理信托资产规模同比下降 5.16%，季度末余额较上季度末继续压缩，但业务结构延续改善趋势，投资类信托业务的拓展力度明显加大。第三季度行业营业收入同比增长 6.75%，增速较第二季度有所回升，但利润总额同比下降 21.43%，降幅较第一、第二季度扩大。10 月 29 日，党的十九届五中全会审议通过了“十四五”规划，“十四五”规划为我国未来五年的经济社会发展指明了方向。在经济复苏基础仍需巩固，以及持续推动经济结构转型升级的背景下，未来信托业应紧紧围绕“十四五”规划，加大服务实体经济的力度，有效满足实体经济高质量发展的需求，切实提高服务实体经济的质效。

一、信托资产规模持续压降 投资类信托业务增长明显

（一）信托业务规模

2020 年第三季度，信托行业在监管的引导下，继续有序压降融资和通道类业务规模，截至第三季度末，信托业受托管理的信托资产余额为 20.86 万亿元，较年初减少 7 432.79 亿元，同比下降 5.16%，降幅较第二季度末收窄 0.4 个百分点；信托资产余额较第二季度末减少4 182.31 亿元，环比下降 1.97%，降幅比第二季度提升了 1.75 个百分点（见图 1）。行业管理规模的持续下降主要是顺应监管导向、主动控增速、调结构的结果，表明行业正从注重规模转向注重发展质量。

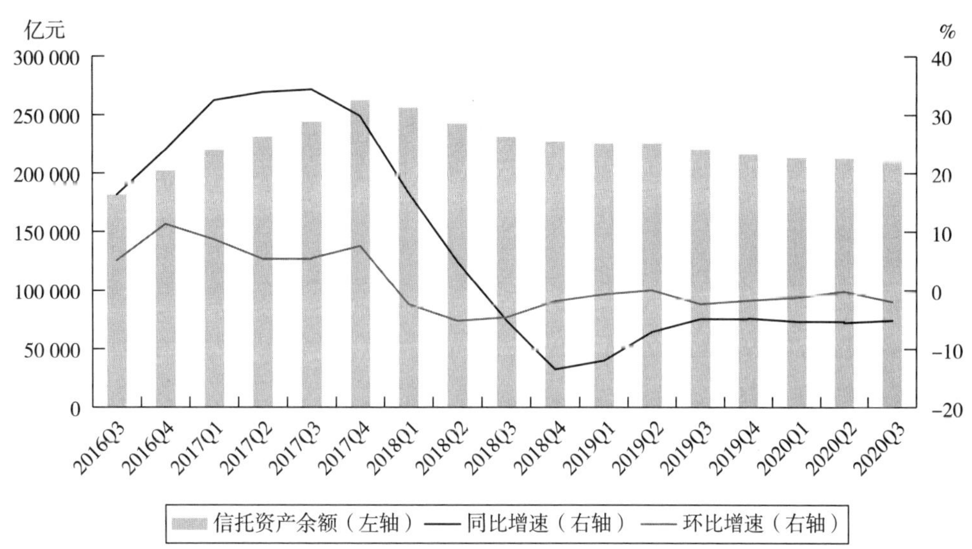

图1　2016Q3 至 2020Q3 信托资产规模、同比增速及环比增速

（二）信托资产结构

从资金来源来看，截至2020年第三季度末，单一资金信托规模为6.92万亿元，较上年末减少10 935.77亿元，占比为33.18%，较上年末降低3.92个百分点；集合资金信托规模为10.31万亿元，较上年末增加3 873.18亿元，占比为49.42%，较上年末提升了3.49个百分点；管理财产信托规模为3.63万亿元，较上年末减少370.3亿元，占比为17.41%，较上年末提升了0.43个百分点（见图2）。从信托功能来看，融资类信托余额为5.95万亿元，占比为28.52%，较上年末提升了1.53个百分点；投资类信托余额为5.68万亿元，占比为27.23%，较上年末提升了3.52个百分点；事务管理类信托余额为9.23万亿元，占比为44.26%，较上年末降低了5.04个百分点（见图3）。单一资金信托和事务管理类信托占比自2018年第一季度以来已经连续11个季度持续下降，表明行业在坚定走去通道、提高主动管理能力的转型之路。值得注意的是，第三季度末的投资类信托业务规模较第二季度末增加了4 257.06亿元，而融资类信托和事务管理类信托则分别减少了4 966.43亿元和3 473.03亿元，这反映了行业在第三季度加大了压缩融资类和通道类业务的力度，更加积极地拓展投资类信托业务。

（三）信托资金投向

随着我国新冠肺炎疫情得到有效控制，自第二季度以来，我国经济开始逐步走出低谷并持续复苏，在此背景下，信托业按照“六稳”“六保”要求，综合运用贷款、债券投资、资产证券化等手段积极响应基建投资、企业复工复产及消费回补中的融资需求，并加大对实体经济中

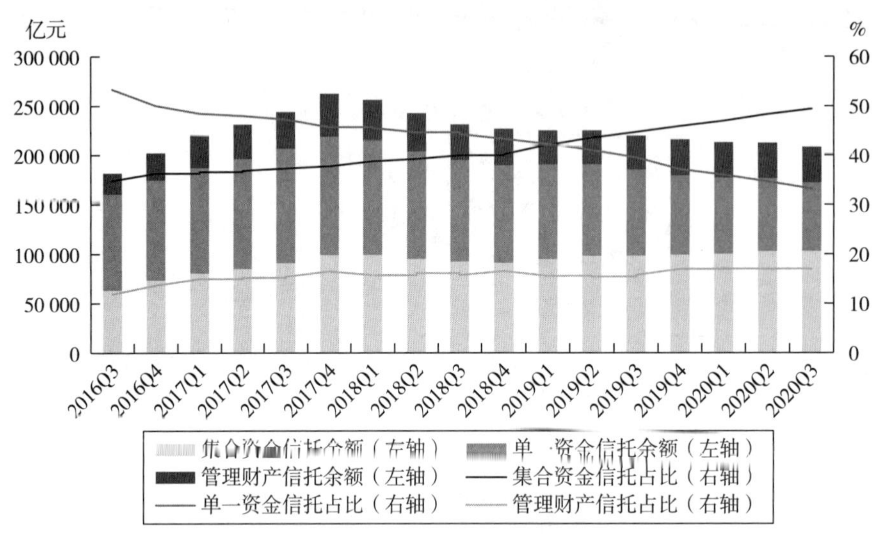

图 2　2016Q3 至 2020Q3 信托资产按资金来源分类的规模及其占比

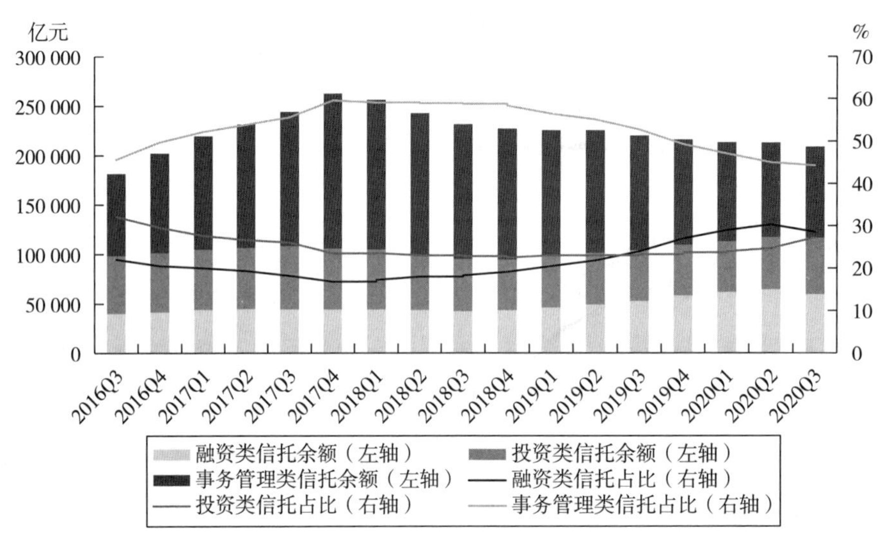

图 3　2016Q3 至 2020Q3 信托资产按功能分类的规模及其占比

民营企业、中小企业、个体经营者的资金支持力度，切实引导更多资金进入实体经济领域，助力经济企稳回升。截至 2020 年第三季度末，投向工商企业的信托资金占比仍居首位，投向基础产业、房地产、其他、金融机构和证券市场的资金占比分别位居第二至第六。根据中国银保监会的统计，第三季度末，信托行业直接投入实体经济（不含房地产业）的信托资产余额达 13.14 万亿元，占全部信托资产余额的 62.97%，其中投向小微企业的信托资产余额达 2.41 万亿元（见图 4）。

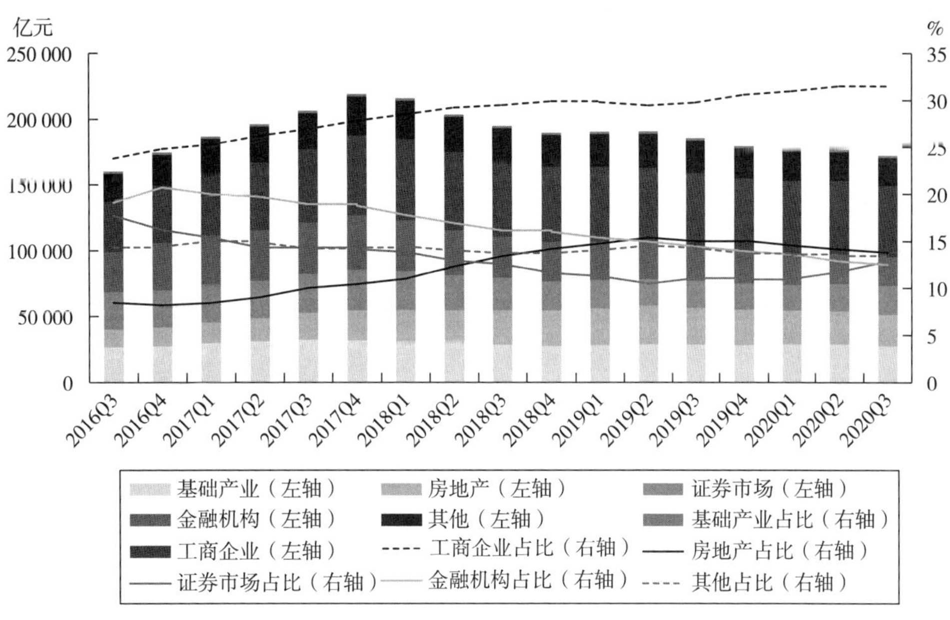

图 4　2016Q3 至 2020Q3 信托资金按投向分类的规模及占比

1. 工商企业。工商企业一直是信托资金投向的第一大领域。2020 年第三季度末，投向工商企业的信托资金总额为 5. 42 万亿元，比上年末减少 662. 4 亿元，这主要是压降融资类和通道类业务导致资金信托的规模整体下降所致。不过，投向工商企业的信托资金规模仅较年初下降 1. 21%，显著低于资金信托整体 3. 94% 的降幅，也远远低于投向房地产、金融机构的资金规模降幅，这表明信托业在压缩其他业务的同时，仍然力保对实体领域的支持。正因为如此，2020 年第三季度末，投向工商企业的信托资金占比较上年末提升了 0. 87 个百分点，达 31. 47%。工商企业信托规模占比的提升表明信托公司顺应监管导向持续调整业务结构，加大对实体经济发展的支持力度，助力经济复苏反弹。

2. 基础产业。新冠肺炎疫情对第一季度的基建投资造成了较大的负面冲击，但在中央“六稳”政策的引导下，各部委积极采取应对措施，通过实施灵活的货币政策，以及提高财政赤字率、发行特别国债、增加地方政府专项债券发行规模等积极的财政政策，基建投融资需求逐步复苏，基建投资增速也在 2020 年 7 月实现转正。为了助力稳投资，信托业在第一、第二季度加大了对基建领域的投资力度，第二季度末投向基建领域的资金规模较年初增加了 705. 98 亿元。但第三季度，在流动性宽松、政府转向低成本的发债融资及行业加大融资和通道业务压缩力度、新增业务受限和部分存续业务非标转标的背景下，投向基建领域的信托资金余额环比第二季度减少了 1 322. 08 亿元。截至 2020 年第三季度末，投向基础产业领域的信托资金总额为 2. 76 万亿元，较上年末减少 616. 09 亿元，降幅达 2. 18%，但占比为 16. 01%，较上年末提升了 0. 29 个百分点，仍然是信托资金第二大重点投向领域。

3. 房地产业。虽然新冠肺炎疫情给我国经济带来了较大的冲击，但是中央在房地产调控方面保持了相当强的定力，各地房地产调控政策并未放松。人民银行和住建部在第三季度选择了部分重点房企试点进行融资的“三道红线”管控，以此探索建立对房地产企业融资进行持续监控的机制。第三季度，在中央坚持“房住不炒”定位的基础上，信托业继续积极配合国家在房地产调控方面的各项金融政策，持续压缩债权融资类房地产信托业务的规模，调整优化业务结构，升级业务模式。

截至2020年第三季度末，投向房地产领域的信托资金总额为2.38万亿元，较上年末下降3 262.01亿元，降幅达12.06%；较2020年第二季度末下降1 234.42亿元，环比下降4.94%。自2019年第二季度以来，为了严格落实“房住不炒”，保障“稳房价、稳地价、稳预期”，中国银保监会持续加强房地产信托合规监管，投向房地产的信托资金余额已经连续[illegible]个季度下降 2020年第三季度末投向房地产的资金信托规模较2019年第二季度末的最高峰值减少了5 516.60亿元，降幅达18.83%。从占比来看，2020年第三季度末，房地产信托占比为13.8%，比2019年末和2019年第二季度末分别降低1.27个和1.58个百分点。这些都说明信托行业在落实房地产宏观调控政策上取得了明显的成效，这有助于促进房企降杠杆，保障房地产市场平稳健康发展。

4. 金融机构。2020年第三季度末，投向金融机构的资金信托总额为2.15万亿元，较2019年末减少3 533.59亿元，下降14.11%；环比第二季度末减少1 161.99亿元，降幅为5.13%；规模占比为12.48%，较2019年末降低了1.48个百分点，较上年同期降低了1.97个百分点。自2017年开启金融降杠杆、治乱象及2018年正式实施“资管新规”以来，投向金融机构的信托资金规模已经连续11个季度下降，其规模占比也从2016年末时的峰值20.71%下降至2020年第三季度末的12.48%，这表明信托业去通道、去嵌套取得了较好的成效。

5. 证券市场。2020年第一季度受国内外新冠肺炎疫情的冲击，境内外金融市场都出现了大幅波动，但是由于我国较早地控制住了疫情并统筹推进社会经济发展，在宽松流动性、积极财政政策等一系列政策的背景下，2020年前三个季度，股票市场走出了结构性的牛市行情，公募基金发行火爆，居民资产配置向标准化金融资产转移的趋势明显。由于市场向好推动需求增长，加之《信托公司资金信托管理暂行办法（征求意见稿）》针对集合资金信托设置了非标债权融资占比不超过50%的红线，信托公司对证券投资信托业务的重视度大幅提高。截至2020年第三季度末，投向证券市场的信托资金总额为2.21万亿元，较上年末增加2 538.14亿元，增长幅度达12.95%，是唯一实现正增长的投向领域；规模占比为12.84%，也较上年末提升1.92个百分点。从具体构成来看，2020年第三季度末，投向股票的资金信托余额为6 062.74亿元，较上年末增加1 026.38亿元，增幅达20.38%，占比为3.52%，较上年末提高0.71个百分点；投向基金的资金信托余额为2 524.40亿元，较上年末增加312.41亿元，增长14.12%，占比为1.47%，较上年末提高 0.24 个百分点；投向债券的资金信托余额为 13 543.68 亿元，较上年末增加 1 199.35亿元，增长 9.72%，占比为 7.86%，较上年末提高 0.98 个百分点。在压缩融资类业务及未来实施资金信托新规的背景下，积极向标品投资业务转型是信托公司的选择路径之一。面对国家大力发展资本市场的重要机遇期，信托公司应积极引入人才，提升投研实力，培育主动管理能力，打造业绩口碑，逐步建立在证券市场领域的资产管理优势。

二、行业收入保持稳定增长，资本实力进一步增强

（一）所有者权益

资本实力既是支撑信托公司业务发展的基础，也是信托公司缓冲、抵补风险的坚实保障。自 2020 年以来，信托行业的资本实力进一步增强。截至 2020 年第三季度末，68 家信托公司所有者权益规模为 6 580.57 亿元，较 2019 年末增加 264.3 亿元，增幅为 4.18%，较上年同期增加 459.04 亿元，同比增长 7.5%。从所有者权益的构成来看，截至 2020 年第三季度末，实收资本为 2 932.53 亿元，较上年末增加 90.13 亿元，占所有者权益比重的 44.56%；未分配利润为 2 018.86亿元，较上年末增加 199.73 亿元，占所有者权益比重的 30.68%；信托赔偿准备 296.23 亿元，较上年末增加 4.99 亿元，占所有者权益比重的 4.5%（见图 5）。在经济下行压力较大、信用风险暴露持续增加及行业转型创新需要加大投入扶持力度的背景下，不断增强资本实力是信托公司的必然选择。

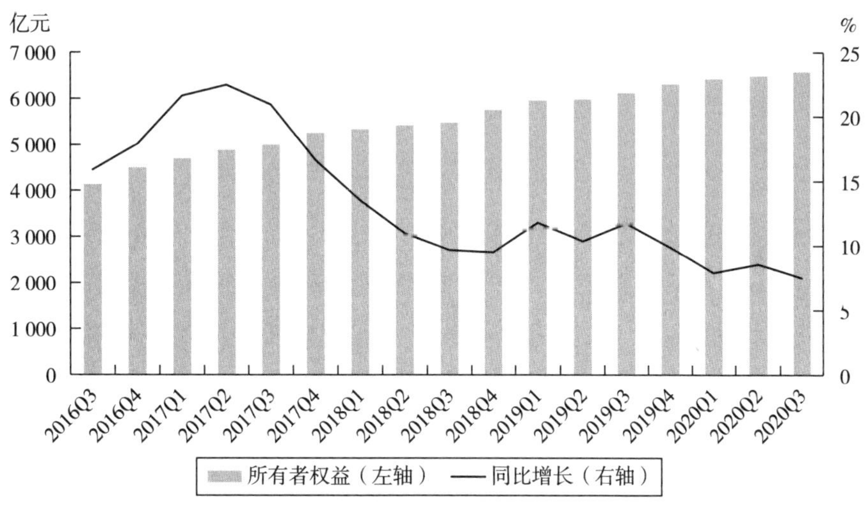

图 5　2016Q3 至 2020Q3 所有者权益趋势变动

（二）固有资产

截至2020年第三季度末，68家信托公司固有资产规模达7 909.07亿元，较2019年末增加231.96亿元，增长3.02%；较2019年同期增加506.22亿元，同比增长6.84%。从结构来看，投资是固有资产最主要的运用方式，截至2020年第三季度末，投资类固有资产余额规模为6 437.96亿元，占比为81.4%；规模较2019年末增加388.63亿元，占比提升2.6个百分点。截至2020年第三季度末，固有资产中的货币类资产为453.17亿元，较上年末减少152.95亿元，降幅为25.23%，占比为5.73%；贷款规模为453.92亿元，与上年末基本持平，占比为5.74%（见图6）。

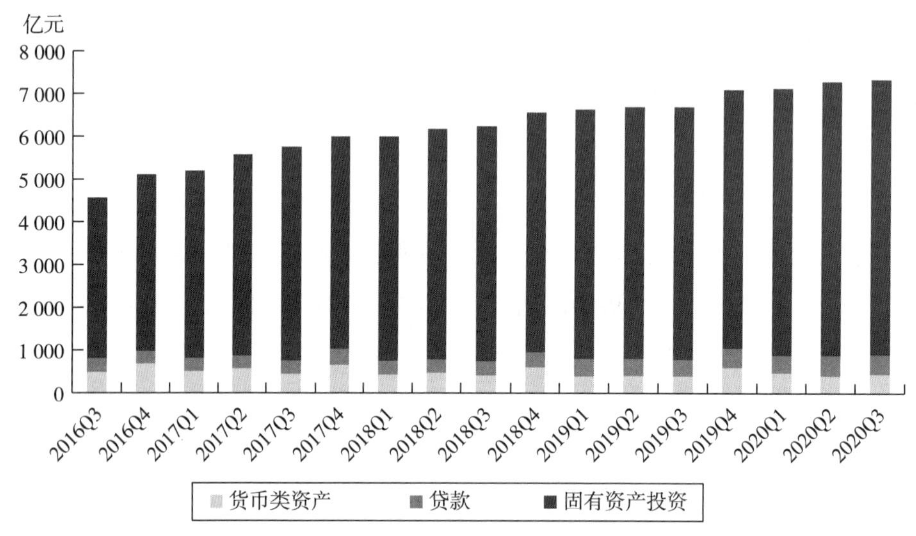

图6　2016Q3至2020Q3固有资产趋势变动

（三）经营业绩

自2020年以来，新冠肺炎疫情对经济发展所造成的负面影响也给信托公司的展业及资产质量带来了较严峻的挑战。但在监管的导向下，信托行业有效应对困难并积极谋求转型，成功抵御住了考验，在规模收缩的情况下，通过提质增效实现了经营收入和信托业务收入的稳定增长，主营业务占比也进一步提升。2020年第一季度至第三季度，信托业实现经营收入841.6亿元，较上年同期增长5.78%，增速较上半年提升0.51个百分点，其中信托业务收入为615.78亿元，同比增长11.69%；实现利润总额为485.89亿元，同比下降13.13%，降幅较上半年扩大了4.08个百分点。

2020年第三季度，信托行业实现营业收入291.09亿元，同比增长6.75%，增速较第二季度提升 5.9 个百分点。从收入构成来看，第三季度实现信托业务收入为 214.44 亿元，同比增长 10.67%，信托业务收入占比为 73.67%，较上年同期提升了 2.61 个百分点；投资收益和利息收入分别为 60.17 亿元和 12.88 亿元，分别较上年同期增长 0.82% 和下滑 10.2%，占比为 20.67% 和 4.42%。从利润总额来看，2020 年第三季度，信托行业实现利润总额 144.87 亿元，同比下滑 21.43%，降幅较第一、第二季度的 -10.2% 和 -7.93% 明显扩大，这可能与信托公司加大资产减值损失计提力度有关（见图 7 和图 8）。

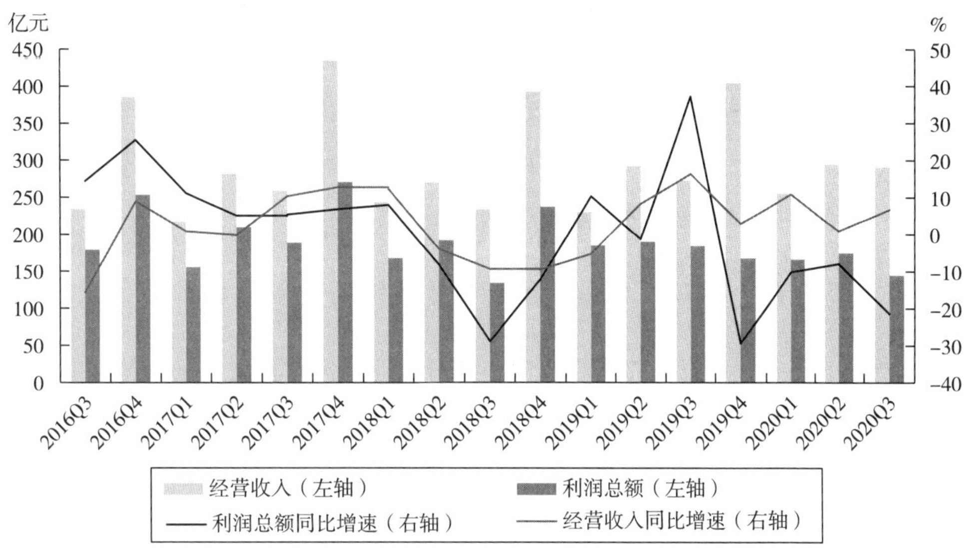

图 7　2016Q3 至 2020Q3 经营收入、利润总额及同比增速

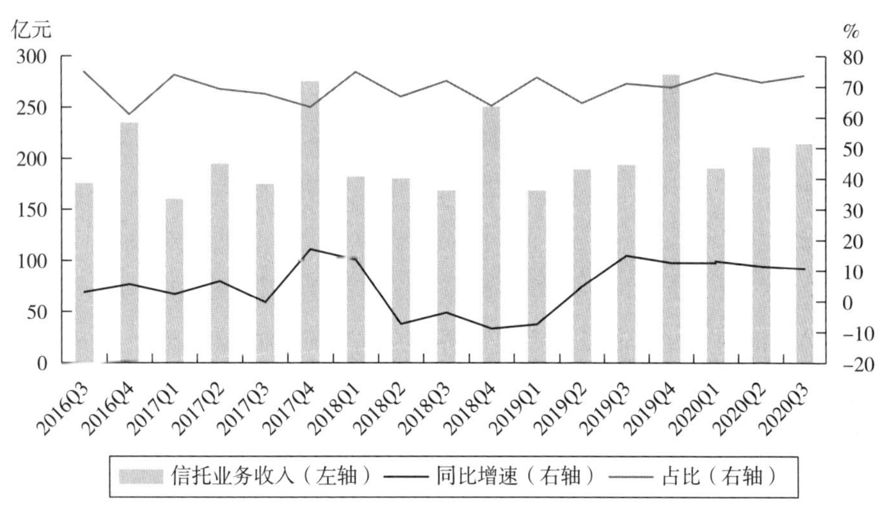

图 8　信托业务收入、增速及占比

三、贯彻落实党的十九届五中全会精神

自2020年以来，在党中央的正确领导部署下，我国经济社会发展经受住了新冠肺炎疫情带来的巨大冲击，成为世界范围内唯一实现经济正增长的国家。在这当中，信托公司作为金融机构的一员，也积极响应号召通过加大企业融资需求保障力度、提升投放精准度、降低融资成本等方式为实体经济发展提供了重要的支持。当前“十三五”规划临近收官，全面建成小康社会、打好三大攻坚战等工作也进入了决战决胜的冲刺阶段。下一阶段，信托业要坚持稳中求进，既要严格落实监管的要求，完成压缩融资和通道类业务的目标，也要紧密围绕“十四五”规划制订未来的经营规划，调整经营策略，在更好地服务经济发展和居民财富管理需要的同时，推动发展模式从粗放增长向高质量发展的转型。

（一）紧密围绕“十四五”规划，服务实体经济高质量发展需要

服务实体经济发展是金融机构的核心使命。当前经济结构的转型调整及复杂的国际政治环境将给未来经济发展带来持续的挑战，需要金融机构以金融供给侧结构性改革为根本导向，升级业务模式，创新产品和服务手段，更好地满足实体经济高质量发展的需要。2020年10月29日，党的十九届五中全会审议通过了《中共中央关于制定国民经济和社会发展第十四个五年规划和二〇三五年远景目标的建议》。全会提出了“十四五”时期经济发展的主要指导思想和必须遵循的原则，明确要“坚持稳中求进工作总基调，以推动高质量发展为主题，以深化供给侧结构性改革为主线，以改革创新为根本动力，以满足人民日益增长的美好生活需要为根本目的”。围绕这一指导思想，全会还提出了要把“科技自立自强作为国家发展的战略支撑”，要“坚持扩大内需这个战略基点”，畅通国内大循环，促进国内国际双循环，全面促进消费，拓展投资空间。对于信托公司而言，应积极适应国家发展战略和经济增长模式转变对金融服务提出的新需求，摆脱对传统融资业务模式和领域的路径依赖，积极提升自身的专业能力，灵活运用股权投资、股债结合、夹层投资、资产证券化等多种金融工具来为实体经济的发展提供综合投融资支持，拓宽服务实体经济的广度和深度。要围绕科技自立自强的国家战略，更多以股权投资、产业基金投资的方式促进科技创新产业发展，并要依托打造国内大循环的新发展格局，积极为消费升级，以及补短板、新基建、新型城镇化建设等投资领域提供更多有效的资金支持。

（二）创新发展服务于人民美好生活需求的财富管理信托、服务信托

根据党的十九届五中全会精神，“十四五”时期经济社会发展要遵循“以满足人民日益增长的美好生活需要为根本目的”这一指导思想和原则。为了实现这一目的，一方面，要通过推动

经济高质量发展持续提升人民群众的收入水平；另一方面，也需要拓展人民群众的财产性收入来源，健全多层次社会保障体系。信托公司在帮助客户实现财产保值增值及传承上具有较大优势，这不仅是因为信托公司具备专业资产管理能力，同时还因为信托在财产独立性、风险隔离、灵活性及架构稳定性方面具有制度优势，兼具财产管理和财产转移的双重功能，可以满足客户多样化的财产管理需要。因此，信托公司应积极提升资产管理和配置能力，丰富财富管理信托的产品类型，帮助人民群众创造更多的财产性收入，为实现美好生活提供有力的物质保障。此外，随着我国财富存量规模不断积累，人口逐步老龄化及社会关系日益复杂，财产管理的需求更多样化，越来越多的人关注财产的安全保障、传承和特定目的运用。信托公司应深入学习借鉴境外市场信托发展的经验，积极开展家族信托、家庭信托、遗嘱信托、教育信托、养老信托等服务信托产品的创新，并充分发挥信托的制度优势探索开展企业年金信托、个人养老金信托等业务，助力构建稳定、有效运转的养老保障“三大支柱”体系。

（三）把握资本市场发展机遇，大力开展标品业务，助力直接融资

为了增强金融体系服务经济结构转型升级的能力，中央对发展资本市场、直接融资的重视度提升到了前所未有的高度。从“资本市场具有牵一发而动全身的作用”的定位到成功迅速推出科创板及顺利实施创业板的注册制改革，再到近期国务院金融委提出“增强资本市场枢纽功能，全面实行股票发行注册制，建立常态化退市机制，提高直接融资比重”，这些都充分显示出增强资本市场融资功能的重要性。根据人民银行数据，2020 年前三个季度，实体经济从债券市场和股票市场获得的净融资规模分别同比多增 1. 65 万亿元和 3 756 亿元，社会融资结构已经开始优化。与此同时，我们也看到，居民资产配置向标准化金融资产转移的趋势已经不可阻挡，2020 年初至 10 月末，公募基金的发行规模已经突破 2. 5 万亿元，创下历史新高。在这样的新形势下，信托公司必须要积极把握资本市场大发展及居民资产配置转移的历史性机遇，大力推进向标品业务的转型。一方面，信托公司要利用自身的灵活性优势，围绕上市公司做大做强的投融资需求提供综合投行服务；另一方面，也要积极加强证券市场的投研能力建设，提升主动投资管理能力和配置能力，开发设计出更多符合客户资产配置需求的证券投资信托产品，如资产配置型 TOF、TOT、MOM 产品，债券及“固收 +”类投资信托，与阳光私募合作的证券投资信托产品等。通过开展这些具有直接融资特点的资金信托业务，更好地促进居民储蓄向投资的转化，为实体经济实现高质量发展提供更多的助力。

（四）遵循监管导向，有序压降融资和通道类业务，坚定转型

自“资管新规”实施以来，信托公司一直处于去通道的过程中。2020 年初，中国银保监会进一步明确了信托公司压缩通道类及融资类信托业务的目标要求。6 月，中国银保监会下发了

《关于信托公司风险资产处置相关工作的通知》，明确坚持去通道目标不变，要继续压缩信托通道类业务，逐步压缩违法违规的融资类信托业务，巩固信托业乱象治理成果，引导信托公司加快业务模式。降低融资类和通道类业务是防范行业风险、避免行业盲目扩张带来的风险隐患、促进行业可持续发展的需要。由于通道类和融资类业务是信托公司收入的主要来源，压降给信托公司带来的短期“阵痛”难以避免，但信托公司要继续增强大局意识，根据监管部署，有序落实压降通道类及融资类业务规模的要求，确保完成全年任务。另外，要主动谋求转型、坚定走新的转型发展道路，按照监管引导的方向，积极培育投资信托、服务信托、财富管理信托等业务的发展，合理规划融资类业务的总体规模和配置结构，不断提高风险控制能力和资本实力，增强风险抵御能力，保障自身稳健发展。

2020年第四季度中国信托业发展评析

复旦大学信托研究中心主任　殷醒民

2020年第四季度，我国在统筹疫情防控和经济社会发展的实践中深化了对做好经济工作规律性的认识，宏观经济政策继续发力，推动经济持续恢复。第四季度的经济增长指标恢复至常态水平，GDP同比增长6.5%，比上年同期提升0.5个百分点。信托业坚定响应监管部门号召，在提升服务实体经济能力的同时向高品质的受托人定位转变。在2020年严监管环境下，通道类业务规模持续回落，融资类信托压缩接近1万亿元，信托公司的业务结构有了改善，主动管理能力有所提升。随着经济运行态势向好，信托业坚持风险防控与稳中求进的两手策略，整体风险可控。

一、信托资产持续回落，业务转型取得进展

（一）信托资产规模下降

在业务转型驱动下，信托资产规模从2017年第四季度末26.25万亿元的高点渐次回落。截至2020年第四季度末，信托资产规模为20.49万亿元，同比下降5.17%，比2019年第四季度末减少1.12万亿元，比2017年第四季度末历史峰值减少5.76万亿元（见图1）。2020年分4个季度来看，分别减少2 772.93亿元、477.55亿元、4 182.31亿元、3 726.77亿元，下半年两个季度的规模减少力度更大。从稍有起伏的环比增速来看，第四季度环比下降1.79%。

从资金来源来看，截至2020年第四季度末，集合信托规模为10.17万亿元，占比为49.65%，同比提升3.72个百分点，比第三季度末（49.42%）提升0.23个百分点。单一信托规模为6.13万亿元，占比为29.94%，同比降低7.16个百分点，比第三季度末（33.18%）降低3.24个百分点。管理财产信托为4.18万亿元，占比为20.41%，同比提升3.44个百分点，比第三季度末（17.41%）提升3个百分点（见图2）。

信托业务转型的重点之一是要优化资金来源结构。截至2020年第四季度末，集合资金信托与管理财产信托占比达70.06%，同比2019年第四季度末的62.91%要提升7.15个百分点。信托业将继续逐步减少以单一信托形式的通道类业务，朝着提升主动管理能力的方向不断取得成效。

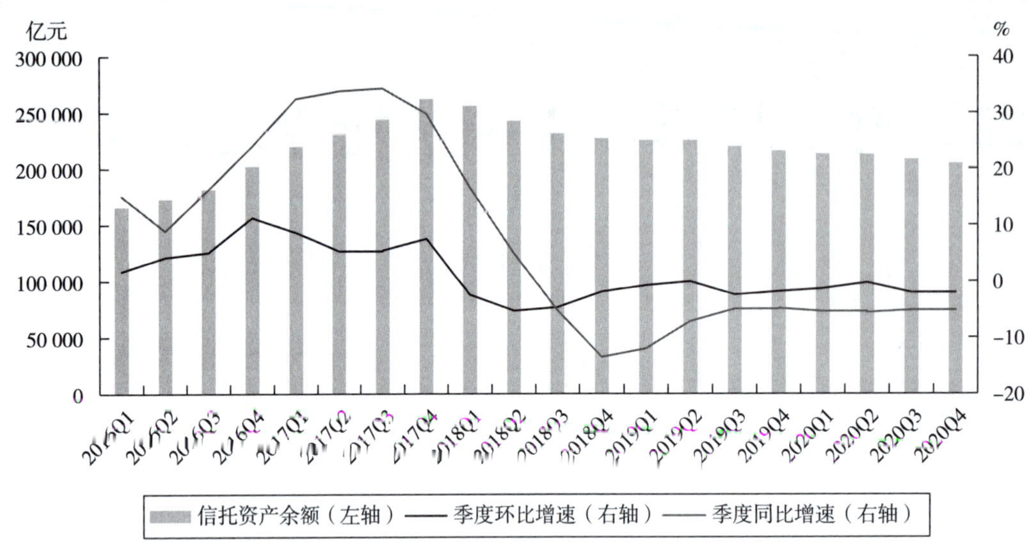

图 1　2016Q1 至 2020Q4 信托资产规模变动情况

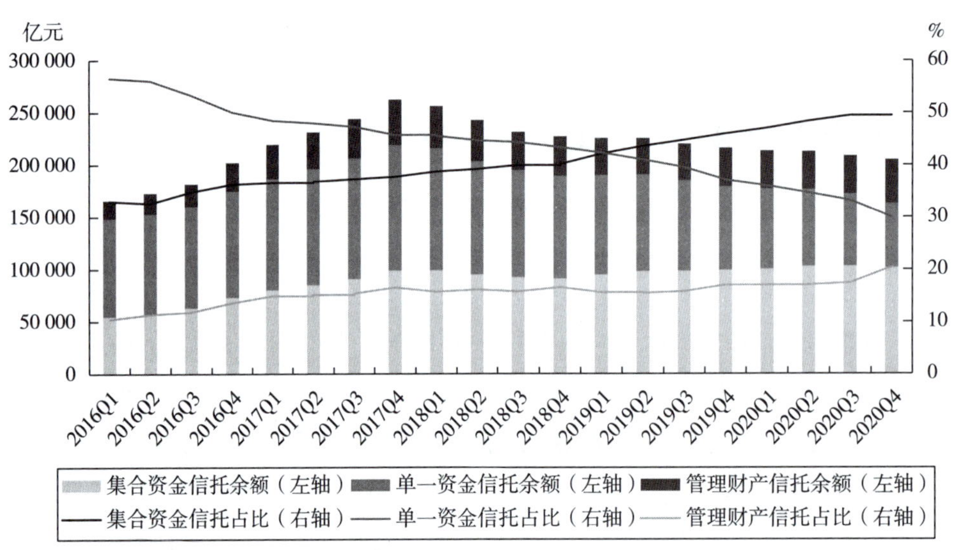

图 2　2016Q1 至 2020Q4 信托资产来源结构变动态势

信托资产规模下降的背后，与行业持续压降融资类和通道类业务有关。从长期来看，逐步压降融资类信托是信托公司回归本源的转型目标。但 2020 年上半年部分信托公司仍然迅猛发展，第一季度和第二季度融资类信托资产分别为 6.18 万亿元和 6.45 万亿元，环比分别增加 3 458.31 亿元和 2 677.58 亿元，占比分别为 28.97% 和 30.29%。对此，2020 年 6 月，中国银保监会下发《关于信托公司风险处置相关工作的通知》要求信托公司压降违法违规严重、投向不合规的融资类信托业务。

2020 年第三季度末融资类信托余额为 5.95 万亿元，环比第二季度末减少 4 966.43 亿元；第四季度末融资类信托余额为 4.86 万亿元，环比第三季度末减少 10 916.31 亿元。第三季度和第四季度的两个季度合计压降 15 882. 74 亿元，减去 2020 年第一季度和第二季度新增融资类信托 6 135. 89亿元，全年共压降近 1 万亿元。信托公司要坚定转型信心，加速向主动管理等业务转型。

从资产功能划分来看，事务管理类信托为 9. 19 万亿元，同比 2019 年第四季度末的 10. 65 万亿元减少 1. 46 万亿元，较 2017 年末历史高点 15. 65 万亿元减少 6. 46 万亿元；业务占比为 44. 84%，同比 2019 年第四季度末的 49. 30% 下降 4. 46 个百分点（见图 3）。压降的事务管理类中的绝大多数是以监管套利、隐匿风险为特征的金融同业通道业务。按照监管部门要求，事务管理类业务量与占比一直不断下降，金融机构之间多层嵌套、资金空转现象明显减少。

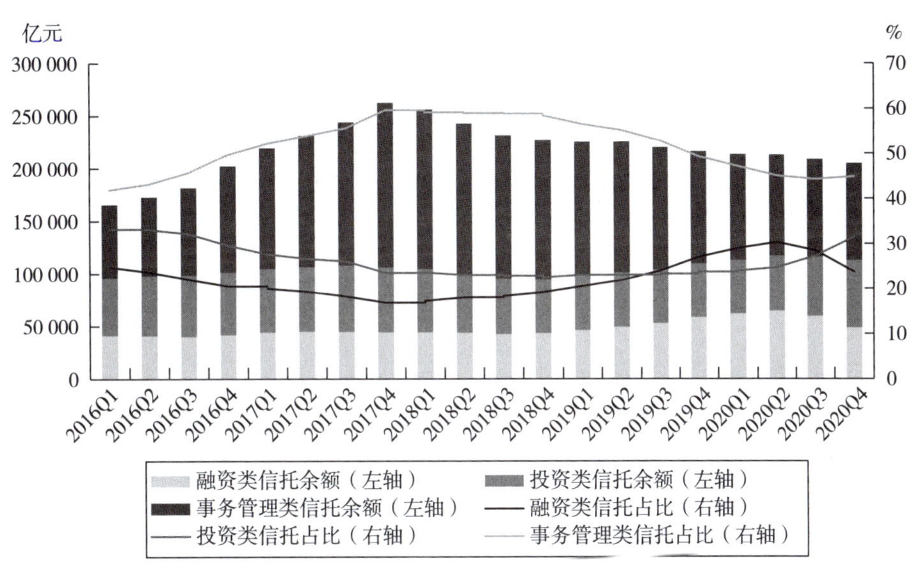

图 3　2016Q1 至 2020Q4 信托资产按功能分类的规模与占比

2018—2020 年是事务管理类信托连续压降的三年：2018 年压降 2. 4 万亿元，2019 年压降 2. 6 万亿元，2020 年压降 1. 46 万亿元。

2020 年第四季度末，投资类资产为 6. 44 万亿元，同比 2019 年第四季度末的 5. 12 万亿元增长 25. 84%，环比第三季度末的 5. 68 万亿元增长 13. 46%。

从 2020 年 4 个季度来看，事务管理类和融资类资金数与占比均为下降，唯有投资类资金比 2019 年第四季度末增加 13 233. 39 亿元。

（二）固有资产持续增加，提高风险防控能力

截至 2020 年第四季度末，68 家信托公司固有资产为 8 248. 36 亿元，同比 2019 年第四季度末的7 677. 12亿元增长 7. 44%，环比第三季度末的 7 909. 07 亿元增长 4. 29%。

信托公司的固有资产运用方面，投资类占比保持一个较为稳定的增长态势。截至 2020 年

4 季度末，投资类资产为 6 615. 88 亿元，占比为 80. 21%，高于 2019 年第四季度末的 78. 80%，略低于 2020 年第三季度末的 81. 40%（见图 4）。

截至第四季度末，货币类资产为 590. 93 亿元，同比 2019 年第四季度末的 606. 12 亿元下降 2. 51%，环比第三季度末的 453. 17 亿元增长 30. 40%。货币类资产占比为 7. 16%，略低于 2019 年第四季度末的 7. 90%，要高于 2020 年第三季度末的 5. 73%。

2020 年第四季度末，贷款类资产为 581. 45 亿元，同比 2019 年第四季度末的 453. 10 亿元增长 28. 33%，环比第三季度末的 453. 92 亿元增长 28. 10%。2020 年第四季度末的贷款类占比为 7. 05%，同比 2019 年第四季度末的 5. 90% 和环比第三季度末的 5. 74% 均略为高些。

从所有者权益的构成来看，截至 2020 年第四季度末，实收资本为 3 136. 85 亿元，同比 2019 年第四季度末的 2 842. 40 亿元增长 10. 36%。在 2020 年信托资产规模同比下降 5. 17% 的背景下，信托业资本实力增强，提升了部分信托公司应对风险的能力。当前，监管规定将信托业务开展规模限制和信托公司净资产挂钩，强大的资本实力不仅有利于扩大信托展业空间，而且提升了风险防范能力。2020 年相继有 12 家信托公司增资扩股，合计增资额为 266. 48 亿元，高于 2018 年和 2019 年。

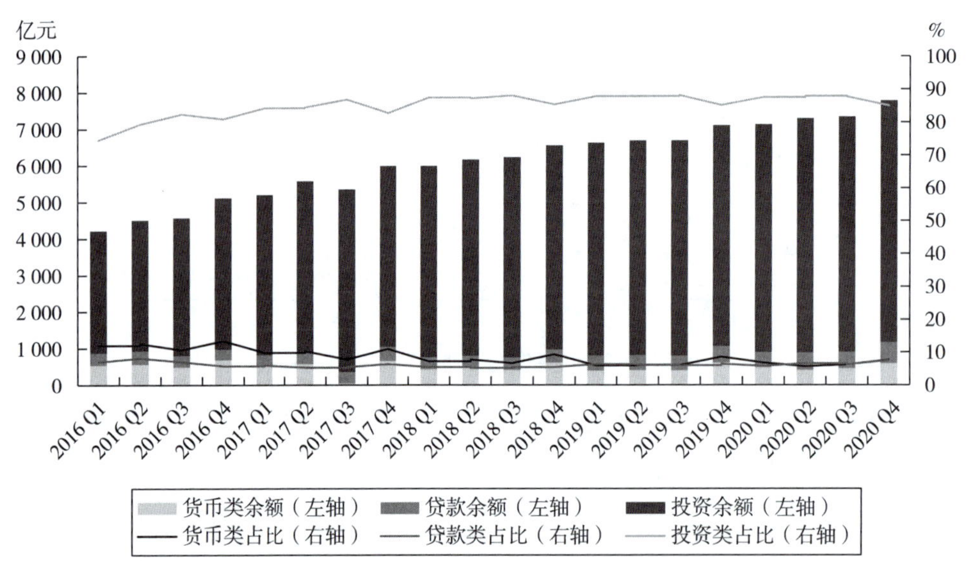

图 4　2016Q1 至 2020Q4 固有资产运用方式结构变化

截至 2020 年第四季度末，信托业净资产为 6 711. 23 亿元，同比增长 6. 25%，环比增长 1. 99%。

2020 年第四季度末，68 家信托公司未分配利润为 1 869. 71 亿元，同比 2019 年第四季度末的1 819. 13亿元增长 2. 78%，环比第三季度末的 2 018. 86 亿元下降 7. 39%。

截至 2020 年第四季度末，信托赔偿准备金为 321. 54 亿元，同比 2019 年第四季度末的 291. 24 亿元增长 10. 40%，环比第三季度末的 296. 23 亿元增长 8. 54%。2020 年第四季度末，信托赔偿准备金占所有者权益比率为 4. 79%，略高于 2019 年第四季度末的 4. 61% 和第三季度末的

4.50%。这是近年来信托赔偿准备金占比较高的年份。信托公司在税后利润分配中加大信托赔偿准备计提力度，是信托业面对2020年经济运行中出现更多风险可能性的积极应对之策。

2020年下半年，信托业有序落实压降通道及融资类业务规模的同时，逐渐减少对非标类资产的依赖，资产配置类型更趋丰富。

二、信托业务收入微增，利润增速连续下降

信托业在监管部门的引导下，加大主动调结构力度，信托行业营业收入微增，净利润增速则连续两年为负，2019年同比下降0.65%，2020年同比下降19.79%。第四季度末，利润总额的下降与信托公司加大资产减值损失计提力度有关，顺应监管导向，主动控增速，反映了行业正从注重规模向注重发展质量转变。

（一）信托经营业绩有升有降

截至2020年第四季度末，信托业实现营业收入1 228.05亿元，同比2019年第四季度末的1 200.12亿元增长2.33%。2020年4个季度的营业收入分别为255.65亿元、294.86亿元、291.09亿元和386.45亿元，第四季度营业收入环比第三季度增长32.76%，是信托公司年末业绩冲高的行业特征。

2020年68家信托公司的信托业务收入为864.48亿元，同比增长3.68%。2020年4个季度的信托业务收入分别为190.59亿元、210.75亿元、214.44亿元和248.69亿元。2020年第四季度末，信托业务收入在经营收入中的占比为70.39%，同比2019年第四季度末的69.48%要稍微高一些，但要低于第二季度的72.90%和第三季度的73.17%（见图5）。

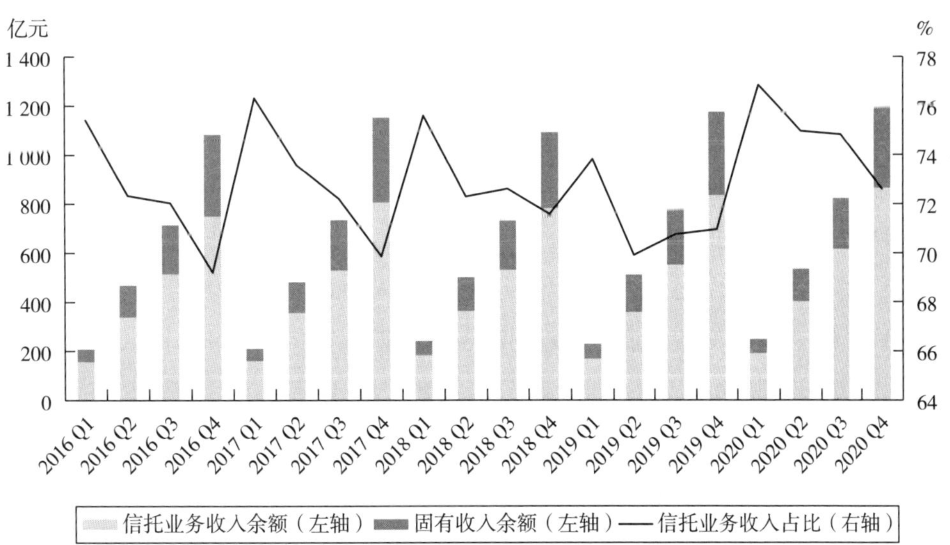

图5 2016Q1至2020Q4信托业务收入及其同比增速变动

在经营收入中，2020 年第四季度末的投资收益为 271 亿元，同比下降 2. 18%。2020 年 4 个季度的投资收入分别为 45. 16 亿元、62. 36 亿元、60. 17 亿元和 103. 32 亿元。第四季度投资收益环比第三季度增长 71. 71%，比第三季度多 43. 15 亿元。由于第四季度投资收益比前三个季度大幅增加，使第四季度末的投资收益占比达 22. 07%，虽然略低于 2019 年第四季度末的 23. 08%，但比前三个季度的占比高得多。

（二）第四季度利润减少，增加资金拨备应对风险

在经营收入中，2020 年第四季度末，信托业利润为 583. 18 亿元，同比 2019 年第四季度末 727. 05 亿元下降 19. 79%，减少 143. 87 亿元。分季度利润来看，2020 年 4 个季度的利润分别为 166. 10 亿元、174. 92 亿元、144. 87 亿元和 97. 29 亿元，第四季度的利润为 4 个季度“垫底”但是，第四季度经营收入为 386. 45 亿元，比前三个季度高得多，第四季度利润减少的主要原因是信托公司增加了应对可能风险的资产减值损失计提（见图 6）。

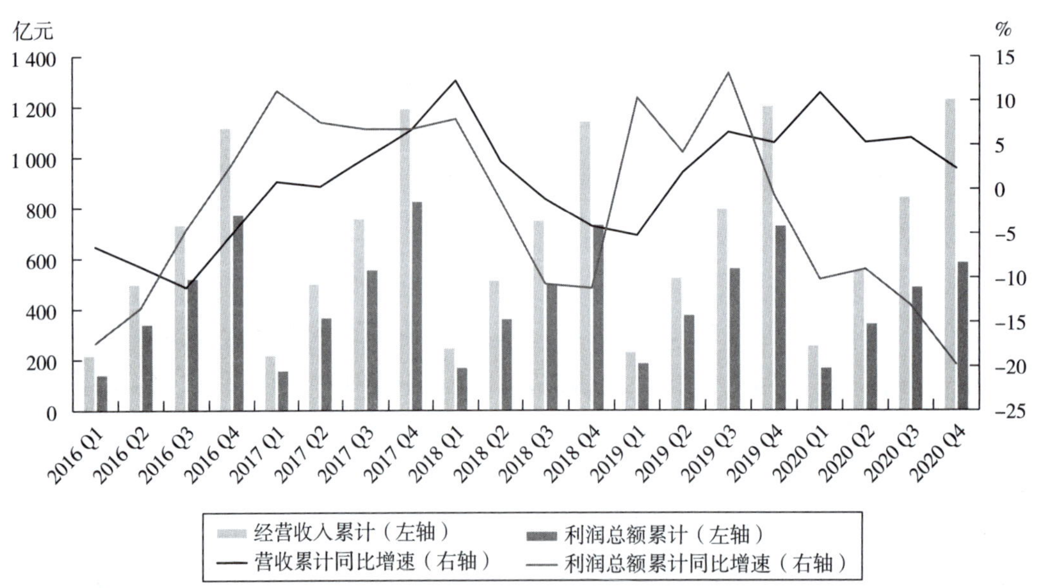

图 6　2016Q1 至 2020Q4 营业收入与利润总额当年累计值及其同比增速

2020 年第四季度末信托业人均利润为 196. 42 亿元，同比 2019 年第四季度末的 244. 23 亿元下降 19. 58%，净减少 47. 81 亿元。2020 年 4 个季度的人均利润分别为 54. 48 万元、59. 51 万元、43. 97 万元和 38. 46 万元，第四季度的人均利润要低于前三个季度。

信托业业绩指标反映的是行业状况，部分信托公司的业绩则有大幅改善。信托公司经营收入与利润增速出现公司之间的分化，是市场竞争的正常现象，不少信托公司得益于前两年的主动优化业务结构，2020 年净利润出现较快增长。这提示信托公司应提高对加快业务转型重要性

的认识，采取有效步骤来推进主动管理能力的提升。

2020 年，个别信托公司前期积累的风险点显现，这属于个案。当前，单体机构风险和局部风险不会影响整个信托业的稳健发展态势。金融的实质就是风险管理，只有将风控做好，才能让信托公司拥有更广阔的资产管理与综合金融服务拓展空间。

三、服务实体经济，信托资金投向结构改善

经济决定金融，实体经济发展水平和质量从根本上决定金融发展水平和质量。2020 年，信托业进一步强化了支持实体经济发展规律的认识，并以多种方式推动资金流入实体经济部门，信托投向结构不断改善。

截至 2020 年第四季度末，资金信托为 16.31 万亿元，同比 2019 年第四季度末的 17.94 万亿元下降 9.09%，净减少 1.63 万亿元；环比第三季度末的 17.23 万亿元下降 5.36%，净减少 9 242 亿元。从资金信托在五大领域占比来看，2020 年第四季度末排序是工商企业（30.41%）、基础产业（15.13%）、房地产业（13.97%）、证券市场（13.87%）、金融机构（12.17%）。观察图 7 中有两个“一降一升”的显著特征：一是 2020 年 4 个季度的房地产业占比是持续下降的，第四季度趋稳；二是 2020 年 4 个季度证券市场的信托资产占比呈现增长态势，第一季度占比为 10.97%，第四季度占比则上升到 13.87%。

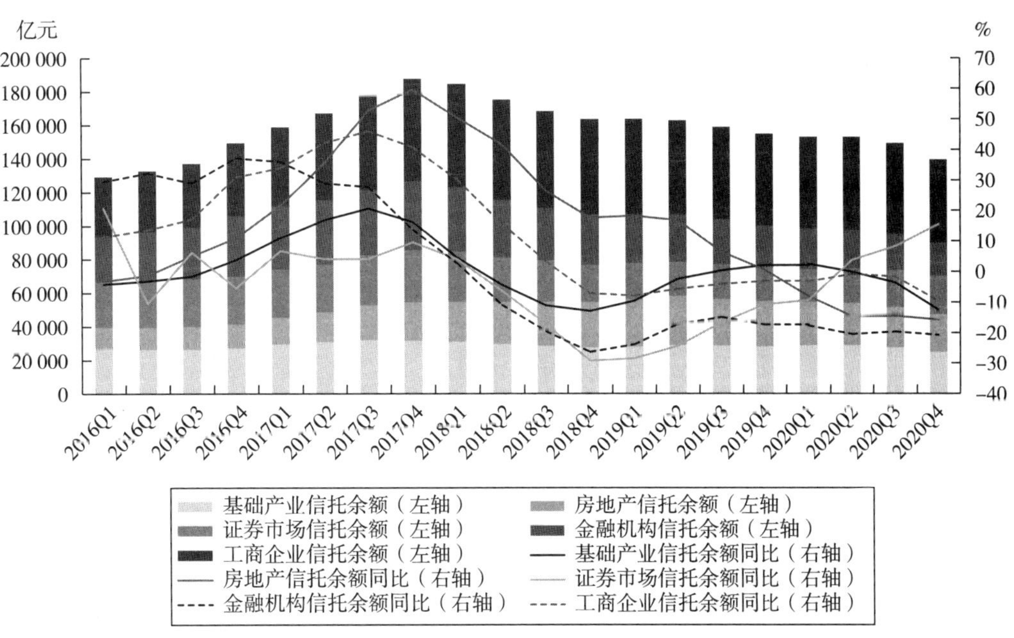

图 7　2016Q1 至 2020Q4 信托资产按投向分类的规模及其增长情况

（一）工商企业

工商企业是资金信托流向的第一大领域。2020 年第四季度末，资金信托流向工商企业有 4.96 万亿元，同比 2019 年第四季度末的 5.49 万亿元下降 9.64%，净减少 0.53 万亿元。

信托业紧紧围绕服务工商企业来推进各项工作，构建了多层次、多渠道、有特色的服务工商企业的信托产品体系，提高工商企业的投资效率，不断强化服务功能，促进信托业与工商企业发展的良性循环。

（二）基础产业

2019 年和 2020 年，基础产业信托规模超越金融机构和证券市场成为资金信托投向的第二大领域，分别为 15.72% 和 15.13%，高于金融机构的 13.96% 和 12.17%，也高于证券市场的 10.92% 和 13.87%。2020 年第四季度末投向基础产业的资金信托数为 2.47 万亿元。

基础产业的投资是范围广、涉及面多，信托公司应深耕这一领域。我国已总结了新型基础设施建设的广泛内容，如加快第五代移动通信、工业互联网、大数据中心等建设，完善综合运输大通道、综合交通枢纽和物流网络，以及加快城市群和都市圈轨道交通网络化等一系列新的基础设施重点。新的基础设施建设领域不断涌现，信托业要积极作为，为国家重大基建项目提供资金，使资金信托发挥更大作用。

（三）房地产业

自 2019 年 8 月以来，大幅压降房地产信托业务是监管部门的政策导向。2020 年第四季度末，房地产资金信托余额为 2.28 万亿元，同比 2019 年第四季度末的 2.70 万亿元下降 15.75%，环比第三季度末的 2.38 万亿元下降 4.19%。2020 年第四季度末，房地产信托占比为 13.97%，低于 2019 年第四季度末的 15.07%。房地产资金信托占比变化是信托业按照监管部门要求所作出的适时调整。2020 年第四季度，房地产类产品在整体信托产品中的占比继续下降。

2020 年 7 月，宏观经济部门强调："坚持不将房地产作为短期刺激经济的手段"，以稳地价、稳房价、稳预期的"三稳"来明确"房住不炒"的发展定位。8 月出台的"三条红线"限制房企融资需求，即"房企剔除预收款后的资产负债率不得大于 70%、净负债率不得大于 100%、现金短债比不小于 1"。10 月，监管部门严格管控房地产信托额度，严禁为资金违规流入房地产市场提供便利，不断加大力度处置风险资产。

2020 年最后一天，人民银行、中国银保监会发布《关于建立银行业金融机构房地产贷款集中度管理制度的通知》，主要内容是对商业银行的房地产贷款设置"两条红线"：一是将银行的房地产贷款占比进行分档考核，如第一档包括六大国有大行的两个上限（房地产贷款余额占比及个人住房贷款余额占比）分别为40%和32.5%。二是对商业银行达标设置了过渡期，对于距离达标2个百分点以内的，过渡期为两年，超过2个百分点以上过渡期为4年。这“两条红线”主要约束金融机构信贷供应。因此，为了满足监管要求，部分商业银行必须收缩房地产贷款业务。

2020年下半年出台的几项重大监管政策，将有助于防范金融体系对房地产贷款过度集中带来的潜在系统性金融风险。

同时，要看到促进房地产市场平稳健康发展是基本的经济政策，特别是要推动房地产业与其他部门均衡发展，一方面，应避免社会资金过多流向房地产业，以防范房地产金融风险；另一方面，就信托公司而言，要坚持房子是用来住的、不是用来炒的定位，继续控制好房地产信托业务规模与风险，助力房地产市场平稳健康发展。

（四）证券市场

2020年第一季度，国内外新冠肺炎疫情冲击使金融市场出现大幅波动。第二季度至第四季度，我国金融市场对宽松流动性和积极财政政策作出了正面反应，股票市场出现了结构性牛市行情，社会资金向金融资产转移。与此同时，金融监管部门鼓励发展标准化的金融产品，信托公司纷纷布局证券投资类信托，使以证券投资类为主的金融类信托数量出现上升。

2020年第四季度末，标准化金融产品投资的资金信托数为2.26万亿元，同比2019年第四季度末的1.96万亿元增长15.44%，环比第三季度末的2.21万亿元增长2.20%，第四季度新流入487.93亿元。在股票、基金、债券三大品种中，资金信托主要流向债券市场，2020年第四季度末为1.49万亿元，占2.26万亿元的65.98%；投向股票的资金信托余额为5 350.77亿元，同比增长6.24%，环比第三季度末下降11.74%；投向基金的资金信托余额为2 343.51亿元，同比增长5.95%，环比第三季度末下降7.17%。

2020年第二季度至第四季度，证券投资类信托产品销售较好，不少信托公司积极向标品信托转型。与此同时，监管部门鼓励信托公司更多开展证券投资信托等业务，引导信托资金加大对资本市场的支持力度。信托公司可以通过自有资金和信托产品投资股票、基金和债券，充实、拓宽资本市场健康发展的源头活水，有利于金融和实体经济实现高水平循环。要指出的是，证券市场是一个高度竞争的市场，信托公司能否真正为受益人带来利益，要取决于信托公司的主动管理能力，其中包括对国内外经济、产业与企业发展的把握能力。因此，信托公司如何充分发挥信托的制度优势，通过增加权益类信托产品为受益人带来盈利是一个新的课题。

（五）金融机构

截至2020年第四季度末，信托资金流向金融机构余额为1.98万亿元，同比2019年第四季度末的 2. 50 万亿元下降 20. 76%，环比第三季度末的 2. 15 万亿元下降 7. 74%。

金融机构在资金信托中的占比已下降为第五大领域。2020 年第一季度至第四季度末占比分别为 13. 60%、12. 84%、12. 48% 和 12. 17%。与 2019 年第四季度末相比，2020 年第四季度末已降低 1. 79 个百分点。

四、信托业转型发展的几个要点

2021 年，是我国现代化建设进程中具有特殊重要性的一年，既要治愈疫情创伤，又要努力保持经济运行在合理区间，经济需要进行“大复位”。当前，要巩固拓展疫情防控和经济社会发展成果，扎实做好“六稳”工作、全面落实“六保”任务。信托业要站在更好服务实体经济和人民美好生活的新高度，为“十四五”开好局、谋新篇、促发展。

（一）树立远景目标的发展观

新时代新阶段的发展必须贯彻新发展理念，必须是高质量发展。2020 年国内生产总值为 101. 60 万亿元，中国拥有更加雄厚的物质基础和更大的回旋余地。信托公司是金融机构，必须识大势，把握时代发展机遇。党的十九届五中全会提出了到 2035 年基本实现社会主义现代化远景目标：人均国内生产总值达到中等发达国家水平，中等收入群体显著扩大。中国经济有希望、有潜力保持长期平稳发展，这一信念可以一扫部分信托公司对未来业务迷茫的悲观情绪。

信托业要充分认识这两大阶段性目标蕴含的长期资本积累必要性。人均收入从 1 万美元到 2 万美元或 3 万美元对金融业意味着什么？增长源于投资，发展源于高效率的资源配置方式，就是人均收入上升会提出更大的资金需求量及更高资金效率的新要求。因此，信托业的新发展格局，决不是金融机构之间的自我循环，而是汇聚多方资金，为长期资本形成提供源源不断的社会资金。

（二）转型发展的有利宏观环境

根据国际货币基金组织等国际机构估计，2021 年中国经济实际增长率是 8. 2% 以上，即使考虑 2020 年经济增长率为 2. 3% 的一个较低总量基数，2021 年将出现一个相对高速增长的经济活动，为信托业加快转型发展提供了一个有利的宏观经济环境。2020 年末，广义货币供应量 M2 同比增长 10. 1%，社会融资规模存量同比增长 13. 3%，表明宏观杠杆率已达到 215. 27%，比 2019 年的 200. 48% 提升了约 15 个百分点。那么，2021 年在推动经济稳定恢复的同时要保持宏观杠杆率的基本稳定：一是不急转弯的宏观经济政策表明仍是一个稳健的货币政策；二是稳定杠杆率的基本渠道是扩大国内投资与消费的总需求。因此，信托公司必须要花大力气来深入研究2021年的宏观经济运行和产业发展特点，精准把握信托业务领域、规模与节奏。

新的产业、新的领域，会形成新的资金需求。随着经济与社会对资金需求的上升，信托公司要在实践中发掘能够充分发挥信托制度优势的业务领域，创造性地开发出新的业务模式，使信托制度更具有新时代的中国特色。

（三）加快提升主动管理能力

我国信托业的制度定位逐渐明确，做专业受托人、主营信托业务的金融机构，“基于信任、忠于托付”成为行业回归本源的基础保障。对大多数信托公司来说，被动管理型信托资产规模占比较大，主动管理能力不足则是短板。当前及今后一段时间，信托业要把业务工作重点放到提升主动管理能力上。

信托业是经济与社会生活体系中的资金桥梁。2021年，信托业受托资产规模下降将伴随着转型的升级机会。信托业的转型发展主要提升两方面能力：一是勇于主动转型的能力，信托业要改变多年来依靠“通道”与“融资类”业务获取收益的做法，转向坚持受托人定位，培育诚信、专业、尽责的受托理念；二是不断探索新的业务模式，不同于其他金融子行业，信托公司有着跨越货币市场、资本市场和实业市场的灵活优势，可以运用债权、股权、股债结合、资产证券化、产业基金等多种方式，充分调动资源，为实体经济部门提供多样化的信托产品和信托金融服务。

信托公司不仅具有资金端的募集能力，而且应该拥有资产端的丰富配资能力，才能真正履行本源职责。信托公司要对标准化的金融产品进行配置，涉及多个专业驾驭能力，对信托公司主动管理能力提出更高的要求。当然，信托公司可以运用信托制度、信托架构、信托投资的广泛性为客户提供综合解决方案，其核心仍然是信托业务的主动管理能力。

（四）提升受托人的专业价值

信托文化是信托业转型发展的动力，受托人责任是信托文化核心。持续加强信托文化建设，是信托业发展的“灵魂”。在过去一年里，中国信托业协会推动形成了《信托公司信托文化建设指引》及《协会关于开展信托文化建设的通知》，助力推进信托文化建设五年规划，大部分信托公司开展了一系列主题活动。信托文化含义广阔，其中委托人文化和受托人文化构成了信托法律关系，塑造了信托业独特的商业模式。信托公司的受托人文化建设是立足于受托人责任所创造经济价值的商业模式，是委托人与受托人的“双赢”文化。信托公司要提升受托人的专业价值，即具有能使信托资金增值的能力。为此，要探索以基于专业服务和多元金融工具运用的受托服务模式，通过弘扬履职尽责、灵活创新的信托文化，激活全社会对信托本源业务的市场需求。

2021 年是信托文化的普及年，信托公司要围绕以信托关系为基础，以受益人合法利益最大化为目标，将受托人定位的信托文化嵌入经营理念和业务转型过程中，成为守正、忠实、专业的高品质受托人。

第二部分　中国信托业协会 2020 年工作总结和 2021 年工作计划

中国信托业协会 2020 年工作总结

2020 年，中国信托业协会深入学习贯彻习近平新时代中国特色社会主义思想，认真落实中央和中国银保监会党委部署，有效发挥社会组织职能，在自律、维权、协调、服务四个方面统筹聚力、精准发力，积极助力信托业深化改革和转型发展。

一、坚持政治引领，强化党的建设

是突出加强政治建设。以党的政治建设为统领，在政治路线、政治立场、政治方向、政治道路上同以习近平同志为核心的党中央保持高度一致，在大是大非、政治原则问题上态度鲜明、立场坚定、行动有力，确保政令畅通。毫不动摇地坚持党对协会各项工作的领导，充分发挥党委政治核心作用，依据《中国信托业协会章程》，协调调动和支持配合协会会员大会、理事会、常务理事会、秘书处[①]和专业委员会协同高效的贯彻执行党的路线、方针、政策，把党总览全局、协调各方落到实处。

二是有效推进党组织建设。严格履行《中国信托业协会全面从严治党主体责任清单》，对协会党支部、支部委员和党员的全面从严治党责任进行明确和细化，推动党建工作与业务工作同部署同推进同落实。严格执行《中国共产党支部工作条例（试行）》，以支部标准化规范化建设和“灯下黑”问题专项整治为抓手，推动支部阵地全面巩固、支部建设全面进步，提升党组织引领力和党员表率作用，带动秘书处干部职工进一步改进工作作风，提高服务质效。

① 全年召开会员大会 1 次、理事会 3 次、常务理事会 2 次、监事会 3 次。

三是常抓不懈作风建设。开展各项制度建设“回头看”，查摆执行情况，确保跟踪问效。本着“严、深、细、实”的原则，紧盯会费管理使用，响应减费降负号召，减轻会员单位负担，全年减少会费收取327万元。做好人员管理教育和约束监督机制建设，接受财务审计、税务审计、民政部年检抽查审计等，结果良好，无重大财务问题。全力支持纪委全面监督，持之以恒反对“四风”，确保协会党建工作到哪里，纪委监督就到哪里。

二、以信托文化为抓手，有效发挥自律职能

一是有条不紊地推进信托文化建设。在中国银保监会信托部的指导下，形成《信托公司信托文化建设指引》和《协会关于开展信托文化建设的通知》，引导信托公司结合自身资源禀赋情况，制定“2020年信托文化建设规划及配套方案”。在《信托公司信托文化建设指引》发布后，协会第一时间举办了“信托公司文化建设”主题沙龙活动，邀请监管部门相关领导作政策辅导，组织业内专家、信托公司高级管理人员代表共同交流对信托文化内容的理解。在此基础上，梳理形成《信托公司2020年信托文化建设方案参考框架》《信托公司文化建设主题沙龙活动嘉宾发言实录》等，并在协会在线平台开展“信托公司文化建设”专题培训，进一步推动信托文化建设工作落地实施。同时，将《信托公司文化建设》列为2020年度重点研究课题，并纳入正在制定中的《信托业全员培训教材大纲》。首次举办信托知识竞赛，敦促从业人员增强对信托关系本质的理解把握，坚守受托人定位，助力信托文化建设。

二是多措并举提升投资者教育工作质效。系统规划投资者教育工作，制定《2020年信托投资者教育工作方案》。编印《信托知识百问百答》（第一册），联合央广天下财经节目向社会公众开展信托知识宣教100期，制作投资者教育宣传视频，实现信托公司在营业场所投放，有效增强投教的广度和深度。开展投资者教育活动共计3场，其中现场活动1场约120人参加，线上活动两场面向投资者和院校，参与者逾万名，有效助力信托走近投资者、走进校园。稳妥处置消费者投诉，全年受理消费者投诉10件、涉及8家信托公司，本着“案件不上移、矛盾不激化”原则，注重引导信托当事人增强“卖者尽责、买者自负”投资理念，营造信托业良好投资环境。

三是完成2019年行业评级。协会已连续5年开展行业评级工作，2020年，继续在总结前期经验基础上精心组织、优化程序，恪尽职守、实事求是，确保评级结果及时、客观、准确。

三、推进制度机制建设，增强行业维权能力

一是积极推动信托业法律体系建设。利用金融领域法治建设进一步健全的有力时机，依托会员权益保障工作小组，从信托过户制度、受益人纳税原则、受托人审慎义务标准、委托人与

受益人权力平衡等方面，对完善信托法制提出相关意见建议。

二是及时向各方反映行业诉求和呼声。关注行业涉多家信托公司的风险事件，及时响应会员单位维权诉求，通过《信托建言》等高频率、多角度反映行业呼声，争取良好外部环境。与相关司法部门保持有效沟通，年内就相关信托公司维权诉求向相关法院发函，参与有关法院调查咨询，阐明相关信托业务法律关系和业务模式等问题并供其参考。就部分信托公司反映的不良媒体恶意报道情况，了解、梳理相关报道内容，及时向监管部门汇报。

三是大力促进信托业纠纷调解机制建设。基于金融行业中只有信托行业未建立多元化调解中心、主要依托诉讼解决纠纷的现状，研究探索构建多元化解纠纷和内部争议处理机制，在前期走访调研基础上形成《关于探索构建化解信托金融纠纷行业调解机制的报告》及配套《信托纠纷调解中心筹建方案（建议稿）》，作为政策建议报送监管部门，加速推动信托行业调解、仲裁、诉讼多元化纠纷解决机制的建设。

四、积极发挥协调作用，推动落实中心工作

一是助力疫情防控攻坚战。第一时间（2020 年农历正月初二）发出“信托人全力以赴共抗疫情倡议书”，动员会员单位积极响应党中央号召、国务院各项决策部署，充分发挥信托制度优势、多策并举、履行社会责任，协调注册地在武汉的国通信托作为受托人设立的“中国信托业抗击疫情慈善信托”（共 61 家会员单位参与、财产总规模为 3090 万元），迄今已执行 26 个慈善信托项目，涉及资金 2166 万元，有效缓解疫情初期医疗物资设备的燃眉之急，有力支持疫情中后期防疫保障。

二是助力脱贫攻坚战。2020 年，充分考虑新冠疫情不利因素，协会党委领导带队，组织相关信托机构多次赴银保监会定点扶贫旗县进行调研工作，利用慈善信托等方式对接扶贫项目和需求，考察已帮扶项目实施效果。全年协会直接投入帮扶资金 70 万元，完成作为中国银保监会扶贫工作领导小组成员既定任务的 100%；引入信托公司帮扶资金 465. 4 万元，完成既定任务的 465. 4%；培训基层干部 28 人；组织协会员工积极购买定点扶贫地区农产品 0. 75 万元；引导信托公司购买和政、临洮两县农产品共 35. 87 万元。每季度向中国银保监会普惠部报送定点扶贫工作报告，及时汇报相关慈善信托项目的运作模式和帮扶办法，保证与监管部门和派驻当地挂职干部沟通顺畅，促进工作更加精准有效。

三是加大行业研究力度。组织开展研究并评选出“信托公司信托文化建设研究”“信托业务创新年度报告”“金融科技时代背景下的信托业转型与发展研究”等 10 篇具有创新性、引领性的研究成果，汇编形成《2020 年信托业专题研究报告》。聚焦“防范风险、弥补短板、回归本源”，编制发布《中国信托业发展报告（2019—2020）》。围绕“党建责任、经济责任、法律责

任、民生责任、受托责任、公益责任、环境责任、人本责任、责任管理”，编制发布《中国信托业社会责任报告（2019—2020）》。编纂完成《信托金融学（第一版）》，尝试搭建信托业的金融理论体系，以金融的视角、思维和技术方法理清信托业作为我国重要金融子系统之一的演进思路和框架逻辑。

五、持续提升服务效能，助推行业转型发展

一是持续增进业内外交流。组织召开2020年信托业年会。就疫情对信托行业影响开展调研，并积极向监管部门反映。开展“信托项目远程尽调”“线上财富管理”“疫情期间慈善信托业务”等线上工作交流会，助力行业疫情防控期间共克时艰，会同信托公司共同研究新形势下展业途径和转型路径。围绕转型方向，举办“信托公司文化建设”“信托产品估值”“信托公司监事会尽职履责”“转型发展期信托公司风险防控”主题沙龙活动共4期、“信托公司品牌建设”等工作交流会4期。

二是着力提升培训实效。结合新冠疫情常态化防控实际，全年依托线上培训平台开展培训，参训学员共计341人次，充分采纳学员建议，上线新版“中国信托业在线学习平台”并不定期更新升级，提升培训实效。开展行业自律公约《绿色信托指引》《信托消费者权益保护自律公约》和《信托从业人员管理自律公约》专题培训。对接行业转型人才专业知识和职业素养要求，修订完成《信托基础（第二版）》《信托公司经营实务（第二版）》全员培训教材，编纂完成《信托与资管产品案例集》。围绕“信托公司财富队伍建设”“信托行业人员激励约束机制研究”开展课题研究，力争从各领域、各条线开始，逐步研究掌握行业人才整体布局，开展相关人才库建设。

三是强化正面宣传导向。围绕服务民营经济主题，组织信托公司参加中国银保监会第261场例行新闻发布会，回应社会关切，展现信托业在落实中央部署、服务国计民生等方面所做努力。每季度在官方网络平台发布由监管部门授权的信托公司业务数据，邀请专家解读发展态势。每个工作日汇编《信托每日舆情》，全年共监测舆情246天，向信托公司发出负面舆情处理单111份，每月度、季度形成舆情分析报告计16篇。维护和管理网络宣传平台，其中，微信公众号用户数在2020年末达72 034人，较2019年末增加5 249人。参与《中国金融年鉴》《中国经济年鉴》组稿，编纂发行《中国信托业年鉴（2019—2020）》，记录信托业发展轨迹。维持重点媒体关系，培育新闻媒体对信托业的正确认识理解。

中国信托业协会 2021 年工作计划

2021 年是实施“十四五”规划、开启全面建设社会主义现代化国家新征程的开局之年，也是中国共产党成立 100 周年。协会将继续毫不动摇地以习近平新时代中国特色社会主义思想为指导，不忘初心、再接再厉，结合监管部门对协会的工作要求，以求真务实的作风开展各项工作，助力信托行业转型发展、回归本源。

一、党的建设

一是始终以贯彻落实党中央决策部署为前提，确保党的路线、方针、政策得到全面贯彻，严守党的政治纪律和政治规矩，自觉在思想上政治上行动上同以习近平同志为核心的党中央保持高度一致。

二是扎实开展党史学习教育，坚持把学习习近平新时代中国特色社会主义思想贯穿始终，把学史明理、学识增信、学史崇德、学史力行贯穿始终，把学党史、悟思想、办实事、开新局贯穿始终。

三是持续强化党对协会各项工作的领导，统筹考虑党的建设与业务工作，保证和支持协会会员大会、监事会、理事会、常务理事会、秘书处和专业委员会按照《中国信托业协会章程》独立负责又协调一致地开展工作。

四是落实管党治党责任，紧盯全面从严治党薄弱环节，持之以恒反对“四风”，全面加强纪律建设。

二、自律方面

一是继续深入推进信托文化建设工程，研究“信托文化建设普及年”工作方案，推动信托公司坚守受托人定位，在促进信托文化建设重心向部门及普通员工下沉上想办法、出对策。

二是根据“资管新规”、信托监管新规及金融市场变化，协同中国信登公司发布《信托公司信托业务估值指引》。组织研究行业评级指引的适时调整，确保评级体系在助力行业转型发展方面精准发挥作用。

三是将培养组合投资、理性投资、长期投资理念作为信托投资者教育核心内容，组织投放信托投资者教育宣传视频（拟总计制作8期），继续编制《信托知识百问百答》，配合监管部门开展3·15金融消费者权益保护周和9月金融知识进万家活动，进一步构建信托业和谐发展环境。

四是推进绿色信托标准制定研究工作，进一步开展绿色信托业务实践和推广，适时组织《绿色信托指引》实施后评估。

五是推动行业加强风险防范工作的自觉性。

六是发布信托业清廉金融文化建设倡议书，推进信托公司清廉文化建设工作。

三、维权方面

一是继续辅助监管部门推进信托业法律法规建设，协助监管部门做好《中华人民共和国信托法》后评估和《信托公司条例》制定工作，落实破产隔离、信托财产登记等本源业务制度基础。

二是继续探索更多维权手段和途径，维护信托公司正当合法权益。

四、协调方面

一是设立“中国信托业协会养老信托专业委员会”，探索发挥信托制度优势缓解养老保障压力，促进养老信托发展。

二是支持中国银保监会定点扶贫和乡村振兴的有效衔接，引导信托公司和社会资源支持乡村振兴。

三是继续发挥“中国信托业抗击新型肺炎慈善信托”作用，支持疫情常态化防控。

四是发挥桥梁纽带作用，组织信托公司交流互鉴和课题研究，促进制度建设、风险化解防控、业务转型等方面好经验好做法的推广应用。

五、服务方面

一是确保协会会员大会、理事会、常务理事会、秘书处和专业委员会根据《中国信托业协会章程》各司其职、协同高效，形成协会治理合力。

二是设立“中国信托业协会金融科技专业委员会”，促进行业金融科技研究与应用。

三是以增强从业人员道德操守和专业水平为着眼点，有的放矢地提高行业人才建设水平，加大对匹配人民群众财富管理和传承需求等方面业务类型的研究培训，着手建立相关人才库。

四是加强宣传工作统筹，把握好新闻宣传的时、度、效，加强舆情监控及媒体沟通，坚持正面宣传导向，坚定市场和投资者对信托业的信心。

五是配合监管部门和信托业积极探索信托制度在社会生活更多领域的创新运用，服务人民美好生活需要。

大事记

1 月

中国信托业协会扶贫案例入选国务院扶贫办“2019 年社会组织扶贫 50 佳案例”。

1 月 3 日，长安国际信托股份有限公司陈卓亚荣获西安市财政系统“庆祝中华人民共和国成立 70 周年书法绘画摄影作品征集活动”摄影作品一等奖，王赛荣获二等奖，徐晓渭、王澍、闫栋杰荣获三等奖。

1 月 5 日，紫金信托有限责任公司荣获南京市总工会授予的 2019 年度南京市“优秀职工志愿服务组织”称号。

1 月 6 日，北京银保监局核准何晓峰北京国际信托有限公司总经理任职资格。

1 月 7 日，长安国际信托股份有限公司“长安慈——山间书香儿童阅读慈善信托”“昆山市公共交通集团有限公司 2018 年度第一期绿色资产支持票据”分别荣获陕西省金融工作委员会颁发的二等奖、三等奖。

1 月 9 日，江西银保监局同意中航信托股份有限公司住所变更为江西省南昌市红谷滩新区会展路 1009 号航信大厦。

1 月 9 日，重庆国际信托股份有限公司赴渝北区永庆小学开展“爱暖童心、携手未来”公益活动，为孩子们送上过冬物资。

1 月 9 日，百瑞信托有限责任公司、广东粤财信托有限公司、渤海国际信托股份有限公司荣获北京金融资产交易所颁发的“优秀管理机构奖”。

1 月 9 日，华宝信托有限责任公司荣获中国人民银行上海分行颁发的“2019 年度上海市中资法人金融机构统计工作一等奖”。

1 月 9 日，厦门国际信托有限公司自主研发的人行资管产品统计报送系统荣获国家版权局颁发的“计算机软件著作权登记证书”。

1 月 13 日，陆家嘴国际信托有限公司荣获青岛崂山区企业家大会授予的 2020 年度“崂山区突出贡献企业”称号，公司总经理崔斌荣获“杰出企业家”称号。

1 月 14 日，中信信托有限责任公司向镇宁布依族苗族自治县扶贫开发办公室捐赠 50 万元用于“白马湖街道永和村改善人居环境基础设施建设项目”。

1 月 15 日，兴业国际信托有限公司荣获中央国债登记结算有限责任公司授予的“优秀 ABS 发行人”“优秀资产管理人”称号，上海国际信托有限公司荣获“优秀 ABS 发行人”称号。

1 月 15 日，中诚信托有限责任公司荣获第九届中国公益节“2019 年度责任品牌奖”。

1 月 17 日，昆仑信托有限责任公司荣获宁波市鄞州区颁发的“金鼎企业奖”。

1 月 21 日，江西银保监局核准李楠雪松国际信托股份有限公司副总裁任职资格。

1 月 22 日，陕西省国际信托股份有限公司党委收到澄城县和省国资委咸阳合力团送来的脱贫攻坚帮扶工作慰问信和感谢锦旗。

1 月 22 日，万向信托股份公司荣获浙江银保监局颁发的“2019 年度杭州辖内银行业金融机构监管统计工作竞赛二等奖”。

1 月 26 日，中航信托股份有限公司向武汉红十字会捐赠新型冠状病毒检测试剂盒，为疫情防控提供最快的信息反馈。

1 月 26 日，四川信托有限公司紧急启动“帮信托”重大灾害专项救助计划，向公司全体员工、合作伙伴、社会各界爱心人士发出捐款倡议，员工捐款近 50 万元。

1 月 27 日，厦门国际信托有限公司向厦门一中“薪火相传，爱心接力”慈善团队捐赠 31021 元，定向捐助湖北省黄冈市中心医院等机构。

1 月 30 日，国通信托有限责任公司自发组织募捐，购买医疗物资运送至中国人民解放军中部战区总医院。

1 月 30 日，中航信托股份有限公司赴定点帮扶贫困村江西省永新县曲白乡浆坑村走访慰问贫困户，看望驻村工作队员。

1 月，五矿国际信托有限公司荣获红十字协会总会授予的“中国红十字会奉献奖章”。

1 月，中融国际信托有限公司荣登全国银行间同业拆借中心公布的“2019 年度银行间本币市场交易 300 强”榜单。

2 月

2 月 2 日，由中国信托业协会倡议、61 家信托公司出资、国通信托有限责任公司担任受托人共同设立的“中国信托业抗击新型肺炎慈善信托”在武汉市民政局备案，是武汉市民政局备案的首单慈善信托。

2 月 3 日，陕西省国际信托股份有限公司设立西北地区首个疫情防控救援类慈善信托——“陕国投·陕西慈善协会—迈科集团—众志成城抗击新型冠状病毒肺炎慈善信托”。

2 月 3 日，上海国际信托有限公司党委动员员工自愿认购“上善”系列·上信员工抗击疫情慈善信托，共有 400 多名员工捐款 835760 元。

2 月 4 日，湖南省财信信托有限责任公司向“湖南省财信公益基金会”捐赠 200 万元，主要用于支援湖南省内抗疫前线。

2 月 5 日，北京银保监局核准昌青北京国际信托有限公司副总经理任职资格。

2 月 6 日，华宸信托有限责任公司组建社区志愿服务队到街道社区开展志愿服务，为相关街道社区疫情防控提供有力支持。

2月7日，华润深国投信托有限公司向华润武钢总院、武钢二院捐赠18台院方急需的移动空气净化消毒机。

2月10日，国通信托有限责任公司组建帮扶抗疫突击队，奔赴硚口区汉正街和宝丰路两个街道办事处协助开展疫情防控。

2月12日，华澳国际信托有限公司开展“抗击疫情 党员在行动”楼宇志愿服务活动。

2月13日，华鑫国际信托有限公司协助华电国际电力股份有限公司发行15.51亿元专项防疫债，并认购7700万元。

2月13日，陕西省国际信托股份有限公司向对口帮扶村澄城县赵庄镇武安村捐赠医用防护口罩、食品等物资。

2月13日，兴业国际信托有限公司成功设立银行间市场首单疫情防控绿色资产证券化产品——“华电国际电力股份有限公司2020年度第一期绿色定向资产支持票据（疫情防控债）”。

2月14日，华澳国际信托有限公司工会向上海浦东新区捐赠2160瓶酒精消毒液等防疫物资，向疫情一线的工作人员提供物资支持。

2月19日，华宝信托有限责任公司发起设立“华宝善行·抗击新型冠状病毒肺炎疫情专项慈善信托”。

2月19日，中国对外经济贸易信托有限公司所属北京信诺公益基金会接受中化集团金融事业部爱心员工捐赠44.23万元，用于购买25台病人监护仪捐赠至武汉大学人民医院。

2月20日，浙江银保监局核准钟鸿钧万向信托股份公司独立董事任职资格。

2月20日，紫金信托有限责任公司发起设立江苏省首单抗击疫情慈善信托——“厚德博爱抗击疫情助医慈善信托”，为参与抗击疫情的医务人员、定点医院提供帮扶救助。

2月21日，黑龙江银保监局核准董继红中融国际信托有限公司财务总监任职资格。

2月25日，苏州信托有限公司“苏信·抗击新冠病毒慈善信托（善举9号）”正式成立。

2月26日，北京国际信托有限公司选派党员干部参加北京市朝阳区崔各庄乡马泉营村疫情防控工作。

2月29日，渤海国际信托股份有限公司在2019年石家庄市金融机构统计工作考核中获评“A级”。

2月，广东粤财信托有限公司向广东赴武汉医疗队所涉医院捐资400万元人民币助力疫情防控。

2月，湖南省财信信托有限责任公司为抗击肺炎疫情捐款14.5万元。

2月，吉林省信托有限责任公司向吉林省复工复产企业捐赠60万元口罩。

3 月

3 月 2 日，北京银保监局核准陈基建中国民生信托有限公司副总裁兼首席风险控制总监任职资格；核准肖燕明中国民生信托有限公司助理总裁任职资格。

3 月 2 日，陕西省国际信托股份有限公司设立“陕国投·北京市朝阳区—厚泽金融—抗疫情中小企业应急贷集合资金信托计划”无息贷款项目携手中小微企业共克时艰。

3 月 3 日，厦门国际信托有限公司通过“厦门信托—守护厦门—战疫兴鹭单一资金信托”向厦门市属国有企业发放信托贷款，用于防疫物资采购，为厦门疫情防控提供保障。

3 月 6 日，湖南银保监局同意湖南省信托有限责任公司名称变更为湖南省财信信托有限责任公司（英文名称：Hunan Chasing Trust Co. , Ltd. ）。

3 月 7 日，紫金信托有限责任公司荣获中共南京市鼓楼区委员会南京市鼓楼区人民政府授予的“2019 年度经济发展突出贡献单位”称号。

3 月 8 日，中海信托股份有限公司风险管理总部荣获“2019 年度上海市巾帼文明岗”荣誉称号。

3 月 10 日，江西银保监局核准张鹤雪松国际信托股份有限公司副总裁任职资格。

3 月 10 日，安徽国元信托有限责任公司通过安徽省红十字会捐助 50 万元，购买 1. 78 万只 N95 医用口罩用于疫情防控一线急需。

3 月 10 日，紫金信托有限责任公司荣获南京市财贸金融工会联合会授予的“五一巾帼标兵岗”称号。

3 月 11 日，紫金信托有限责任公司发起设立国内首单境外企业作为委托人的慈善信托——“厚德博爱中日友好抗击疫情慈善信托”，为武汉雷神山医院抗击疫情提供资金支持。

3 月 12 日，中铁信托有限责任公司获评“3·15 四川金融责任践行榜‘榜样企业’”荣誉称号。

3 月 13 日，百瑞信托有限责任公司利用“百瑞仁爱·甘霖慈善信托”向湖北抗疫一线捐款 5 万元，用于购买医疗物资支持湖北疫情防控工作。

3 月 17 日，渤海国际信托股份有限公司发起设立河北省首单慈善信托——“渤海信托·大爱无疆抗击新冠肺炎慈善信托”。

3 月 20 日，东莞信托有限公司荣获东莞市委、市政府授予的“2019 年东莞市效益贡献企业”称号。

3 月 20 日，兴业国际信托有限公司与兴业银行联动设立市场上首单疫情防控信贷资产支持证券——“兴银 2020 年第二期疫情防控信贷资产支持证券”。

2020 年第四季度中国信托业发展评析

复旦大学信托研究中心主任　殷醒民

2020 年第四季度，我国在统筹疫情防控和经济社会发展的实践中深化了对做好经济工作规律性的认识，宏观经济政策继续发力，推动经济持续恢复。第四季度的经济增长指标恢复至常态水平，GDP 同比增长 6.5%，比上年同期提升 0.5 个百分点。信托业坚定响应监管部门号召，在提升服务实体经济能力的同时向高品质的受托人定位转变。在 2020 年严监管环境下，通道类业务规模持续回落，融资类信托压缩接近 1 万亿元，信托公司的业务结构有了改善，主动管理能力有所提升。随着经济运行态势向好，信托业坚持风险防控与稳中求进的两手策略，整体风险可控。

一、信托资产持续回落，业务转型取得进展

（一）信托资产规模下降

在业务转型驱动下，信托资产规模从 2017 年第四季度末 26.25 万亿元的高点渐次回落。截至 2020 年第四季度末，信托资产规模为 20.49 万亿元，同比下降 5.17%，比 2019 年第四季度末减少 1.12 万亿元，比 2017 年第四季度末历史峰值减少 5.76 万亿元（见图 1）。2020 年分 4 个季度来看，分别减少 2 772.93 亿元、477.55 亿元、4 182.31 亿元、3 726.77 亿元，下半年两个季度的规模减少力度更大。从稍有起伏的环比增速来看，第四季度环比下降 1.79%。

从资金来源来看，截至 2020 年第四季度末，集合信托规模为 10.17 万亿元，占比为 49.65%，同比提升 3.72 个百分点，比第三季度末（49.42%）提升 0.23 个百分点。单一信托规模为 6.13 万亿元，占比为 29.94%，同比降低 7.16 个百分点，比第三季度末（33.18%）降低 3.24 个百分点。管理财产信托为 4.18 万亿元，占比为 20.41%，同比提升 3.44 个百分点，比第三季度末（17.41%）提升 3 个百分点（见图 2）。

信托业务转型的重点之一是要优化资金来源结构。截至 2020 年第四季度末，集合资金信托与管理财产信托占比达 70.06%，同比 2019 年第四季度末的 62.91% 要提升 7.15 个百分点。信托业将继续逐步减少以单一信托形式的通道类业务，朝着提升主动管理能力的方向不断取得成效。

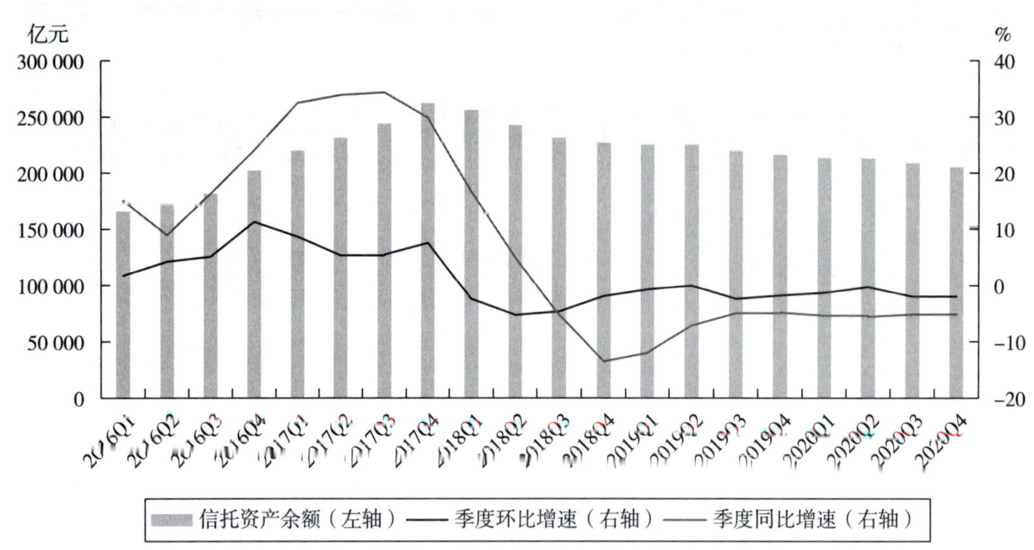

图 1　2016Q1 至 2020Q4 信托资产规模变动情况

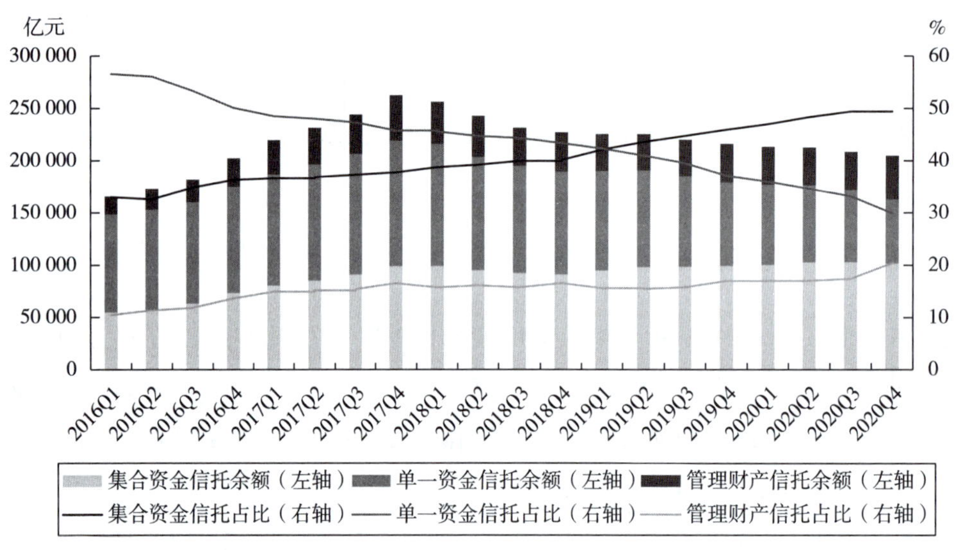

图 2　2016Q1 至 2020Q4 信托资产来源结构变动态势

信托资产规模下降的背后，与行业持续压降融资类和通道类业务有关。从长期来看，逐步压降融资类信托是信托公司回归本源的转型目标。但 2020 年上半年部分信托公司仍然迅猛发展，第一季度和第二季度融资类信托资产分别为 6.18 万亿元和 6.45 万亿元，环比分别增加 3 458.31 亿元和 2 677.58 亿元，占比分别为 28.97% 和 30.29%。对此，2020 年 6 月，中国银保监会下发《关于信托公司风险处置相关工作的通知》要求信托公司压降违法违规严重、投向不合规的融资类信托业务。

2020 年第三季度末融资类信托余额为 5.95 万亿元，环比第二季度末减少 4 966.43 亿元；第四季度末融资类信托余额为 4.86 万亿元，环比第三季度末减少 10 916.31 亿元。第三季度和第四季度的两个季度合计压降 15 882.74 亿元，减去 2020 年第一季度和第二季度新增融资类信托 6 135.89亿元，全年共压降近 1 万亿元。信托公司要坚定转型信心，加速向主动管理等业务转型。

从资产功能划分来看，事务管理类信托为 9.19 万亿元，同比 2019 年第四季度末的 10.65 万亿元减少 1.46 万亿元，较 2017 年末历史高点 15.65 万亿元减少 6.46 万亿元；业务占比为 44.84%，同比 2019 年第四季度末的 49.30% 下降 4.46 个百分点（见图 3）。压降的事务管理类中的绝大多数是以监管套利、隐匿风险为特征的金融同业通道业务。按照监管部门要求，事务管理类业务量与占比一直不断下降，金融机构之间多层嵌套、资金空转现象明显减少。

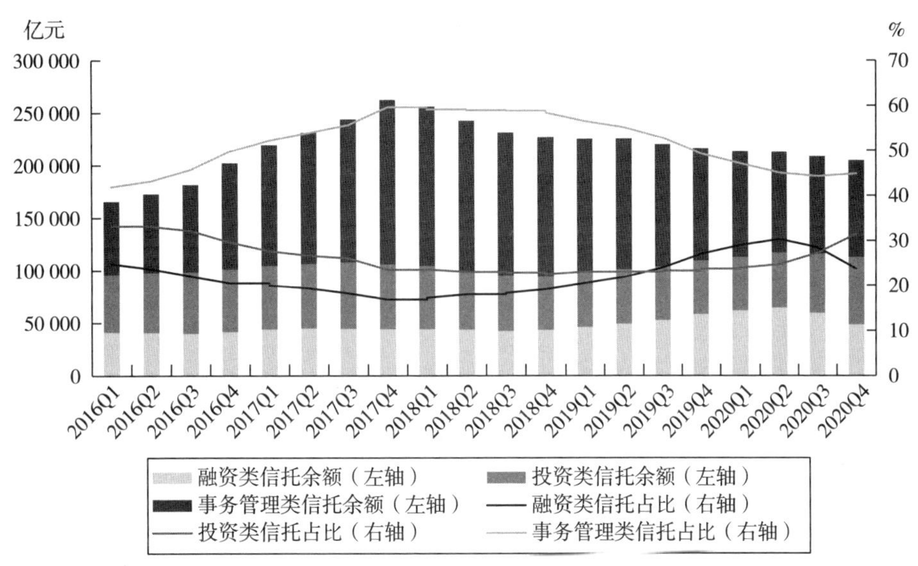

图 3　2016Q1 至 2020Q4 信托资产按功能分类的规模与占比

2018—2020 年是事务管理类信托连续压降的三年：2018 年压降 2.4 万亿元，2019 年压降 2.6 万亿元，2020 年压降 1.46 万亿元。

2020 年第四季度末，投资类资产为 6.44 万亿元，同比 2019 年第四季度末的 5.12 万亿元增长 25.84%，环比第三季度末的 5.68 万亿元增长 13.46%。

从 2020 年 4 个季度来看，事务管理类和融资类资金数与占比均为下降，唯有投资类资金比 2019 年第四季度末增加 13 233.39 亿元。

（二）固有资产持续增加，提高风险防控能力

截至 2020 年第四季度末，68 家信托公司固有资产为 8 248.36 亿元，同比 2019 年第四季度末的7 677.12亿元增长 7.44%，环比第三季度末的 7 909.07 亿元增长 4.29%。

信托公司的固有资产运用方面，投资类占比保持一个较为稳定的增长态势。截至 2020 年

4 季度末，投资类资产为 6 615. 88 亿元，占比为 80. 21%，高于 2019 年第四季度末的 78. 80%，略低于 2020 年第三季度末的 81. 40%（见图 4）。

截至第四季度末，货币类资产为 590. 93 亿元，同比 2019 年第四季度末的 606. 12 亿元下降 2. 51%，环比第三季度末的 453. 17 亿元增长 30. 40%。货币类资产占比为 7. 16%，略低于 2019 年第四季度末的 7. 90%，要高于 2020 年第三季度末的 5. 73%。

2020 年第四季度末，贷款类资产为 581. 45 亿元，同比 2019 年第四季度末的 453. 10 亿元增长 28. 33%，环比第三季度末的 453. 92 亿元增长 28. 10%。2020 年第四季度末的贷款类占比为 7. 05%，同比 2019 年第四季度末的 5. 90% 和环比第三季度末的 5. 74% 均略为高些。

从所有者权益的构成来看，截至 2020 年第四季度末，实收资本为 3 136. 85 亿元，同比 2019 年第四季度末的 2 842. 40 亿元增长 10. 36%。在 2020 年信托资产规模同比下降 5. 17% 的背景下，信托业资本实力增强，提升了部分信托公司应对风险的能力。当前，监管规定将信托业务开展规模限制和信托公司净资产挂钩，强大的资本实力不仅有利于扩大信托展业空间，而且提升了风险防范能力。2020 年相继有 12 家信托公司增资扩股，合计增资额为 266. 48 亿元，高于 2018 年和 2019 年。

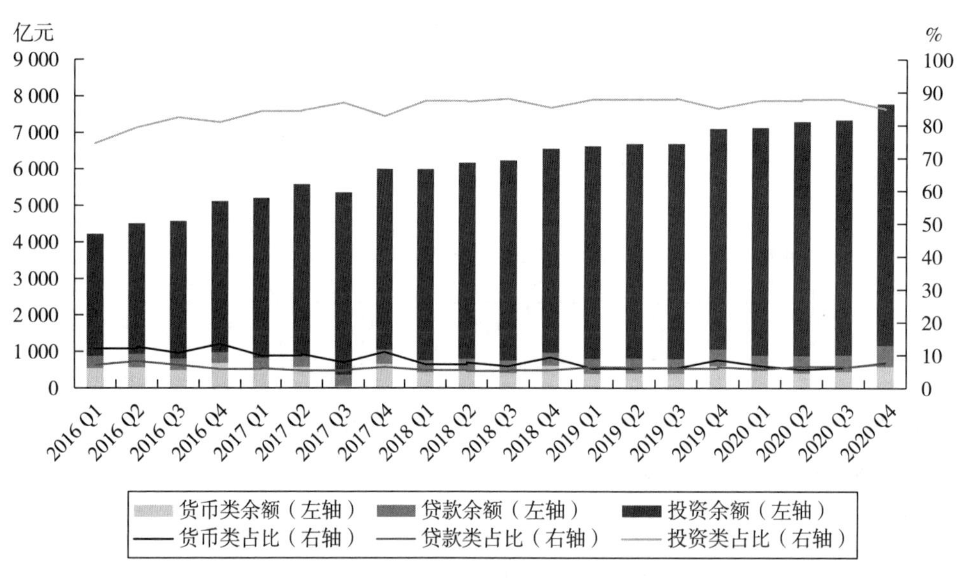

图 4　2016Q1 至 2020Q4 固有资产运用方式结构变化

截至 2020 年第四季度末，信托业净资产为 6 711. 23 亿元，同比增长 6. 25%，环比增长 1. 99%。

2020 年第四季度末，68 家信托公司未分配利润为 1 869. 71 亿元，同比 2019 年第四季度末的1 819. 13亿元增长 2. 78%，环比第三季度末的 2 018. 86 亿元下降 7. 39%。

截至 2020 年第四季度末，信托赔偿准备金为 321. 54 亿元，同比 2019 年第四季度末的 291. 24 亿元增长 10. 40%，环比第三季度末的 296. 23 亿元增长 8. 54%。2020 年第四季度末，信托赔偿准备金占所有者权益比率为 4. 79%，略高于 2019 年第四季度末的 4. 61% 和第三季度末的

4.50%。这是近年来信托赔偿准备金占比较高的年份。信托公司在税后利润分配中加大信托赔偿准备计提力度，是信托业面对2020年经济运行中出现更多风险可能性的积极应对之策。

2020年下半年，信托业有序落实压降通道及融资类业务规模的同时，逐渐减少对非标类资产的依赖，资产配置类型更趋丰富。

二、信托业务收入微增，利润增速连续下降

信托业在监管部门的引导下，加大主动调结构力度，信托行业营业收入微增，净利润增速则连续两年为负，2019年同比下降0.65%，2020年同比下降19.79%。第四季度末，利润总额的下降与信托公司加大资产减值损失计提力度有关，顺应监管导向，主动控增速，反映了行业正从注重规模向注重发展质量转变。

（一）信托经营业绩有升有降

截至2020年第四季度末，信托业实现营业收入1 228.05亿元，同比2019年第四季度末的1 200.12亿元增长2.33%。2020年4个季度的营业收入分别为255.65亿元、294.86亿元、291.09亿元和386.45亿元，第四季度营业收入环比第三季度增长32.76%，是信托公司年末业绩冲高的行业特征。

2020年68家信托公司的信托业务收入为864.48亿元，同比增长3.68%。2020年4个季度的信托业务收入分别为190.59亿元、210.75亿元、214.44亿元和248.69亿元。2020年第四季度末，信托业务收入在经营收入中的占比为70.39%，同比2019年第四季度末的69.48%要稍微高一些，但要低于第二季度的72.90%和第三季度的73.17%（见图5）。

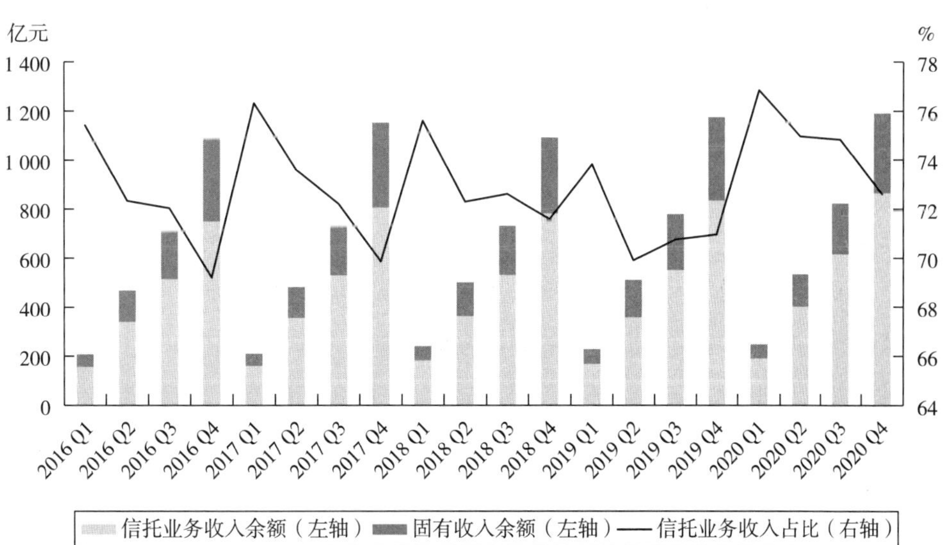

图5　2016Q1至2020Q4信托业务收入及其同比增速变动

在经营收入中，2020 年第四季度末的投资收益为 271 亿元，同比下降 2. 18%。2020 年 4 个季度的投资收入分别为 45. 16 亿元、62. 36 亿元、60. 17 亿元和 103. 32 亿元。第四季度投资收益环比第三季度增长 71. 71%，比第三季度多 43. 15 亿元。由于第四季度投资收益比前三个季度大幅增加，使第四季度末的投资收益占比达 22. 07%，虽然略低于 2019 年第四季度末的 23. 08%，但比前三个季度的占比高得多。

（二）第四季度利润减少，增加资金拨备应对风险

在经营收入中，2020 年第四季度末，信托业利润为 583. 18 亿元，同比 2019 年第四季度末 727. 05 亿元下降 19. 79%，减少 143. 87 亿元。分季度利润来看，2020 年 4 个季度的利润分别为 166. 10 亿元、174. 92 亿元、144. 87 亿元和 97. 29 亿元，第四季度的利润为 4 个季度"坐底"。但是，第四季度经营收入为 386. 45 亿元，比前三个季度高得多，第四季度利润减少的主要原因是信托公司增加了应对可能风险的资产减值损失计提（见图 6）。

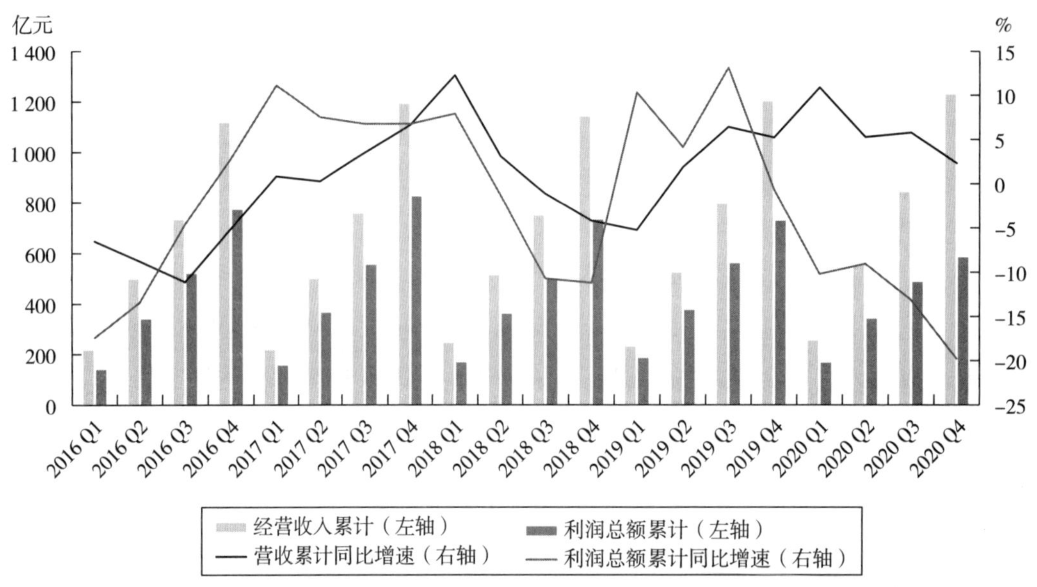

图 6　2016Q1 至 2020Q4 营业收入与利润总额当年累计值及其同比增速

2020 年第四季度末信托业人均利润为 196. 42 亿元，同比 2019 年第四季度末的 244. 23 亿元下降 19. 58%，净减少 47. 81 亿元。2020 年 4 个季度的人均利润分别为 54. 48 万元、59. 51 万元、43. 97 万元和 38. 46 万元，第四季度的人均利润要低于前三个季度。

信托业业绩指标反映的是行业状况，部分信托公司的业绩则有大幅改善。信托公司经营收入与利润增速出现公司之间的分化，是市场竞争的正常现象，不少信托公司得益于前两年的主动优化业务结构，2020 年净利润出现较快增长。这提示信托公司应提高对加快业务转型重要性

的认识，采取有效步骤来推进主动管理能力的提升。

2020 年，个别信托公司前期积累的风险点显现，这属于个案。当前，单体机构风险和局部风险不会影响整个信托业的稳健发展态势。金融的实质就是风险管理，只有将风控做好，才能让信托公司拥有更广阔的资产管理与综合金融服务拓展空间。

三、服务实体经济，信托资金投向结构改善

经济决定金融，实体经济发展水平和质量从根本上决定金融发展水平和质量。2020 年，信托业进一步强化了支持实体经济发展规律的认识，并以多种方式推动资金流入实体经济部门，信托投向结构不断改善。

截至 2020 年第四季度末，资金信托为 16.31 万亿元，同比 2019 年第四季度末的 17.94 万亿元下降 9.09%，净减少 1.63 万亿元；环比第三季度末的 17.23 万亿元下降 5.36%，净减少9 242 亿元。从资金信托在五大领域占比来看，2020 年第四季度末排序是工商企业（30.41%）、基础产业（15.13%）、房地产业（13.97%）、证券市场（13.87%）、金融机构（12.17%）。观察图 7 中有两个“一降一升”的显著特征：一是 2020 年 4 个季度的房地产业占比是持续下降的，第四季度趋稳；二是 2020 年 4 个季度证券市场的信托资产占比呈现增长态势，第一季度占比为 10.97%，第四季度占比则上升到 13.87%。

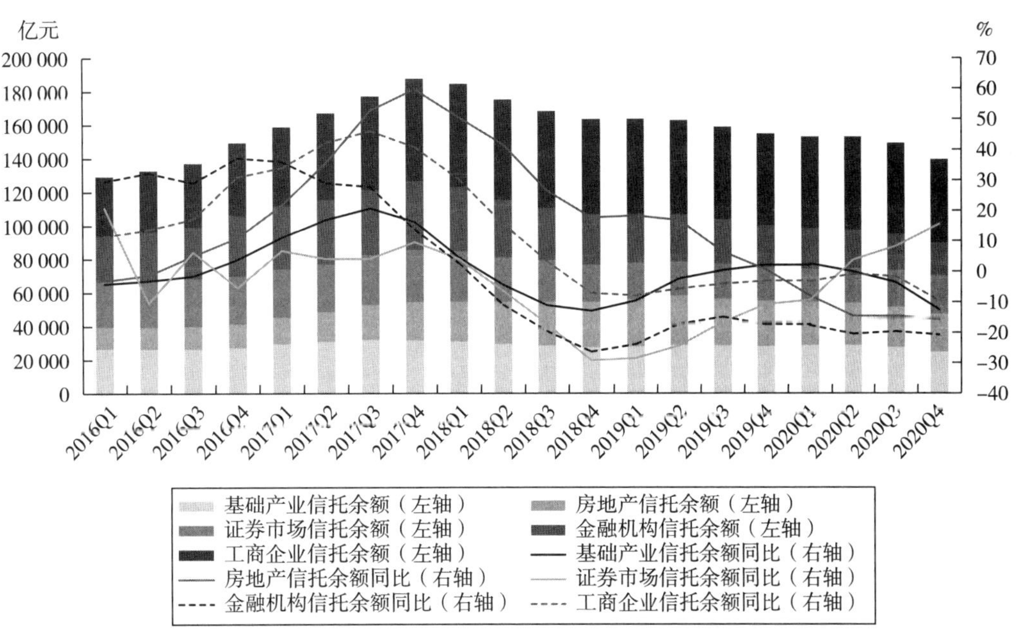

图 7　2016Q1 至 2020Q4 信托资产按投向分类的规模及其增长情况

（一）工商企业

工商企业是资金信托流向的第一大领域。2020 年第四季度末，资金信托流向工商企业有 4.96 万亿元，同比 2019 年第四季度末的 5.49 万亿元下降 9.64%，净减少 0.53 万亿元。

信托业紧紧围绕服务工商企业来推进各项工作，构建了多层次、多渠道、有特色的服务工商企业的信托产品体系，提高工商企业的投资效率，不断强化服务功能，促进信托业与工商企业发展的良性循环。

（二）基础产业

2019 年和 2020 年，基础产业信托规模超越金融机构和证券市场成为资金信托投向的第二大领域，分别为 15.72% 和 15.13%，高于金融机构的 13.96% 和 12.17%，也高于证券市场的 10.92% 和 13.87%。2020 年第四季度末投向基础产业的资金信托数为 2.47 万亿元。

基础产业的投资是范围广、涉及面多，信托公司应深耕这一领域。我国已总结了新型基础设施建设的广泛内容，如加快第五代移动通信、工业互联网、大数据中心等建设，完善综合运输大通道、综合交通枢纽和物流网络，以及加快城市群和都市圈轨道交通网络化等一系列新的基础设施重点。新的基础设施建设领域不断涌现，信托业要积极作为，为国家重大基建项目提供资金，使资金信托发挥更大作用。

（三）房地产业

自 2019 年 8 月以来，大幅压降房地产信托业务是监管部门的政策导向。2020 年第四季度末，房地产资金信托余额为 2.28 万亿元，同比 2019 年第四季度末的 2.70 万亿元下降 15.75%，环比第三季度末的 2.38 万亿元下降 4.19%。2020 年第四季度末，房地产信托占比为 13.97%，低于 2019 年第四季度末的 15.07%。房地产资金信托占比变化是信托业按照监管部门要求所作出的适时调整。2020 年第四季度，房地产类产品在整体信托产品中的占比继续下降。

2020 年 7 月，宏观经济部门强调："坚持不将房地产作为短期刺激经济的手段"，以稳地价、稳房价、稳预期的"三稳"来明确"房住不炒"的发展定位。8 月出台的"三条红线"限制房企融资需求，即"房企剔除预收款后的资产负债率不得大于 70%、净负债率不得大于 100%、现金短债比不小于 1"。10 月，监管部门严格管控房地产信托额度，严禁为资金违规流入房地产市场提供便利，不断加大力度处置风险资产。

2020 年最后一天，人民银行、中国银保监会发布《关于建立银行业金融机构房地产贷款集中度管理制度的通知》，主要内容是对商业银行的房地产贷款设置"两条红线"：一是将银行的房地产贷款占比进行分档考核，如第一档包括六大国有大行的两个上限（房地产贷款余额占比及个人住房贷款余额占比）分别为40%和32.5%。二是对商业银行达标设置了过渡期，对于距离达标2个百分点以内的，过渡期为两年，超过2个百分点以上过渡期为4年。这“两条红线”主要约束金融机构信贷供应。因此，为了满足监管要求，部分商业银行必须收缩房地产贷款业务。

2020年下半年出台的几项重大监管政策，将有助于防范金融体系对房地产贷款过度集中带来的潜在系统性金融风险。

同时，要看到促进房地产市场平稳健康发展是基本的经济政策，特别是要推动房地产业与其他部门均衡发展，一方面，应避免社会资金过多流向房地产业，以防范房地产金融风险；另一方面，就信托公司而言，要坚持房子是用来住的、不是用来炒的定位，继续控制好房地产信托业务规模与风险，助力房地产市场平稳健康发展。

（四）证券市场

2020年第一季度，国内外新冠肺炎疫情冲击使金融市场出现大幅波动。第二季度至第四季度，我国金融市场对宽松流动性和积极财政政策作出了正面反应，股票市场出现了结构性牛市行情，社会资金向金融资产转移。与此同时，金融监管部门鼓励发展标准化的金融产品，信托公司纷纷布局证券投资类信托，使以证券投资类为主的金融类信托数量出现上升。

2020年第四季度末，标准化金融产品投资的资金信托数为2.26万亿元，同比2019年第四季度末的1.96万亿元增长15.44%，环比第三季度末的2.21万亿元增长2.20%，第四季度新流入487.93亿元。在股票、基金、债券三大品种中，资金信托主要流向债券市场，2020年第四季度末为1.49万亿元，占2.26万亿元的65.98%；投向股票的资金信托余额为5 350.77亿元，同比增长6.24%，环比第三季度末下降11.74%；投向基金的资金信托余额为2 343.51亿元，同比增长5.95%，环比第三季度末下降7.17%。

2020年第二季度至第四季度，证券投资类信托产品销售较好，不少信托公司积极向标品信托转型。与此同时，监管部门鼓励信托公司更多开展证券投资信托等业务，引导信托资金加大对资本市场的支持力度。信托公司可以通过自有资金和信托产品投资股票、基金和债券，充实、拓宽资本市场健康发展的源头活水，有利于金融和实体经济实现高水平循环。要指出的是，证券市场是一个高度竞争的市场，信托公司能否真正为受益人带来利益，要取决于信托公司的主动管理能力，其中包括对国内外经济、产业与企业发展的把握能力。因此，信托公司如何充分发挥信托的制度优势，通过增加权益类信托产品为受益人带来盈利是一个新的课题。

（五）金融机构

截至2020年第四季度末，信托资金流向金融机构余额为1.98万亿元，同比2019年第四季度末的2.50万亿元下降20.76%，环比第三季度末的2.15万亿元下降7.74%。

金融机构在资金信托中的占比已下降为第五大领域。2020年第一季度至第四季度末占比分别为13.60%、12.84%、12.48%和12.17%。与2019年第四季度末相比，2020年第四季度末已降低1.79个百分点。

四、信托业转型发展的几个要点

2021年，是我国现代化建设进程中具有特殊重要性的一年，既要治愈疫情创伤，又要努力保持经济运行在合理区间，经济需要进行“大复位”。当前，要巩固拓展疫情防控和经济社会发展成果，扎实做好“六稳”工作、全面落实“六保”任务。信托业要站在更好服务实体经济和人民美好生活的新高度，为“十四五”开好局、谋新篇、促发展。

（一）树立远景目标的发展观

新时代新阶段的发展必须贯彻新发展理念，必须是高质量发展。2020年国内生产总值为101.60万亿元，中国拥有更加雄厚的物质基础和更大的回旋余地。信托公司是金融机构，必须识大势，把握时代发展机遇。党的十九届五中全会提出了到2035年基本实现社会主义现代化远景目标：人均国内生产总值达到中等发达国家水平，中等收入群体显著扩大。中国经济有希望、有潜力保持长期平稳发展，这一信念可以一扫部分信托公司对未来业务迷茫的悲观情绪。

信托业要充分认识这两大阶段性目标蕴含的长期资本积累必要性。人均收入从1万美元到2万美元或3万美元对金融业意味着什么？增长源于投资，发展源于高效率的资源配置方式，就是人均收入上升会提出更大的资金需求量及更高资金效率的新要求。因此，信托业的新发展格局，决不是金融机构之间的自我循环，而是汇聚多方资金，为长期资本形成提供源源不断的社会资金。

（二）转型发展的有利宏观环境

根据国际货币基金组织等国际机构估计，2021年中国经济实际增长率是8.2%以上，即使考虑2020年经济增长率为2.3%的一个较低总量基数，2021年将出现一个相对高速增长的经济活动，为信托业加快转型发展提供了一个有利的宏观经济环境。2020年末，广义货币供应量M2同比增长10.1%，社会融资规模存量同比增长13.3%，表明宏观杠杆率已达到215.27%，比2019年的200.48%提升了约15个百分点。那么，2021年在推动经济稳定恢复的同时要保持宏观杠杆率的基本稳定：一是不急转弯的宏观经济政策表明仍是一个稳健的货币政策；二是稳定杠杆率的基本渠道是扩大国内投资与消费的总需求。因此，信托公司必须要花大力气来深入研究 2021 年的宏观经济运行和产业发展特点，精准把握信托业务领域、规模与节奏。

新的产业、新的领域，会形成新的资金需求。随着经济与社会对资金需求的上升，信托公司要在实践中发掘能够充分发挥信托制度优势的业务领域，创造性地开发出新的业务模式，使信托制度更具有新时代的中国特色。

（三）加快提升主动管理能力

我国信托业的制度定位逐渐明确，做专业受托人、主营信托业务的金融机构，“基于信任、忠于托付”成为行业回归本源的基础保障。对大多数信托公司来说，被动管理型信托资产规模占比较大，主动管理能力不足则是短板。当前及今后一段时间，信托业要把业务工作重点放到提升主动管理能力上。

信托业是经济与社会生活体系中的资金桥梁。2021 年，信托业受托资产规模下降将伴随着转型的升级机会。信托业的转型发展主要提升两方面能力：一是勇于主动转型的能力，信托业要改变多年来依靠“通道”与“融资类”业务获取收益的做法，转向坚持受托人定位，培育诚信、专业、尽责的受托理念；二是不断探索新的业务模式，不同于其他金融子行业，信托公司有着跨越货币市场、资本市场和实业市场的灵活优势，可以运用债权、股权、股债结合、资产证券化、产业基金等多种方式，充分调动资源，为实体经济部门提供多样化的信托产品和信托金融服务。

信托公司不仅具有资金端的募集能力，而且应该拥有资产端的丰富配资能力，才能真正履行本源职责。信托公司要对标准化的金融产品进行配置，涉及多个专业驾驭能力，对信托公司主动管理能力提出更高的要求。当然，信托公司可以运用信托制度、信托架构、信托投资的广泛性为客户提供综合解决方案，其核心仍然是信托业务的主动管理能力。

（四）提升受托人的专业价值

信托文化是信托业转型发展的动力，受托人责任是信托文化核心。持续加强信托文化建设，是信托业发展的“灵魂”。在过去一年里，中国信托业协会推动形成了《信托公司信托文化建设指引》及《协会关于开展信托文化建设的通知》，助力推进信托文化建设五年规划，大部分信托公司开展了一系列主题活动。信托文化含义广阔，其中委托人文化和受托人文化构成了信托法律关系，塑造了信托业独特的商业模式。信托公司的受托人文化建设是立足于受托人责任所创造经济价值的商业模式，是委托人与受托人的“双赢”文化。信托公司要提升受托人的专业价值，即具有能使信托资金增值的能力。为此，要探索以基于专业服务和多元金融工具运用的受托服务模式，通过弘扬履职尽责、灵活创新的信托文化，激活全社会对信托本源业务的市场需求。

2021 年是信托文化的普及年，信托公司要围绕以信托关系为基础，以受益人合法利益最大化为目标，将受托人定位的信托文化嵌入经营理念和业务转型过程中，成为守正、忠实、专业的高品质受托人。

第二部分　中国信托业协会 2020 年工作总结和 2021 年工作计划

中国信托业协会 2020 年工作总结

2020 年，中国信托业协会深入学习贯彻习近平新时代中国特色社会主义思想，认真落实中央和中国银保监会党委部署，有效发挥社会组织职能，在自律、维权、协调、服务四个方面统筹聚力、精准发力，积极助力信托业深化改革和转型发展。

一、坚持政治引领，强化党的建设

一是突出加强政治建设。以党的政治建设为统领，在政治路线、政治立场、政治方向、政治道路上同以习近平同志为核心的党中央保持高度一致，在大是大非、政治原则问题上态度鲜明、立场坚定、行动有力，确保政令畅通。毫不动摇地坚持党对协会各项工作的领导，充分发挥党委政治核心作用，依据《中国信托业协会章程》，协调调动和支持配合协会会员大会、理事会、常务理事会、秘书处[①]和专业委员会协同高效的贯彻执行党的路线、方针、政策，把党总览全局、协调各方落到实处。

二是有效推进党组织建设。严格履行《中国信托业协会全面从严治党主体责任清单》，对协会党支部、支部委员和党员的全面从严治党责任进行明确和细化，推动党建工作与业务工作同部署同推进同落实。严格执行《中国共产党支部工作条例（试行）》，以支部标准化规范化建设和“灯下黑”问题专项整治为抓手，推动支部阵地全面巩固、支部建设全面进步，提升党组织引领力和党员表率作用，带动秘书处干部职工进一步改进工作作风，提高服务质效。

---

① 全年召开会员大会 1 次、理事会 3 次、常务理事会 2 次、监事会 3 次。

三是常抓不懈作风建设。开展各项制度建设“回头看”，查摆执行情况，确保跟踪问效。本着“严、深、细、实”的原则，紧盯会费管理使用，响应减费降负号召，减轻会员单位负担，全年减少会费收取 327 万元。做好人员管理教育和约束监督机制建设，接受财务审计、税务审计、民政部年检抽查审计等，结果良好，无重大财务问题。全力支持纪委全面监督，持之以恒反对“四风”，确保协会党建工作到哪里，纪委监督就到哪里。

二、以信托文化为抓手，有效发挥自律职能

一是有条不紊地推进信托文化建设。在中国银保监会信托部的指导下，形成《信托公司信托文化建设指引》和《协会关于开展信托文化建设的通知》，引导信托公司结合自身资源禀赋情况，制定“2020 年信托文化建设规划及配套方案”。在《信托公司信托文化建设指引》发布后，协会第一时间举办了“信托公司文化建设”主题沙龙活动，邀请监管部门相关领导作政策辅导，组织业内专家、信托公司高级管理人员代表共同交流对信托文化内容的理解。在此基础上，梳理形成《信托公司 2020 年信托文化建设方案参考框架》《信托公司文化建设主题沙龙活动嘉宾发言实录》等，并在协会在线平台开展“信托公司文化建设”专题培训，进一步推动信托文化建设工作落地实施。同时，将《信托公司文化建设》列为 2020 年度重点研究课题，并纳入正在制定中的《信托业全员培训教材大纲》。首次举办信托知识竞赛，敦促从业人员增强对信托关系本质的理解把握，坚守受托人定位，助力信托文化建设。

二是多措并举提升投资者教育工作质效。系统规划投资者教育工作，制定《2020 年信托投资者教育工作方案》。编印《信托知识百问百答》（第一册），联合央广天下财经节目向社会公众开展信托知识宣教 100 期，制作投资者教育宣传视频，实现信托公司在营业场所投放，有效增强投教的广度和深度。开展投资者教育活动共计 3 场，其中现场活动 1 场约 120 人参加，线上活动两场面向投资者和院校，参与者逾万名，有效助力信托走近投资者、走进校园。稳妥处置消费者投诉，全年受理消费者投诉 10 件、涉及 8 家信托公司，本着“案件不上移、矛盾不激化”原则，注重引导信托当事人增强“卖者尽责、买者自负”投资理念，营造信托业良好投资环境。

三是完成 2019 年行业评级。协会已连续 5 年开展行业评级工作，2020 年，继续在总结前期经验基础上精心组织、优化程序，恪尽职守、实事求是，确保评级结果及时、客观、准确。

三、推进制度机制建设，增强行业维权能力

一是积极推动信托业法律体系建设。利用金融领域法治建设进一步健全的有力时机，依托会员权益保障工作小组，从信托过户制度、受益人纳税原则、受托人审慎义务标准、委托人与

受益人权力平衡等方面，对完善信托法制提出相关意见建议。

二是及时向各方反映行业诉求和呼声。关注行业涉多家信托公司的风险事件，及时响应会员单位维权诉求，通过《信托建言》等高频率、多角度反映行业呼声，争取良好外部环境。与相关司法部门保持有效沟通，年内就相关信托公司维权诉求向相关法院发函，参与有关法院调查咨询，阐明相关信托业务法律关系和业务模式等问题并供其参考。就部分信托公司反映的不良媒体恶意报道情况，了解、梳理相关报道内容，及时向监管部门汇报。

三是大力促进信托业纠纷调解机制建设。基于金融行业中只有信托行业未建立多元化调解中心、主要依托诉讼解决纠纷的现状，研究探索构建多元化解纠纷和内部争议处理机制，在前期走访调研基础上形成《关于探索构建化解信托金融纠纷行业调解机制的报告》及配套《信托纠纷调解中心筹建方案（建议稿）》，作为政策建议报送监管部门，加速推动信托行业调解、仲裁、诉讼多元化纠纷解决机制的建设。

四、积极发挥协调作用，推动落实中心工作

一是助力疫情防控攻坚战。第一时间（2020 年农历正月初二）发出“信托人全力以赴共抗疫情倡议书”，动员会员单位积极响应党中央号召、国务院各项决策部署，充分发挥信托制度优势、多策并举、履行社会责任，协调注册地在武汉的国通信托作为受托人设立的“中国信托业抗击疫情慈善信托”（共 61 家会员单位参与、财产总规模为 3090 万元），迄今已执行 26 个慈善信托项目，涉及资金 2166 万元，有效缓解疫情初期医疗物资设备的燃眉之急，有力支持疫情中后期防疫保障。

二是助力脱贫攻坚战。2020 年，充分考虑新冠疫情不利因素，协会党委领导带队，组织相关信托机构多次赴银保监会定点扶贫旗县进行调研工作，利用慈善信托等方式对接扶贫项目和需求，考察已帮扶项目实施效果。全年协会直接投入帮扶资金 70 万元，完成作为中国银保监会扶贫工作领导小组成员既定任务的 100%；引入信托公司帮扶资金 465.4 万元，完成既定任务的 465.4%；培训基层干部 28 人；组织协会员工积极购买定点扶贫地区农产品 0.75 万元；引导信托公司购买和政、临洮两县农产品共 35.87 万元。每季度向中国银保监会普惠部报送定点扶贫工作报告，及时汇报相关慈善信托项目的运作模式和帮扶办法，保证与监管部门和派驻当地挂职干部沟通顺畅，促进工作更加精准有效。

三是加大行业研究力度。组织开展研究并评选出“信托公司信托文化建设研究”“信托业务创新年度报告”“金融科技时代背景下的信托业转型与发展研究”等 10 篇具有创新性、引领性的研究成果，汇编形成《2020 年信托业专题研究报告》。聚焦“防范风险、弥补短板、回归本源”，编制发布《中国信托业发展报告（2019—2020）》。围绕“党建责任、经济责任、法律责

任、民生责任、受托责任、公益责任、环境责任、人本责任、责任管理”，编制发布《中国信托业社会责任报告（2019—2020）》。编纂完成《信托金融学（第一版）》，尝试搭建信托业的金融理论体系，以金融的视角、思维和技术方法理清信托业作为我国重要金融子系统之一的演进思路和框架逻辑。

五、持续提升服务效能，助推行业转型发展

一是持续增进业内外交流。组织召开2020年信托业年会。就疫情对信托行业影响开展调研，并积极向监管部门反映。开展“信托项目远程尽调”“线上财富管理”“疫情期间慈善信托业务”等线上工作交流会，助力行业疫情防控期间共克时艰，会同信托公司共同研究新形势下展业途径和转型路径。围绕转型方向，举办“信托公司文化建设”“信托产品估值”“信托公司监事会尽职履责”“转型发展期信托公司风险防控”主题沙龙活动共4期、“信托公司品牌建设”等工作交流会4期。

二是着力提升培训实效。结合新冠疫情常态化防控实际，全年依托线上培训平台开展培训，参训学员共计341人次，充分采纳学员建议，上线新版“中国信托业在线学习平台”并不定期更新升级，提升培训实效。开展行业自律公约《绿色信托指引》《信托消费者权益保护自律公约》和《信托从业人员管理自律公约》专题培训。对接行业转型人才专业知识和职业素养要求，修订完成《信托基础（第二版）》《信托公司经营实务（第二版）》全员培训教材，编纂完成《信托与资管产品案例集》。围绕“信托公司财富队伍建设”“信托行业人员激励约束机制研究”开展课题研究，力争从各领域、各条线开始，逐步研究掌握行业人才整体布局，开展相关人才库建设。

三是强化正面宣传导向。围绕服务民营经济主题，组织信托公司参加中国银保监会第261场例行新闻发布会，回应社会关切，展现信托业在落实中央部署、服务国计民生等方面所做努力。每季度在官方网络平台发布由监管部门授权的信托公司业务数据，邀请专家解读发展态势。每个工作日汇编《信托每日舆情》，全年共监测舆情246天，向信托公司发出负面舆情处理单111份，每月度、季度形成舆情分析报告计16篇。维护和管理网络宣传平台，其中，微信公众号用户数在2020年末达72 034人，较2019年末增加5 249人。参与《中国金融年鉴》《中国经济年鉴》组稿，编纂发行《中国信托业年鉴（2019—2020）》，记录信托业发展轨迹。维持重点媒体关系，培育新闻媒体对信托业的正确认识理解。